汽车评估

第3版

主编　王永盛

机 械 工 业 出 版 社

本书将新汽车评估、旧汽车评估、汽车损失评估及汽车风险评估归纳入汽车评估的范畴，提出了新汽车的评估方法、新形势下的旧汽车评估理论、汽车损失评估中的碰撞损失评估、实值评估方法以及汽车风险评估的思路，并附以实例。书中内容以最新的政策、法规和标准为指导，以当今主流车型为范例，详尽阐释了汽车评估的知识和方法。

本书通俗易懂，实用性强。可供汽车定价、销售、信贷人员，汽车保险的两核、公估人员，旧汽车经销人员、鉴定评估师及汽车评估教学人员阅读参考。

图书在版编目（CIP）数据

汽车评估/王永盛主编. —3 版. —北京：机械工业出版社，2016.9

ISBN 978-7-111-54755-6

Ⅰ.①汽…　Ⅱ.①王…　Ⅲ.①汽车-评估　Ⅳ.①U472

中国版本图书馆 CIP 数据核字（2016）第 210211 号

机械工业出版社（北京市百万庄大街 22 号　邮政编码 100037）
策划编辑：赵海青　责任编辑：赵海青　丁　锋
责任校对：肖　琳　封面设计：马精明
责任印制：李　飞
北京富生印刷厂印刷
2016 年 11 月第 3 版第 1 次印刷
169mm×239mm · 19.25 印张 · 391 千字
0001—3000 册
标准书号：ISBN 978-7-111-54755-6
定价：59.00 元

第3版前言

汽车进入我国家庭已经十年有余，这十多年间我国的汽车业有了长足的进步，人们对汽车的需求和认识也都上了一个台阶。国家对汽车产业政策的调整、汽车评估行业的快速发展以及汽车评估技术、标准的变化也使得从事汽车评估相关工作的人员需要深入学习相关政策、技术和方法。

承蒙广大读者厚爱，《汽车评估》一书出版以来多次再版重印。应机械工业出版社的邀请，编者对本书进行第3版修订。

本书第3版保留了前版的总体格局，力求在完稿时采用最新、最近的相关政策与法规，以贴合市场的主流车型为范例，尽可能客观科学地对汽车各类评估方法进行阐述，具体修订内容如下：

第一章汽车概述，主要对汽车的分类按最新的法规进行了重新梳理，对汽车排放的新标准（国四、国五标准）进行了简介性的阐述，并介绍了不同的排放标准对汽车市场价值的影响。

第二章汽车评估基础，主要修订了国家宏观政策对机动车评估的影响，本章主要由金涛执笔。

第三章新汽车评估，按乘用车主要部件对汽车价值的影响进行分析评估，修订后的内容对初入本行的读者有一定的帮助。

第四章旧汽车评估，由于2013年汽车报废标准进行了修改，旧汽车评估人员出现了一种迷惘，觉得确定评估参数的法律依据不足。本章重点对这部分进行阐释，力图使从业人员从迷惘中走出，从市场中找到评估参数确定的法律依据。该章还对前版中的一些细节进行了修订，希望读者能从中体会到更贴近市场的元素。该章的重要修订还在于新增一节，即旧机动车电商，该节由中国汽车流通协会二手车商会副会长董兵先生执笔，为读者阐述旧机动车电子商务市场的今天和未来。

第五章汽车碰撞损失评估，主要以当今主流车型为范例进行了修订，并且告之读者《汽车维修技术信息公开实施管理办法》对汽车碰撞损失评估的利好影响。

此外，对第六章、第七章也进行了少量文字修改。

汽车保有量迅猛增加，使得汽车及其相关产业的经济活动越来越活跃。与汽车相关的评估行为也越来越多，如新汽车的性价比评估，旧汽车的交易、典当、质押评估，汽车保险中的风险评估，保险价值、保险金额评估，事故汽车的损失评估等。越来越多的有关汽车评估的问题摆在了从事汽车行业和评估行业的从业人员面前。汽车评估是一门崭新的学科，在互联网+时代，编者希望汽车评估行业的同仁和读者一起建立健全这门新兴学科。

本书由王永盛主编，参加编写的还有金涛、董兵。由于编者才疏学浅，对新学科研究不透，望读者多予指点。

邮箱：wangyongsheng987@126.com

编　者

目 录

第一章

汽车概述

第一节　汽车的分类

一、国家标准机动车辆及挂车分类

汽车属于机动车辆家族中的一员，我国现行的国家标准 GB/T 15089—2001《机动车辆及挂车分类》中将机动车辆及挂车分为：

1）L 类（两轮或三轮机动车辆）。

2）M 类（至少有四个车轮，并且用于载客的机动车辆）。M 类汽车又分为：

① M_1 类（包括驾驶员在内座位数不超过 9 座的载客车辆）。

② M_2 类（包括驾驶员在内座位数超过 9 座，且最大设计总质量不超过5000kg的载客车辆）。

③ M_3 类（包括驾驶员在内座位数超过 9 座，且最大设计总质量超过5000kg的载客车辆）。

3）N 类（至少有四个车轮，并且用于载货的机动车辆）。N 类汽车又分为：

① N_1 类（最大设计总质量不超过 3500kg 的载货车辆）。

② N_2 类（最大设计总质量超过 3500kg，但不超过 12000kg 的载货车辆）。

③ N_3 类（最大设计总质量超过 12000kg 的载货车辆）。

4）O 类（挂车，包括半挂车）。O 类汽车又分为：

① O_1 类（最大设计总质量不超过 750kg 的挂车）。

② O_2 类（最大设计总质量超过 750kg，但不超过 3500kg 的挂车）。

③ O_3 类（最大设计总质量超过 3500kg，但不超过 10000kg 的挂车）。

④ O_4 类（最大设计总质量超过 10000kg 的挂车）。

5）G 类（M 类、N 类越野车）。

通常我们将 M 类、N 类、M 类或 N 类与 O 类组合和 G 类机动车辆都称为汽车，这也是本书中所指的汽车。

二、公安管理机动车辆分类

为了便于机动车辆技术检验、核发牌证以及进行专门管理，公安机关根据《机动车辆登记规定》（2012年9月12日修订）制定了《机动车辆登记工作规范》（2014年10月1日）。《机动车辆登记工作规范》将机动车辆按类型和使用性质分别分类如下：

1. 机动车辆类型分类

机动车辆规格术语及结构术语见表1-1和表1-2。

表1-1 机动车辆规格术语

分类		规格术语	说明
汽车	载客	大型	车身长大于等于6m或者乘坐人数大于等于20人。乘坐人数可变的，以上限确定。乘坐人数包括驾驶员（下同）
		中型	车身长小于6m，乘坐人数大于9人且小于20人
		小型	车身长小于6m，乘坐人数小于等于9人
		微型	车身长小于等于3.5m，发动机气缸总排量小于等于1L
	载货	重型	车身长大于等于6m，总质量大于等于12000kg
		中型	车身长大于等于6m，总质量大于等于4500kg且小于12000kg
		轻型	车身长小于6m，总质量小于4500kg
		微型	车身长小于等于3.5m，总质量小于等于1800kg
	三轮汽车（原三轮农用运输车）		以柴油机为动力，最高设计车速小于等于50km/h，最大设计总质量不大于2000kg，长小于等于4.6m，宽小于等于1.6m，高小于等于2m，具有三个车轮的货车。采用转向盘转向、由传动轴传递动力、有驾驶室且驾驶员座椅后有物品放置空间的，长小于等于5.2m，宽小于等于1.8m，高小于等于2.2m
	低速货车（原四轮农用运输车）		以柴油机为动力，最高设计车速小于70km/h，最大设计总质量小于等于4500kg，长小于等于6m，宽小于等于2m，高小于等于2.5m，具有四个车轮的货车
摩托车	普通		最大设计时速大于50km/h或者发动机气缸总排量大于50ml
	轻便		最大设计时速小于等于50km/h，发动机气缸总排量小于等于50ml
挂车	重型		最大总质量大于等于12000kg
	中型		最大总质量大于等于4500kg且小于12000kg
	轻型		最大总质量小于4500kg

表1-2 机动车辆结构术语

分类		结构术语	说明
汽车	载客	普通客车	车身为长方体或近似长方体，单层地板，一厢或两厢式结构，安装座椅的载客汽车
		双层客车	车身为长方体或近似长方体，双层地板，一厢或两厢式结构，安装座椅的载客汽车
		卧铺客车	车身为长方体或近似长方体，单层地板，一厢或两厢式结构，安装卧铺的载客汽车

（续）

分　类		结构术语	说　明
汽车	载客	铰接客车	车身为长方体或近似长方体，单层地板，由铰接装置连接两个车厢且连通，安装座椅的载客汽车
		越野客车	车身结构为一厢或两厢式，所有车轮能够同时驱动，接近角、离去角、纵向通过角、最小离地间隙等技术参数按照高通过性设计的载客汽车
		轿车	车身结构为两厢式且乘坐人数不超过 5 人，或者车身结构为三厢式且乘坐人数不超过 7 人的载客汽车。但同一型号车辆可增加乘坐人数的除外
	载货	普通货车	载货部位的结构为栏板的载货汽车，不包括具有自动倾卸装置的载货汽车
		厢式货车	载货部位的结构为封闭厢体且与驾驶室各自独立的载货汽车
		封闭货车	载货部位的结构为封闭厢体且与驾驶室联成一体，车身结构为一厢式载货汽车
		罐式货车	载货部位的结构为封闭罐体的载货汽车
		平板货车	载货部位的地板为平板结构且无栏板的载货汽车
		集装箱车	载货部位为框架结构且无地板，专门运输集装箱的载货汽车
		自卸货车	载货部位具有自动倾卸装置的载货汽车
		特殊结构货车	载货部位为特殊结构，专门运输特定物品的载货汽车。如：运输小轿车的双层结构载货汽车，运输活禽畜的多层结构载货汽车
	其他	半挂牵引车	不具有载货结构，专门用于牵引半挂车的汽车
		专项作业车	装置有专用设备或器具，用于专项作业的汽车。如洒水车、吸污车、水泥搅拌车、起重车、医疗车等
		三轮汽车	载货部位为栏板结构，具有三个车轮的货车
		普通低速货车	载货部位为栏板结构，具有四个车轮的低速货车
		厢式低速货车	载货部位为封闭厢体结构且与驾驶室各自独立，具有四个车轮的低速货车
		罐式低速货车	载货部位为封闭罐体结构，具有四个车轮的低速货车
		自卸低速货车	载货部位具有自动倾卸装置，具有四个车轮的低速货车
电车		无轨电车	以电动机驱动，设有集电杆，架线供电的电车
		有轨电车	以电动机驱动，设有集电杆，驾线供电、有轨道的电车
摩托车		二轮摩托车	装有两个车轮的摩托车
		正三轮摩托车	装有与前轮对称分布的两个后轮，仅有驾驶员座位的摩托车
		正三轮载客摩托车	装有与前轮对称分布的两个后轮的具有载客装置的摩托车
		正三轮载货摩托车	装有与前轮对称分布的两个后轮的具有载货装置的摩托车
		侧三轮摩托车	在两轮车摩托车的一侧装有边车的摩托车

（续）

分　类	结构术语	说　明
轮式自行机械	轮式装载机械	具有装卸设备的轮胎式自行机械
	轮式挖掘机械	具有挖掘设备的轮胎式自行机械
	轮式平地机械	具有平整设备的轮胎式自行机械
挂车	普通全挂车	载货部位为栏板结构的全挂车
	厢式全挂车	载货部位为封闭厢体结构的全挂车
	罐式全挂车	载货部位为封闭罐体结构的全挂车
	平板全挂车	载货部位的地板为平板结构且无栏板的全挂车
	集装箱全挂车	载货部位为框架结构且无地板，专门运输集装箱的全挂车
	自卸全挂车	载货部位具有自动倾卸装置的全挂车
	普通半挂车	载货部位为栏板结构的半挂车
	厢式半挂车	载货部位为封闭厢体结构的半挂车
	罐式半挂车	载货部位为封闭罐体结构的半挂车
	平板半挂车	载货部位的地板为平板结构且无栏板的半挂车
	集装箱半挂车	载货部位为框架结构且无地板，专门运输集装箱的半挂车
	自卸半挂车	载货部位具有自动倾卸装置的半挂车
	特殊结构半挂车	载货部位为特殊结构，专门运输特定物品的半挂车

签注要求：

1）签注机动车类型时，按照表1-1和表1-2的分类栏所对应的规格术语和结构术语相加签注，如“大型普通客车”“中型罐式货车”等。分类栏不对应的，不签注规格术语。

2）除微型轿车外，其他轿车、三轮汽车、普通低速货车、厢式低速货车、罐式低速货车、自卸低速货车不签注规格术语。

3）半挂牵引车、使用载货汽车底盘的专项作业车按照载货汽车的规格术语签注，使用载客汽车底盘的专项作业车按照载客汽车的规格术语签注。

2. 使用性质分类

机动车使用性质分类见表1-3。

表1-3　机动车使用性质分类

使用性质	□非营运	□公路客运	□公交客运	□出租客运	□旅游客运	□租赁	□教练
	□接送幼儿	□接送小学生	□接送中小学生	□接送初中生	□危险货物运输		□货运
	□消防	□救护	□工程救险	□警用	□出租营转非		□营转非

三、汽车类型的术语和定义

我国国家标准 GB/T 3730.1—2001《汽车和挂车类型的术语和定义》中将广义上的汽车分为有动力的汽车和无动力的挂车，有动力的汽车和无动力的挂车组成汽车列车。其中将汽车分为乘用车、商用车。汽车、乘用车、商用车、挂车和汽车列车分别定义如下：

1. 汽车（Motor Vehicle）

由动力驱动，具有四个或四个以上车轮的非轨道承载的车辆，主要用于载运人员和/或货物，牵引载运人员和/或货物的车辆，特殊用途。

2. 乘用车（Passenger Car）

在其设计和技术特性上主要用于载运乘客及其随身行李和/或临时物品的汽车，包括驾驶员座位在内最多不超过九个座位。它也可以牵引一辆挂车。

（1）普通乘用车（Saloon or Sedan）　车身：封闭式，侧窗中柱有或无。车顶（顶盖）：固定式，硬顶。有的顶盖一部分可开启。座位：四个或四个以上座位，至少两排。后座椅可折叠或移动，以形成装载空间。车门：两个或四个侧门，可有一后启门。

（2）活顶乘用车（Convertible Saloon）　车身：具有固定侧围框架可开启式车身。车顶（顶盖）：车顶为硬顶或软顶，至少有两个位置，第一个位置封闭；第二个位置开启或拆除。可开启式车身可以通过使用一个或数个硬顶部件和/或合拢软顶将开启的车身关闭。座位：四个或四个以上座位，至少两排。车门：两个或四个侧门。车窗：四个或四个以上侧窗。

（3）高级乘用车（Pullman Saloon）　车身：封闭式。前后座之间可以设有隔板。车顶（顶盖）：固定式，硬顶。有的顶盖一部分可开启。座位：四个或四个以上座位，至少两排。后排座椅前可安装折叠式座椅。车门：四个或六个侧门，也可有一个后开启门。车窗：六个或六个以上侧窗。

（4）小型乘用车（Coupe）　车身：封闭式，通常后部空间较小。车顶（顶盖）：固定式，硬顶。有的顶盖一部分可开启。座位：两个或两个以上的座位，至少一排。车门：两个侧门，也可有一个后开启门。车窗：两个或两个以上侧窗。

（5）敞篷车（Convertible or Opentourer）　车身：可开启式。车顶（顶盖）：车顶可为软顶或硬顶，至少有两个位置：第一个位置遮覆车身，第二个位置车顶卷收或可拆除。座位：两个或两个以上的座位，至少一排。车门：两个或四个侧门。车窗：两个或两个以上侧窗。

（6）仓背乘用车（Hatchback）　车身：封闭式，侧窗中柱可有可无。车顶（顶盖）：固定式，硬顶。有的顶盖一部分可以开启。座位：四个或四个以上的座位，至少两排。后座椅可折叠或可移动，以形成一个装载空间。车门：两个或四个侧门，车身后部有一仓门。

（7）旅行车（Station Wagon） 车身：封闭式。车尾外形可提供较大的内部空间。车顶（顶盖）：固定式，硬顶。有的顶盖一部分可以开启。座位：四个或四个以上的座位，至少两排。座椅的一排或多排可拆除，或装有向前翻倒的座椅靠背，以提供装载平台。车门：两个或四个侧门，并有一后开启门。车窗：四个或四个以上侧窗。

（8）多用途乘用车（Multipurpose Passenger Car） 上述(1)~(7)车辆以外的，只有单一车室载运乘客及其行李或物品的乘用车。但是，如果这种车辆同时具有下列两个条件，则不属于乘用车而属于货车：

1）除驾驶员以外的座位数不超过六个，只要车辆具有可使用的座椅安装点，就应算“座位”存在。

2）$P-(M+N\times68)>N\times68$

式中 P——最大设计总质量；

M——整车整备质量与一位驾驶员质量之和；

N——除驾驶员以外的座位数。

（9）短头乘用车（Forward Control Passenger Car） 这种乘用车一半以上的发动机长度位于车辆前风窗玻璃最前点以后，并且转向盘的中心位于车辆总长的前四分之一部分内。

（10）越野乘用车（Off-road Passenger Car） 这是一种在设计上所有车轮同时驱动（包括一个驱动轴可以脱开的车辆），或其几何特性（接近角、离去角、纵向通过角，最小离地间隙）、技术特性（驱动轴数、差速锁止机构或其他形式机构）和它的性能（爬坡度）允许在非道路上行驶的乘用车。

（11）专用乘用车（Special Purpose Passenger Car） 运载乘员或物品并完成特定功能的乘用车，它具备完成特定功能所需的特殊车身和/或装备。例如，旅居车、防弹车、救护车、殡仪车等。

1）旅居车（Motor Caravan）。旅居车是一种至少具有下列生活设施结构的乘用车：座椅和桌子；睡具，可由座椅转换而来；炊事设施；储藏设施。

2）防弹车（Armoured Passenger Car）。用于保护所运送的乘员和/或物品，并符合装甲防弹要求的乘用车。

3）救护车（Ambulance）。用于运送病人或伤员，并为此目的配有专用设备的乘用车。

4）殡仪车（Hearse）。用于运送死者，并为此目的而配有专用设备的乘用车。

3. 商用车辆（Commercial Vehicle）

在设计和技术特性上用于运送人员和货物的汽车，并且可以牵引挂车，乘用车不包括在内。

（1）客车（Bus） 在设计和技术特性上用于载运乘客及其随身行李的商用车辆，包括驾驶员座位在内座位数超过九座。客车有单层的或双层的，也可牵引一挂车。

1）小型客车（Minibus）。用于载运乘客，除驾驶员座位外，座位数不超过16座的客车。

2）城市客车（City Bus）。一种为城市内运输而设计和装备的客车。这种车辆设有座椅及站立乘客的位置，并有足够的空间供频繁停站时乘客上下车走动用。

3）长途客车（Interurban Coach）。一种为城市内运输而设计和装备的客车。这种车辆没有专供乘客站立的位置，但在其过道内可载运短途站立的乘客。

4）旅游客车（Touring Coach）。一种为旅游而设计和装备的客车。这种车辆的布置要确保乘客的舒适性，不载运站立的乘客。

5）铰接客车（Articulated Bus）。一种由两节刚性车厢铰接组成的客车。在这种车辆上，两节车厢是相通的，乘客可通过铰接部分在两节车厢之间自由走动。这种车辆可以按1）~4）进行装备。两节刚性车厢永久联结，只有在工厂车间使用专用的设施才能将其拆开。

6）无轨电车（Trolley Bus）。一种经架线由电力驱动的客车。这种电车可指定用作多种用途，并按2）、3）和5）进行装备。

7）越野客车（Off-road Bus）。在其设计上所有车轮同时进行驱动（包括一个驱动轴可以脱开的车辆）或其几何特性（接近角、离去角、纵向通过角，最小离地间隙）、技术特性（驱动轴数、差速锁止机构或其他形式机构）和它的性能（爬坡度）允许其在非道路上行驶的一种车辆。

8）专用客车（Special Bus）。在其设计和技术特性上只适用于需经特殊布置安排后才能载运人员的车辆。

（2）半挂牵引车（Semitrailer Towing Vehicle） 装备有特殊装置用于牵引半挂车的商用车辆。

（3）货车（Goods Vehicle） 一种主要为载运货物而设计和装备的商用车辆，它能否牵引一挂车均可。

1）普通货车（General Purpose Goods Vehicle）。一种在敞开（平板式）或封闭（厢式）载货空间内载运货物的货车。

2）多用途货车（Multipurpose Goods Vehicle）。在其设计和结构上主要用于载运货物，但在驾驶员座椅后带有固定或折叠式座椅，可载运三个以上乘客的货车。

3）全挂牵引车（Trailer Towing Vehicle）。一种牵引牵引杆式挂车的货车，它本身可在附属的载运平台上运载货物。

4）越野货车（Off-road Goods Vehicle）。在其设计上所有车轮同时进行驱动（包括一个驱动轴可以脱开的车辆）或其几何特性（接近角、离去角、纵向通过角，最小离地间隙）、技术特性（驱动轴数、差速锁止机构或其他形式机构）和它的性能（爬坡度）允许在非道路上行驶的一种车辆。

5）专用作业车（Special Goods Vehicle）。在其设计和技术特性上用于特殊工作的货车。例如，消防车、救险车、垃圾车、应急车、街道清洗车、扫雪车及清洁车等。

6）专用货车（Specialized Goods Vehicle）。在其设计和技术特性上用于运输特殊物品的货车。例如，罐式车、乘用车运输车和集装箱运输车等。

4. 挂车（Trailer）

就其设计和技术特性需由汽车牵引，才能正常使用的一种无动力的道路车辆，用于载运人员和/或货物；特殊用途。

（1）牵引杆挂车（Drawbar Trailer） 至少有两根轴的挂车，一轴可转向；通过角向移动的牵引杆与牵引车连接；牵引杆可垂直移动，连接到底盘上，因此不能承受任何垂直力。具有隐藏支地架的半挂车也作为牵引杆挂车。

1）客车挂车（Bus Trailer）。在其设计和技术特性上用于载运人员及其随身行李的牵引杆挂车。

2）牵引杆货车挂车（Goods Drawbar Trailer）。在其设计和技术特性上用于载运货物的牵引杆挂车。

3）通用牵引杆挂车（General Purpose Drawbar Trailer）。一种在敞开（平板式）或封闭（厢式）载货空间内载运货物的牵引挂车。

4）专用牵引杆挂车（Special Drawbar Trailer）。一种牵引杆挂车，按其设计和技术特性用作需经特殊布置后才能载运人员和/或货物；只执行某种规定的运输任务。例如，乘用车运输挂车、消防挂车、低地板挂车、空气压缩机挂车等。

（2）半挂车（Semitrailer） 车轴置于车辆重心（当车辆均匀受载时）后面，并且装有可将水平或垂直力传递到牵引车的连接装置的挂车。

1）客车半挂车（Bus Semitrailer）。在其设计和技术特性上用于载运乘客及其随身行李的半挂车。这种半挂车可按客车、半挂牵引车和货车加以装备。

2）通用货车半挂车（General Purpose Goods Semitrailer）。一种在敞开（平板式）或封闭（厢式）载货空间内载运货物的半挂车。

3）专用半挂车（Special Semitrailer）。一种半挂车，按其设计和技术特性用作需经特殊布置后才能载运人员和/或货物；只执行某种规定的运输任务。例如，原木半挂车、消防半挂车、低地板半挂车、空气压缩机半挂车等。

4）旅居半挂车（Caravan Semitrailer）。能够提供活动睡具的半挂车。

（3）中置轴挂车（Centre Axle Trailer） 牵引装置不能垂直移动（相对于挂车），车轴位于紧靠挂车的重心（当均匀载荷时）的挂车，这种车辆只有较小的垂直静载荷作用于牵引车，不超过相当于挂车最大质量的10%或1000N的载荷（两者取较小者）。其中一轴或多轴可由牵引车来驱动。

旅居挂车（Caravan）。能够提供活动睡具的中置轴挂车。

5. 汽车列车（Combination Vehicles）

一辆汽车与一辆或多辆挂车的组合。

（1）乘用车列车（Passenger/Cartrailer Combination） 乘用车和中置轴挂车的组合。

（2）客车列车（Bus Road Train） 一辆客车与一辆或多辆挂车的组合。各节乘客车厢不相通，有时可设服务走廊。

（3）货车列车（Goods Road Train） 一辆货车与一辆或多辆挂车的组合。

（4）牵引杆挂车列车（Drawbar Tractor Combination） 一辆全挂牵引车与一辆或多辆挂车的组合。

（5）铰接列车（Articulated Vehicle） 一辆半挂牵引车与具有角向移动连接的半挂车组成的车辆。

（6）双挂列车（Double Road Train） 一辆铰接式列车与一辆牵引杆挂车的组合。

（7）双半挂列车（Double Semitrailer Road Train） 一辆铰接式列车与一辆半挂车的组合。两辆车的连接是通过第二个半挂车的连接装置来实现的。

（8）平板列车（Platform Road Train） 一辆货车和一辆牵引杆货车挂车的组合；在可角向移动的货物承载平板的整个长度上载荷都是不可分地置于牵引车和挂车上。为了支承这个载荷可以使用辅助装置。这个载荷和/或它的支撑装置构成了这两个车辆的连接装置，因此不允许挂车再有转向连接。

四、按用途分类

随着汽车用途的日趋广泛，汽车结构装置不断地改进，种类也越来越多。汽车分类方法也较多，主要是按用途和结构来分类，还有的按有关标准法规分类。

国家标准 GB/T 3730.1—2001《汽车和挂车类型的术语和定义》中所指的汽车，规定了在公路、城市道路和非公路上行驶的国产汽车的分类。

中国汽车划分为 8 大类：

（1）载货汽车 依公路运行时厂定最大总质量（GA）划分为：

1）微型货车（$GA \leqslant 1.8\text{t}$）。

2）轻型货车（$1.8\text{t} < GA \leqslant 6.0\text{t}$）。

3）中型货车（$6.0\text{t} < GA \leqslant 14\text{t}$）。

4）重型货车（$GA > 14\text{t}$）。

（2）越野汽车 依越野运行时厂定最大总质量（GA）划分为：

1）轻型越野汽车（$GA \leqslant 5.0\text{t}$）。

2）中型越野汽车（$5.0\text{t} < GA \leqslant 13\text{t}$）。

3）重型越野汽车（$13\text{t} < GA \leqslant 24\text{t}$）。

4）超重型越野汽车（$GA > 24\text{t}$）。

（3）自卸汽车 依公路运行时厂定最大总质量（GA）划分为：

1）轻型自卸汽车（$GA \leqslant 6.0\text{t}$）。

2）中型自卸汽车（$6.0t < GA \leqslant 14t$）。

3）重型自卸汽车（$GA > 14t$）。

4）矿用自卸汽车。

（4）牵引车 牵引车依牵引车上是否承受纵向载荷划分为：

1）半挂牵引车。

2）全挂牵引车。

（5）专用汽车 专用汽车依结构和用途划分为：

1）厢式汽车。

2）罐式汽车。

3）起重举升汽车。

4）专用自卸汽车。

5）仓棚式汽车。

6）特种结构式汽车。

（6）客车 依车长（L）划分为：

1）微型（$L \leqslant 3.5m$）。

2）轻型（$3.5m < L \leqslant 7m$）。

3）中型（$7m < L \leqslant 10m$）。

4）大型客车（$L > 10m$）。

中大型客车又可分为城市、长途、旅游及团体客车。

5）特大型客车。特大型客车指铰接和双层客车。

（7）轿车 依发动机排量（V）划分为：

1）微型轿车（$V \leqslant 1L$）。

2）普通轿车（$1L < V \leqslant 1.6L$）。

3）中级轿车（$1.6L < V \leqslant 2.5L$）。

4）中高级轿车（$2.5L < V \leqslant 4L$）。

5）高级轿车（$V > 4L$）。

（8）半挂车 依公路运行时厂定最大总质量（GA）划分为：

1）轻型半挂车（$GA \leqslant 7.1t$）。

2）中型半挂车（$7.1t < GA \leqslant 19.5t$）。

3）重型半挂车（$19.5t < GA \leqslant 34t$）。

4）超重型半挂车（$GA > 34t$）。

五、按结构分类

1. 按汽车的行走方式进行分类

（1）轮式汽车 用车轮作为行走装置的汽车。

（2）履带式汽车 用履带作为行走装置的汽车。

2. 按动力装置进行分类

(1) 内燃机汽车 用内燃机作为动力装置的汽车。通常内燃机汽车按所使用燃料的种类又可分为:

1) 汽油机汽车。是指发动机使用汽油作为燃料的汽车。

2) 柴油机汽车。是指发动机使用柴油作为燃料的汽车。

3) 气体燃料汽车。是指发动机使用天然气、煤气等气体作为燃料的汽车。

4) 液化气体汽车。是指发动机使用液化气体(液化石油气)作为燃料的汽车。

(2) 电动汽车 用电动机作为动力装置的汽车。根据电源形式可将电动汽车分为:

1) 无轨电车。是从架线上接受电力,以电动机开动的大客车。

2) 电瓶车。是用蓄电池作为电源的电动汽车。

3. 按发动机的位置分类

(1) 前置发动机汽车 将发动机安装在车辆前部的汽车。

(2) 后置发动机汽车 将发动机安装在车辆后部的汽车。

(3) 中置发动机汽车 将发动机安装在前后桥之间的地板下方的汽车。

4. 按驱动方式进行分类

(1) 前轮驱动汽车 指用前轮作为驱动轮的汽车。

(2) 后轮驱动汽车 指用后轮作为驱动轮的汽车。

(3) 全轮驱动汽车 指前后轮都可以作为驱动轮的汽车。

5. 按发动机位置和驱动方式进行分类

(1) 前置前驱动(FF)汽车 指前置发动机、前轮驱动的汽车。

(2) 前置后驱动(FR)汽车 指前置发动机、后轮驱动的汽车。

(3) 后置后驱动(RR)汽车 指后置发动机、后轮驱动的汽车。

(4) 中置后驱动(MR)汽车 指中置发动机、后轮驱动的汽车。

6. 按承载方式进行分类

(1) 承载式车身汽车 指车身作为承载基础件(无车架)的汽车。

(2) 非承载式车身汽车 指车架作为承载基础件的汽车。

第二节 汽车的组成

一、汽车的组成

汽车通常由发动机、底盘、车身、电气设备四个部分组成。

1. 发动机

汽车发动机是将汽车燃料的化学能转变成机械能的一个机器。大多数汽车都采用往复活塞式内燃机,它一般由曲柄连杆机构、配气机构、燃料供给系统、冷却系统、润滑系统、点火系统（汽油发动机）和起动系统等部分组成。

2. 底盘

汽车底盘接受发动机的动力，将发动机的旋转运动转变成汽车的水平运动，并保证汽车按照驾驶员的操纵正常行驶。底盘由传动系统、行驶系统、转向系统和制动系统等部分组成。

传动系统是指将发动机的动能传递到车轮上的全部动力传动装置，并能实现动力的接通与切断、起步、变速和倒车等功能。它由离合器、变速器、传动轴和驱动桥等部件组成。

行驶系统是将汽车各总成、部件连接成一个整体，支撑整车，并将旋转运动的动力转变成汽车的直线运动，实现汽车的平顺行驶。它由车架、车桥、车轮和悬架等部件组成。

转向系统用来控制汽车的行驶方向。它由转向盘、转向器和转向传动机构组成。

制动系统用来使行驶中的汽车按照需要降低速度、停止行驶和在坡道上驻车。它由制动控制部分、制动传动部分和制动器等部件组成。一般汽车制动系统至少有两套各自独立的制动装置，即行车制动装置和驻车制动装置。

3. 车身

汽车的车身是驾驶员工作的场所，也是装载乘客和货物的场所。车身应为驾驶员提供方便的操作条件，以及为乘客提供舒适安全的环境或保证货物完好无损。

4. 电气设备

汽车的电气设备用于汽车发动机的起动、点火、照明、灯光信号及仪表等监控装置。我国汽车电气系统的电压均采用12V和24V，负极搭铁。汽车的电气设备包括电源组、发动机起动系统、点火系统、照明装置、信号装置、仪表及各种电器设备，其中各种电器设备包括电脑、卫星导航系统和各种人工智能装置等，这些设备显著地提高了汽车的性能。

二、汽车的组成与价格

各种汽车四大组成部分占汽车价格的比重各有不同，汽车四大组成部分占汽车直接成本的比重见表1-4。

表1-4 汽车组成与价格比重 （单位:%）

车类 组成	货车	越野车、自卸车、牵引车	专用车	客车	轿车	半挂车
发动机附离合器总成	20~25	15~25	10~20	15~20	10~20	10~15
底盘	20~40	30~50	20~35	15~25	15~25	30~50
车身	5~15	5~15	10~35	20~40	15~35	10~20
电器设备	5~15	5~15	10~20	10~30	10~40	5~15

注：表中为作者的经验数据，仅供同行参考。

第三节　车辆识别代号、汽车型号编制规则和汽车标牌

一、车辆识别代号（VIN）管理规则

世界各国汽车公司生产的汽车大部分使用了车辆识别代号（Vehicle Identification Number，VIN）。VIN 由一组字母和阿拉伯数字组成，共 17 位，又称 17 位识别代号。它是识别一辆汽车不可缺少的工具。VIN 的每位代码代表着汽车的某一方面信息参数。按照识别代号顺序，从 VIN 中可以识别出该车的生产国别、制造公司或生产厂家、车的类型、品牌名称、车型系列、车身形式、发动机型号、车型年款、安全防护装置型号、检验数字、装配工厂名称和出厂顺序号码等。我国原机械工业部于 1996 年 12 月 25 日发布了《车辆识别代号（VIN）管理规则》，规定："1999 年 1 月 1 日后，适用范围内的所有新生产车必须使用车辆识别代号"。国家发展和改革委员会公告（2004 年第 66 号）颁布了新的《车辆识别代号（VIN）管理规则》，从 2004 年 12 月 1 日起实行。原管理规则作废。国家标准 GB 16735—2004《道路车辆　车辆识别代号（VIN）》于 2004 年 7 月 12 日由国家质检总局、国家标准化管理委员会正式批准，于 2004 年 10 月 1 日实施。国家标准 GB 16735—2004《道路车辆　车辆识别代号（VIN）》与 GB 16737—2004《道路车辆世界制造厂识别代号（WMI）》标准配套使用，在全国范围内规范车辆的生产，为管理提供依据。GB 16735—2004 是在 GB/T 16735—1997《道路车辆　车辆识别代号（VIN）位置与固定》、GB/T 16736—1997《道路车辆　车辆识别代号（VIN）内容与构成》两项已有国家标准的基础上进行适当调整、修改形成的，代替上述两项推荐性国家标准。

1. 基本要求

1）每一辆汽车、挂车、摩托车和轻便摩托车都必须具有车辆识别代号。

2）在 30 年内生产的任何车辆的识别代号不得相同。

3）车辆识别代号应尽量标示在车辆右侧的前半部分，易于看到，且能防止磨损或替换的车辆结构件上。

4）九个或九个座位以下的车辆和最大总质量小于或等于 3.5t 的载货汽车的车辆识别代号应永久地标示在仪表板上靠近风窗立柱的位置，在白天不需移动任何部件从车外就能够分辨出车辆识别代号。

5）车辆识别代号的字码在任何情况下都应是字迹清楚、坚固耐久和不易替换的。车辆识别代号的字码高度：若直接打印在车辆结构件上，则字高应不小于 7mm，深度应不小于 0.3mm；其他情况字高应不小于 4mm。

6）车辆识别代号仅能采用下列阿拉伯数字和大写罗马字母：

1 2 3 4 5 6 7 8 9 0

A B C D E F G H J K L M N P R S T U V W X Y Z

（字母 I、O、Q 不能使用）

7）车辆识别代号标示在车辆或标牌上时，应尽量标示在一行，此时可不使用分隔符。特殊情况下，由于技术原因必须标示在两行时，两行之间不应有空行，每行的开始与终止处应选用一个分隔符。

8）车辆识别代号在文件上标示时应标示在一行，不允许有空隔，不允许使用分隔符。

9）车辆识别代号还应标示在产品标牌上（两轮摩托车和轻便摩托车可除外）。

10）车辆识别代号可采用人工可读码形式或机器可读的条码形式进行标示，若采用条码，应符合 GB/T 18410—2001 的要求。

2. 基本内容

车辆识别代号由三个部分组成：第一部分，世界制造厂识别代号（WMI）；第二部分，车辆说明部分（VDS）；第三部分，车辆指示部分（VIS），如图 1-1 所示。

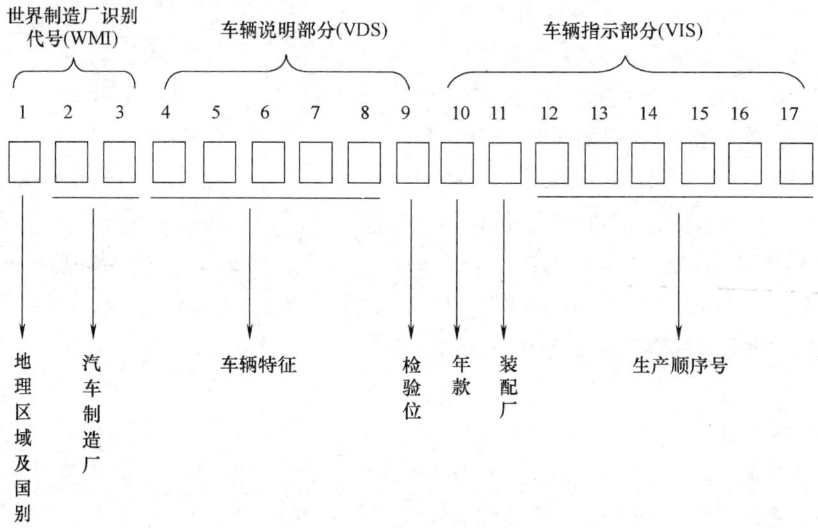

图 1-1 车辆识别代号

（1）第一部分为世界制造厂识别代号 必须经过申请、批准和备案后方能使用。

1）世界制造厂识别代号的第一位字码是标明一个地理区域的字母或数字；第二位是标明一个特定地区内的一个国家的字母或数字。第一、二位字码的组合将能保证国家识别标志的唯一性。第三位字码是标明某个特定的制造厂的字母或数字。第一、二、三位字码的组合能保证制造厂识别标志的唯一性。

2）对于年产量≥500 辆的制造厂，世界制造识别代号由以上所述的三位字码组成。对于年产量<500 辆的制造厂，世界制造厂识别代号的第三位字码为数字 9。此时车辆指示部分的第三、四、五位字码将与第一部分的三位字码作为世界制造厂

识别代号。

（2）第二部分为车辆说明部分　由六位字码组成，如果制造厂不用其中的一位或几位字码，应在该位置填入制造厂选定的字母或数字占位。此部分应能识别车辆的一般特性，其代号顺序由制造厂决定。

（3）第三部分为车辆指示部分　由八位字码组成，其最后四位字码应是数字。

1）第一位字码指示年份，年份代码按表 1-5 规定使用（30 年循环一次）。

表 1-5　标示年份的字码

年份	代码	年份	代码	年份	代码	年份	代码
1981	B	1991	M	2001	1	2011	B
1982	C	1992	N	2002	2	2012	C
1983	D	1993	P	2003	3	2013	D
1984	E	1994	R	2004	4	2014	E
1985	F	1995	S	2005	5	2015	F
1986	G	1996	T	2006	6	2016	G
1987	H	1997	V	2007	7	2017	H
1988	J	1998	W	2008	8	2018	J
1989	K	1999	X	2009	9	2019	K
1990	L	2000	Y	2010	A	2020	L

2）第二位字码可用来指示装配厂，若无装配厂，制造厂可规定其他的内容。

3）如果制造厂生产的某种类型的车辆年产量≥500 辆，第三至第八位字码表示生产顺序号；如果制造厂的年产量<500 辆，则此部分的第三、四、五位字码应与第一部分的三位字码一起来表示一个车辆制造厂。

3. 车辆识别代号示例

中国北京吉普汽车有限公司（BJC）VIN 示例如下：

L　E　4　E　J　6　8　W　A　V　5　7　0　0　3　2　1

①　②　③　④　⑤　⑥　⑦　⑧　⑨　⑩　⑪　⑫　⑬　⑭　⑮　⑯　⑰

第①位　生产地理地区代码

由 ISO 统一分配亚洲地区代码，从 J—R，中国定为“L”。

第②位　生产国家代码

由 ISO 统一分配中国的代码为“0—9”和“A—Z”。

BJC 使用“E”。

第③位　生产厂被批准备案的车型类别代码

N—BJ2020 和 BJ2022 系列。

4—BJ2021 系列。

第④位　厂定最大总质量分级代码

D—1360kg。

E—1360～1814kg。

F—1815～2267kg。

J—3176～3628kg。

第⑤位 车型种类代码（按驱动车轮和转向盘位置）

J—4×4 左置转向盘。

T—4×2 右置转向盘。

第⑥位 对 BJ2020 和 BJ2022 系列的装配类型代码

1—装配线上装配。

2—非装配线上装配。

对 BJ2021 系列的车型系列代码

2—经济型（用于 BJ7250 和 BJ7250L）。

6—中档型（用于 BJ2021E 和 BJ2021EL）。

7—高档型（用于 BJ2021E6Y、BJ2021A6、BJ2021E6L 和 BJ2120A6L）。

第⑦位 车身类型代码

1—2 门软顶。

2—2 门玻璃钢硬顶。

3—2 门金属硬顶。

6—4 门软顶。

7—4 门玻璃钢硬顶。

8—4 门金属硬顶。

第⑧位 发动机类型代码

A—2.2L 四缸化油器式汽油机。

W—2.5L 四缸化油器式汽油机。

H—2.5L 四缸多点燃油喷射式汽油机。

D—2.7L 四缸化油器式汽油机。

V—4L 六缸多点燃油喷射式汽油机。

F—2.8L 柴油机。

第⑨位 工厂检验代码

5—BJ2021E	普通四缸电喷切诺基。
A—BJ2021EL	四缸电喷长轴距切诺基。
6—BJ2021E6Y	普通六缸电喷切诺基。
B—BJ2021E6L	六缸电喷长轴距切诺基。
8—BJ7250	普通两轮驱动化油器发动机切诺基。
C—BJ7250L	两轮驱动化油器发动机长轴距切诺基。
9—BJ2021A6	普通自动变速六缸化油器发动机切诺基。

D—BJ2021A6L　　　　自动变速六缸电喷长轴距切诺基。

0—BJ7250E　　　　普通两轮驱动电喷切诺基。

Z—BJ7250EL　　　　两轮驱动四缸电喷长轴距切诺基。

第⑩位　车辆年度型（年款）代码

V—1997	W—1998	X—1999
Y—2000	1—2001	2—2002
3—2003	4—2004	5—2005
6—2006	7—2007	8—2008
9—2009	A—2010	

第⑪位　装配工厂代码

5—BJC 总装厂。

第⑫～⑰位　出厂顺序号代码

第⑫位为日历年的末位数字，例如，1997 年第⑫位为 7，1998 年第⑫位为 8。依次如此类推。

第⑬～⑰位按照每个日历年的生产顺序从 00 001～99 999 顺序编排（顺序号根据不同装配线和非装配线装配车辆分别编号，可由所在装配车间控制），例如：

BJ2020 装配线上 1998 年生产的第 1 辆汽车，其顺序号为 800 001。

BJ2021 装配线上 1999 年生产的第 1 000 辆汽车，其顺序号为 901 000。

试制车间 2000 年生产的第 10 辆汽车，其顺序号为 000 010。

说明：此识别代号是根据 BJC 的 VIN 管理规则规定而编制的，仅供读者参考。

二、国产汽车型号的编制规则

1988 年我国颁布了 GB/T 9417—1988《汽车产品型号编制规则》，该标准规定了编制各类汽车产品型号的术语及构成，适用于新设计定型的各类汽车和半挂车，不包括军事特种车辆（如装甲车、水陆两用车等）。

1．汽车产品型号的构成

汽车的产品型号由企业名称代号、车辆类别代号、主参数代号和产品序号组成，必要时附加企业自定代号，如图 1-2 所示。

说明：为了避免与数字混淆，不应采用汉语拼音字母中的“I”和“O”。

对于专用汽车及专用半挂车还应增加专用汽车分类代号，如图 1-3 所示。

2．基本内容

（1）企业名称代号　位于产品型号的第一部分，用代表企业名称的两个或三个汉语拼音字母表示。

（2）车辆类别代号　各类汽车的类别代号位于产品型号的第二部分，用一位阿拉伯数字表示，按表 1-6 规定。

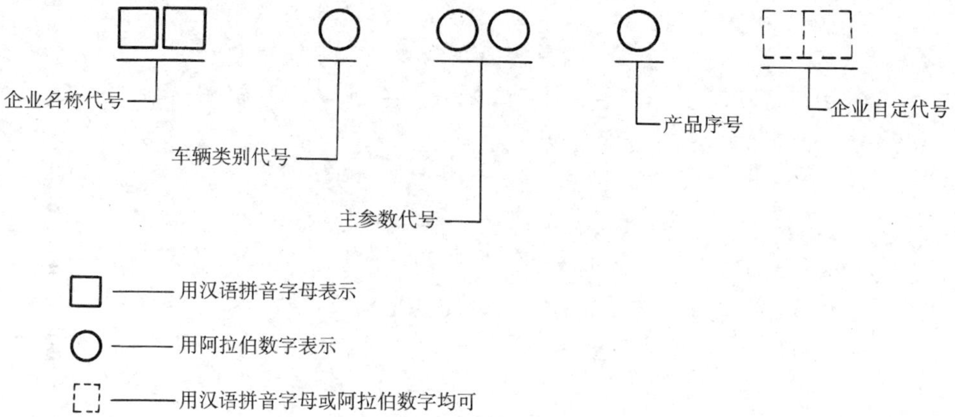

图 1-2 汽车产品型号的构成

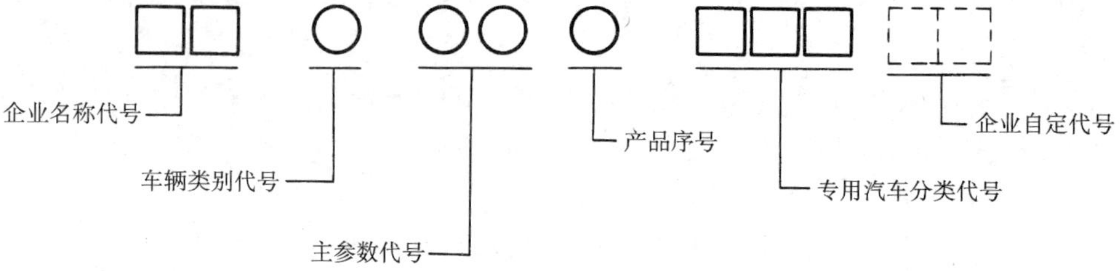

图 1-3 专用汽车及专用半挂车的专用汽车分类代号

表 1-6 各类汽车类别代号

车辆类别代号	车 辆 种 类	车辆类别代号	车 辆 种 类
1	载货汽车	5	专用汽车
2	越野汽车	6	客车
3	自卸汽车	7	轿车
4	牵引汽车	9	半挂列车

（3）主参数代号 各类汽车的主参数代号位于产品型号的第三部分，用两位阿拉伯数字表示。

1）载货汽车、越野汽车、自卸汽车、牵引汽车、专用汽车与半挂车的主参数代号为车辆的总质量（t）。牵引汽车的总质量包括牵引座上的最大总质量。当总质量在 100t 以上时，允许用三位数字表示。

2）客车及客车半挂车的主参数代号为车辆长度（m）。当车辆长度小于 10m 时，应精确到小数点后一位，并以长度（m）值的十倍数值表示。

3）轿车的主参数代号为发动机排量（L）。应精确到小数点后一位，并以其值的十倍数值表示。

4）主参数的数字修约按《数字修约规则》的规定。主参数不足规定位数时，在参数前以“0”占位。

（4）产品序号　各类汽车的产品序号位于产品型号的第四部分，用阿拉伯数字表示，数字由0、1、2…依次使用。当车辆主参数有变化，大于10%时，应改变主参数代号。若因为数字修约而主参数代号不变时，则应改变其产品序号。

（5）专用汽车分类代号　专用汽车分类代号位于产品型号的第五部分，用反映车辆结构和用途特征的三个汉语拼音表示。结构特征代号按表1-7的规定，用途特征代号另行规定。

表1-7　结构特征代号

结构类型	结构特征代号	结构类型	结构特征代号
厢式汽车	X	特种结构汽车	T
罐式汽车	G	起重举升汽车	J
专用自卸汽车	Z	仓栅式汽车	C

（6）客车车型结构分类　A城市、B长途、C旅游、D铰接、E无轨电车、F越野、G专用、H其他。

（7）企业自定代号　企业自定代号位于产品型号的最后部分，同一种汽车结构略有变化而需要区别时，例如，汽油、柴油发动机，长、短轴距，单、双排驾驶室，平、凸头驾驶室，左、右置转向盘等，可用汉语拼音字母和阿拉伯数字表示，位数也由企业自定。供用户选装的零部件（如暖风装置、收音机、地毯、绞盘等）不属结构特征变化，应不给予企业自定代号。

3. 汽车产品型号示例

（1）EQ1141　EQ代表生产企业名称为中国第二汽车制造厂，第一个1代表汽车类型为载货汽车，后面的14代表主参数为总质量14t，最后的1代表生产序号为1。

（2）XMQ6122　XMQ代表厦门金龙旅行车制造有限公司，6代表汽车类型为客车，12代表主参数为车长12m，2代表生产序号为2。

（3）VF7160GIF　VF代表生产企业名称为一汽-大众汽车股份有限公司，7代表汽车类型为轿车，16代表主参数为排量1.6L，0为生产序号代表捷达车，后面的企业自定代号G代表发动机为每缸5气门，I代表发动机为电子喷射式，F代表第三代车身。

三、汽车标牌

我国国家标准GB/T 18411—2001《道路车辆　产品标牌》对汽车标牌的主要规定如下：

1. 形式

汽车标牌的形式如图1-4a所示。虚线上部为规定区，虚线下部为自由区。

上海大众汽车有限公司 制造

LSVBCGC26XC000001

（如果车辆通过了形式认证，标示出形式认证编号）

品牌：桑塔纳牌 型号：

发动机型号：

发动机最大净功率： kW 座位数：

最大设计总质量： kg

生产序号： 生产日期：□□□□年□□月

（此处同时还可以增加有关车辆的一些技术参数）

a)

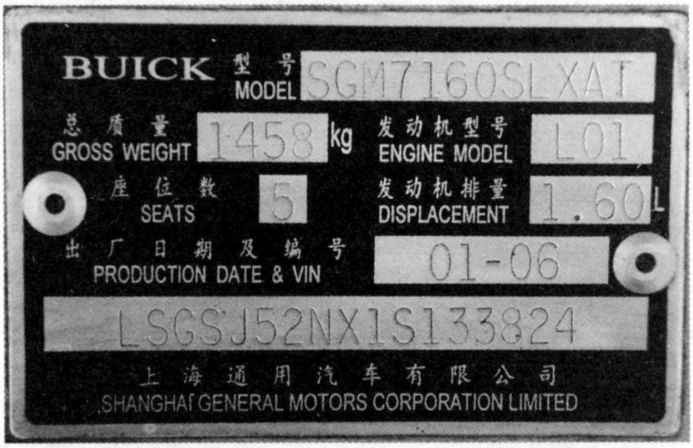

b)

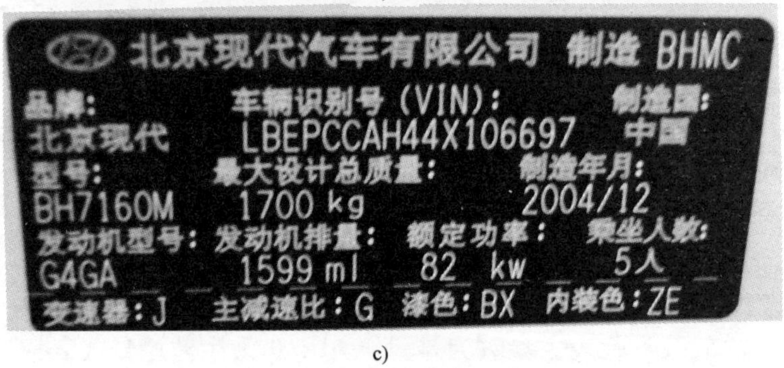

c)

图1-4 汽车标牌形式

2. 尺寸

汽车标牌的尺寸可由制造厂根据产品的具体形式及固定位置确定，应满足明显、清晰和易于识别阅读的要求。

3. 标牌的位置

1）每一辆车都应有标牌，标牌应位于汽车右侧。如受结构限制，亦可放在便于接近和观察的其他位置。例如，半承载式车身及非承载式车身结构的汽车在右纵梁上，一厢式车身在车身内部右侧，两厢式车身及三厢式车身的汽车在发动机室内右侧。

2）标牌的位置应是不易磨损、替换和遮蔽的部位。

3）标牌的固定位置应在产品说明书中标明。

4. 标牌的固定

1）标牌应永久地固定在不易拆除或更换的汽车结构件上。例如，车架、底盘或其他类似的结构件上。

2）标牌应牢固地、永久地固定，不损坏，不能拆卸。应保证标牌不能完整地拆下移作他处使用。

5. 标牌的内容

（1）规定区的内容要求

1）标示出汽车制造厂厂标、商标或品牌的文字或图案。

2）标示出汽车制造厂合法的名称全称及备案的世界制造厂识别代号（WMI）。

3）如果车辆通过了形式认证，标示出形式认证编号。

4）标示出进行备案了的车辆识别代号（VIN）。

5）应标示出汽车制造厂编制的汽车产品型号。

6）应标示出发动机型号、最大净功率或排量。

7）应标示出汽车的主要参数。

对于载货汽车应标示出最大设计总质量、最大设计装载质量和座位数。

对于客车应标示出最大设计总质量和额定载客人数。

对于乘用车应标示出最大设计总质量和座位数。

对于半挂牵引车应标示牵引座最大设计静载荷、牵引销孔直径和最大设计牵引质量。

对于特种车应标示出能够反映出其主要功能的技术参数。

对于非完整车辆应标示出整备质量和最大设计总质量。

对于半挂车应标示牵引销直径、作用在牵引车上的最大设计静载荷、最大设计总质量和外形尺寸（长、宽、高）。

对于半挂车应标示作用在连接装置上的最大设计静载荷和外形尺寸（长、宽、高）。

8）应标示出汽车产品的生产序号。

9）应至少标示出汽车产品的生产年月。

（2）自由区的内容要求

对非完整车辆提出内容要求，对完整车辆未提出要求（图1-4b所示上海通用别克自由区无空白，图1-4c所示北京现代伊兰特自由区有内容）。

6. 其他要求

1）标牌上所用的汉字及阿拉伯数字、罗马字母的字高应不小于4mm。若将标牌内容直接打印在汽车部件上，则打印字高不小于7mm。

2）出口汽车的标牌，可将汉字与外文并列标注，亦可根据使用国的要求制作标牌。

第四节 汽车的主要技术参数和性能指标

一、汽车的主要技术参数

1. 尺寸参数

（1）车长 车长是指垂直于车辆纵向对称平面，并分别抵靠在汽车前、后最外端突出部位的两垂面之间的距离，如图1-5所示。

图1-5 车长

全挂车车长定义同上，但全挂车车长有包括和不包括牵引杆两种长度，按国家标准规定第二个数值写在括号内。在确定包括有牵引杆在内的全挂车车长时，牵引杆应位于车辆正前方，牵引杆的销孔或连接头中心线应垂直于水平面。

半挂车车长定义同上，但半挂车除全长外，还有半挂车牵引销中心至半挂车后端之间的距离，此数值按国家标准规定写在括号内。

国家标准GB 1589—2004《道路车辆外廓尺寸、轴荷及质量限值》及国家标准GB 7258—2012《机动车运行安全技术条件》均规定了我国道路车辆的汽车总长极限尺寸。

1）三轮汽车车长为4600mm，当采用转向盘转向、由传动轴传递动力、具有驾驶室且驾驶员座椅后设计有物品放置空间时，车长为5200mm。

2）货车及半挂牵引车。车长限值不适用于不以运输为目的的专用作业车，最大设计总质量不超过26000kg的汽车起重机的车长限值为13000mm。货车及半挂牵引车车长限值见表1-8。

表1-8 货车及半挂牵引车车长限值 （单位：mm）

二轴	最大设计总质量≤3500kg	6000
	最大设计总质量＞3500kg，且≤8000kg	7000①
	最大设计总质量＞8000kg，且≤12000kg	8000①
	最大设计总质量＞12000kg	9000①
三轴	最大设计总质量≤20000kg	11000
	最大设计总质量＞20000kg	12000
四轴		12000

① 当货厢与驾驶室分离且货厢为整体封闭式时，车长限值增加1000mm。

3）乘用车及客车。乘用车及客车车长限值见表1-9。

表1-9　乘用车及客车车长限值　　（单位：mm）

乘用车及二轴客车	12000
三轴客车	13700
单铰接客车	18000

4）挂车。挂车车长限值见表1-10。

表1-10　挂车车长限值　　（单位：mm）

半挂车①	一轴	8600
	二轴	10000②
	三轴	13000③
中置轴（旅居）挂车		8000
其他挂车	最大设计总质量≤10000kg	7000
	最大设计总质量>10000kg	8000

① 运送不可拆解物体的低平板专用半挂车车宽限值3000mm；车长限值不适用于运送不可拆解物体的低平板专用半挂车、运送车辆的专用半挂车（但与牵引车组成的列车长度需符合本标准规定）和运送单箱长度大于12.2m（40ft）集装箱的框架式集装箱半挂车。

② 对于整体封闭式厢式半挂车、集装箱半挂车，以及组成五轴汽车列车的罐式半挂车，车长最大限值为13000mm。

③ 自2008年1月1日起，在高等级公路上使用的整体封闭式厢式半挂车，车长最大限值为14600mm。

5）汽车列车。汽车列车车长限值见表1-11。

表1-11　汽车列车车长限值　　（单位：mm）

铰接列车	16500①
货车列车	20000

① 运送不可拆解物体的低平板列车和运送单箱长度大于12.2m（40ft）集装箱的框架式集装箱列车除外；自2008年1月1日起，与整体封闭式厢式半挂车组成的铰接列车在高等级公路上使用时，车长最大限值为18100mm。

（2）车宽　车宽是指平行于车辆纵向对称平面，并分别抵靠车辆两侧固定突出部位（除后视镜、侧面标志灯、转向指示灯、挠性挡泥板、折叠式踏板、防滑链及轮胎与地面接触部分的变形外）的两平面之间的距离，如图1-6所示。

国家标准GB 1589—2004《道路车辆外廓尺寸、轴荷及质量限值》及国家标准GB 7258—2012《机动车运行安全技术条件》均规定，我国道路车辆的总宽的极限尺寸如下：

1）三轮汽车车宽为1600mm，当采用转向盘转向、由传动轴传递动力、具有驾驶室且驾驶员座椅后设计有物品放置空间时，车宽1800mm。

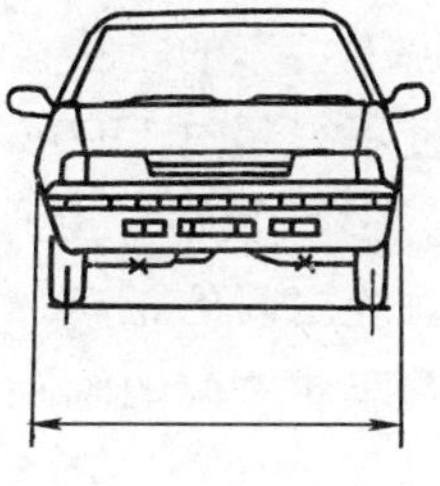

图1-6　汽车宽

2）最高设计车速小于 70km/h 的四轮货车，车宽为 2000mm。

3）其他车宽为 2500mm。对于货厢为整体封闭式的厢式货车（且货厢与驾驶室分离）、整体封闭式厢式半挂车及整体封闭式厢式汽车列车，以及车长大于11000mm的客车，车宽最大限值为 2550mm。运送不可拆解物体的低平板挂车列车车宽限值 3000mm。

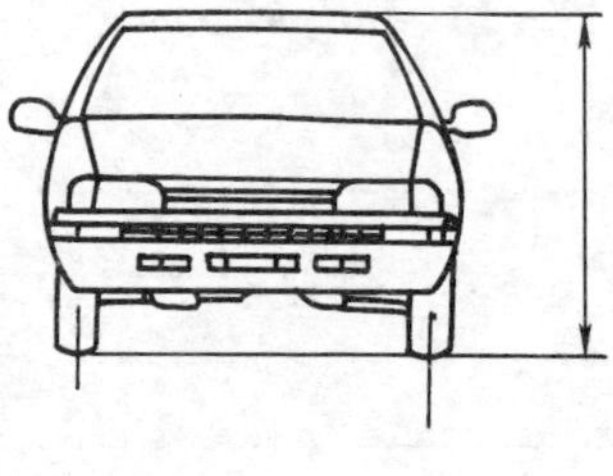

图 1-7 汽车高

（3）车高 车高是指车辆没有装载且处于可运行状态，车辆支撑平面与车辆最高突出部位相抵靠的水平面之间的距离，如图 1-7 所示。

国家标准 GB 1589—2004《道路车辆外廓尺寸、轴荷及质量限值》及国家标准 GB 7258—2012《机动车运行安全技术条件》均规定，我国道路车辆的汽车总长极限尺寸为：

1）三轮汽车车高为 2000mm，当采用转向盘转向、由传动轴传递动力、具有驾驶室且驾驶员座椅后设计有物品放置空间时，车高为 2200mm。

2）最高设计车速小于 70km/h 的四轮货车，车高为 2500mm。

3）其他车高为 4000mm。

定线行驶的双层客车高度限值为 4200mm。

对于集装箱挂车列车指装备空集装箱时的高度。2007 年 1 月 1 日以前，集装箱挂车列车的车高最大限值为 4200mm。

（4）其他尺寸规定 国家标准 GB 1589—2004《道路车辆外廓尺寸、轴荷及质量限值》及国家标准 GB 7258—2012《机动车运行安全技术条件》还规定：

1）当汽车或汽车列车处于满载状态、外后视镜底边离地高度小于 1800mm 时，其单侧外伸量不得超出汽车或汽车列车最大宽度处 200mm。外后视镜底边离地高度大于或等于 1800mm 时，其单侧外伸量不得超出汽车或汽车列车最大宽度处 250mm。

2）汽车的顶窗、换气装置等处于开启状态时不得超出车高 300mm。

3）汽车的后轴与挂车的前轴之间的距离不得小于 3.00m（牵引中置轴挂车除外）。

4）挂车及二轴货车的货箱栏板高度不得超过 600mm，二轴自卸车、三轴及三轴以上货车的货箱栏板高度不得超过 800mm，三轴及三轴以上自卸车的货箱栏板高度不得超过 1500mm。

（5）轴距 指通过车辆同一侧相邻两车轮的中点，并垂直于车辆纵向平面的两垂线之间的距离，如图1-8a所示。对于三轴以上的车辆，其轴距由从最前面的相邻两车轮之间的轴距分别表示，总轴距则为各轴距之和，如图 1-8b 所示。

（6）轮距 汽车车轴的两端为单车轮时，轮距为车轮在支撑平面上留下的轨迹中心线之间的距离，如图 1-9a 所示。汽车车轴的两端为双车轮时，轮距为车轮

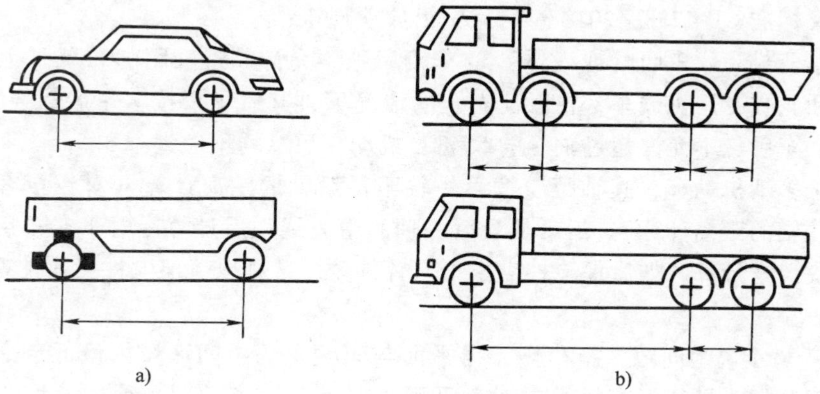

图 1-8　轴距

中心平面（双轮车中心平面为外车轮轮辋内缘等距的平面）之间的距离，如图1-9b所示。

（7）前悬　指通过两前轮中心的垂面与抵靠在车辆最前端（包括前拖钩、车牌及任何固定在车辆前部的刚性部件），并且垂直于车辆纵向对称平面的垂面之间的距离，如图 1-10 所示。

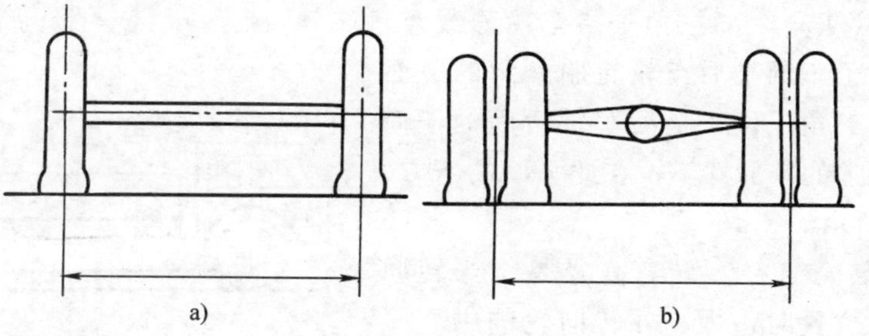

图 1-9　轮距

（8）后悬　指通过车辆最后车轮轴线的垂面与抵靠在车辆最后端（包括牵引装置、车牌及任何固定在车辆后部的刚性部件），并且垂直于车辆纵向对称平面的垂面之间的距离，如图 1-11 所示。

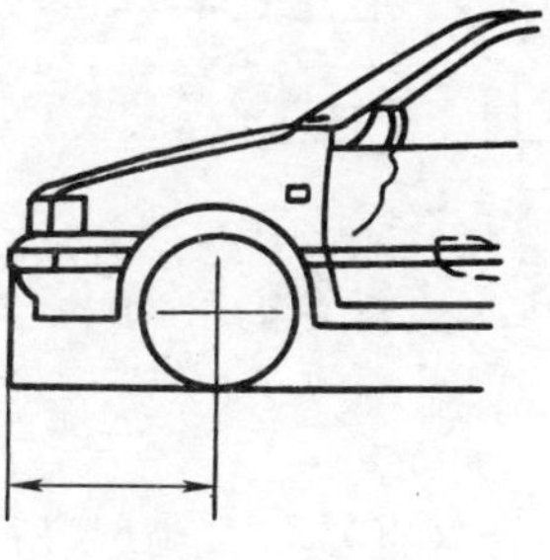

图 1-10　前悬

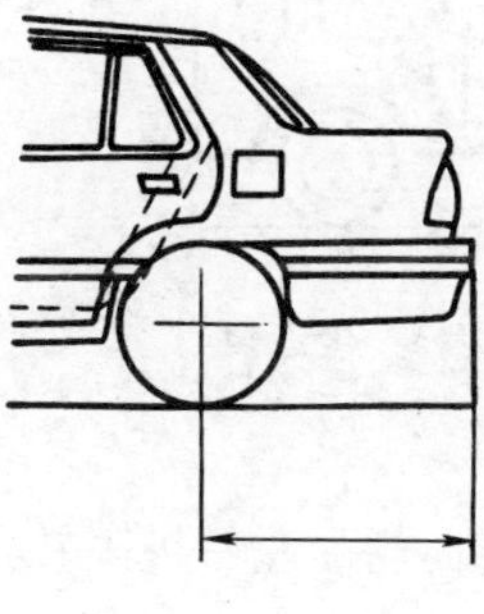

图 1-11　后悬

国家标准 GB 7258—2012 对后悬做出如下规定：

客车及封闭式车厢（或罐体）的车辆后悬不允许超过轴距的65%。对于专用作业车和轮式专用机械车，在保证安全的情况下，其后悬可按客车后悬要求核算，其他机动车后悬不允许超过轴距的55%。机动车后悬均不应大于3.5m。

对于多轴机动车，其轴距应按第一轴至最后轴的距离计算（对铰接客车按第一至第二轴的距离计算），后悬从最后一轴的中心线往后计算。对于客车后悬以车身外蒙皮尺寸计算，如后保险杠突出于后背外蒙皮，则以后保险杠尺寸计算，不计后尾梯。

（9）最小离地间隙　指车辆支撑平面与车辆上的中间区域内最低点之间的距离。中间区域为平行于车辆纵向对称平面且与其等距离的两平面之间所包含的部分，两平面之间的距离为同一轴上两端车轮内缘最小距离的80%，如图1-12所示。

（10）接近角　接近角是指车辆静载时，水平面与切于前轮轮胎外缘的平面之间的最大夹角，前轴前面任何固定在车辆上的刚性部件不得在此平面的下方，如图1-13所示。

（11）离去角　离去角是指车辆静载时，水平面与切于车辆最后车轮轮胎外缘的平面之间的最大夹角，位于最后车轴后面的任何固定在车辆上的零部件不得在此平面的下方，如图1-14所示。

（12）转弯直径　转弯直径是指当转向盘转到极限位置时，内、外转向轮的中心平面在车辆支撑平面上的轨迹圆直径，如图1-15a所示。

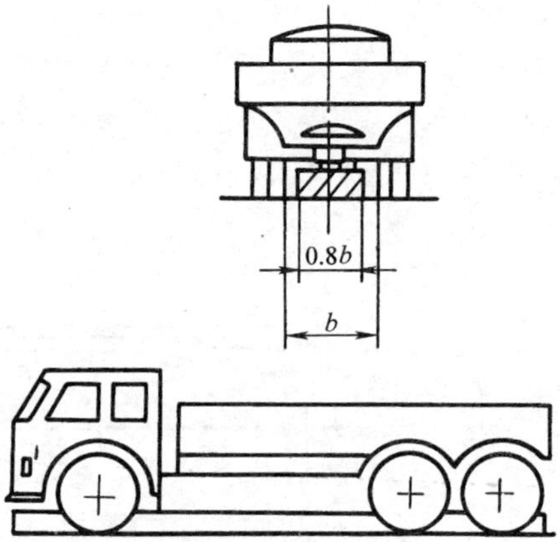

图1-12　最小离地间隙

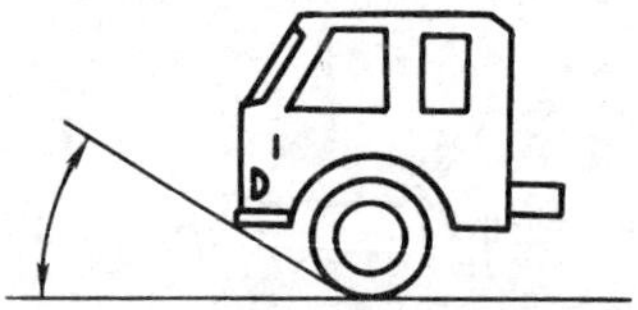

图1-13　接近角

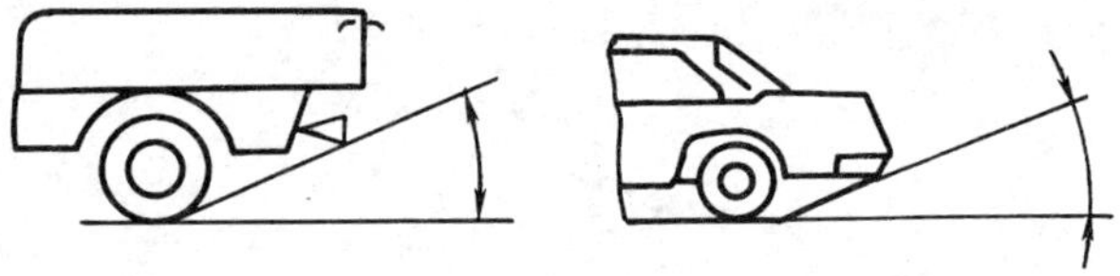

图1-14　离去角

由于转向轮的左右极限转角一般不相等，故有左转弯直径与右转弯直径之别。转向轮的中心平面在车辆支撑平面上的轨迹圆直径有实际意义，称为非转向内轮转弯直径，如图 1-15b 所示。

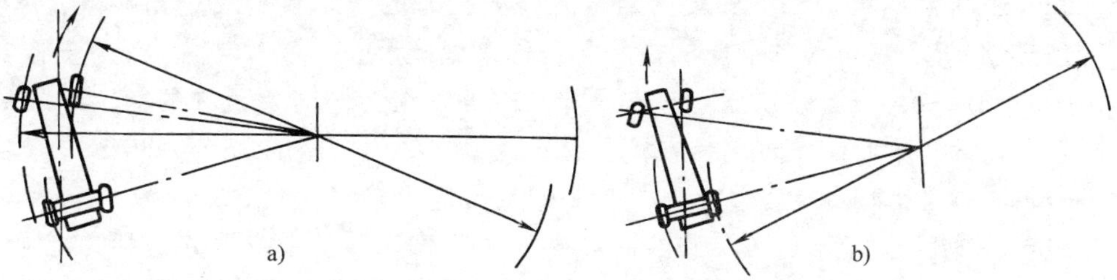

图 1-15 转弯直径和非转向内轮转弯直径

（13）通道圆与外摆值 汽车和汽车列车（不计具有作业功能的专用装置的突出部分）必须能在同一个车辆通道圆内通过，车辆通道圆的外圆直径 D_1 为 25.00m，车辆通道圆的内圆直径 D_2 为 10.60m。汽车和汽车列车由直线行驶过渡到上述圆周运动时，任何部分超出直线行驶时的车辆外侧面垂直面的值（车辆外摆值）T 不得大于 0.80m，其测量方法如图 1-16 所示。

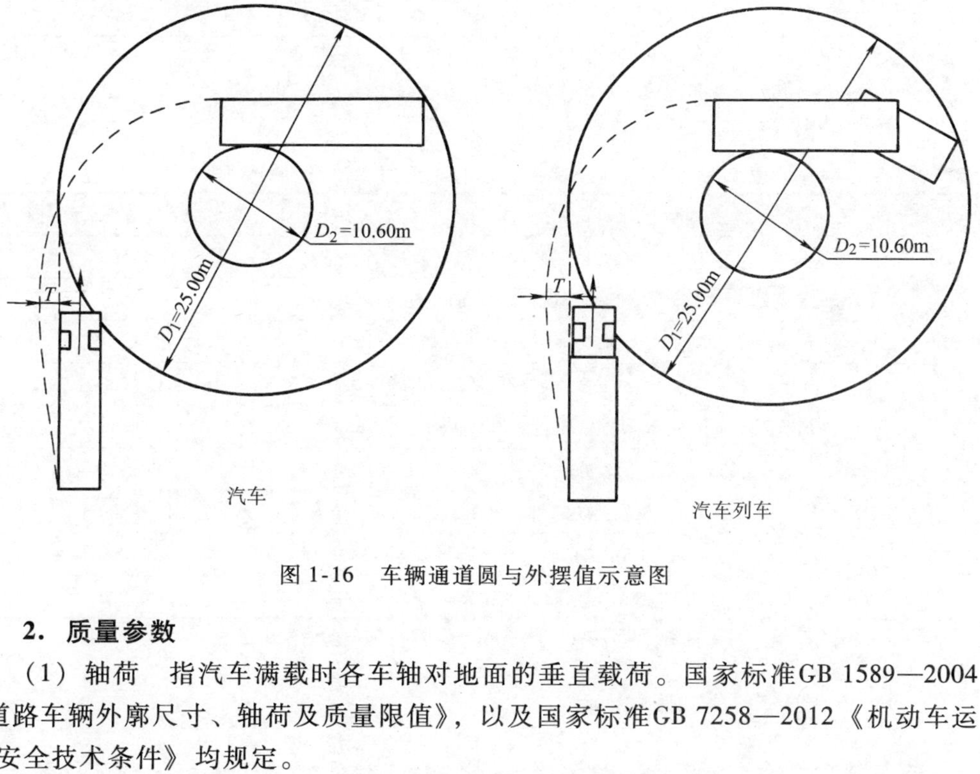

图 1-16 车辆通道圆与外摆值示意图

2. 质量参数

（1）轴荷 指汽车满载时各车轴对地面的垂直载荷。国家标准GB 1589—2004《道路车辆外廓尺寸、轴荷及质量限值》，以及国家标准GB 7258—2012《机动车运行安全技术条件》均规定。

1）单轴。汽车及挂车单轴的最大允许轴荷不得超过表 1-12 规定的最大限值。

2）并装轴。汽车及挂车并装轴的最大允许轴荷不得超过表 1-13 规定的最大限值。

3）其他类型的车轴。其最大允许轴荷不得超过该轴轮胎数 ×3000kg。

（2）汽车总质量　汽车总质量是指装备齐全时的汽车自身质量与按规定装满客（包括驾驶员）、货时的载质量之和，也称满载质量。

（3）载质量　汽车载质量是指在硬质良好路面上行驶时所允许的额定载质量。当汽车在碎石路面上行驶时，载质量应有所减少（约为好路的 75% ~80%）。越野汽车的载质量是指越野行驶或土路上行驶的载质量。

轿车的装载量以座位数表示。城市客车的装载量等于座位数并包括站立乘客数（一般按每平方米 8 ~10 人计）。长途客车和旅游客车的装载量等于座位数。

表 1-12　汽车及挂车单轴的最大允许轴荷的最大限值　（单位：kg）

车辆类型			最大允许轴荷最大限值
挂车及二轴货车	每侧单轮胎		6000①
	每侧双轮胎		10000②
客车、半挂牵引车及三轴以上（含三轴）货车	每侧单轮胎		7000①
	每侧双轮胎	非驱动轴	10000②
		驱动轴	11500

① 安装名义断面宽度超过 400mm（公制系列）或 13.00in（英制系列，1in = 0.0254m）轮胎的车轴，其最大允许轴荷不得超过规定的各轮胎负荷之和，且最大限值为 10000kg。

② 装备空气悬架时最大允许轴荷的最大限值为 11500kg。

表 1-13　汽车及挂车并装轴的最大允许轴荷的最大限值　（单位：kg）

车辆类型			最大允许轴荷最大限值
汽车	并装双轴	并装双轴的轴距 <1000mm	11500
		并装双轴的轴距 ≥1000mm，且 <1300mm	16000
		并装双轴的轴距 ≥1300mm，且 <1800mm	18000①
挂车	并装双轴	并装双轴的轴距 <1000mm	11000
		并装双轴的轴距 ≥1000mm，且 <1300mm	16000
		并装双轴的轴距 ≥1300mm，且 <1800mm	18000
		并装双轴的轴距 ≥1800mm	20000
	并装三轴	相邻两轴之间距离 ≤1300mm	21000
		相邻两轴之间距离 >1300mm，且 ≤1400mm	24000

① 驱动轴为每轴每侧双轮胎且装备空气悬架时，最大允许轴荷的最大限值为 19000kg。

二、汽车的主要性能指标

汽车的主要性能包括动力性、燃油经济性、制动性、操纵稳定性、行驶平顺性、排放污染及噪声。

1. 汽车的动力性

从获得尽可能高的平均行驶速度的观点出发，汽车的动力性可用以下三个指标来评定。

（1）汽车的最高车速　汽车的最高车速是指在平直良好的路面上（水泥路面和沥青路面）汽车所能达到的最高行驶速度。

（2）汽车的加速能力　汽车的加速能力是指汽车在行驶中迅速增加行驶速度的能力。汽车的加速能力常用汽车的原地起步加速性和超车加速性来评价。

1）原地起步加速性是指汽车由停车状态起步后以最大的加速强度加速，并恰当地选择最有利的换档时机，逐步换至最高档后达到某一预定的距离或车速所需的时间。一般常用0～400m所需的时间来表示；也可用0～100km/h所需的时间来表示。

2）超车加速性是指汽车用最高档或次高档由某一预定车速（该档最低稳定车速或30km/h）全力加速至某一高速所需时间。这段时间愈短，说明超车加速能力愈强，从而可以减少超车过程中的并行时间，有利于保障安全。

（3）汽车的爬坡能力　汽车的爬坡能力是指汽车满载时在良好的路面上以最低前进档所能爬行的最大坡度。

2. 汽车的燃油经济性

汽车在一定的使用条件下，以最小的燃油消耗量完成单位运输工作的能力称为汽车的燃油经济性。

汽车的燃油经济性常用一定运行工况下汽车行驶100km的燃油消耗量或一定燃油量能使汽车行驶的里程来衡量。

在我国及欧洲，燃油经济性指标的单位为L/100km，即行驶100km里程所消耗的燃油量（L）。可见，其数值愈大，汽车的燃油经济性愈差。在美国，汽车燃油经济性的单位为mile/USgal，即每加仑燃油能行驶的英里数。可见，其数值愈大，表明燃油经济性愈好。这项指标是用作比较相同载质量的汽车的燃油经济性或分析同一汽车的燃油经济性的。

对于不同载质量的汽车在相同的运行条件下完成单位运输工作量的燃油经济性的评价，则常用完成单位货物周转量的平均燃油消耗量来衡量，其单位为L/(100t·km)。

3. 汽车的制动性

汽车的制动性能直接关系着汽车的行车安全。只有在保证行车安全的前提下才能充分利用汽车的其他使用性能，诸如提高汽车的行驶速度、提高汽车的机动性能等。

汽车的制动性主要由制动效能、制动抗热衰退性能和制动时汽车的方向稳定性三个方面来评价。

（1）制动效能　制动效能是指汽车迅速降低行驶速度直至停车的能力。制动效能是制动性能最基本的评价指标，它由一定初速度下的制动距离、制动减速度和制动时间来评定。

制动距离与行车安全有直接关系，而且最直观，因此管理部门通常按制动距离制订安全法规。

（2）制动抗热衰退性 汽车的抗热衰退性是指汽车高速制动、短时间多次重复制动或下长坡连续制动时制动效能的热稳定性。

（3）制动时汽车的方向稳定性 制动时汽车的方向稳定性是指汽车在制动时按指定轨迹行驶的能力，即不发生跑偏、侧滑或失去转向的能力。通常规定一定宽度的试验通道，制动稳定性良好的汽车，在试验时不允许产生不可控制的效能使它偏离这条通道。

4. 汽车的操纵稳定性

汽车的操纵稳定性包含着互相联系的两部分内容，一个是操纵性，一个是稳定性。操纵性是指汽车能够及时而准确地执行驾驶员的转向指令的能力；稳定性是指汽车受到外界扰动（路面扰动或突然阵风扰动）后，能自行尽快地恢复正常行驶状态和方向，而不发生失控，以及抵抗倾覆、侧滑的能力。

5. 汽车的行驶平顺性

汽车行驶时，对路面不平度的隔振特性，称为汽车的行驶平顺性。

汽车行驶时，路面的不平度会激起汽车的振动；当这种振动达到一定程度时，将使乘客感到不舒适和疲劳，或使运载的货物损坏。振动引起的附加动载荷将加速有关零部件的磨损，缩短汽车的使用寿命。车轮载荷的波动会影响车轮与地面之间的附着性能，因而关系到汽车的操纵稳定性。

汽车的振动随行驶速度的提高而加剧。在汽车的使用过程中，常因车身的强烈振动而限制了行驶速度的发挥。

6. 汽车的排放污染物

汽车排放污染主要有三个排放源：一是由发动机排气管排出的发动机燃烧废气，汽油车的主要污染物成分是一氧化碳（CO）、碳氢化合物（HC）、氮氧化合物（NO_x），而柴油车除了这三种有害物外还排放大量的颗粒物；二是曲轴箱排放物，由发动机在压缩及燃烧过程中未燃的碳氢化合物由燃烧室漏向曲轴箱再排向大气而产生，主要是碳氢化合物；三是燃料蒸发排放物，主要由发动机供油系统的化油器和燃油箱的燃料蒸发而产生。在未加控制时曲轴箱和燃料蒸发排放的碳氢化合物各约占碳氢化合物总排放量的四分之一。

汽车污染物各排放源相对排放量见表1-14。

表1-14 汽车污染物各排放源相对排放量 （单位：%）

	CO	HC	NO_x
曲轴箱	1～2	15～25	1～2
燃油系统	0	15～25	0
排气管	98～99	55～70	98～99

根据原国家环保总局、科技部和原国家机械局于1999年6月共同发布的《机动车排放污染防治技术政策》，我国对轻型车、重型车和摩托车等各类车型的污染

物排放的控制目标是：

2000~2001年达到欧Ⅰ（即我国的第一阶段控制目标）；2004~2005年达到欧Ⅱ（即我国的第二阶段控制目标）；2010年前后争取与国际排放控制水平接轨。

我国近年来对轻型汽车、重型汽车、摩托车及农用车相继发布了一系列新车排放标准，控制因素包括排气污染物、燃油蒸发、曲轴箱通风、排气可见污染物、烟度和噪声等。这些标准对于防止机动车对空气的污染起到了非常重要的作用。

2005年4月27日，原国家环保总局公布了5项机动车污染物排放新标准。其中与广大汽车生产企业和众多消费者最为密切的是GB 18352.3—2005《轻型汽车污染物排放限值及测量方法（中国Ⅲ、Ⅳ阶段）》（即中国轻型汽车第Ⅲ、Ⅳ号排放标准），轻型汽车第Ⅲ号排放标准自2007年7月1日起实施，第Ⅳ号排放标准自2010年7月1日起实施。中国轻型汽车Ⅲ、Ⅳ号排放标准（以下简称国Ⅲ、国Ⅳ）的出台意味着以后在国内生产的轿车等轻型汽车要达到中国自己的国家标准，并按照此标准进行试验检测和形式认证。由于第Ⅲ、Ⅳ阶段轻型汽车排放法规的要求比第Ⅱ阶段严格很多，随之而来的形式认证、试验类型、试验要求、试验方法、试验程序和燃油规格等方面出现了与第Ⅱ阶段完全不同的变化。这样，法规的变化和试验方法的变化必然带来试验设备的变化、政府管理方法的变化。因此，无论是作为我国政府权威的管理机构，还是各汽车排放检测机构和汽车生产企业，甚至还有中石油和中石化两家石油业的龙头老大，这都将是一个巨大的挑战。

1）GB 18352.3—2005《轻型汽车污染物排放限值及测量方法（中国Ⅲ、Ⅳ阶段）》的具体特点。顾名思义，该标准适用于轻型汽车，按照我国汽车分类标准GB/T 15089—2001《机动车辆及挂车分类》规定，轻型汽车指最大总质量不超过3500kg的M1类、M2类和N1类汽车。其中M1类车指包括驾驶员座位在内，座位数不超过九座的载客汽车；M2类车指包括驾驶员座位在内，座位数超过九座，且最大设计总质量不超过5000kg的载客汽车；N1类车指最大设计总质量不超过3500kg的载货汽车。而按照GB/T 3730.1—2001《汽车和挂车类型的术语和定义》标准规定：乘用车是指在其设计和技术特性上主要用于载运乘客及其随身行李和/或临时物品的汽车，包括驾驶员座位在内，最多不超过九个座位；商用车是指在其设计和技术特性上用于运送人员和货物的汽车，并且可以牵引挂车。因此轻型汽车类车型既属于乘用车的范畴，也属于商用车的范畴。

此外GB 18352.3—2005还对轻型汽车的燃料种类做了特别规定，不仅适用于汽油车、柴油车，还包括燃用LPG（液化石油气）或CNG（天然气）的单一气体燃料车和两用燃料车。作为独立技术总成、拟安装在轻型汽车上的替代用催化转化器，在污染物排放方面也采用此标准。

2）GB 18352.3—2005与GB 18352.1/2—2001（中国Ⅰ、Ⅱ阶段）对比。GB

18352.3—2005 与 GB 18352.1/2—2001 属于同一系列标准，GB 18352.1/2—2001 是轻型汽车国家第Ⅰ、Ⅱ阶段排放标准，2007 年 7 月 1 日全国实施GB 18352.3—2005 第Ⅲ阶段排放标准之日起，GB 18352.1/2—2001 将自动废止。同全国实施的第Ⅱ阶段排放标准（简称“国Ⅱ”）相比，第Ⅲ阶段排放标准（简称“国Ⅲ”）无论是在排放限值、检测项目，还是试验方法、种类上都有诸多不同，而且要严格得多。

Ⅰ型试验：常温下冷起动后排气污染物排放试验。同国Ⅱ标准相比，排放限值全面降低 30% 以上。以汽油车的 HC 排放限值为例，由原先的 0.5g/km（欧Ⅱ）下降到 0.2g/km（国Ⅲ）；柴油车的 CO 排放限值，由 1.0g/km（国Ⅱ）下降到 0.5g/km（国Ⅲ）。第Ⅳ阶段排放限值，又在第Ⅲ阶段基础上下降一半。除排放限值提高外，Ⅰ型试验中，去掉原有发动机起动后允许的 40s 暖机时间，测试真正冷机起动时的各种排放限值。同时污染物 HC 和 NO_x 排放分别单独测量。轻型汽车国Ⅱ与国Ⅲ、Ⅳ排放标准Ⅰ型试验排放限值对比见表 1-15。

表 1-15 轻型汽车国Ⅱ与国Ⅲ、Ⅳ排放标准Ⅰ型试验排放限值对比

阶段	类别	级别	基准质量(RM)/kg	限值/(g/km)								
				一氧化碳(CO)		碳氢化合物(HC)		氮氧化物(NO_x)		碳氢化合物和氮氧化物(HC + NO_x)		颗粒物(PM)
				L1		L2		L3		L2 + L3		L4
				汽油	柴油	汽油	柴油	汽油	柴油	汽油	柴油 非直喷/直喷	柴油 非直喷/直喷
Ⅱ	第一类车	—	全部	2.2	1.0	—	—	—	—	0.5	0.7/0.9	0.08/0.10
Ⅱ	第二类车	Ⅰ	RM≤1250	2.2	1.0	—	—	—	—	0.5	0.70/0.9	0.08/0.10
Ⅱ	第二类车	Ⅱ	1250 < RM≤1700	4.0	1.25	—	—	—	—	0.6	1.0/1.3	0.12/0.14
Ⅱ	第二类车	Ⅲ	1700 < RM	5.0	1.5	—	—	—	—	0.7	1.2/1.6	0.17/0.20
Ⅲ	第一类车	—	全部	2.30	0.64	0.20	—	0.15	0.50	—	0.56	0.050
Ⅲ	第二类车	Ⅰ	RM≤1305	2.30	0.64	0.20	—	0.15	0.50	—	0.56	0.050
Ⅲ	第二类车	Ⅱ	1305 < RM≤1760	4.17	0.80	0.25	—	0.18	0.65	—	0.72	0.070
Ⅲ	第二类车	Ⅲ	1760 < RM	5.22	0.95	0.29	—	0.21	0.78	—	0.86	0.100
Ⅳ	第一类车	—	全部	1.00	0.50	0.10	—	0.08	0.25	—	0.30	0.025
Ⅳ	第二类车	Ⅰ	RM≤1305	1.00	0.50	0.10	—	0.08	0.25	—	0.30	0.025
Ⅳ	第二类车	Ⅱ	1305 < RM≤1760	1.81	0.63	0.13	—	0.10	0.33	—	0.39	0.040
Ⅳ	第二类车	Ⅲ	1760 < RM	2.27	0.74	0.16	—	0.11	0.39	—	0.46	0.060

注：第一类车指包括驾驶员座位在内，座位数不超过六座，且最大总质量不超过 2500kg 的 M1 类汽车；第二类车指除第一类车以外的其他所有轻型汽车。

双怠速试验：测定双怠速的 CO、HC 和高怠速的值（过量空气系数），此项在国Ⅱ中属于Ⅱ型试验。同国Ⅱ相比，国Ⅲ除保留原有的低怠速 CO 检测外，又增加高怠速工况时的 CO 检测。试验在Ⅰ型试验结束后立即进行，一是测定常规怠速下的 CO 和 HC 排放；二是测定高怠速下的 CO、HC 和 CO_2，并计算值（高怠速一般是指发动机转速在 2000r/min 以上）。

Ⅲ型试验：曲轴箱污染物排放试验，要求发动机曲轴箱通风系统不允许有任何曲轴箱污染物排入大气。通常在试验时直接检测曲轴箱内的压力，如果曲轴箱内压力小于大气压，即视为满足标准Ⅲ型试验要求。

Ⅳ型试验：蒸发污染物排放试验。国Ⅲ、国Ⅳ排放标准Ⅳ型试验中，增加了试验时间和模拟可变环境温度，使试验程序更贴近实际使用工况。与国Ⅱ相比，Ⅳ型试验的排放限值保持不变，均为 2g/试验；最主要的变化是昼间呼吸运转试验由 1h 的均匀加热油箱变为 24h 的模拟实际情况的密闭室环境温度变化。试验条件的改变从技术上要求强化汽车燃油箱蒸发控制系统和控制车辆背景排放。车辆背景排放是指除掉燃油箱的车辆的蒸发排放，主要包括内饰件的挥发，燃油箱防护漆的挥发，机油、润滑脂等润滑剂及各种粘接剂的挥发等。

Ⅴ型试验：污染控制装置耐久性试验的试验里程仍为 8 万 km，试验规范相比也没有变化，但是排放限值是相比国Ⅱ更严格的Ⅰ型试验限值。这就对汽车产品排放控制技术提出了更高要求。

Ⅵ型试验：低温下（-7℃）冷起动后排气中 CO 和 HC 排放试验。Ⅵ型试验是国Ⅲ、Ⅳ排放标准新增加的检测项目。在我国第Ⅲ、Ⅳ阶段轻型汽车排放标准中增加低温（-7℃）HC/CO 检测试验内容，主要是考虑到我国冬天严寒地区汽车实际排放情况，从而也可对低温条件下汽车排放严重超标情况有效监控。

车载诊断（OBD）系统试验：增加 OBD 测试，这是实施国Ⅲ、Ⅳ排放标准的核心，也是难点之一。OBD 是英文 On-Board Diagnostics 的缩写，中文翻译为“车载自动诊断系统”（第三章详述）。

在用车符合性检测：在用车符合性检测是国Ⅲ、Ⅳ排放标准新增加的检测项目，这也是实施国Ⅲ、Ⅳ排放标准难点之一。国Ⅲ之前的排放标准仅对出厂新车做出强制性法规要求，而对大量在用车的排放情况未做严密跟踪和监控，致使部分车辆的排放水平严重超标，严重污染大气环境，而没有得到及时有效的监管。而国Ⅲ、Ⅳ要求污染物已通过形式核准的车型，制造厂还必须采取适当措施，确保在正常使用条件下和汽车正常寿命期内，污染控制装置始终保持其功能；同时必须在 5 年或 8 万 km 内（以先达到者为准），对这些措施进行检查。同Ⅴ型试验相比，这才是真正的挑战，不仅是对汽车本身的技术，更是对石化加工和加油站管理的挑战。Ⅴ型试验只表明了制造厂提供的样车在正常维修、保养和严格控制加油站油品质量的前提下可以满足国Ⅲ的要求。在用车一致性则要求汽车厂大批量生产的一致性、炼油厂的油品质量和一致性、加油站油品质量保证。在保证正常的汽车维修、保养等条件下，才有可能进行在用车一致性检查。因此，实施在用车一致性检查的关键是燃料和维修行业的质量管理，确保汽车正常的运行条件。

3）国Ⅲ、Ⅳ 排放标准对燃油规格的要求是降低排放的基础。

一谈到降低汽车废气排放，很多人都会把国内的燃油品质问题一并提出。的确，要实现更严格的排放标准，汽车技术是一方面，质量良好的燃油也是至关重要的。目前我国车用燃油品质差，严重制约着我国机动车排放控制水平的提高。车用燃油中硫含量高，会增加汽车尾气的排放，环保达标车若使用品质差的燃油，容易使污染物排放增加。因此，GB 18352.3—2005 对国Ⅲ、Ⅳ试验基准用燃油以及市售燃油品质均提出了要求。

目前，我国车用燃料中的平均含硫量在 $500\times10^{-6}\sim2000\times10^{-6}$之间，而欧美已达到低于 150×10^{-6}的水平。国内车用燃油标准与机动车排放标准不能同步，环保部门没有手段制约车用燃油标准来满足机动车排放标准，使得国内燃油品质普遍落后于汽车发动机技术发展。而在发达国家普遍是由环保部门根据机动车污染情况对车用燃料进行监督管理的，机动车排放与车用燃料可同步达到相应的标准，如1992、1996、2000 和 2005 年欧洲实施欧洲Ⅰ号、Ⅱ号、Ⅲ号、Ⅳ号环保法规的同时，就要求车用汽油硫含量达到相应的水平，从而促进机动车排放水平与燃油品质同步提高。

燃油品质是降低排放的基础，针对我国目前燃油品质的现状，要实施国Ⅲ排放标准，首先要制订与国Ⅲ排放标准相匹配的车用燃油标准；其次逐步提高燃油品质，满足日益严格的排放标准要求；再之加强燃油各组分对汽车排放影响的研究，寻求通过燃油品质提升来降低汽车排放的科学依据。这对中国的石油企业来说任重而道远。

4）GB 18352.3—2005 第Ⅲ、Ⅳ 阶段限值实施安排，见表 1-16。

表 1-16　轻型汽车国Ⅲ、Ⅳ排放标准执行日期

<table>
<tr><th colspan="2">试验项目</th><th>第Ⅲ阶段</th><th>第Ⅳ阶段</th></tr>
<tr><td colspan="2">Ⅰ型试验
Ⅲ型试验
Ⅳ型试验
Ⅴ型试验
Ⅵ型试验
双怠速试验</td><td>2007.7.1</td><td rowspan="3">2010.7.1</td></tr>
<tr><td rowspan="2">车载诊断（OBD）系统试验</td><td>第一类汽油车</td><td>2008.7.1</td></tr>
<tr><td>其他类车辆</td><td>2010.7.1</td></tr>
</table>

根据 GB 18352.3—2005 标准规定，自规定之日后一年的日期起，所有制造和销售的轻型汽车污染物排放必须符合国Ⅲ、Ⅳ要求。这意味着届时所有现生产车型将推迟一年实施国Ⅲ、Ⅳ排放标准，为汽车生产企业进行技术改造赢得一年时间。

5）国Ⅴ简述。2013 年 9 月 17 日，国家环境保护部发布了 GB 18352.5—2013，即轻型汽车国Ⅴ排放标准，全面替代 GB 18352.3—2005，自 2018 年 1 月 1 日起实施。轻型汽车国Ⅳ与国Ⅴ标准的尾气排放差别见表 1-17。

表 1-17　轻型汽车国Ⅳ与国Ⅴ标准的尾气排放差别

	汽油车		柴油车	
	国Ⅳ	国Ⅴ	国Ⅳ	国Ⅴ
氮氧化物（NO_x）	0.08g/km	0.06g/km	0.25g/km	0.18g/km
非甲烷碳氢（NMHC）		0.068g/km		
非甲烷碳氢（$HC+NO_x$）			0.3g/km	0.23g/km
颗粒物浓度（PM）		0.0045 （缸内直喷）	0.025	0.0045
颗粒物粒子数量（PN）				6.0×10^{11}

国Ⅳ与国Ⅴ汽油品质差别见表 1-18。

表 1-18　国Ⅳ与国Ⅴ汽油品质差别

	国Ⅳ	国Ⅴ	指标变化
硫含量限值	50×10^{-6}	10×10^{-6}	⇩80%
锰含量限值	8mg/L	2mg/L	⇩75%
烯烃含量限值	28%	24%	⇩14%
冬季蒸气压下限	45kPa	42kPa	⇩6%
夏季蒸气压上限	68kPa	65kPa	⇩4%

国Ⅴ标准中，汽车污染控制装置的耐久性里程也将翻倍，由原来的 8 万 km 增加到 16 万 km，即在 16 万 km 内，汽车污染物排放应达到国Ⅴ。

2001 年 7 月 1 日，全国实施国Ⅰ；

2004 年 7 月 1 日，全国实施国Ⅱ；

2007 年 7 月 1 日，全国实施国Ⅲ；

2010 年 7 月 1 日，全国实施国Ⅳ；

2018 年 1 月 1 日，全国实施国Ⅴ。

7. 汽车的噪声

随着汽车工业和城市交通的发展，城市汽车拥有量日益增加。各种调查和测量结果表明，城市交通噪声是目前城市环境中最主要的噪声源。因此，在汽车设计和使用中，不仅追求其动力性、经济性等性能，而且也把噪声作为一个重要指标。

按照噪声产生的过程，汽车噪声源大致可分为与发动机转速有关的声源和与车速有关的声源。图 1-17 说明了这些基本噪声源。

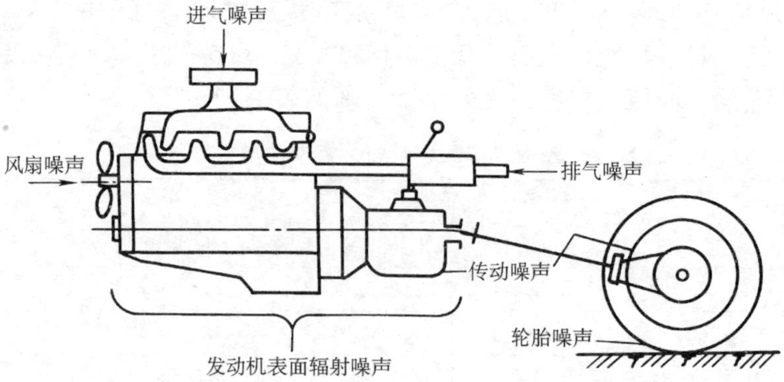

图 1-17 主要噪声源示意图

与发动机转速有关的噪声源主要有进气噪声、排气噪声、冷却系统风扇噪声和发动机表面辐射噪声。用发动机带动旋转的各种发动机附件（如空气压缩机、发电机等）的噪声，也属此类。

与车速有关的噪声源包括传动噪声（变速器、传动轴）、轮胎噪声、车体产生的空气动力噪声。

为了有效地控制城市交通噪声，我国制订了各种机动车辆的噪声标准，规定了机动车辆的车外、车内噪声的测量方法及限值标准，如 GB 1495—2002《汽车加速行驶车外噪声限值及测量方法》。

第五节 汽车的使用寿命

汽车的使用寿命是指从技术和经济上分析汽车的使用极限。

汽车在使用过程中由于磨损、老化等原因，其性能随着使用年限（或行驶里程）的增加而逐渐下降，到了一定期限就应报废，这是一种自然规律。

如果把汽车的使用寿命无限延长，不断地进行维修，用很高的代价来持续车辆运行，这就必然会出现车况下降，需消耗大量的配件和材料，花费较多的劳动工时，致使维修费用急剧上升。由于车辆老旧，其动力性、经济性都将大幅下降，造成燃料、润滑料消费增加。此外，小修频率上升，零部件的可靠性与汽车完好率下降，同时还会使汽车的平均技术速度下降，排气污染与噪声严重。必须更新现有劣等汽车，提高工作效率，降低费用，减少污染。因此，研究汽车的使用寿命对汽车评估具有重要意义。

一、汽车使用寿命的分类

汽车使用寿命主要可分为：

1. 技术使用寿命

技术使用寿命是指汽车从开始使用至其主要机件到达技术极限状态而不能再继续修理时为止的总工作时间或总行驶里程。这种极限的标志，在结构上是零部件的工作尺寸、工作间隙，在性能上常表现为汽车总体的动力状态或燃料、润滑料的极度超耗。

汽车的技术寿命主要取决于各部分总成的设计水平、制造质量、合理的使用与维修。汽车到达技术寿命时，应对汽车进行报废处理，其零部件也不能再作配件使用。汽车保养、维修工作做得越好，汽车的技术寿命会越长，但一般随着汽车使用时间的延长，汽车维修费用也将增加。

2. 经济使用寿命

汽车的经济使用寿命是指汽车使用到相当里程和使用年限，对其进行全面经济分析之后得出汽车已到达不经济合理、使用成本较高的寿命时刻。

所谓全面经济分析，就是从汽车作用总成本出发，分析汽车制造成本、使用与维修费用、使用者管理开支、汽车当前的折旧以及市场可能变化等一系列因素，经过分析做出综合的经济评定，并确定其经济是否合理，能否继续使用。

3. 合理使用寿命

汽车的合理使用寿命是以汽车经济使用寿命为基础，考虑整个国民经济的发展和能源节约等因素，制定符合当地实际情况的使用期限。也就是说汽车已经到达了经济寿命，但是否要更新，还要视当地的实际情况来定，如更新资金、有无理想的汽车等因素。为此，各国根据上述情况制定出汽车更新的技术政策，考虑国民经济的可能并加以修正，规定汽车的使用年限。

汽车技术、经济和合理使用寿命三者的关系一般可用下式表示：

$$技术使用寿命>合理使用寿命\geqslant经济使用寿命$$

对于汽车，我国早已颁布了汽车报废标准。现行的《汽车报废标准》从2000年1月1日起实行，是在充分考虑上述因素，既考虑我国国情，又考虑报废标准与国际接轨的基础上颁布的，是汽车评估的重要依据之一。

二、汽车经济使用寿命

1. 概述

汽车经济使用寿命是汽车经济使用的理想时期，研究汽车的使用寿命，主要是研究汽车的经济使用寿命。

发达国家对汽车经济使用寿命进行了大量的研究工作，有资料表明，在一辆汽车的整个使用时期内，汽车的制造费用约占全部使用期内总费用的15%，而汽车的管理、使用和维修费用则占85%左右。所以现代汽车的经济使用寿命的长短，很重要的一点就是在汽车设计制造时，必须充分预测到车辆今后可能达到的使用维修费用。如果汽车在长期运用中，能保持其使用维修费用低，则其经济使用寿命将较长，反之，则较短。

发达国家的汽车使用期限完全按经济规律确定，除考虑车辆本身的运行费用增长外，还考虑新车型性能的改进和价格下降等因素。表 1-19 列出了几个主要国家的载货汽车的平均经济使用寿命。

表 1-19 主要国家的载货汽车平均经济使用寿命

国别	美国	日本	德国	法国	英国	意大利	中国
平均经济使用寿命/年	10.3	7.5	11.3	12.1	10.6	11.2	10

2. 汽车经济使用寿命的指标

汽车经济使用寿命的指标有：

(1) 年限 即指汽车从开始投入运行到报废的年数作为使用寿命的指标。这种方法除考虑运行时的损耗，还考虑车辆停放期间的自然损耗。这种方法计算比较简单，但是不能充分真实地反映汽车的使用强度和使用条件，造成同年限的车辆差异较大。

(2) 行驶里程 是指将汽车从开始投入运行到报废期间总的行驶里程数作为使用期限的指标。这种方法反映了汽车的真实使用强度，但不能反映出运行条件和停驶期间的自然损耗。

专业运输车辆，由于其运行条件差异较大，这样，虽然使用年限大致相同，但累计行驶里程相差悬殊。而且汽车运输业中，大多数以行驶里程作为考核车辆各项指标的基数。然而对于在用汽车评估，行驶里程一般作为参考依据。

(3) 大修次数 汽车在使用过程中，当动力性和经济性下降到一定程度，已无法用正常的维护和小修方法使其恢复正常技术状况时，就要进行大修。

运输技术部门除用里程作为指标外，也用大修次数作为指标。汽车报废之前，截止到第几次大修最为经济，需权衡买新车的费用加旧车未折完的损失和大修费用加经营费用的损失，来预测截止到某次大修最经济合算。

3. 影响汽车经济使用寿命的因素

为了提高在用汽车的评估质量，我们以提高经济效益的观点来进行分析，找出影响汽车经济使用寿命的因素。

(1) 汽车的损耗 首先从汽车的有形损耗和无形损耗两个方面进行分析。

有形损耗是指车辆在使用过程中本身的损耗。它包括磨损、锈蚀和腐蚀等自然损耗，以及燃料、润滑料和维护保养费用的增加。

无形损耗是指由于技术进步、生产的发展，出现了性能好、生产效率高的新型车，或原车型价格下降等情况，促使在用汽车提前更新。实际上是旧车型相对新车型的贬值，这个问题将在后面的章节里详述。

(2) 使用强度 不同的使用者，对车辆的使用强度差异比较大。各种车辆的使用强度从每年 1 万 ~15 万 km 不等。常见车辆使用强度见表 1-20。

表 1-20 常见车辆使用强度 （单位：万 km/年）

私家车	商用车	出租车	公交车	长途客车	大货车
1~3	2~5	10~15	8~12	10~20	8~12

显然，使用强度越大，其经济使用寿命越短。

（3）使用条件

1）道路条件。道路对汽车使用寿命影响很大，直接影响车辆技术速度。道路条件差，车辆技术速度就慢，燃料消耗增大，车辆磨损增大，经济使用寿命则短。

2）自然条件。我国幅员辽阔，各地自然、地理条件差异较大，温度、湿度、年降雨量、空气中的含氧量和沙尘含量差异较大，造成车辆的经济使用寿命也有一定的差异。

（4）经济水平　我国各地的经济水平差异也很大，东南沿海经济发达，中西部经济较落后，如出租车的使用年限从 3 年至 8 年不等，有的地方 8 年后还可以使用，这也造成了车辆的经济使用寿命的差异。

第二章

汽车评估基础

第一节　资产评估基础

旧汽车作为一种特定的资产，对其进行鉴定估价从本质上讲应当属于资产评估的范畴。因此，在学习旧汽车鉴定估价的具体方法前，了解资产评估的基本理论对于我们灵活应用有关方法和处理相关现实问题具有重要意义。

一、资产评估的产生和发展

资产评估是商品经济发展到一定阶段随着资产交易的产生和发展而逐渐发展起来的，特别是在市场经济条件下，资产交易不断得到发展和扩大，为保证交易的公平性和合理性，对资产评估的需要和要求也随之大大提高。总体来看，资产评估大体经历了三个发展阶段，即原始评估阶段、经验评估阶段和科学评估阶段。

1. 原始评估阶段

在原始社会后期，随着生产力的发展、剩余财产的出现，私有制逐步形成，出现了商品生产和商品交易，而生产商品的资产交易也随之产生并得到发展，这带来了资产评估的客观需要。在原始的房屋、土地、牲畜及珠宝等贵重财产的交易过程中，由于财产的价值具有不确定性，买卖双方对价格难以达成一致的意见，这时，交易双方往往寻找一个具有丰富经验并为双方都信得过的第三者对财产的价值进行评判，寻求一个双方都能接受的公平价格，使买卖成交。这个第三者实际上扮演了类似现在评估员的角色。

原始评估阶段的资产评估具有以下三个鲜明的特点：

1）直观性。评估仅仅靠评估人员的直观感觉和主观偏好进行，没有现代精密测评设备可以借助。

2）非专业性。评估人员并不具备专业评估手段和技能，没有受过专门训练，评估时往往是由资产交易双方或一方指定的人员来进行评估，甚至由那些并不懂多少评估知识，但却在一定范围内德高望重的人员来进行评估。

3）无偿性。资产交易双方无须支付评估人员报酬，评估人员也无须对评估结果负法律责任。

2. 经验评估阶段

随着生产力和资产交易的进一步发展，资产评估业务也逐步向专业化和经常化方向发展，一批具有丰富评估经验的评估人员也就随之而产生了。这些评估人员由于经验丰富，专业水平较高，具有一定的商业信誉，接受的委托评估业务也较频繁，他们实行有偿服务并逐步向职业化方向发展。与原始评估阶段相比，经验评估阶段的评估结果更为可靠，但还未能实现评估工作的规范化和评估方法的科学化。从时间上看，资本主义社会发展的前期，其资产评估基本上处于经验评估阶段。

3. 科学评估阶段

工业革命以后，随着资本主义经济的飞速发展，生产要素市场和资产交易日益发达，社会对资产评估的需要越来越大，要求也越来越高，从而推动资产评估逐渐发展成为一种职业，资产评估的相关理论也得到了很大发展。新古典经济学派的阿尔弗莱德·马歇尔率先将价值理论引入估价工作，并对销售对比、成本和收益现值法这三种主要的评估技术进行研究。其后，美国颇有影响的经济学家伊尔文·弗雪对马歇尔提出的三种评估技术做了进一步的探讨，并着重研究了收益的价值理论，发展并完善了收益法。这些理论准备促使资产评估方法走向科学化，提高了资产评估的准确性和科学性。在此背景下，资产评估市场获得了长足的发展，产生了一大批具有丰富评估经验的评估人员和公司化的资产评估机构。这类评估机构依靠其强大的评估实力和现代化的管理方式为资产评估业务双方提供优质的评估服务，并通过这些业务使自身得到发展。通常，资产评估公司集中了许多具有相当专业化水平的评估人员，这些人员既可以是评估公司的员工，也可以是兼职人员。在科学评估阶段，资产评估业务的范围是极其广泛的，包括有形资产和无形资产评估，甚至可以细分为机械设备评估、自然资源评估、房地产评估以及汽车评估等。与此同时，资产评估工作也开始规范化。各国资产评估管理机构或行业自律协会开始制定统一的评估准则，对评估师的职业道德规范和评估工作程序做出明确、具体的规定，由于准则明确具体，使评估有章可循，所以一般的项目即使由几家不同公司评估，各自得出的评估值一般也不会有太大的差异。对于评估师的资格认定也有严格的规定，评估师必须通过严格的资格考试才能执业。此外，资产评估的结果通常都要经过法律部门的公证，评估机构和评估人员对体现评估结果的资产评估报告要负法律责任，甚至负连带法律责任。

二、资产评估的有关概念

1. 资产评估的内涵

资产评估是商品经济发展到一定阶段的必然产物，其业务涉及产权转让、企业重组、破产清算、资产抵押、资产纳税等经济行为。准确把握资产评估定义和与之相关的若干概念和术语是对资产评估从业人员的基本要求。

（1）资产　在资产评估中，对于资产这个术语的定义也不尽相同。国际评估准则委员会制定的《国际评估准则》中认为："在会计术语中，资产是指投资者所拥有或控制的、可以从中合理预计未来获取经济利益的资源。某项资产的所有权本身是无形资产，但所拥有的资产则既可能是有形的，也可能是无形的。"

由美国评估者协会制定的《美国评估工作准则与职业道德准则》的序中认为："资产一词现在指的不仅是实体上存在的物品，而且也包括由于拥有有形或无形客体所带来的法定权力。"同时在导言中的"资产工作"与"资产"的定义中规定："就价值评估或预计未来收益能力而言，'资产'一词指由于拥有或占有某物而取得的对未来收益享有的权利。所谓'拥有'既可能是有形资产，也可能是无形资产，或者兼而有之。"

从国内来看，较权威的定义是2001年全国注册资产评估师考试辅导教材《资产评估学》中的定义："资产是经济主体拥有或控制的，能以货币计量的，能够给经济主体带来经济效益的经济资源。"从这一定义来看，资产具有以下三个特征：

1）资产必须是经济主体拥有或者控制的。依法取得财产权利是经济主体拥有并支配资产的前提条件。

2）资产必须能以货币计量。也就是说，资产价值能够运用货币进行计量，否则就不能作为资产确认。

3）资产是能够给经济主体带来经济利益的资源，即可望给经济主体带来现金流入的资源。也就是说，资产具有能够带来未来利益的潜在能力。如果被恰当使用，资产的获利潜力就能够实现，进而使资产具有使用价值和交换价值。

（2）资产的分类　作为资产评估客体的资产，存在形式是多种多样的，为了科学地进行资产评估，可对资产进行适当的分类：

1）按资产存在形态分类，可以分为有形资产和无形资产。有形资产是指那些具有实体形态的资产，包括机器设备、房屋建筑物和流动资产等。由于这类资产具有不同的功能和特性，在评估时应分别进行。无形资产是指那些没有实物形态，但在很大程度上制约着企业物质产品生产能力和生产质量，直接影响企业经济效益的资产，主要包括专利权、商标权、非专利技术、土地使用权和商誉等。

2）按资产是否具有综合获利能力分类，可以分为单项资产和整体资产。单项资产是指单台或单件的资产。整体资产是指由一组单项资产组成的具有整体获利能力的资产综合体。

3）按资产能否独立存在分类，可以分为可确指的资产和不可确指的资产。可确指的资产是指能独立存在的资产，前面所列的有形资产和无形资产，除商誉以外都是可确指的资产。不可确指的资产是指不能脱离企业有形资产而单独存在的资产，如商誉。商誉是指企业基于地理位置优越、信誉卓著、生产经营特色、劳动效率高、历史悠久、经验丰富和技术先进等原因，所获得的投资收益率是正常投资收益率所形成的超额收益资本化的结果。

4）按资产在生产经营过程中的作用分类，可以分为经营性资产和非经营性资产。经营性资产是指处于生产经营过程中的资产，如企业中的机器设备、厂房和交通工具等。经营性资产又可按是否对盈利产生贡献分为有效资产和无效资产。非经营性资产是指处于生产经营过程以外的资产，如政府机关用房和办公设备等。

（3）价格和价值　资产评估理论中所说的价格是指在特定的交易行为中，特定的买方或卖方对商品或服务的交换价值的认可，是一个历史数据或事实，是特定的交易行为中特定买方和卖方对商品或服务实际支付或收到的货币数额。价值在资产评估理论中属于交换价值范畴，它反映了可供交易的商品、服务与其买方、卖方之间的货币数量关系。它不是一个历史数据或事实，而是专业人士根据特定的价值定义在特定时间内对商品和服务价值的估计。

（4）资产评估　资产评估是由专业评估机构（部门）、专业人员接受有关方面的委托，按照国家法律法规和资产评估准则，根据特定的评估目的要求，判定资产业务性质，确定适当的资产价格类型，选择评估方法，搜集经济技术参数，完成资产评估操作，得出现实资产的实际价值（等同于“内在价值”）的一个过程。其实质是对影响资产价值的因素及其变化规律进行的专业分析，这种分析一是要尽可能搜集与评估相关的各种信息，做到持之有据；二是要求评估人员坚持实事求是的认识路线，具有去粗取精、去伪存真的分析能力，能做到言之有理；三是评估人员和评估机构应对其做出的专业判断承担相应的责任。

2. 资产评估的分类

由于资产种类的多样化和资产业务的多样性，资产评估也相应具有多种类型。

1）按资产评估服务的对象及其对评估服务的要求分类，可具体分为评估、评估复核和评估咨询。也有人将此种分类称之为三种评估服务。

① 评估是指正常情况下或一般意义的资产评估。即按正常评估程序评估并主要以书面报告的形式提供资产评估服务。

② 评估复核是指受托评估机构及其评估师对其他评估机构及其评估师出具的评估报告进行评判鉴定的行为和过程，即对他人的评估过程和结果的再评估。

③ 评估咨询是一个较为宽泛的术语，评估咨询可以是对评估标的物价值的估计和判断，也可以是对评估标的物的利用价值、利用方式和利用效果的分析，以及与此相关的市场分析和可行性研究等。评估咨询的表现形式既可以采用书面形式，也可以采用口头方式。

2）按资产评估是否受限以及是否运用了评估准则中的背离条款分类，可具体分为完整性评估和有限性评估。完整性评估一般是指完全按照评估准则及其规定的程序和要求进行的资产评估，在资产评估中没有受到限制或没有限制性条件。有限性评估是指在资产评估准则允许或规定允许的前提下，由于某些条件的限制不能完全按照评估准则及其规定的程序和要求进行的资产评估，评估结论是在受限制的条件下得出的。完整性评估和有限性评估在评估精度、评估结论的适用范围方面都是有区别的。

3）按资产评估对象及适用原则分类，资产评估具体可划分为单项资产评估和整体资产评估。对以单项可确指的资产为对象的评估称其为单项资产评估。单项资产评估的范围大致包括机器设备评估、土地使用权评估、建筑物评估和可确指无形资产评估等。单项资产评估可普遍适用预期原则、供求原则和替代原则等。对若干单项资产组成的资产综合体所具有的整体生产能力或获利能力的评估称为整体资产评估。最为典型的整体资产评估就是企业价值评估。整体资产评估主要适用于预期原则及贡献原则等。

4）按资产评估时点分类，资产评估可划分为现实性评估、追溯性评估和前瞻性评估。现实性评估是以满足和服务于评估资产现实价值的评估活动，追溯性评估是以满足和服务于评估资产过去某一时点价值的评估活动，前瞻性评估是以满足和服务于评估资产预期价值的一种评估活动。

3. 资产评估的特点

理解和把握资产评估的特点，有利于进一步认识资产评估的实质，对于搞好资产评估工作，提高资产评估质量具有重要意义。一般来说，资产评估具有以下特点：

1）市场性。资产评估是适应市场经济要求的专业中介服务活动，其基本目标就是根据资产业务的不同性质，通过模拟市场条件对资产价值做出经得起市场检验的评定估算和报告。

2）公正性。是指资产评估行为服务于资产业务的需要，而不是服务于资产业务当事人的任何一方的需要。公正性的表现有两点：第一，资产评估按公允、法定的准则和规程进行，公允的行为规范和业务规范是公正性的技术基础；第二，作为资产评估客体的资产，存在形式是多种多样的，为了科学地进行资产评估，可对资产进行适当的分类。

3）咨询性。是指资产评估结论是为资产业务提供专业化估价意见，该意见本身并无强制执行的效力，评估师只对结论本身合乎职业规范要求负责，而不对资产业务定价决策负责。事实上，资产评估为资产交易提供的估价往往由当事人作为要价和出价的参考，最终的成交价取决于当事人的决策动机及谈判地位和谈判技巧等综合因素。当然，也不排除特定权力机关依据法律和权利将资产评估结论用于资产定价的唯一标准或依据。但是，这种情况并不是资产评估本身所具有的特性和特点，而是特定权利主体运用资产评估结论的一种现象。

4）专业性。资产评估是一种专业人员的活动，从事资产评估业务的机构应由一定数量和不同类型的专家及专业人士组成。一方面这些资产评估机构形成专业化分工，使得评估活动专业化；另一方面，评估机构及其评估人员对资产价值的估计判断也都是建立在专业技术知识和经验的基础之上的，资产评估的结论是一种专家意见和专业判断。资产评估专业性不仅是资产评估的一个重要特性，而且也是正确理解资产评估的咨询性的重要方面。就是说，资产评估具有咨询性，并不等于资产评估机构和人员可以不负责任地随意给出评估结论，资产评估的咨询性是建立在资产评估专业性的基础之上的。资产评估机构和人员需对资产评估结论的专业水准负责。

4. 资产评估的功能

一般认为，资产评估主要具有评价、评值、管理、公证和咨询的功能。

1）评价功能。主要是指对企业资产的经营效果进行评价，反映不同时间、地域和经济背景条件下的资产价值和运营绩效的差异性，以此检查、考核和评价企业的经营状况。

2）评值功能。主要是指对被评估资产的可能价格进行评定和估算，为资产业务提供基础依据。在现实中，资产的历史价格是没有意义的，只有现时价格才是资产交易双方的利益所在。评值功能是对资产可能价格的估算，是资产评估的核心功能。

3）管理功能。资产评估的管理功能是指在我国目前的社会经济条件下，国家赋予资产评估管理的特殊功能。在社会主义市场经济初级阶段的某一历史时期，作为国有资产所有者代表的国家，不仅把资产评估视为提供专业服务的中介行业，而且将其作为维护国有资产，促使国有资产保值增值的工具和手段。国家通过制定申请立项、资产清查、评定估算和验证确认的国有资产评估管理程序就使得资产评估具有了管理功能。但是，资产评估的管理职能并不是资产评估与生俱有的，它只是国有资产评估在特定历史时期的特定职能。它会随着国家在国有资产评估管理体制方面的变化而加强或弱化。2001 年 12 月 21 日，国务院办公厅转发了《财政部关于改革国有资产评估行政管理方式加强资产评估监督管理工作意见的通知》，指出取消政府部门对国有资产评估项目的立项确认审批制度，实行核准制和备案制，加强资产评估活动的监管力度，完善制度建设和规范评估秩序。

4）公证功能。它是指资产业务、评估对象和评估报告的使用者的特殊性要求资产评估发挥的公证作用的职能。随着抵押贷款和财产担保等经济活动的日益频繁，资产评估经常被用来证明资产的存在以及资产的价值量，以满足银行及有关部门发放贷款以及其他形式融资的需要。资产评估结果的真实性、公平性和合法性在法律上具有公证效力，可以避免一些不必要的法律纠纷。从某种意义上说，公证功能是评价功能和评值功能派生出来的辅助功能。

5）咨询功能。资产评估是服务于生产要素和产权交易的中介服务活动。资产评估通过评定估算，可以对资产业务提供专业化估价意见，对当事人的资产交易价格提供参考意见，其本身并无强制执行的效力。

第二节 汽车鉴定评估基本理论

一、汽车鉴定评估定义

汽车鉴定评估是指依法设立具有执业资质的汽车鉴定评估机构和汽车鉴定评估人员，接受国家机关和各类市场主体的委托，按照特定的目的，遵循法定或公允的标准和程序，运用科学的方法，对经济和社会活动中涉及的汽车所进行的技术鉴定，并根据鉴定结果对汽车在鉴定评估基准日的价值进行评定估算的过程。

正确认识汽车鉴定评估，最核心的是把握以下两点：

1）汽车鉴定评估既是科学也是艺术与经验的结合。也就是说正确的汽车技术状况鉴定和汽车价格的估计、推测与判断，必须依赖于一套科学严谨的汽车鉴定评估理论和方法。但又不能完全拘泥于有关的理论和方法，还必须依赖于评估人员的经验，因为汽车价格形成的因素复杂、多变，不是任何人用数学公式能够计算出的。

2）汽车鉴定评估不是对评估对象的主观给定，而是把汽车客观实在的价值通过评估活动正确地反映出来。即汽车鉴定评估是基于对汽车客观实在的价值认识以后，运用科学的评估理论、方法和长期积累的评估经验将其表达出来。而不是把某一个主观想象的数据强加给评估对象，尽管评估表现为一种主观活动，甚至带有一些主观色彩。

做好汽车鉴定评估工作，不仅有利于引导企业正确做出价格决策，有利于保障司法诉讼和行政执法等活动的顺利进行，有利于维护法人和公民合法利益，而且对维护正常的社会经济秩序，促进经济发展具有重要意义。因此，深入认真研究、探讨汽车鉴定评估问题，建立一套完整、科学和适用的汽车鉴定评估方法，以保证其鉴定评估结论客观、公正及合理，就显得更为重要。

二、汽车鉴定评估要素

由汽车鉴定评估定义可知，在汽车鉴定评估过程中，涉及了八个基本要素，即鉴定评估主体、鉴定评估客体、鉴定评估依据、鉴定评估目的、鉴定评估原则、鉴定评估程序、鉴定评估值和鉴定评估方法。

1）鉴定评估主体是指从事汽车鉴定评估的机构和人员，这是汽车鉴定评估工作中的主导者，在汽车鉴定评估业务中，对汽车鉴定评估的主体资格有严格的限制条件。

2）鉴定评估客体通常是指被评估的车辆，是鉴定评估的具体对象。被评估车辆可以按照不同标准分为汽车、电车、摩托车、农用运输车、拖拉机和挂车等几类。按照车辆的使用用途可以将机动车分为营运车辆、非营运车辆和特种车辆，其中营运车辆又可以分为公路客运、公交客运、出租客运、旅游客运、货运和租赁几种类型。特种车辆又可以分为警用、消防、救护和工程抢险等若干种车型。合理科学地对机动车进行分类，有利于在评估过程中进行信息资料的搜集和应用。如同一种车型，由于其使用用途不同，车辆在用状态所需要的税费可能就会有较大的差别，其重置成本的构成也往往差异较大。应当指出，评估的客体不仅仅包含车辆，还常常包括与车辆相关的无形资产，如出租车营运车线路营运权等。

3）鉴定评估依据是指汽车鉴定评估工作所遵循的法律、法规、经济行为文件、合同协议以及收费标准和其他参考依据。

4）鉴定评估目的是指车辆鉴定评估所要服务的经济行为是什么？车辆鉴定评估的目的往往影响着车辆评估方法的选择。

5）鉴定评估原则是指车辆鉴定评估的行为规范。它是调节车辆评估当事人各方关系、处理鉴定评估业务的行为准则。

6）鉴定评估程序是指汽车鉴定评估工作从开始到最后结束的工作程序。

7）鉴定评估值是对汽车评估值质的规定，它对评估方法的选择具有约束性。如要评估汽车的现行市价，则宜选择现行市价法，如要评估汽车的重置成本，则要使用重置成本法。

8）鉴定评估方法是指汽车鉴定评估所运用的特定技术，它是实现汽车鉴定评估值的手段和途径。目前就四种评估方法的可操作性而言，常采用重置成本法对车辆的价值进行评定和估算。

以上八种要素构成了汽车鉴定评估活动的有机整体。它们之间相互依托，是保证汽车鉴定评估工作正常进行和评估值科学性的重要因素。

三、汽车鉴定评估的特点

汽车作为一类资产，既是生产资料，也是消费资料。作为生产资料是用于生产或经营的车辆，其特征是有明显的价值转移，对产权所有者产生收益，如营运载货车、客车，工厂中用于生产使用的叉车，工程上用于生产使用的挖掘机等。而作为家庭的消费资料时，汽车是一般家庭中仅次于房产的第二大财产，用于生活和生产服务，以交通代步为主，其特征是没有明显的价值转移，对所有者不产生经济收益，车辆价值随使用年限及使用里程数的增加而消费掉。

汽车自身有着这样几个特点：

1）其单位价值大、使用时间长。

2）和房地产一样，有权属登记，其使用管理严格，税费附加值较高。

3）其使用强度、使用条件和维护保养水平差异较大，并有较高的技术含量。

由于汽车有其自身特点，从而决定了汽车鉴定评估特点：

1）汽车鉴定评估以技术鉴定为基础。机动车本身具有较强的工程技术特点，其技术含量较高。在长期的使用中，由于机件的摩擦和自然力的作用，使它处于不断磨损的过程中。随着使用里程和使用年数的增加，车辆实体的有形损耗和无形损耗加剧。其损耗程度的大小，因使用强度、使用条件、维修保养等水平差异很大。因此，评定车辆实物和价值状况，往往需要通过技术检测等技术手段来鉴定其损耗程度。

2）汽车鉴定评估的评估对象单位。由于汽车单位价值相差比较大、规格型号多、车辆结构差异很大，为了保证评估质量，对于单位价值大的车辆，一般都是分整车、分部件逐辆、逐件地进行鉴定评估。为了简化鉴定评估工作程序、节省时间，对于以产权转让为目的，单位价值小的车辆，也不排除采取“提篮作价”的评估方式。

3）汽车鉴定评估要考虑其手续构成的价值。由于国家对车辆实行登记管理，其使用税费附加值高。因此，对汽车进行鉴定评估时，除了估算其实体价值以外，还要考虑由于登记管理手续和各种使用税费构成的价值。

第三节　汽车鉴定评估的主体和客体

一、汽车鉴定评估的主体

汽车鉴定评估主体是指汽车鉴定评估业务的承担者，即从事汽车鉴定评估机构及专业评估人员。由于汽车鉴定评估直接涉及当事人双方的权益，是一项政策性、专业性都很强的工作，无论是对专业评估机构，还是对专业评估人员都有较高的要求。

1. 汽车鉴定评估人员

由于汽车是技术含量极高的商品，汽车交易又属于特殊商品的流通，与其他资产评估师相比，汽车鉴定评估师要具有以下条件。

（1）要求掌握的知识面广　机动车鉴定评估理论和方法以资产评估学为基础，涉及经济管理、市场营销、金融、价格、财会、机械原理、汽车构造以及汽车修理等多方面知识。

（2）要求有较高的政治、政策敏感度　汽车价格极易受到国家政策的影响而发生变动，因此既要熟知《国有资产评估管理办法》《国务院对确需保留的行政审批项目设定行政许可的决定》《汽车报废标准》《二手车流通管理办法》《价格评估机构资质认定管理办法》《价格评估人员资格认定管理办法》等政策法规，还要及时掌握因国家相关政策的变动对车辆价格造成的改变。

（3）要求掌握必要的驾驶技术和实际技能　房地产评估师不要求一定会建房子，但汽车评估师却一定要会开汽车。而且还能够使用检测仪器和设备，并能通过目测、耳听和手摸等手段了解汽车配置与参数、外观和总成的基本状况，并能够通过上路测试判断出发动机、传动系统、转向系统和制动系统等基本要素的工作性能。

（4）要求能够及时更新基准价　由于汽车产品更新换代快，技术创新日新月异，加之市场经济条件下市场价格难以预测，这就要求汽车鉴定评估人员能迅速收集相关信息，及时对基准价做出有效的调整。注意：价格的变化形势与评估基准时点相匹配。

除了要保证汽车鉴定评估质量，汽车鉴定评估的从业人员还需经过严格的考试或考核，必须具有价格鉴证师、汽车鉴定评估师等证书。

2. 汽车鉴定评估机构

按照我国政府 1991 年 11 月颁布的《国有资产评估管理办法》第九条规定，资产评估公司、会计师事务所、审计事务所和财务咨询公司，必须获有省级以上国有资产评估资格书，才能从事国有资产评估业务。对其他所有制的资产评估，也要对照《国有资产评估管理办法》的规定执行。对于机构的管理必须按照国务院第 412 号令的要求，价格评估与汽车鉴定评估机构分别由省级以上价格主管部门和商务部审批。

根据《二手车流通管理办法》规定，汽车鉴定评估机构应当具备下列条件：

1）是独立的中介机构。

2）有固定的经营场所和从事经营活动的必要设施。

3）有三名以上从事旧汽车鉴定评估业务的专业人员（包括本办法实施之前取得国家职业资格证书的汽车鉴定评估师）。

4）有规范的规章制度。

也可以根据《价格评估机构资质认定管理办法》的要求，进行价格评估机构的申报。

二、汽车鉴定评估的客体

汽车鉴定评估的客体是指被评估的车辆。汽车鉴定评估的一个主要目的就是在汽车的交易过程中准确地确定汽车价格，并以此作为买卖成交的参考底价。根据《二手车流通管理办法》的规定，以下九种车辆不允许进行交易。

1）已报废或达到国家汽车报废标准的车辆。

2）在抵押期间或未经海关批准的海关监管的车辆。

3）在人民法院、人民检察院和行政执法部门依法查封和扣押期间的车辆。

4）通过盗窃、抢劫、抢夺和诈骗等违法手段获得的车辆。

5）发动机号码和车辆识别代号（VIN）与登记号码不相符，或有更改迹象的车辆。

6）走私和非法拼（组）装的车辆。

7）没有办理必备证件、税费、保险和无有效机动车安全技术检验合格标志的车辆，或手续不齐全的车辆。

8）在本行政辖区以外的公安机关交通管理部门注册登记的车辆。

9）国家法律和行政法规禁止经营的车辆。

此外，车辆上市交易前，必须先到公安交通管理机关申请临时检验，经检验合格，在其行驶证上签注检验合格记录后，方可进行交易。检验被交易车辆的车架号码和发动机号码的符号、数字及各种外文字母的全部拓印，发现不一致或改动、凿痕、锉痕、重新打刻等人为改变或毁坏的，对车辆一律扣留审查。应当区分的是，上述车辆是不能进行交易的，但并不是不允许评估，上述车辆的评估应当严格区分法律责任，在评估时，往往委托方是司法部门或行政执法部门。

第四节 汽车鉴定评估的依据和目的

一、汽车鉴定评估的依据

汽车鉴定评估工作和其他工作一样，在评估时必须有科学的依据，这样才能得出较正确的结论。汽车鉴定评估的依据是指评估工作所遵循的法律、法规、经济行为文件以及其他参考资料。一般包括行为依据、法律依据、产权依据和取价依据四部分。

1. 行为依据

行为依据是指实施汽车鉴定评估的行业依据。一般包括经济行为成立的有关决议文件以及评估当事方的评估业务委托书。

2. 法律依据

法律依据是指汽车鉴定评估所遵循的法律法规，其主要包括：

1）《国有资产评估管理办法》。

2）《国有资产评估管理实施细则》。

3）《汽车报废标准》。

4）《中华人民共和国机动车登记规定》。

5）《关于规范汽车鉴定评估工作的通知》。

6）《汽车报废管理办法》。

7）《汽车产业发展政策》。

8）《二手车流通管理办法》。

9）《机动车运行安全技术条件》。

10）其他方面的政策法规。

3. 产权依据

产权依据是指表明机动车权属证明的文件，其主要包括：

1）机动车来历凭证。

2）《机动车登记证》。

3）《机动车行驶证》。

4）《出租车营运征》。

5）《道路营运证》等。

4. 取价依据

取价依据是指实施汽车鉴定评估的机构或人员，在评估工作中直接或间接取得或使用对汽车鉴定评估有借鉴或佐证作用的资料。主要包括价格资料和技术资料。

1）价格资料。价格资料包括新车整车销售价格、易损零部件价格、车辆精品装备价格、维修工时定额、维修价格、国家税费征收标准、车辆价格指数变化、各品牌车型残值率等资料。

2）技术资料。技术资料包括机动车的技术参数，新产品、新技术、新结构的变化，车辆故障的表面现象与差别，车辆维修工艺及国家有关技术标准等资料。

二、汽车鉴定评估的目的

汽车鉴定评估的目的是为了正确反映汽车的价值及变动，为将要发生的经济行为提供公平的价格尺度，它回答的是为什么要对汽车进行鉴定评估。同时，它告诉汽车鉴定评估机构市场在哪里，到哪里去寻找评估业务。在汽车鉴定评估市场，汽车鉴定评估的主要目的可分为两大类：一类为变动汽车产权，另一类为不变动汽车产权。

1. 变动汽车产权

变动汽车产权是指车辆所有权发生转移的经济行为。它包括汽车的交易、置换、转让、并购、拍卖、投资、抵债和捐赠等。

（1）车辆交易转让　汽车在交易市场上进行买卖时，买卖双方对汽车交易价格的期望是不同的，甚至相差甚远。因此需要鉴定评估人员对被交易的汽车进行鉴定评估，评估的价格作为买卖双方成交的参考底价。

（2）车辆置换　置换的概念源于海外，它强调的是旧物品（或次等的、较差的）与新物品（较好的）进行交换，这种交换是不等价性的，由置换方给予差额补贴。置换业务有两种情况，一种是以旧换新业务，另一种是以旧换旧业务，两种情况都会涉及对置换车辆的鉴定评估。对汽车鉴定评估结果的公平与否，直接关系到置换双方的利益。车辆的置换业务，尤其是以旧换新业务在我国的汽车市场是一个崭新的业务，有着广阔的市场前景。

（3）车辆拍卖　拍卖是指以公开竞价的形式，将特定物品或者财产权利转让给最高应价者的买卖方式。对于私家车、公务车、执法机关罚没车辆、抵押车辆、企业清算车辆、海关获得的抵税及放弃车辆等，都需要对车辆进行鉴定评估，为拍卖车辆活动提供拍卖底价。此外，还有与拍卖方式基本类似的招标底价。

（4）其他　其他经济行为如在企业发生联营、兼并、出售、股份经营或破产清算时，也需要对企业所拥有的汽车进行鉴定评估，以充分保证企业的资产权益。

2. 不变动汽车产权

不变动汽车产权是指车辆所有权未发生转移的经济行为。它包括汽车的纳税、保险、抵押、典当、事故车定损和司法鉴定（海关罚没、盗抢、财产纠纷等）。

（1）车辆保险　在对车辆进行投保时，所缴纳的保险费高低直接与车辆成本的价值大小有关。同样当被保险车辆发生保险事故，保险公司需要对事故进行理赔。为了保障双方的利益，需要对保险理赔车辆进行公平的鉴定评估。除对碰撞车进行车损评估外，还应对火烧车和浸水车进行鉴定评估。

（2）抵押贷款　银行为了确保放贷安全，要求贷款人以机动车作为贷款抵押。银行为了确保贷款的安全性，要对汽车进行鉴定评估。而这种贷款安全性的高低在一定程度上取决于对抵押车辆评估的准确性。一般情况下，要比市价略低。

（3）担保　担保是指车辆所有单位或所有人，以其拥有的汽车为其他单位或个人的经济行为提供担保，并承担连带责任的行为。

（4）典当　当典当双方对当物车辆的价值认知有较大的悬殊时，为了保障典当业务的正常进行，可以委托汽车鉴定评估人员对当物车辆的价值进行评估，典当行以此可以作为放款的依据。当当物车辆发生绝当时，对绝当车辆的处理，同样也需要委托汽车鉴定评估人员为其提供鉴定评估服务。

（5）纳税评估　纳税评估是指政府为缴纳赋税，由评估人员估定的作为机动车纳税基础的价格。具体纳税价格如何视纳税政策而定。

（6）司法鉴定　司法鉴定按性质的不同可分为刑事案件和民事案件。

1）刑事案件一般是指盗抢车辆、走私车辆和受贿车辆等。其委托方一般是国家司法机关和行政机关，其委托目的是为取证需要。按现阶段我国相关的司法解释，涉及刑事的物品（包括车辆）的鉴定是一种政府职能行为，而不是社会中介业务。

2）民事案件是指法院执行阶段的各种车辆，其委托方一般是人民法院，委托目的是案件执行需要进行抵债变现。

上述两种情况都要求鉴定评估人员对车辆进行评估，有助于把握事实的真相，确保司法公正。按现行的法律，往往要求鉴证人员要出庭质证，因此要求极高。

在接受车辆评估委托时，明确车辆的评估目的十分重要。对车辆的鉴定评估是一种市场价格的评估，所以对客户提出不同的委托目的，有不同的评估方法。对于同一辆车，由于不同的评估目的，可以使其评估出来的结果有所不同。

第五节　汽车鉴定评估的原则和程序

一、汽车鉴定评估的原则

汽车鉴定评估的基本原则是对汽车鉴定评估行为的规范。正确理解和把握汽车鉴定评估的原则，对于选择科学、合理的汽车鉴定评估方法，提高评估效率和质量具有十分重要的意义。

汽车鉴定评估的原则分为工作原则和经济原则两大类。

1. 工作原则

汽车鉴定评估的工作原则是评估机构与评估工作人员在评估工作中应遵循的基本原则，包括合法性原则、独立性原则、客观性原则、科学性原则、公平性原则、规范性原则、专业化原则和评估时点原则等。

（1）合法性原则　汽车鉴定评估行为必须符合国家法律和法规，必须遵循国家对机动车户籍管理、报废标准和税费征收等政策要求，这是开展汽车鉴定评估的前提。

（2）独立性原则　一是要求汽车鉴定评估机构和工作人员应该依据国家的法规、规章制度及可靠的资料数据，对被评估的汽车价格独立地做出评估结论，且不受外界干扰和委托者的意图影响，保持独立公正；二是评估行为对于委托当事人应具有非利害和非利益关系。评估机构必须是独立的评估中介机构，评估人员必须与评估对象的利益涉及者没有任何利益关系。决不能既从事交易服务经营，又从事交易评估。

（3）客观性原则　要求鉴定或评估结果应以充分的事实为依据，在鉴定评估过程中的预测推理和逻辑判断等只能建立在市场和现实的基础资料以及现实的技术状态上。

（4）科学性原则　是指汽车鉴定评估机构和人员运用科学的方法、程序、技术标准和工作方案开展活动。即根据评估的基准日、特定目的，选择适用的方法和标准，遵循规定的程序实施操作。

（5）公平性原则　公平、公正、公开是汽车鉴定评估机构和工作人员应遵守的一项最基本的道德规范。要求鉴定评估人员的思想作风态度应当公正无私，评估结果应该是公道、合理的，而绝不能偏向任何一方。

（6）规范性原则　要求鉴定评估机构建立完整、完善的管理制度，严谨的鉴定作业流程。管理上要建立回避制度、审复制度、监督制度，作业流程制度要科学、严谨。

（7）专业化原则　要求汽车鉴定评估工作尽量由专业的鉴定评估机构来承担。同时还要求汽车鉴定评估行业内部存在专业技术竞争，以便为委托方提供广阔的选择余地，并要求鉴定评估人员接受国家专门的职业培训，经各类考试合格由国家统一颁发执业证书，主要是指价格鉴证师、资产评估师和机动车鉴定估价师等持证上岗。

（8）评估时点原则　又称评估基准日、评估期日或评估时日，它是一个具体日期，通常用年、月、日表示，评估额是在该日期的价格。汽车市场是不断变化的，汽车价格具有很强的时间性，它是某一时点的价格。在不同时点，同一辆汽车往往会有不同的价格。

评估时点原则是要说明，评估实际上只是求取某一时点上的价格，所以在评估一辆汽车的价格时，必须假定市场情况停止在评估时点上，同时评估对象即汽车的状况通常也是以其在该时点时的状况为准。评估时点并非总是与评估作业日期（进行评估的日期）相一致的。评估时点前于评估作业日期，我们称之为“追溯性”评估，评估时点与评估作业日期基本相近，我们称之为“现实性”评估，这是经常在评估实践中遇到的。评估时点后于评估作业日期，我们称之为“前瞻性”评估，即评估车辆在将来的价格。一般将评估人员进行实车勘察的日期定为评估时点，或因特殊需要将其他日期指定为评估时点。确立评估时点原则的意义在于评估时点是责任交待的界限和评估汽车时值的界限。

2. 经济原则

汽车鉴定评估的经济原则是指在汽车鉴定评估过程中，进行具体技术处理的原则。它是汽车鉴定评估原则的具体体现，是在总结汽车鉴定评估经验及市场能够接受的评估准则的基础上形成的。主要包括预期收益原则、替代原则和最佳效用原则。

（1）预期收益原则　是指在对营运性车辆评估时，车辆的价值可以不按照其过去形成的成本或购置价格决定，但必须充分考虑它在未来可能为投资者带来的经济效益。车辆的市场价格，主要取决于其未来的有用性或获利能力。未来效用越大，评估值越高。

预期收益原则要求在进行评估时，必须合理预测车辆的未来获利能力及取得获利能力的有效期限。

（2）替代原则　是商品交换的普遍规律，即价格最低的同质商品对其他同质商品具有替代性。

据此原理，汽车鉴定评估的替代原则是指在评估中，面对几个相同或相似车辆的不同价格时，应取较低者为评估值，或者说评估值不应高于替代物的价格。这一原则要求评估人员从购买者角度进行汽车鉴定评估，因为评估值应是车辆潜在购买者愿意支付的价格。

（3）最佳效用原则　是指若一辆汽车同时具有多种用途，在公开市场条件下进行评估时，应按照其最佳用途来评估车辆价值。这样既可保证车辆出售方的利益，又有利于车辆的合理使用。

二、汽车鉴定评估的程序

汽车鉴定评估作为一个重要的专业领域，情况复杂、作业量大。在进行汽车鉴定评估时，应分步骤、分阶段地实施相应的工作。从专业评估角度而言，汽车鉴定评估大致要经历以下几个阶段：

接待客户、明确评估业务基本事项，验明车辆合法性，签署鉴定评估业务委托书，拟定鉴定评估计划，合理安排鉴定评估人员，车辆技术状况鉴定，市场调查与资料搜集，车辆价值评定估算，编写和提交鉴定评估报告，工作底稿归档。

1. 接待客户、明确评估业务基本事项

接待客户具体应该了解的内容包括：

1）客户基本情况。包括车辆权属和权属性质。

2）客户要求。客户要求的评估目的，期望使用者和完成评估的时间。

3）车辆使用性质。了解车辆是生产营运车辆还是生活消费车辆。

4）车辆基本情况。包括车辆类别、名称、型号、生产厂家、初次登记日期、行驶里程数、所有权变动或流通次数、落籍地和技术状态等。

2. 验明车辆合法性

验明车辆合法性主要应该核查：

1）来历和处置的合法性。查看《机动车登记证》或产权证明。

2）使用和行驶的合法性。检查手续是否齐全、真实和有效，是否年检，检查《机动车行驶证》登记的事项与行驶牌照和实物是否相符。

3. 签署汽车鉴定评估业务委托书

《汽车鉴定评估业务委托书》是鉴定评估机构与委托方对各自权力、责任和义务的约定，是一种经济合同性质的契约。

1）汽车鉴定评估委托书应写明委托方和评估机构的名称、住所、工商登记注册号、上级单位、鉴定评估资格类型及证书编号，评估目的、评估范围、被评估车辆的类型和数量、评估工作起止时间、评估机构的其他具体工作任务，委托方须做好的基础工作和配合工作，评估收费方式和金额，反映评估业务委托方和评估机构各自的责任、权力、义务以及违约责任的其他具体内容。

2）汽车鉴定评估委托书必须符合国家法律法规和汽车鉴定评估行业管理规定，并做到内容全面、具体，含义清晰准确。

3）涉及国有资产占有单位的汽车鉴定评估项目，应由委托方按规定办妥有关手续后再进行评估业务委托。

4. 拟定评估计划

汽车鉴定评估机构要根据评估项目的规模大小、复杂程度和评估目的做出评估计划。

1）汽车鉴定评估人员执行评估业务时，应该按照鉴定评估机构编制的评估计划，以便对工作做出合理安排以保证在预计时间内完成评估项目。

2）汽车鉴定评估人员应当重点考虑以下因素：

① 被评估车辆和评估目的。

② 评估风险，评估业务的规模和复杂程度。

③ 相关法律、法规及宏观经济近期发展变化对评估对象的影响。

④ 被评估车辆的结构、类别、数量和分布。

⑤ 与评估有关资料的齐全情况及变现的难易程度。

⑥ 评估小组成员的业务能力、评估经验及其优化组合。

⑦ 对专家及其他评估人员的合理使用。

5. 汽车的技术鉴定

（1）技术鉴定要达到的基本目的

1）为车辆的价值估算提供科学的评估证据。

2）为期望使用者提供车辆技术状况的质量保证。

3）为车辆发生的经济行为提供法律依据。

（2）技术鉴定要做到的基本事项

1）识别伪造、拼装、组装、盗抢和走私车辆。

2）鉴别手续牌证的真伪。

3）鉴别由事故造成的严重损伤。

4）鉴别由自然灾害（水淹、火烧）造成的严重损伤。

5）鉴别车辆内部和外部技术状况。

（3）技术鉴定应检查的部位和检查的项目

1）静态检查。

2）动态检查。

3）仪器检查。

6. 市场调查与资料搜集

进行市场调查与资料搜集的目的是确定被评估车辆的现行市场价格。进行市场询价时，应重点做好如下工作：

1）确定被评估车辆基本情况（车辆类型、厂牌型号、生产厂家和主要技术参数等）。

2）确定询价参照对象及询价单位（询价单位名称、询价单位地址、询价方式、联系电话或传真号码和询价单位接待人员姓名等），并将询价参照对象情况与被评估车辆基本情况进行比较，在两者相一致的情况下，询到的市场价格才是可比的和可行的。

3）确定询价结果。市场调查和询证资料经过整理，就可以编制成《车辆询价表》，《车辆询价表》亦是汽车鉴定评估主要的工作底稿之一。

7. 价值评定估算

（1）确定估算方法

1）汽车鉴定评估应熟知、理解，并正确运用市价法、收益法、成本法、清算价格法以及这些评估方法的综合运用。

2）对同一被评估车辆宜选用两种以上的评估方法进行评估。

3）有条件选用市价法进行评估的，应以市价法为主要的评估方法。

4）营运车辆的评估在评估资料可查并齐全的情况下，可选用收益法为其中的一种评估方法。

5）汽车鉴定评估一般适宜采用市价法和成本法进行评估。

（2）评价评估结果

1）对不同评估方法估算出的结果，应进行比较分析。当这些结果差异较大时，应寻找并排除出现的原因。

2）对不同评估方法估算出的结果应做下列检查：

① 计算过程是否有误。

② 基础数据是否准确。

③ 参数选择是否合理。

④ 是否符合评估原则。

⑤ 公式选用是否恰当。

⑥ 选用的评估方法是否适宜评估对象和评估目的。

3）在确认所选用的评估方法估算出的结果无误之后，应根据具体情况计算求出一个综合结果。

4）在计算求出一个综合结果的基础上，应考虑一些不可量化的价格影响因素，对结果进行适当的调整，认定该结果作为最终的评估结果。

5）当有调整时，应在评估报告中明确阐述理由。

8. 编写和提交汽车鉴定评估报告

（1）编写汽车鉴定评估报告　编写汽车鉴定评估报告书可分为如下两个步骤：

1）在完成汽车鉴定评估数据的分析和讨论上，对有关部分的数据进行调整。由具体参加评估的汽车鉴定评估人员草拟出汽车鉴定评估报告书。

2）在鉴定评估的基本情况和评估报告书初稿的初步结论与委托方交换意见，听取委托方的反馈意见后，在坚持独立、客观和公正的前提下，认真分析委托方提出的问题和建议，考虑是否应该修改评估报告书，对报告书中存在的疏忽、遗漏和错误之处进行修正，待修改完毕即可撰写出正式的汽车鉴定评估报告书。

（2）提交汽车鉴定评估报告　汽车鉴定评估机构撰写出正式的鉴定评估报告书以后，经过审核无误，按以下程序进行签名盖章：先由负责该项目的汽车鉴定评估人员签章，再送复核人审核签章，最后送评估机构负责人审定签章并加盖机构公章。汽车鉴定评估报告书签发盖章后即可连同作业表等送交委托方。

第六节　汽车鉴定评估的假设与价值类型

一、汽车鉴定评估的假设

汽车鉴定评估假设是与汽车鉴定评估标准有着密切联系的概念。汽车鉴定评估过程中所采用的理论和方法，都是建立在一定的假设条件上的。如果其假设前提不同，所适用的评估标准也就不同，评估结果也会大相径庭。汽车鉴定评估的假设有继续使用假设、公开市场假设和清偿假设三种。

1. 继续使用假设

继续使用假设是指汽车将按现行用途继续使用，或将转换用途继续使用。这一假设的核心是强调汽车对未来的有效性。对于可继续使用的汽车的评估与不能继续使用的汽车的评估，所采用的价值类型是不同的。例如，对一辆可继续使用的处于在用状态的汽车进行评估时，一般采用重置成本法评估其处于在用状态的价值，其评估值包括车辆的购买价及运输费用等。但如果汽车无法继续使用，只能将其拆零出售，以现行市价法评估其零件的变现值，并且还需扣除拆零费用。两者的评估值显然不同。再如，一辆正在营运的汽车，以收益现值法评估其价值，设为10万元，但如果该汽车所属的企业因破产被强制清算拍卖，就只能以清算价格法评估其价值，其价格一定会大大低于10万元。

在采用继续使用假设时，需考虑以下几个条件：

1）车辆尚有显著的剩余使用寿命，这是继续使用假设的最基本的前提要求。

2）车辆能用其提供的服务或用途满足所有者或占有使用者经营上期望的收益，这是投资者持有或购买车辆的前提条件。

3）车辆的所有权明确，能够在评估后满足汽车交易或抵押等业务需要。这同时也是转换用途的前提条件。

4）充分考虑车辆的使用功能，即无论车辆的现行用途，还是转换用途继续使用，都是在法律许可的范围内，按车辆的最佳效用使用。

5）车辆从经济上和法律上允许转作他用。

2. 公开市场假设

公开市场假设是指被评估的车辆可以在完全竞争的交易市场上，按市场原则进行交易，其价格的高低取决于该汽车在公开市场上的行情。不同类型的车辆，其性能、用途不同，市场程度也不一样。一般情况下，用途广泛的车辆比用途狭窄的车辆市场活跃，因此也越容易通过市场交易实现其最佳效用。这里所谓的最佳效用是指车辆在法律许可的范围内，被用于最有利的用途，可取得最佳经济效果。在汽车鉴定评估时，对于具备在公开市场上进行交易条件的车辆，做公开市场假设，并根据车辆所在的地区、环境条件及市场的供求关系等因素确定其最佳用途。按车辆的最佳用途进行评估，有助于实现车辆的最佳效用。

3. 清偿假设

清偿假设是指车辆所有者由于种种原因，以拍卖的方式出售车辆。这种情况下的汽车交易，与公开市场下的交易具有两点显著区别：一是交易双方的地位不平等，卖方是非自愿地被迫出售；二是交易被限制在较短的时间内完成。因此，汽车的价格往往明显低于继续使用或公开市场假设下的价格。

二、汽车鉴定评估的价值类型

资产评估的价值类型，是指资产评估值质的规定性，即评估值内涵，是资产评估值形式上的具体化。

资产评估值类型应与特定经济行为相匹配，不同的评估目的决定了不同的价值内涵，决定了评估项目应选择的价值类型。价值类型的确定，对评估方法的选用具有约束性，评估值是价值类型与评估方法，即评估值质的规定和量化过程共同作用的结果。合理选择资产评估值类型是资产评估具有科学性和有效性的根本前提。

关于资产评估的价值类型，从不同的角度出发有着不同的表述。目前理论界有两种表述方式。

1）是将价值类型分为市场价值和非市场价值。市场价值是指在公开市场条件下自愿买方与自愿卖方在评估基准日进行交易的价值估计数额，当事人双方应自主谨慎行事，不受任何强迫压制。非市场价值是指不满足市场价值成立的资产在非公开市场条件下实现的价值。

2）是将资产评估值归纳为重置成本、现行市价、收益现值和清算价格四种价值类型。

1. 重置成本价值类型

重置成本是指在现行条件下（市场条件与技术条件），按功能重置车辆，并使其处于在用状态所耗费的成本。

重置成本与历史成本一样，都是反映车辆在购置、运输、注册和登记等购建过程中全部费用的价格。只是重置成本以现行价格和费用标准作为计价依据。车辆在全新状态下，即刚购买时，其重置成本与历史成本是一致的。但由于车辆或长或短地保留了一段时期，在此期间，不论是否使用，车辆的价值、技术等因素都可能发生变化，从而影响车辆的重置更新费用，使车辆的重置成本与历史成本发生差异。

车辆的重置成本以功能重置为依据，但由于对现行技术条件利用不同，可分为复原重置成本与更新重置成本。两者的区别在于：复原重置成本是指按照与被评估车辆的材料、制造标准、设计结构等相同的条件，以现时价格购置相同的全新车辆所需的全部成本。更新重置成本是指利用新型材料，并根据现代标准、设计及格式，以现实价格生产或建造具有同等功能的全新资产所需的成本。非市场价值是指不满足市场价值成立的资产在非公开市场条件下实现的价值。

2. 现行市价价值类型

现行市价又称变现价格，是指车辆在公开市场上的销售价格。由于是对预期投入市场车辆的评估，这里的“销售”可以是实际销售，也可以是模拟销售。

现行市价的最基本特征是价格源于公平市场。所谓公平市场，即充分竞争的市场，卖方不存在对市场垄断，买卖双方的交易行为都是自愿的，都有足够的时间与能力了解市场行情。

车辆以现行市价价格进行价值评估时，需具备以下两个基本条件：

1）需要存在一个充分发育、活跃和公平的汽车交易市场。

2）与被评估车辆相同或类似的车辆在市场上有一定的交易量，能够形成市场行情。

3. 清算价格价值类型

清算价格是指企业由于破产等原因，以变卖车辆的方式来清偿债务或分配剩余权益状况的车辆价格。显然，清算价格是非正常的市场价格。它与现行市价相比，两者的根本区别在于：现行市价是公平市场价格，而清算价格是非正常市场上的拍卖价格，这种价格由于受到期限限制和买主限制，一般大大低于现行市价。

适用于清算价格计量的汽车鉴定评估业务主要有企业破产清算，以及因抵押、典当等不能按期偿债而导致的车辆变现清偿等。

第七节 现行市价法

一、现行市价法的基本原理

1. 定义

现行市价法又称市价法、市场价格比较法和销售对比法。是指通过比较被评估车辆与最近出售类似车辆的异同，并将类似车辆市场价格进行调整，从而确定被评估车辆价值的一种评估方法。

2. 基本原理

现行市价法的基本原理是通过市场调查，选择一个或几个与评估车辆相同或类似的车辆作为参照车辆，分析参照车辆的结构、配置、功能、性能、新旧程度、地区差别、交易条件及成交价格等，并与待评估车辆一一对照比较，找出两者的差别及差别所反映的价格上的差额，经过调整，计算出被评估汽车的评估价格。

现行市价法是最直接、最简单的一种评估方法，也是汽车价格评估最常用的方法之一。

二、现行市价法的应用前提

运用现行市价法对汽车进行价格评估必须具备以下两个前提条件：

1）需要有一个充分发育、活跃的汽车交易市场，即汽车交易公开市场。在这个市场上有众多的卖者和买者，有充分的参照车辆可取，这样可以排除交易的偶然性。市场成交的汽车价格可以准确反映市场行情，这样，评估结果更加公平公正，易于为双方接受。

2）评估中参照的汽车与被评估的汽车有可比较指标，并且这些可比较的指标技术参数的资料是可收集到的，价值影响因素明确，可以量化。

运用市价法，重要的是能够找到与被评估汽车相同或类似的参照车辆。但与被评估资产完全相同的资产是很难找到的，这就要求对类似资产参照、车辆进行调整，有关调整的指标、技术参数能否获取，这是决定市场运用与否的关键。

三、现行市价法的计算方法

运用现行市价法确定单台车辆价值通常采用直接法和类比法。

1. 直接法

直接法是指在市场上能找到与被评估车辆完全相同的车辆的现行市价，并依其价格直接作为被评估车辆评估价格的一种方法。所谓完全相同是指车辆型号、使用条件和技术状况相同，生产和交易时间相近，寻找这样的参照车辆一般来讲是比较困难的。通常如果参照车辆与被评估车辆类别相同、主参数相同并且结构性能相同，只是生产序号不同并只做局部改动的车辆，可作为评估过程中的参照车辆。其评估值是按参照车辆的市场价格直接来确定被评估车辆的价值。评估公式为

$$P = P'$$

式中 P——评估值；

P'——参照车辆的市场价格。

2. 类比法

（1）计算模型 类比法是指评估车辆时，在公开市场上找不到与之完全相同但能找到与之相类似的车辆时，以此为参照车辆，并根据车辆技术状况和交易条件的差异对价格做出相应调整，进而确定被评估车辆价格的评估方法。其基本计算公式为

$$P = P' + P_1 - P_2$$

或

$$P = P' - K$$

式中 P——评估值；

P'——参照车辆的市场价格；

P_1——评估对象比参照车辆优异的价格差额；

P_2——参照车辆比评估对象优异的价格差额；

K——差异调整系数。

（2）评估步骤 运用类比法评估汽车价值，应按下列步骤进行：

搜集交易实例、选取参照车辆、进行交易情况修正、进行交易日期修正、进行地区因素修正、进行个别因素修正及求出评估值。

1）搜集交易实例运用类似比较法评估，应准确搜集大量交易实例，掌握正常市场价格行情。搜集交易实例应包括下列内容：车辆型号、制造厂家、使用性质、使用年限、行驶里程、实际技术状况、经济环境和市场环境、车辆所处的地理位置、成交数量、成交价格、成交日期和付款方式等。

2）选取参照车辆根据被评估车辆状况和评估目的，应从搜集的交易实例中选

取三个以上的参照车辆。选取的参照车辆应符合下列要求：

① 是被评估车辆的同型号或类似车辆。

② 成交日期与评估时点相近，不宜超过三个月。

③ 成交价格为正常价格或可修正为正常价格。

3）进行交易情况修正。进行交易情况修正，应排除交易行为中的特殊因素所造成的参照车辆成交价格偏差，将参照车辆的成交价格调整为正常价格。

① 有下列情形之一的交易实例不宜选为参照车辆：

a）有利害关系人之间的交易。

b）急于出售或购买情况下的交易。

c）受债权债务关系影响的交易。

d）交易双方或一方对市场行情缺乏了解的交易。

e）交易双方或一方有特权偏好的交易。

f）特殊方式的交易。

g）交易税费非正常负担的交易。

h）其他非正常的交易。

② 当可供选择的交易实例较少，确需选用上述情形的交易实例时，应对其进行交易情况修正。

③ 对交易税费非正常负担的修正，应将成交价格调整为依照政府有关规定，交易双方负担各自应负担的税费下的价格。进行交易日期修正，应将参照车辆在其成交日期时的价格调整为评估时点的价格。

4）进行交易日期修正。交易日期修正宜采用类似车型的价格变动率或指数进行调整。在无类似车型的价格变动率或指数的情况下，可根据当地汽车价格的变动情况和趋势做出判断，给予调整。

5）进行地区因素修正。进行地区区域市场因素修正，应将参照车辆在其他区域市场的价格调整为被评估车辆所在地区的区域价格。

6）进行个别因素修正。进行个别因素修正时，应将参照车辆与被评估车辆的个别因素逐项进行比较，找出由于个别因素优劣所造成的价格差异，进行调整。

交易情况、交易日期、地区因素和个别因素的修正，视具体情况可采用百分率法、差异法或回归分析法。每项修正对参照车辆成交价格的调整不得超过10%，综合调整不得超过20%。选取的多个参照车辆的价格经过上述各种修正之后，应根据具体情况计算出一个综合结果，作为评估值。市价法的原理和技术，也可用于其他评估方法中有关参数的求取。

用市价法评估应该说已包含了该车辆的各种贬值因素，包括有形损耗的贬值、功能性贬值和经济性贬值，这是因为市场价格是综合反映了车辆的各种因素而体现的。车辆的有形损耗及功能陈旧而造成的贬值，自然会在市场价格中体现出来。经济性贬值的主要表现为供求关系的变化对市场价格的影响，因而用市价法评估不再专门计算功能性贬值和经济性贬值（由于经济性贬值和功能性贬值客观上存在，但在实践计算的过程中常常无法计算）。因此，推荐采用市场比较法，在国外的评估机构也通常优先采用市场比较法。在我国中等以上城市，特别是经济较为发达的地区和城市，一般情况下，每年成交的各种汽车少则几千辆，多则几万辆甚至十几万辆，为市场比较法的应用奠定了良好的市场条件，通常总能够找到成交案例作为市场参照车辆。虽然我国的汽车生产厂家较多，各种品牌林立，规格品种众多，但由于近几年来市场交易活跃，特别是各个城市有较多的经纪公司、置换公司并逐渐形成了主营各自的品牌，大部分车型都有交易案例。因此，评估机构和评估人员应不断收集各种品牌、车型的成交案例，作为各种评估对象市场参照车辆的资料存档，它是评估人员对市场价格行情的积累。

四、现行市价法的特点

运用现行市价法进行汽车价格评估，能够比较客观地反映汽车目前的市场情况，其评估的参数、指标直接从市场获得，评估值能反映市场现实价格，评估结果易被各方面理解和接受。其不足是必须要有成熟、公开和活跃的市场作为基础。另外由于旧车的可比因素多而且复杂，即使是同一个生产厂家生产的同一型号的产品，同一天登记也可能由于使用强度、使用条件、维护水平的不同而带来车辆技术状况不同和评估值的差异。

第八节 收益现值法

一、收益现值法的基本原理

1. 定义

收益现值法是将被评估的车辆在剩余寿命期内预期收益用适当的折现率折现为评估基准日的现值，并以此确定评估价格的一种方法。汽车的价格评估一般很少采用收益现值法，但对一些特定目的、有特许经营权的汽车，人们购买的目的往往不是在于车辆本身，而是车辆获利的能力。因此对于营运车辆的评估采用收益现值法比较合适。

2. 基本原理

收益现值法是基于这样的假设，即人们之所以购买某车辆，主要是考虑这辆车能为自己带来一定的收益。采用收益现值法对汽车进行评估所确定的价值是指为获得该汽车以取得预期收益的权利所支付的货币总额，它以车辆投入使用后连续获利为基础。如果某车辆的预期收益小，车辆的价格就不可能高，反之车辆的价格肯定就高。

二、收益现值法的应用前提

被评估的汽车必须是经营性车辆，且具有继续经营和获利的能力，继续经营的收益能够而且必须能够用货币金额来表示，经营过程中的风险因素能够转化为数据加以计算，体现在折现率和资本化率中。非盈利的汽车不能用收益法评估。

三、收益现值法的计算方法

收益现值法的评估值的计算，实际上就是对被评估车辆未来预期收益进行折现的过程。

被评估车辆的评估值等于剩余寿命期内各收益期的收益现值之和，其基本计算公式为

$$P = \sum_{t}^{n} \frac{A_t}{(1+i)^t}$$

$$= \frac{A_1}{(1+i)} + \frac{A_2}{(1+i)^2} + \cdots + \frac{A_n}{(1+i)^n}$$

当 $A_1 = A_2 = \cdots = A_n = A$ 时，即 t 从 $1 \sim n$ 未来收益分别相同为 A 时，则有：

$$P = A\left[\frac{1}{(1+i)} + \frac{1}{(1+i)^2} + \cdots + \frac{1}{(1+i)^n}\right]$$

$$= A\,\frac{(1+i)-1}{i(1+i)^n}$$

式中 P——被评估物评估值；

A_t——被评估物未来第 t 个收益期的预期收益额，旧汽车的收益期是有限的，A_t 中还包括收益期末汽车的残值，一般估算时忽略较多；

i——折现率；

n——收益期限（剩余经济寿命的年限），常以年表示；

t——收益期，一般以年计；

其中，$\frac{1}{(1+i)^t}$称为现值系数，$\frac{(1+i)^n-1}{i(1+i)^n}$称为年金现值系数。

四、收益现值法中各评估参数的确定

1. 剩余经济寿命期的确定

剩余经济寿命期指从评估基准日到车辆到达报废年限所剩余的使用寿命。如果剩余经济寿命期估计过长，就会高估车辆价格；反之，则会低估车辆价格。因此，必须根据车辆的实际状况对剩余寿命做出正确的评定。

在车辆技术状况基本正常的情况下，可按国家规定的报废标准确定车辆的剩余

使用寿命。如果车辆的技术状况很差，则应根据车辆的实际状况，判定车辆的剩余使用寿命。《机动车强制报废标准规定》主要营业性汽车年限如下：

1）小、微型出租客运汽车使用8年，中型出租客运汽车使用10年，大型出租客运汽车使用12年。

2）租赁载客汽车使用15年。

3）小型教练载客汽车使用10年，中型教练载客汽车使用12年，大型教练载客汽车使用15年。

4）公交客运汽车使用13年。

5）其他小、微型营运载客汽车使用10年，大、中型营运载客汽车使用15年。

6）专用校车使用15年。

7）大、中型非营运载客汽车（大型轿车除外）使用20年。

8）三轮汽车、装用单缸发动机的低速货车使用9年，装用多缸发动机的低速货车以及微型载货汽车使用12年，危险品运输载货汽车使用10年，其他载货汽车（包括半挂牵引车和全挂牵引车）使用15年。

9）有载货功能的专项作业车使用15年，无载货功能的专项作业车使用30年。

10）全挂车、危险品运输半挂车使用10年，集装箱半挂车使用20年，其他半挂车使用15年。

对小、微型出租客运汽车（纯电动汽车除外）和摩托车，省、自治区、直辖市人民政府有关部门可结合本地实际情况，制定严于上述使用年限的规定，但小、微型出租客运汽车不得低于6年。

机动车使用年限起始日期按照注册登记日期计算，但自出厂之日起超过2年未办理注册登记手续的，按照出厂日期计算。

2. 预期收益额的确定

收益现值法在运用中，收益额的确定是关键。收益额是指由被评估对象在使用过程产生的超出其自身价值的溢余额。对于收益的确定应把握两点：

1）收益额指的是车辆使用带来的未来收益期望值，是通过预测分析获得的。无论对于所有者还是购买者，判断某车辆是否有价值，首先应判断该车辆是否带来收益。对其收益的判断，不仅仅是看现在的收益能力，更重要的是预期未来的收益能力。

2）收益额的构成，以企业为例，目前有三种观点：

① 企业所得税后利润。

② 企业所得税后利润与提取折旧额之和扣除投资额。

③ 利润总额。

关于选择哪一种作为收益额，针对汽车的评估特点与评估目的，为估算方便，推荐选择第一种观点，目的是准确反映预期收益额。为了避免计算错误，一般应列出车辆在剩余寿命期内的现金流量表。

3. 折现率的确定

折现率是将未来预期收益折算成现值的比率，是换算车辆现值与预期收益的有效工具。

从评估的观点看，折现率的选择事实上是在对车辆预期收益评价的基础上对现值的确定。不同折现率的选择将影响车辆的价值。从折现率本身来说，它是一种特定条件下的收益率，说明了车辆取得该项收益的收益率水平。收益率越高，意味着单位资产的增值率越高，在收益一定的情况下，所有者拥有资产的价值越低。

在选择和计量折现率时，应注意折现率与预期收益的匹配，如收益的计量指标有净现金流量和税后利润两种，在选择折现率时，就需注意与所选的计量指标相适应。

此外，在计量折现率时，必须考虑到风险因素的影响，否则，就可能过高地估计车辆的价值。当考虑到风险因素后，评估观点上的折现率应当包括无风险利率、风险报酬率和通货膨胀率三个方面。即：

$$折现率=无风险利率+风险报酬率+通货膨胀率$$

无风险利率是指资产在一般无风险经营条件下的获利水平，风险报酬率是指承担投资风险的投资所获得的超过无风险报酬率以上部分的投资回报率，一般随投资风险递增而加大。风险收益能够计算，而为承担风险所付出的代价为多少却不好确定。因此，风险收益率不容易计算出来，只要求选择的收益率中包含这一因素即可。每个行业、每个企业都有具体的资金收益率。因此在利用收益法对汽车鉴定评估选择折现率时，应该进行本企业、本行业历年收益率指标的对比分析。但是，最后选择的折现率应该起码不低于国家债券或银行存款的利率。

此外还应注意，在使用资金收益率这一指标时，要充分考虑年收益率的计算口径与资金收益率的口径是否一致。若不一致，将会影响评估值的正确性。

五、收益现值法的特点

收益现值法与投资决策相结合，能真实和较准确地反映车辆投资的未来收益的本金化价格，易于被交易双方接受，但预期收益额的预测难度大。

第九节　重置成本法

一、重置成本法的基本原理

重置成本法是指以评估基准日的当前条件下重新购置一辆全新状态的被评估车辆所需的全部成本（完全重置成本，简称重置全价），减去该被评估车辆的各种陈旧性贬值后的差额作为被评估车辆评估价格的一种评估方法。

重置成本法的基本计算公式为

$$P = B - (D_S + D_G + D_J)$$

或

$$P = BC$$

式中 P——被评估汽车的评估值；

B——重置成本；

D_S——实体性贬值；

D_G——功能性贬值；

D_J——经济性贬值；

C——成新率。

重置成本是购买一辆全新的与被评估车辆相同的车辆所支付的最低金额。按重新购置车辆所用的材料和技术的不同，可把重置成本区分为复原重置成本（简称复原成本）和更新重置成本（简称更新成本）。复原成本是指用与被评估车辆相同的材料、制造标准、设计结构和技术条件等，以现时价格复原购置相同的全新车辆所需的全部成本。更新成本指利用新型材料、新技术标准和新设计等，以现时价格购置相同或相似功能的全新车辆所支付的全部成本。一般情况下，在进行重置成本计算时，如果同时可以取得复原成本和更新成本，应选用更新成本；如果不存在更新成本，则再考虑用复原成本。

实体性贬值也叫有形损耗，是指汽车在存放和使用过程中，因机件磨损和损耗等原因而导致的车辆实体发生的价值损耗，亦即是指由于自然力的作用而发生的损耗。投入交易的汽车一般都不是全新状态的，因此都存在实体性贬值。

功能性贬值是指由于科学技术和生产力的发展导致的车辆贬值，即无形损耗。这类贬值可能是由于技术进步引起劳动生产率的提高、生产成本降低而造成重新购置一辆全新状态的被评估车辆所需的成本降低而引起的车辆价值的贬值。对于营运车辆，也可能由于技术进步，出现了新的性能更优的车辆，致使原有车辆的功能、生产率和收益能力相对新车型已经落后而引起其价值贬值。具体表现为原有车辆在完成相同工作任务的前提下，在燃料、人力和配件材料等方面的消耗增加，形成了一部分超额运营成本。

经济性贬值是指由于宏观经济政策、市场需求、通货膨胀和环境保护等外部环境因素的变化所造成的车辆贬值。这些外界因素对车辆价值的影响不仅是客观存在的，而且对车辆价值影响还相当大，在汽车的评估中不可忽视。

通过对重置成本法计算公式的分析不难发现，要合理运用重置成本法评估汽车的交易价格，必须正确确定车辆的重置成本、实体性贬值、功能性贬值、经济性贬值和成新率。

二、重置成本的估算

重置成本的计算在资产评估学中有加合分析法、功能系数法、物价指数法和统计分析法等几种方法。对于汽车鉴定评估定价，计算重置成本一般采用加合分析法和物价指数法。

1. 加合分析法

加合分析法也称为直接法和重置核算法，它是按待评车辆的成本构成，以现行市价为标准，将车辆按成本构成分成若干组成部分，先确定各组成部分的现时价格，然后相加得出待评估车辆的重置全价的一种评估方法。

（1）重置成本的构成　汽车的重置成本构成计算方法为

$$B = B_1 + B_2$$

式中　B——车辆重置成本；

B_1——购置全新车辆的市场成交价；

B_2——车辆购置价格以外国家和地方政府一次性缴纳的税费总和，如车辆购置附加税和注册税（牌照）等。

重置成本构成不应包括车辆拥有阶段和使用阶段的税和费，如车辆拥有阶段的年审费、车船使用税和消费税，车辆使用阶段的保险费、燃油税和路桥费等。

（2）进口车重置成本的构成　根据海关税则和收费标准，进口轿车的重置成本（即现行价格）由以下税费构成：

1）报关价。即到岸价，又称 *CIF* 价格，它与离岸价 *FOB* 的关系是

$$CIF = FOB + \text{途中保险费} + \text{国外运杂费}$$

由于这部分费用是以外汇支付的，在计算时，需要将报关价格换算成人民币，外汇汇率采用评估基准日的外汇汇率进行计算。

2）关税。关税的计算方法为

$$\text{关税} = \text{报关价} \times \text{关税税率}$$

自 2006 年 7 月 1 日起，小轿车的关税税率为 25%。

3）消费税。消费税的计算方法为

$$\text{消费税} = \frac{(\text{报关价} + \text{关税})}{1 - \text{消费税率}} \times \text{消费税率}$$

根据轿车排量不同，消费税率亦不同。排量在 1.0L 以下的为 3%；1.0～2.2L 的为 5%；2.2L 以上的为 8%。

4）增值税。增值税的计算方法为

$$\text{增值税} = (\text{报关价} + \text{关税} + \text{消费税}) \times \text{增值税率}$$

各种进口增值税率均为 17%。

5）其他费用。除了上述费用之外，进口车价还包括通关、商检、运输、银行、选装件价格、经销商和进口许可证等非关税措施造成的费用。

不同类型进口汽车的关税率、消费税率和增值税率见表 2-1。

以某款 2.4L 车型为例，假设该车型海关报关价（CIF）为 17 万元，其重置成本为

关税 = 报关价 × 关税税率 = 17 × 30% = 5.1 万元

$$消费税=\frac{报关价+关税}{1-消费税率}\times消费税率=\frac{17+5.1}{1-8\%}\times8\%=1.922\ 万元$$

表 2-1 不同类型进口汽车的关税率、消费税率和增值税率

车型	排量 P/L	座位数 Z/座	关税率(%)				消费税率(%)	增值税率(%)
			2004 年 1 月 1 日	2005 年 1 月 1 日	2006 年 1 月 1 日	2006 年 7 月 1 日		
轿车	$P<1.0$		34.20	30.00	28.00	25.00	3	17
	$1.0\leqslant P\leqslant1.5$		34.20	30.00	28.00	25.00	5	17
	$1.5<P<2.2$		34.20	30.00	28.00	25.00	5	17
	$2.2\leqslant P\leqslant2.5$		34.20	30.00	28.00	25.00	8	17
	$2.5\leqslant P\leqslant3.0$		34.20	30.00	28.00	25.00	8	17
	$P>3.0$		37.60	30.00	28.00	25.00	8	17
越野车	$1.5<P<2.4$		34.20	30.00	28.00	25.00	3	17
	$2.4\leqslant P\leqslant2.5$		34.20	30.00	28.00	25.00	5	17
	$2.5<P\leqslant3.0$		34.20	30.00	28.00	25.00	5	17
	$P>3.0$		37.60	30.00	28.00	25.00	5	17
面包车	$1.5<P<2.0$	$Z\leqslant9$	34.20	30.00	28.00	25.00	3	17
	$2.0\leqslant P\leqslant2.5$	$Z\leqslant9$	34.20	30.00	28.00	25.00	5	17
	$2.5<P\leqslant3.0$	$Z\leqslant9$	34.20	30.00	28.00	25.00	5	17
	$P>3.0$	$Z\leqslant9$	37.60	30.00	28.00	25.00	5	17
小客车	$P\leqslant2.0$	$10\leqslant Z\leqslant19$	32.50	25.00	25.00	25.00	5	17
	$P>2.0$	$10\leqslant Z\leqslant19$	32.50	25.00	25.00	25.00	3	17
中巴车	$P\geqslant2.0$	$20\leqslant Z\leqslant22$ 柴油	32.50	25.00	25.00	25.00	5	17
		$23\leqslant Z\leqslant30$ 柴油	32.50	25.00	25.00	25.00	0	17
		$30<Z$ 柴油	29.20	25.00	25.00	25.00	0	17
	$P\geqslant2.0$	$20\leqslant Z\leqslant22$ 汽油	32.50	25.00	25.00	25.00	3	17
		$23\leqslant Z\leqslant30$ 汽油	32.50	25.00	25.00	25.00	0	17
		$Z>30$ 汽油	29.20	25.00	25.00	25.00	0	17

$$增值税=(报关价+关税+消费税)\times17\%=(17+5.1+1.922)\times17\%=4.084万元$$

$$\begin{aligned}最终进口车价格&=(报关价+关税+消费税+增值税)\times(1+8\%)\\&=(17+5.1+1.922+4.084)\times(1+8\%)\\&=30.35\ 万元\end{aligned}$$

公式内最后一个 8% 为报关、仓储、商检杂费和经销商信用证成本及利润。

一般而言，车辆重置成本大多是依靠市场调查搜集而来的，并不需要进行十分复杂的计算。但是对于市场上尚未出现的那些新车型（特别是进口新车型）或淘汰车型，由于其价格信息有时不容易获得，这时则需要按照其重置成本的构成进行估算。

根据不同评估目的，汽车重置成本全价的评估还要区别对待。属于所有权转让的经济行为或司法行为、执法部门提供证据的鉴定行为，可将被评估车辆的现行市场成交价格作为被评估车辆的重置全价，其他费用略去不计；属于企业产权变动的经济行为，如企业合资、合作经营和合并兼并，其重置成本构成除了考虑被评估车辆现行市场购置价格外，还应考虑国家和地方政府对车辆加收的合理税费。

2. 物价指数法

物价指数法也叫价格指数法，是指根据已掌握历年来的价格指数，在汽车原始成本的基础上，通过现时指数确定其重置成本。其计算公式为

$$B = B_Y \times \frac{I_1}{I_2}$$

或

$$B = B_Y \times (1 + \lambda)$$

式中 B——车辆重置成本；

B_Y——车辆原始成本；

I_1——车辆评估时物价指数；

I_2——车辆购买时物价指数；

$\lambda = \frac{I_1}{I_2}$——车辆价格变动指数。

当被评估车辆已停产，或是进口车辆，无法找到现时市场价格时，这是一种很有用的方法，但应用时必须要注意，一定要先检查被评估车辆的账面购买原价。如果购买原价不准确，则不能用物价指数法。

车辆价格变动指数是通过掌握的车辆历年的价格指数，找出车辆价格变动趋势和速度的指标。

车辆价格变动指数的取得是选择与被评估车辆已使用年限相适应的，近五年内市场占有率为前三名的品牌车型，分别以现时购买车价与原始购买车价之比的算术平均值作为车辆价格变动指数。

车辆价格变动指数要尽可能选用有法律依据的国家统计部门、物价管理部门以及政府机关发布和提供的数据。也可以取自中国汽车流通协会定期发布或有权威性的国家政策部门所管辖单位的数据，不能选用无依据、不明来源的数据。

三、车辆贬值的估算

1. 车辆实体性贬值估算

汽车的实体性贬值是由于使用和自然力损耗形成的贬值，也称为有形损耗或有

形值，一般可以采取观察法、使用年限法和修复费用法等方法进行估算。

（1）观察法　也称成新率法。指汽车价格评估人员根据自己专业知识和工作经验，通过对汽车实体各主要部件进行观察，并且使用仪器测量等方式进行技术鉴定，综合分析车辆的设计、制造、使用、磨损、维护、修理、大修理、改装情况和经济寿命等因素，将评估对象与其全新状态相比较，从而判断被评估汽车的实体性贬值的一种方法，其数学公式表达为

$$D_{\mathrm{p}}=B\eta$$

式中　D_{p}——车辆实体性贬值；

B——车辆重置成本；

η——有形损耗率。

（2）使用年限法　通过确定被评估汽车已使用年限与该车辆预期可使用年限的比率来确定汽车有形损耗。其计算公式表达为

$$D_{\mathrm{p}}=(B-Z)YG$$

式中　Y——已使用年限；

Z——残值，在汽车鉴定评估中，一般残值忽略不计；

G——规定使用年限。

（3）修复费用法　也叫功能补偿法。通过确定被评估汽车恢复原有的技术状态和功能所需要的费用补偿，来直接确定汽车的有形损耗。

2. 功能性贬值估算

功能性贬值包含一次性功能贬值和营运性功能贬值。

（1）一次性功能贬值的估算　从理论上讲，同样的车辆，其复原重置成本与更新重置成本之差即该车辆的一次性功能贬值。但在实际工作中，具体计算某车辆的复原重置成本是比较困难的，因此，对目前在市场上能购买到的且有制造厂家继续生产的全新车辆，一般就用更新重置成本（市场价）考虑其一次性功能贬值。如果待评估车辆的型号是现已停产或已淘汰的车型，这样就没有实际市场价，只能采用参照车辆的价格用类比的方法来估算。参照车辆一般采用替代型号的车辆，这些替代型号的车辆功能通常比原车型有所改进和增加，故其价值通常会比原车型的价格要高（功能性贬值大时，价格也可能降低）。故在与参照车辆比较，用类比法对原车型进行价值评估时，一定要了解参照车辆在功能方面改进或提高的情况，再按其功能变化情况测算原车辆的价值。

（2）营运性功能贬值的估算　测定营运性功能贬值时，首先选定参照车辆，并与其进行比较，找出营运成本差别的内容和差别的量值。然后确定原车辆尚可继续使用的年限和应上缴的所得税率及折现率，通过计算超额收益或成本降低额算出营运性功能贬值。

例：某一被评估车辆甲，其出厂时的燃料经济性指标为每百公里耗油量 28L，

平均年维修费用为3万元。以目前新出厂的同型车辆乙为参照车辆，该车出厂时燃料经济性指标为每百公里耗油量23L，平均每年维修费用为2.5万元。如果甲、乙两车在营运成本的支出项目方面大致相同，被评估车辆尚可使用5年，每年平均出车日为300天，每日营运150km，所得税率为33%，适用的折现率为10%，试估算被评估车辆的营运性功能损耗（油价格取为2.2元/L）。

根据上述资料，对被评估车辆的功能性损耗估算如下。

1）被评估车辆每年油料的超额费用为：

150×(28L－23L)×2.2元/L×300/100＝4 950元

2）被评估车辆每年维修的超额费用为：

30000元－25000元＝5000元

3）被评估车辆的年超额营运成本为：

4950元＋5000元＝9950元

4）被评估车辆的年超额营运成本的净额为：

9950元×(1－33%)＝6666.5元

5）将被评估车辆在剩余使用年限内的年超额营运成本净额折现累加，估算其功能性损耗为：

$$
\begin{aligned}
&6666.5\text{元}\times\frac{(1+10\%)^5-1}{10\%\times(1+10\%)^5}\\
&=6666.5\text{元}\times3.7908\\
&=25271\text{元}
\end{aligned}
$$

3. 车辆经济性贬值估算

汽车鉴定评估中所涉及的经济性损耗（贬值）也是无形损耗的一种，是由车辆以外的各种因素所造成的损耗（贬值）。这样的例子可以举出很多，如由于车辆排放标准要求的提高，同一车辆的排放水平在过去可能被认为是可以接受的，但现在却无法满足现行排放标准的要求。这一标准对车辆的所有者来讲就是制约，除非达到规定的要求，否则车辆就无法继续使用。因此，对车辆的所有者而言，不管是采取措施力求达到标准，还是使车辆被迫停用，都需花费成本，这一成本从评估的角度上看便是经济损耗。诸如此类，概括地讲，外部因素不论多少，对车辆价值的影响无外乎表现为要么是造成营运成本上升，要么是导致车辆闲置。

对于营运性车辆来讲，通常采用以下两种方式计量其经济性损耗：一种是利用车辆年收益损失额折现累加计算；另一种是通过车辆利用率的变化来估算。

（1）利用年收益损失额折现累加计算　如果由于外界因素变化，导致车辆营运收益的减少额或投入成本的增加额能够估算出来，可直接按车辆继续使用期间每年的收益损失额折现累加，以求得车辆的经济性损耗。用数学式表示为

$$
\text{车辆的经济性损耗}=\text{车辆年收益损失额}\times(1-\text{所得税率})\times\frac{(1+i)^n-1}{i(1+i)^n}
$$

使用上述公式应注意，年收益损失额只能由外界因素来计量，不能把因技术落后等自身因素所造成的收益损失额归入此类。

例：某人欲出售一辆已使用了5年的出租车。由于国家行业政策及检测标准的变化，目前每年较过去平均需增加投入成本3 000元，方能满足有关的规定要求。试估算该出租车的经济性损耗。

根据国家规定，出租车的使用年限为8年。从购车登记日起，至该车的评估基准日止，该车已使用年限为5年。该车的剩余使用年限为3年。

取所得税率33%，适用的折现率为10%，则车辆的经济性损耗为

$$车辆的经济性损耗 = 3000\text{元} \times (1-33\%) \times \frac{(1+10\%)^3-1}{10\% \times (1+10\%)^3}$$

$$= 3000\text{元} \times 67\% \times 2.4869$$

$$\approx 5000\text{元}$$

（2）通过车辆利用率的变化估算经济性损耗　如果由于外部因素的影响，导致车辆的利用率下降，可按照以下公式估算车辆的经济性损耗率。

$$车辆经济性损耗率 = \left[1-\left(\frac{汽车的实际工作量}{汽车的正常工作量}\right)^x\right] \times 100\%$$

在上式中，x 为规模效益指数（$0<x<1$）。其调整计算的结果，说明车辆的运输量与投入成本之间并非呈线性关系。当车辆的运输量降至正常运输量的一半时，其投入成本却不止正常投入成本的一半。x 一般在0.6~0.7之间。

在确定了车辆的经济性损耗率后，可按照以下公式计算车辆的经济性损耗。

车辆的经济损耗 =（重置成本 - 有形损耗 - 功能性损耗）× 经济性损耗率

例：由于某行业企业生产普遍不景气，工作量不足，某专用汽车的利用率仅为正常工作量的60%。而且在该汽车的剩余使用年限内，这种情况也不会有所改变。经评估汽车的重置成本为35万元，成新率为65%，功能性损耗可忽略不计。试估算该车辆的经济损耗。具体估算过程如下：

1）计算车辆的经济性损耗率：

车辆的经济性损耗率 $= (1-0.6^x) \times 100\%$

取 $x=0.7$，则车辆的经济性损耗率 $= (1-0.6^{0.7}) \times 100\% = (1-0.699) = 30.1\%$

2）车辆扣除有形损耗和功能性损耗后的价值为：

350000元 × 65% = 227500元

3）车辆的经济性损耗为：

227500元 × 30.1% ≈ 68500元

四、重置成本法的特点

通过对重置成本、实体性贬值、功能性贬值和经济性贬值的分析，已经能够运

用重置成本法确定汽车的评估价格，在使用中尽管工作量大，难以计算经济性贬值，但它充分地考虑了车辆的损耗，评估结果公平合理，在不易计算车辆未来收益或难以取得旧机交易市场参照车辆条件下可广泛应用。

第十节 清算价格法

一、清算价格法的基本原理

清算价格法是以清算价格为标准，对汽车进行的价格评估。所谓清算价格，是指由于破产或其他原因，要求在一定的期限内将车辆变现，在企业清算之日预期出卖收回的快速变现价格。主要根据汽车技术状况，运用现行市价法估算其正常价值，据处置情况和变现要求，乘以一个折扣率，最后确定评估价格。

清算价格法在原理上基本与现行市价法相同，所不同的是迫于停业或破产，清算价格往往大大低于现行市场价格。这是由于企业被迫停业或破产，急于将车辆拍卖和出售。从严格意义上讲，清算价格法不能算为一种基本的评估方法，只能算是现行市价法、重置成本法及收益现值法的具体运用。

二、清算价格法的适用范围

清算价格法适用于企业破产、抵押及停业清理时要售出的车辆。

1. 企业破产

企业破产是指当企业或个人因经营不善造成严重亏损、资不抵债时，企业应依法宣告破产，法院以其全部财产依法清偿其所欠的债务，不足部分不再清偿。

2. 抵押

抵押是指企业或个人为了进行融资，用自己特定的财产为担保向对方保证履行合同义务的担保形式。提供财产的一方为抵押人，接受抵押财产的一方为抵押权人。抵押人不履行合同时，抵押权人有权利将抵押财产在法律允许的范围内变卖，从变卖抵押物价款中优先获得赔偿。

3. 清理

清理是指企业由于经营不善导致严重亏损，已临近破产的边缘或因其他原因将无法继续经营下去，为弄清企业财物现状，对全部财产进行清点、整理和查核；为经营决策（破产清算或继续经营）提供依据；以及因资产损毁、报废而进行清理、拆除等的经济行为。

在上述三种经济行为中，若有汽车进行评估，则可用清算价格作为标准，但在评估时要注意评估车辆必须具有法律效力的破产处理文件或抵押合同及其他有效文件为依据；车辆在市场上可以快速出售变现，所卖收入足以补偿因出售车辆的附加支出总额。

三、决定清算价格主要因素

由于采用清算价格进行评估的车辆，通常要在较短的期限内将车辆变现，其价格往往低于现行市价，这是快速变现原则决定的。清算价格的高低一般与以下四方面因素有关：

1. 企业破产形式

如果企业完全丧失车辆的处置权，无法讨价还价，占有主动权的买方必然会尽力压低价格，以从中获益；如果企业尚有讨价还价的余地，则车辆的价格就有可能高些。

2. 车辆拍卖时限

车辆的拍卖时限越短，车辆的清算价格就可能越低；反之，若拍卖的时限较长，车辆的价格就可能高些。

3. 车辆现行市价

与被拍卖车辆相同或类似的车辆的现行市价价格越高，被拍卖车辆的清算价格通常也会高些；反之，被拍卖车辆的价格就会低些。

4. 车辆拍卖方式

若车辆与破产企业的其他资产一起整体拍卖，其拍卖值可能会高于包括车辆在内的各单项资产变现价值之和。

第十一节　汽车鉴定评估方法的选择

一、评估方法的区别与联系

1. 重置成本法与收益现值法

重置成本法与收益现值法的区别在于：前者是历史过程，后者是预期过程。重置成本法比较侧重对车辆过去使用状况的分析。尽管重置成本法中的更新重置成本是现时价格，但重置成本法中的其他许多因素都是基于对历史的分析，再加上对现时的比较后得出结论。如有形损耗就是基于被评估车辆的已使用年限和使用强度等来确定的。由此可见，如果没有对评估车辆的历史判断和记录，那么运用重置成本法评估车辆的价值是不可能的。

与重置成本法比较，收益现值法的评估要素完全是基于对未来的分析。收益现值法不考虑被评估车辆过去的情况怎样，也就是说，收益现值法从不把被评估车辆已使用年限和程度作为评估基础。收益现值法所考虑和侧重的是被评估对象未来能给予投资者带来多少收益。预期收益的测定，是收益现值法的基础。一般而言，预期收益越大，车辆的价值越大。

2. 重置成本法与现行市价法

理论上讲，重置成本法也是一种比较方法。它是将被评估车辆与全新车辆进行比较的过程，而且这里的比较更侧重于性能方面。比如评估一辆汽车时，首先要考虑重新购置一台全新的车辆时需花多少成本，同时还需进一步考虑汽车的陈旧状况、功能和技术情况。只有当这一系列因素充分考虑周到后，才可能给汽车定价。而上述过程都归于与全新车辆的比较，否则就无法确定汽车的价格。

与重置成本法比较，现行市价法的出发点更多地表现在价格上。由于现行市价法比较侧重价格分析，对现行市价法的运用便十分强调市场化程度。如果市场很活跃，参照车辆很容易取得，那么运用现行市价法所取得的结论就会更可靠。现行市价法的这种比较性对于重置成本法而言，其条件更为广泛。

运用重置成本法时，也许只需有一个或几个类似的参照车辆即可。但是运用现行市价法时，必须有更多的市场数据。如果只取某一数据做比较，那么现行市价法所做的结论将受到怀疑。

3. 收益现值法与现行市价法

如果说收益现值法与现行市价法存在某种联系，那么这一联系就是现行市价法与收益现值法的结合。通过把现行市价法和收益现值法结合起来评估车辆的价值，在汽车市场发达的国家应用得相当普遍。

从评估观点看，收益现值法中任何参数的确定，都具有人的主观性。因为预期收益和折现率等都是不可知的参数，也容易引起争议。但是这些参数在运用收益现值法评估车辆价值时必须明确，否则收益现值法就不能使用。然而，一旦从估计上来考虑收益现值法中的参数，那么这就涉及估计依据问题。对这样的问题，在市场发达的地方，解决的方式便是参照车辆，通过选择参照车辆，进一步计量其收益折现率及预期年限，然后将这些参照根据比较有效地运用到被评估车辆上，以确定车辆的价值。

把收益现值法和现行市价法结合起来使用，其目的在于降低评估过程中的人为因素，更好地反映客观实际，从而使车辆的评估更能体现市场观点。

4. 清算价格法与现行市价法

清算价格法与现行市价法，都是基于现行市场价格确定车辆价格的方法。所不同的是，利用现行市价法确定的车辆价格，如果被出售者接受，而不被购买者接受，出售者有权拒绝交易。但利用清算价格法确定的清算价格，若不能被买方接受，清算价格就失去意义。这就使得利用清算价格进行的评估，完全是一种站在购买方立场上的评估，在某种程度上，这可以被认为是一种取悦于购买方的评估。

二、评估方法的选用

1. 重置成本法的适用范围

重置成本法是汽车鉴定评估中的一种常用方法，它适用于继续使用前提下的汽车鉴定评估。对在用车辆，可直接运用重置成本法进行评估，无须做较大的调整。在目前，我国汽车交易市场尚需进一步规范和完善，运用现行市价法和收益现值法的客观条件受到一定的制约；而清算价格法仅在特定的条件下才能使用。因此，重置成本法在汽车鉴定评估中得到了广泛的应用。

2. 收益现值法的选用

汽车的评估多数情况下采用重置成本法，但在某些情况下，也可运用收益现值法。

运用收益现值法进行汽车鉴定评估的前提是被评估车辆具有独立的、能连续用货币计量的可预期收益。由于在车辆的交易中，人们购买的目的往往不在于车辆本身，而是车辆的获利能力。因此，该方法较适于从事营运的车辆。

3. 现行市价法的选用

现行市价法的运用首先必须以市场为前提，它是借助于参照车辆的市场成交价或变现价运作的（该参照车辆与被评估车辆相同或相似）。因此，一个发达活跃的车辆交易市场是现行市价法得以广泛运用的前提。

此外，现行市价法的运用还必须以可比性为前提。运用该方法评估车辆市场价值的合理性与公平性，在很大程度上取决于所选取的参照车辆的可比性如何。可比性包括两方面内容：

1）被评估车辆与参照车辆之间在规格、型号、用途、性能和新旧程度等方面应具有可比性。

2）参照车辆的交易情况（诸如交易目的、交易条件、交易数量、交易时间和交易结算方式等）与被评估车辆将要发生的情况具有可比性。

以上所述的市场前提和可比前提，既是运用现行市价法进行汽车鉴定评估的前提条件，同时也是对运用现行市价法进行汽车鉴定评估的范围界定。对于车辆的买卖，车辆作为投资参股、合作经营，均适用现行市价法。

4. 清算价格法的选用

清算价格法适用于企业破产、抵押及停业清理时要售出的车辆。这类车辆必须同时满足以下三个条件，方可利用清算价格法进行出售。

1）有具有法律效力的破产处理文件、抵押合同及其他有效文件为依据。

2）车辆在市场上可以快速出售变现。

3）清算价格足以补偿因出售车辆所付出的附加支出总额。

第十二节　国家宏观政策对机动车评估价格的影响

汽车在促进社会经济的发展，提高劳动生产率和人类物质文明，满足人民群众健康文明生活需求的同时，也带来很大的负面效应。主要是给人类赖以生存的地球带来了能源的大量消耗、环境的严重污染及交通事故频发的社会问题。为了节约能源、保护环境、减少交通事故及人员的伤亡和财产的损失，我国政府颁布了《中华人民共和国节约能源法》《中华人民共和国环境保护法》和《汽车报废标准》等一系列法律、法规及产业政策，对汽车的使用进行了严格管理和规范。

一、正在讨论的资产价格评估法的影响

我国现阶段规范资产价格评估的最高法规为国务院颁布的《国有资产评估管理办法》和《国务院确需保留的行政审批项目设定行政许可的决定》，由于评估行业是按行政许可法的要求履行行政许可的范围，而无论是资产评估、房地产评估还是汽车评估，其核心则是对某一类财产进行定价的行为过程。而由于社会财产的多样性，被评估定价财产有成千上万种，且牵涉到经济生活中各种方方面面，涉及公众利益，因此政府部门将对各类评估行为进行必要的监管，主要包括对评估主体（即评估机构和评估人员）和评估行为的合法性的监管。承担这项工作的是政府的多个部门，因此有必要通过一个资产价格评估法约束管理者和各类市场主体。

作者确信，若通过了资产价格评估法，则会对整个评估行业产生深远影响，而汽车评估也不例外，以后评估行业准入标准将更加严格，机构评估执业行为则更加规范，人员素质将进一步提高。

二、能源政策

我国对能源实行开发和节约并重的政策，合理利用能源、降低能源消耗是国家长期的产业政策。自2004年6月以来，国家发改委就先后出台了《汽车产业发展政策》《乘用车燃料消耗量限值》和《节能中长期专项规划》等文件。其中明确提出把发展小排量汽车作为国家产业政策。小排量、低能耗和低排放的环保经济型汽车是普通消费者最主要和合理的消费要求。小排量车型省油、低排放且节省路面资源，因此鼓励广大消费者购买、使用小排量车型是建设节约型社会的必然选择。

2005年10月1日实施《二手车流通管理办法》后，北京市规定采取定额收费办法收取旧汽车交易管理服务费。根据车辆的类型、排气量等的不同，采取不同的收费标准。例如，有的地区对1.0～1.2L排量的小型车，收费范围在200～5 000元之间不等。排量小于1.0L的收费仅为100元。这种收费标准的制定，也是响应国家鼓励发展中、小排量的车型，建设节约型社会的一种宏观调控措施。

此外，实行多年的汽车消费税税率，也根据这一政策做了调整。按汽车不同排量实行不同税率。小排量，低税率；大排量，高税率。显然，这也是符合鼓励发展小排量汽车的一贯政策的。

2015年5月7日，财政部、国家税务总局及工业和信息化部联合发文，《关于节约能源　使用新能源车船车船税优惠政策的通知》。为促进节约能源，鼓励使用新能源，根据《中华人民共和国车船税法》及其实施条例有关规定，经国务院批准，现将节约能源、使用新能源车船的车船税优惠政策通知如下：

1）对节约能源车船，减半征收车船税。

① 减半征收车船税的节约能源乘用车应同时符合以下标准：

a）获得许可在中国境内销售的排量为1.6L以下（含1.6L）的燃用汽油、柴油的乘用车（含非插电式混合动力乘用车和双燃料乘用车）。

b）综合工况燃料消耗量应符合标准。

c）污染物排放符合《轻型汽车污染物排放限值及测量方法（中国第五阶段）》（GB 18352.5—2013）标准中Ⅰ型试验的限值标准。

② 减半征收车船税的节约能源商用车应同时符合下列标准：

a）获得许可在中国境内销售的燃用天然气、汽油、柴油的重型商用车（含非插电式混合动力和双燃料重型商用车）。

b）燃用汽油、柴油的重型商用车综合工况燃料消耗量应符合标准。

c）污染物排放符合《车用压燃式、气体燃料点燃式发动机与汽车排气污染物排放限值及测量方法（中国Ⅲ、Ⅳ、Ⅴ阶段）》（GB 17691--2005）标准中第Ⅴ阶段的标准。

减半征收车船税的节约能源船舶和其他车辆等的标准另行制定。

2）对使用新能源车船，免征车船税。

① 免征车船税的使用新能源汽车是指纯电动商用车、插电式（含增程式）混合动力汽车、燃料电池商用车。纯电动乘用车和燃料电池乘用车不属于车船税征税范围，对其不征车船税。

② 免征车船税的使用新能源汽车（不含纯电动乘用车和燃料电池乘用车，下同），应同时符合下列标准：

a）获得许可在中国境内销售的纯电动商用车、插电式（含增程式）混合动力汽车、燃料电池商用车。

b）纯电动续驶里程符合标准。

c）使用除铅酸电池以外的动力电池。

d）插电式混合动力乘用车综合燃料消耗量（不计电能消耗）与现行的常规燃料消耗量国家标准中对应目标值相比小于60%；插电式混合动力商用车（含轻型、重型商用车）燃料消耗量（不含电能转化的燃料消耗量）与现行的常规燃料消耗量国家标准中对应限值相比小于60%。

e）通过新能源汽车专项检测，符合新能源汽车标准，具体标准见附件3。

免征车船税的使用新能源船舶的标准另行制定。

3）符合上述标准的节约能源乘用车、商用车，以及使用新能源汽车，由财政部、国家税务总局、工业和信息化部不定期联合发布《享受车船税减免优惠的节约能源 使用新能源汽车车型目录》（以下简称《目录》）予以公告。

4）汽车生产企业或进口汽车经销商（以下简称企业），生产或进口符合上述标准的汽车的，可自愿向工业和信息化部提出将其产品列入《目录》的书面申请，并按照有关要求填写书面报告，通过工业和信息化部节能汽车税收优惠目录申报系统、新能源汽车税收优惠目录申报系统提交申报资料。申请人对申报资料的真实性负责。

5）财政部、国家税务总局、工业和信息化部组织有关专家对企业申报资料进行审查，并将审查结果在工业和信息化部网站公示5个工作日，没有异议的，纳入《目录》，予以发布。对产品与申报材料不符，产品性能指标未达到标准，或者企业提供其他虚假信息的，应及时从《目录》中撤销该车型，并依照相关法律法规对该企业予以处理。

6）本通知发布后，列入《目录》的节约能源、使用新能源汽车，自《目录》公告之日起，按《目录》和本通知相关规定享受车船税减免优惠政策；《目录》公告后取得的节约能源、使用新能源汽车，属于第一批、第二批《节约能源 使用新能源车辆减免车船税的车型目录》，但未列入《目录》的，不得享受相关优惠政策；《目录》公告前，已取得的列入第一批、第二批《节约能源 使用新能源车辆减免车船税的车型目录》的节约能源、使用新能源汽车，不论是否转让，可继续享受车船税减免优惠政策。

7）本通知自发布之日起执行。《财政部 国家税务总局 工业和信息化部关于节约能源 使用新能源车船车船税政策的通知》（财税〔2012〕19号）同时废止。

乘用车车船使用税税率见表2-2。

表2-2 乘用车车船使用税税率（单位：元）

排量/L 2015	≤1.0	1.0＜L≤1.6	1.6＜L≤2.0	2.0＜L≤2.5	2.5＜L≤3.0	3.0＜L≤4.0	L＞4.0
国家标准	60～360	300～540	360～660	660～1200	1200～2400	2400～3600	3600～5400
北京	基准300，减征后250	基准420，减征后350	基准480，减征后400	基准900，减征后750	基准1900，减征后1600	基准3480，减征后2900	基准5280，减征后4400
上海（减征按规定）	180	360	450	720	1500	3000	4500
江苏（减征按规定）	120	300	360	660	1200	2400	3600

对于在用车，为了切实鼓励节约能源，帮助国家能源战略调整，征收燃油税以代替征缴养路费是便捷、合理而有效的手段，应尽快创造条件，实行燃油税的政策。

由于车辆的耗油量指标是一项重要的经济指标，不少消费者视其为购车的主要考量指标。油耗量低的车型，当然就会受到消费者的青睐。这样就促使厂家加强研究，降低油耗，提高自己产品的竞争力，得益的当然是消费者。

但要注意，公示的油耗值为等速百公里油耗（第一章有详述），在实际使用时可能还有一些差距，这是因为影响汽车实际使用的油耗因素很多、很复杂。驾驶员的车速、驾驶习惯、道路、车辆状况和燃油质量等都会导致与新车在标准测试循环下的油耗存在偏差。

三、环境保护政策

2005 年 4 月 27 日，国家环保总局召开新闻发布会，公布了五项机动车污染排放新标准，如《轻型汽车污染物排放限值及测量方法》（即国Ⅲ、国Ⅳ号排放标准）、《装用点燃式发动机重型汽车曲轴箱污染物排放限值及测量方法》和《摩托车和轻便摩托车加速行驶噪声限值及测量方法》等。其中轻型汽车国Ⅲ号标准自 2007 年 7 月 1 日起实施，国Ⅳ号排放标准自 2010 年 7 月 1 日起实施，其他标准自 2005 年 7 月 1 日起实施。北京市环保局宣布国Ⅲ号机动车排放标准提前两年于 2005 年 12 月 30 日起实施。

2013 年 9 月 17 日，国家环境保护部发布了 GB 18352. 5—2013，即轻型汽车国Ⅴ排放标准，全面替代 GB 18352. 3—2005，自 2018 年 1 月 1 日起实施。制定和实施更严格的排放标准，降低排放负荷是解决机动车污染问题的必然选择和有效手段。新的排放标准是根据国内机动车污染状况、汽车工业的发展和环境保护的需要制定的。

近年来，我国机动车保有量迅速增加，2015 年全国机动车保有量在 2. 7 亿辆以上，汽车保有量在 1. 7 亿辆以上，其中小客车占 1. 2 亿辆。机动车排放造成的污染问题突显出来，引起社会的普遍关注。我国机动车制造业水平还不是很高，致使机动车污染排放量较大，排放控制性能的耐久性较低。而机动车数量高速增长，造成污染物大幅上升，影响城市环境质量的改善。

国家环保政策对机动车评估的影响主要体现在以下两方面：

1. 缩短了机动车的使用寿命

根据国家能源和环境政策，对不达标的机动车限制使用或者提前报废，大大加速了机动车的更新速度，缩短了不达标机动车的正常使用寿命。许多在用的“黄标”车（尾气排放达不到欧Ⅰ标准），除限驶地区外，一年内还需多次检测，大大增加了使用成本，从而加速了使用寿命的到达。根据北京市旧汽车交易市场信息部门的预测，新排放标准的实施让主流旧车型交易寿命缩短了 15%，由原来的 6 年下降到 5 年左右。

2. 增加了使用成本

国家对不符合要求的在用机动车进行限制使用，不准进入某些重要或敏感地区。此外，还要频繁地进行检测，甚至强制报废。这些举措都导致机动车使用成本的增加，从而加速了超标机动车退出使用的速度。评估时，其使用价值也同样要受到较大影响。

四、《汽车报废标准》的调整对评估的影响

在前面已叙述，我国《汽车报废标准》在 1997 年颁布以后，经过两次调整。

特别是2000年的一次调整，对非营运性9座以下（含9座）的载客汽车，规定使用年限由原来的10年调整为15年。与此相反，北京地区对排量在1L以下（含1L）的出租车、小公共汽车，规定使用年限由原来的8年调整为6年。规定使用年限的这一升一降，对这种旧汽车就意味着一个大幅升值，另一个贬值。这就是国家宏观政策对旧汽车价值影响的明显例证。在旧汽车评估中，必须加以理解，并考虑其对旧汽车价值的直接影响。

应引起注意的是，宏观政策的影响既可以使旧汽车贬值，也可以使其升值，这是完全正常的，无须人为地对客观事实进行干预，否则评估结果就不符合实际，会得出错误的结论。

2013年，汽车强制报废标准很快又进行了一次重大修改，非营运的乘用车将不再规定报废年限，只对其安全性和排放指标进行检测，不达标的汽车不能上路行驶。但这并不意味着非营运乘用车就能无限期地使用下去。这一调整看似放宽，实际更为严格。汽车随着行驶里程的不断增加，其各项指标均会逐渐下降，特别是随着发动机的磨损，工况变得越来越差，尾气排放超标，而如果进行技术改造，投入会更大。另一方面油耗大幅升高，使用费用猛增，这样的车继续使用就很不经济，从而促使车主购买新车。

当然，对于那些行驶里程不多的私家生活用车，平常保养较好，一年行驶里程仅为1万km，这样的生活用车有可能使用更长的时间，当然也就相当于增值了。而对于那些平常欠维护和保养，使用强度又较大，年行驶里程2万~3万km的汽车，上述规定还有可能缩短其使用寿命。

第十三节　汽车评估分类与国外汽车评估简介

一、汽车评估的分类

广义的汽车评估常指新汽车评估与旧汽车评估两种价值评估和碰撞损失评估、水灾损失评估、火灾损失评估三种事故车损失评估；狭义的汽车评估主要指旧汽车评估和事故车中的碰撞损失评估及碰撞后的贬值评估，这也是本书要涉及的内容（不含水灾和火灾损失评估及盗抢损失评估）。

- 汽车评估（广义）
  - 价值评估
    - 新汽车性价比评估
    - 旧汽车评估（实际价值评估）
  - 损失评估
    - 碰撞损失评估
    - 水灾损失评估
    - 火灾损失评估
    - 盗抢损失评估（特殊的实际价值评估）

汽车评估的分类为汽车价格评估提供具有可操作性的、实用性强的技术平台，确保汽车价格鉴定活动在技术规范的基础上，有客观、公平的价值尺度，并进一步提升价格鉴定人员的工作水平和工作质量，确保汽车价格鉴定的客观公正。

汽车评估的分类拟解决的关键问题有：

1）结合当前的机动车市场情况和现有的各种估价方法，提出适合国情的机动车估价方法。

2）结合汽车鉴定估价的特殊要求，综合应用经济学和法学等学科知识，提出汽车价格鉴定估价的流程和原则。

二、国外旧机动车评估体系的简介

1. 日本的旧机动车评估体系

日本在 1966 年成立了财团法人日本评估协会，其对规范旧机动车的评估行为起到了重要作用。根据日本评估协会的规定，要想获得旧机动车的评估资格，必须是旧机动车的销售店。销售店要向评估协会申请实施评估业务，经过评估协会对其进行审查合格后，发给《评估业务确认书》，并在店内挂上“评估业务实施店”的标牌。销售店要有通过评估协会组织的技能考试的专业评估师，评估师分为大型评估师和小型评估师。评估师的资格有效期为 3 年，通过进修可以晋升。

对旧机动车的价格，日本通行的计算方法的公式为

评估价格 = 基本评估价 - 标准维修费用及标准杂费 - 各公司调整点 - 加减点。

式中　基本评估价——根据评估协会发行的指导手册，通过旧机动车行情信息系统推算出来的。

日本评估协会每月会发行一本《价格指导手册》，俗称银皮书。在书中刊登各地区（全国分为 3 个地区）的零售价格。此外，在东京横滨地区还发行一本黄皮书，刊登零售价和批发价。在日本，旧车的一切修复历史都要如实告知车主，“除了对厂牌、用途进行登记外，还要对汽车的行驶里程做特别记录”。对车辆侧梁等处的修复历史和不符合安全标准需要修复的隐患做详细记录，并附有《车辆状况评价书》。同时，每辆旧机动车可以在全国享受 1 年或 2.5 万 km 的售后维修服务；买车人如果不满意，可以在车辆售出的 10 天或 500km 以内退货。

2. 美国的旧机动车评估体系

在美国，人们对旧机动车刮目相看的首要原因是旧机动车项目一般包括合格的质量要求、严格的检测标准、质量改进保证、过户保证以及比照新车销售推出的送货方案等。甚至一些大汽车公司开展的认证还会提供与新车一样利率的购车贷款。美国对旧机动车的定价做法一般是为拥有的品牌车编制一本《价格总目录》，包括的信息有汽车出厂的年代、品牌、型号及行驶里程等。销售店的工作人员只需翻查《目录》就可大致给出比较合理的价格。

另外影响车价的因素还有很多，例如，是否出过事故、有无大修记录和车体有无划痕等，这些因素都会使车价上下浮动。为了避免旧机动车市场信息不准确，购

买旧机动车有一定的试用期限，以避免消费者上当。例如，通用公司规定车龄7年以内的旧机动车有与新车无异的1~2年的全美质量保证，而且，所有销售店出售的旧机动车都必须持有政府颁发的技术合格证书才能上路行驶。这些做法是美国旧机动车市场兴旺的重要原因。

3. 美国汽车碰撞损失鉴定评估师的职业资格认证及管理

美国汽车撞伤修理业协会（I-CAR协会）于1979年成立，其成员有汽车制造厂家、汽车撞伤修理厂家、保险公司、独立的汽车损伤鉴定人员、废旧汽车回收商、培训机构和工具设备及消耗品生产商。至今I-CAR协会已成为汽车撞伤修理人员的一流培训机构。协会向汽车车身修复人员提供汽车撞伤修理、塑料件修复、再生与整修、表面修饰以及“先进的车辆系统”等。

其中汽车撞伤修理包括以下几部分内容：

1）损坏鉴定与分析。

2）测量原理及技术。

3）矫正设备与工艺。

4）撞伤修理中的焊接。

5）结构件的更换。

6）防蚀层的修复。

7）悬架、转向机构及定位。

8）机电零件的修理。

培训合格后I-CAR结业证书，如图2-1所示。

图2-1 I-CAR结业证书

协会旗下的米切尔国际联合公司出版的《米切尔碰撞评估指南》和由赫斯特公司出版的《发动机碰撞修理评估指南》是现在全球业内使用最广泛的两种评估资料。它们包含了进口和国产的美款全部乘用车、小型商用车的主要碰撞修理与评估信息。评估指南每年更新10多次，以适应不断变化的价格和修正的工时定额。

协会旗下的卡尔山德堡技术学院编写了《事故汽车修理评估》专业教材（现已翻译成中文），它系统介绍了汽车碰撞损坏车损鉴定、零件价格的确定、修理工时的确定、涂饰费用确定、碰撞估价指南的使用和评估报告的撰写等实务操作方式方法。经考试合格后方可取得事故汽车评估资质。

4. 墨西哥的旧机动车评估体系

墨西哥旧机动车市场受到有关部门的严格监督和管理，除了要遵守经营普通商品的有关法律法规外，还必须遵守特定行业的管理法规，其中最具约束力的就是有一个旧车经营者必须遵守的旨在保护消费者利益的法规。根据其规定，旧车经营者必须向消费者提供所售车辆的力学性能和行驶合法性能的详细情况，并与消费者签订正规的销售合同，以防止销售过程中欺诈和误导行为的发生。

《法规》还规定，旧车经营者必须对所购车辆250多个关键部位进行严格的力学性能检测和检修，销售的车辆内部和外部要良好、安全要可靠及车辆证件手续要齐全。在签订合同时，必须要标明所售旧车的具体车况和合法性，包括车型、车身颜色、车牌、车号、发动机号、行驶里程、力学性能、车税和车证等；合同还要有对保质期、保修条件和违约处罚等项目的具体说明，并在车辆管理部门备案。墨西哥有专门从事旧车收购、检修和销售业务的场所，买卖经营合法规范，所售车辆安全可靠，货真价实。

5. 瑞士的旧机动车评估体系

瑞士的旧机动车评估系统称作优诺泰斯评估系统，该系统由旧机动车协会制定，任何旧机动车的估价都由这一套科学的评估系统来确定。旧机动车的销售价格首先经过技术检测部门的技术人员进行测定，列出测试清单，然后对此车估价，销售商根据旧机动车的估价和原销售价格，最终确定旧机动车的实际售价。旧机动车车主可以得到一张保修单，享受2年的保修期。这种承诺不仅在瑞士，而且在全欧洲通行。如果2年内车主转卖，保修期还可以随车主的更换转移给另一个车主。这样既解除了车主购买旧机动车的后顾之忧，在某种程度上又促进了旧机动车的销售。

第三章

新汽车评估

在第一章里介绍了汽车的主要技术参数和性能指标，这里不再赘述。本章首先以小型乘用车为例，介绍汽车的三大总成与价格的关系，再阐述决定汽车价格的主要因素以及汽车销售常用的营销手段，最后说明如何进行新汽车评估。

第一节　乘用车的三大总成

乘用车的三大总成分别是车身、发动机和变速器，它们对汽车品质构成了最主要的影响。究竟有多大影响，以下分别进行论述。

一、车身

1. 概述

乘用车的车身结构有两种，一种是承载式车身，另一种是非承载式车身。非承载式车身在乘用车里应用比较少，主要用于一些对车身强度和刚性要求较高的SUV，它们不是乘用车的主流，占比也不到5%。

作为承载式车身，其品质主要表现在三方面：一是车身造型的时尚度（为什么用时尚度这个词，后面详述），二是白车身制造质量，三是油漆品质。

2. 车身时尚度

现在汽车消费市场人群主流为30岁左右的年轻人，增长最快的是SUV。车身时尚度是笔者自定义的一个指标，它很难用一个量化指标来衡量。一款车型从设计开始就一定有它的目标人群，这个目标人群所认为的美就是设计者所要寻找的元素。下面以路虎揽胜极光2015款2.0T五门风尚版和奔驰GLK 2015款2.0T动感型两款SUV车型来说明车身时尚度。

（1）车身尺寸对比　车身尺寸对比见表3-1。

表 3-1　车身尺寸对比

	路虎揽胜极光 2015 款 2.0T 五门风尚版	奔驰 GLK 2015 款 2.0T 动感型	极光相对于 GLK
厂商指导价/万元	39.8	39.8	同价位
车长/mm	4355	4556	短 201mm
车宽/mm	1900	1840	宽 60mm
车高/mm	1635	1689	矮 54mm
轴距/mm	2660	2755	短 95mm

（2）车身造型对比　车身造型对比见表 3-2。

表 3-2　车身造型对比

	正前方	
极光		车身明显较矮，增加了操控性，运动感提升，适合年轻时尚族群
GLK		

（续）

	前 45°	
极光		一个时尚奔放，另一个沉稳大气
GLK		
	侧面	
极光		D 柱收的较厉害
GLK		

（续）

	正后方	
极光		后风窗玻璃较小，感觉翘屁股
GLK		

近年来，由于LED车灯在汽车灯具中的普遍使用，各种炫丽车灯为汽车时尚度增色不少，奥迪就是这方面的旗帜。关于车身时尚度，进口汽车一直走在前沿，尤其欧洲汽车更是处于行业领先地位。近年由于中国汽车市场地位的提升，汽车强国也把汽车车身设计团队引入中国，希望从中国也能找到时尚元素，从而在中国汽车市场占据领先地位，如奔驰把车身设计团队搬到北京，起亚引进奥迪车身设计团队。

3. 车身质量

车身质量主要表现在三个方面，一是车身材料选择，二是白车身制造精度，三是车身涂装品质。

（1）车身材料选择　现在汽车车身总体要求一是减轻重量，尽量采用轻质高强度材料，轻质高强度材料的使用比例基本上决定了车身的档次。越来越多的塑料用在车身上，高级轿车车身广泛使用铝合金材料。二是要符合碰撞安全要求，车身各处用材要合理，该用硬材料的不能用软材料，该用软材料的不能使用硬材料。三是耐蚀性，在车身容易锈蚀的部位使用抗锈蚀性能更好的镀锌板是目前中高档车的常用方法。

（2）白车身制造精度　所谓白车身，是指车身结构件及覆盖件焊接总成，并包括前翼子板、车门、发动机罩、行李箱盖，但不包括附件及装饰件的未涂漆的车身。白车身制造精度的控制是一个比较复杂的系统工程，涉及冲压工艺分析、冲模结构的构思、冲压件检具的使用、焊接工艺分析、焊接夹具结构的构思、零部件公差的正确选取与合理分配等。简单地说，白车身制造精度是车身制造综合实力的体现。

（3）车身涂装　车身涂装是一个很复杂的工艺，在进行车身涂装的过程中，不同的阶段使用不同的涂料，不同的涂料形成不同的漆层。具体的漆层结构如图 3-1 所示。

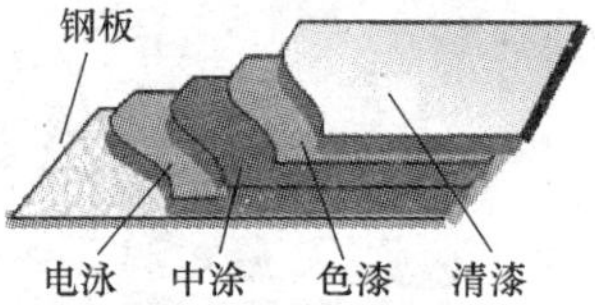

图 3-1　漆层结构

图 3-1 所示为一个传统的漆层结构。在车身钢板上，由电泳层、中涂层、色漆层和清漆层四个漆层组成，这四个漆层共同构成了我们能看到的车漆层，也就是大家常说的原厂漆。那么，各个漆层的作用是什么呢？

1）电泳层：直接附着在白车身上，对车身有防腐保护的作用，并为中涂层提供良好的附着环境。

2）中涂层：附着在电泳层上，防紫外线，保护电泳层，并加强车身的防腐保护，为色漆层提供良好的附着环境。部分厂商的中涂层也能对色漆的色相起一定的衬托作用。

3）色漆层：附着在中涂层，进一步加强车身的防腐保护，并展示色相。我们看到的各种颜色就是色漆层展示出来的。

4）清漆层：附着在色漆层上，进一步加强车身的防腐保护，并保护色漆层不受微小的刮擦损伤，使颜色更透亮，减缓褪色现象。一些低档车省去了清漆层，也有一些低档车把色漆层和清漆层合并成一道工序。

在电泳之前要对车身进行磷化处理。钢铁件在含有锌、锰、铁的磷酸盐溶液中经过化学处理，在其表面形成一层难溶于水的磷酸盐保护膜，这个化学处理过程称为磷化。磷化的目的主要是给基体金属提供保护，在一定程度上防止金属被腐蚀，用于涂装前打底，提高漆膜层的附着力和防腐蚀能力。磷化处理方式有喷淋式、浸渍式和喷浸结合式三种。喷淋处理方式所得磷化膜的磷酸锌的含量高，结晶成针状且粗；浸渍处理方式所得的磷酸二锌铁含量高，结晶成粒状，其耐蚀性和涂膜附着力好。喷浸结合式的处理工序，效果最佳。

在电泳层和中涂层之间需进行底部密封。底部密封涂胶是目前部分厂商或车型由于种种原因而略过的环节。由于该工序主要在车底实施，一般消费者在选车时也容易忽略。底部密封涂胶的作用为：提高车身底板的耐蚀性；对外来冲击具有缓冲作用；防止由发动机、路面接触和车身振动产生的噪声；绝热作用；对焊接和铆接处间隙和凹坑起到密封作用等。

二、发动机

当今世界，为了保护环境、节约能源并减少温室气体二氧化碳的排放，人们不断地探索和改进车用动力的解决方案。

1. 乘用车用汽油机的技术现状和发展趋势

目前，应用最广、数量最多的汽车发动机为水冷、四冲程往复活塞式内燃机，其中汽油机多用于乘用车和轻型客货车上。也有少数轿车和轻型客货车发动机用柴油机，这种情况在我国最为突出。还有一种知名度很高，但应用很少的发动机，这就是三角活塞旋转式发动机，即转子式发动机。例如，马自达公司的RX-7 型跑车安装的就是转子发动机。

为了适应汽车对节油、环保、安全的需要，车用汽油机主要朝着更节油、更环保的方向发展。欧洲已执行欧 6 排放标准（2015 年 9 月 1 日全面实行）。以下为国外在汽油机方面主要的先进技术。

1）全铝发动机：使用铝缸体、缸盖、活塞等，可减小质量，节省燃油，如日本铃木 1.3L、1.4L 汽油机等。

2）可变气门正时（VVT）：根据不同转速调节气门正时，可节省燃油，改善排放，如本田 VTEC、丰田 VVT-i 和马自达的蓝天创驰（米勒循环）等。智能驱动气门（SVA）：取代传统的凸轮轴，每个气门挺杆上有一个独立的驱动器，可以提高功率和增加转矩，并且降低排放。

3）可变进气道长度（VIM）：在不同转速下使用不同进气道长度，保证在任何工况下都有较好的充气效率，如奥迪 A6 等。

4）提高压缩比：目前大多数汽油机的压缩比在 9.5 ~ 11 之间，马自达的工程师们通过采用多孔喷嘴、凹顶活塞等措施来改善气缸燃烧环境，进一步防止爆燃的发生。采用高压喷射的多孔喷油器，可改善喷雾特性，形成更匀质的混合气，同时也相应缩短了混合气形成的时间。另外，采取凹顶活塞（活塞顶部设计成一凹陷孔），可以在火花塞周围形成较浓的混合气，即使推迟点火时间仍可保持燃烧稳定性。采用 4-2-1 排气方法，即 4 个排气管先汇聚成两股，这两股再汇聚成一股，这样4个排气管的高温废气就不会互相影响，气缸内不会因为废气回流而升温。汽油直接喷到气缸里雾化时会吸收热量，这和沐浴冲水的效果一样，可以降低气缸内的温度，达到抑制爆燃的效果。笔者认为，不久我们会看到采用4-2排气系统的发动机，甚至有可能看到4-4排气系统的发动机。

5）汽油机直喷（GDI）和稀薄燃烧技术：将高压汽油直接喷射到气缸内，周围为稀薄混合气，实现分层燃烧，可提高燃料经济性，节油约20%。几乎现在中档以上车都采用这项技术。

6）停缸技术：在输出功率减小时，使一部分气缸停止工作，可节省燃油，如通用开拓者EXT 2005款有8个气缸，需要时可使4个气缸停止工作。这是6缸以上发动机车型所采用或计划采用的技术。

7）涡轮增压：涡轮增压的主要作用就是提高发动机进气量，从而提高发动机的功率和转矩，让车辆更有劲。一台发动机装上涡轮增压器后，其最大功率与未装增压器的时候相比，可以增加40%甚至更高。这也就意味着同样一台发动机，在经过增压之后能够输出更大的功率。就拿我们最常见的1.8T涡轮增压发动机来说，经过增压之后，动力可以达到2.4L发动机的水平，但是耗油量相当于2.0L发动机的水平，从另一个层面上来说，就相当于提高燃油经济性和降低废气排放。

8）混合动力：通常所说的混合动力，一般是指油电混合动力，即燃料（汽油、柴油等）和电能的混合。混合动力汽车由电机作为发动机的辅助动力驱动汽车。其优点在于车辆起动时，只靠电机带动，不达到一定速度，发动机就不工作，因此，能使发动机一直保持在最佳工作状态，动力性好，排放量很低。混合动力发动机以60%左右的热功效率成为车用内燃机经济性指标的领跑者，而且电能的来源是发动机，只需加油即可。

随着世界各国环境保护的措施越来越严格，替代燃油发动机汽车的方案也越来越多，如氢能源汽车、燃料电池汽车、混合动力汽车等，但目前最有实用性价值并已有商业化运转模式的，只有混合动力汽车。

混合动力汽车的关键是混合动力系统，它的性能直接关系到混合动力汽车的整车性能。经过十多年的发展，混合动力系统总成已从原来发动机与电机离散结构向发动机电机和变速器一体化结构发展，即集成化混合动力总成系统。代表厂商有本田和丰田，2015年底，丰田卡罗拉与雷霆以亲民的价格投放市场，预示着混合动力汽车的春天即将来临。

2. 柴油车

柴油车由于其优越的燃油经济性，在西方乘用车市场占据40%左右的份额。但是，由于我国是最大的原油进口和加工国（和日本相似），乘用车燃料不可能以柴油为主（炼油原理与产业政策所致），所以本章不多阐述。

3. 纯电动车

纯电动汽车（BEV）是指以车载电源为动力，用电机驱动车轮行驶，符合道路交通、安全法规各项要求的车辆。由于对车辆使用地环境影响相对传统汽车较小，其前景被广泛看好，成为政府扶持的创新项目。纯电动车发展至今，其瓶颈主要在两个方面：一是续驶里程（普通汽车通常在500km左右）一般很难超过200km，在150km左右；二是充电速度。现在市场上纯电动车主要有两个品牌，一是进口的特斯拉，另一个是国产的比亚迪。就电池技术来讲，国产不比进口的差，主要差距在于控制系统和电机。电池技术是电动汽车大力推广和发展的最大门槛，而目前的电池产业正处于铅酸电池和传统锂电池发展均遇瓶颈的阶段，新型石墨烯储能设备研制成功后，若能批量生产，充电10min即可跑500km，则将为电池产业乃至电动车产业带来新的变革。

三、变速器

变速器是由变速传动机构和操纵机构组成的，需要时，还可以加装动力输出器。最常见的分类方式如下。

1. 手动变速器（MT，图3-2）

手动变速器也称手动档，即用手拨动变速杆才能改变变速器内的齿轮啮合位置，以改变传动比，从而达到变速的目的。踩下离合器踏板时，才可拨动变速杆。如果驾驶人技术好，装手动变速器的汽车在加速、超车时比自动变速器车快，通常也省油，具体的综合油耗与操控习惯有关。手动变速器以其结构简单、可靠性好至今仍在广泛使用。

2. 自动变速器（AT，图3-3）

自动变速器利用行星齿轮机构进行变速，它能根据加速踏板踩下的程度和车速变化，自动地进行变速。驾驶人只需操纵加速踏板控制车速即可。其优点不言而喻，简单，省心；缺点是生命周期短，维护保养成本高。一般10万km以上将进入故障期。

3. 无级变速器（CVT，图3-4）

CVT技术即无级变速技术，它采用传动带和工作直径可变的主、从动轮相配合来传递动力，可以实现传动比的连续改变，从而得到传动系统与发动机工况的最佳匹配。乘用车无级变速器多为液力金属带式无级变速器。

自动变速器是为了操作简便、缓解驾驶疲劳而生的。按齿轮变速系统的控制方式，无级变速器与常见的液压自动变速器最大的不同是在结构上，后者是由液压控制的齿轮变速系统构成的，还是有档位的，它所能实现的是在两档之间的无级变速。而无级变速器则是由两组变速轮盘和一条传动带组成的，比传统自动变速器结构简单，体积更小、重量轻。另外，它可以自由改变传动比，从而实现全程无级变速，使车速变化更为平稳，没有传统变速器换档时那种“顿”的感觉。缺点一是通常所说的“肉”，即加速慢，其原因是为了保证关键零件的使用寿命（传动钢带或链条）进行了设计控制；二是生命周期短，和AT相似。

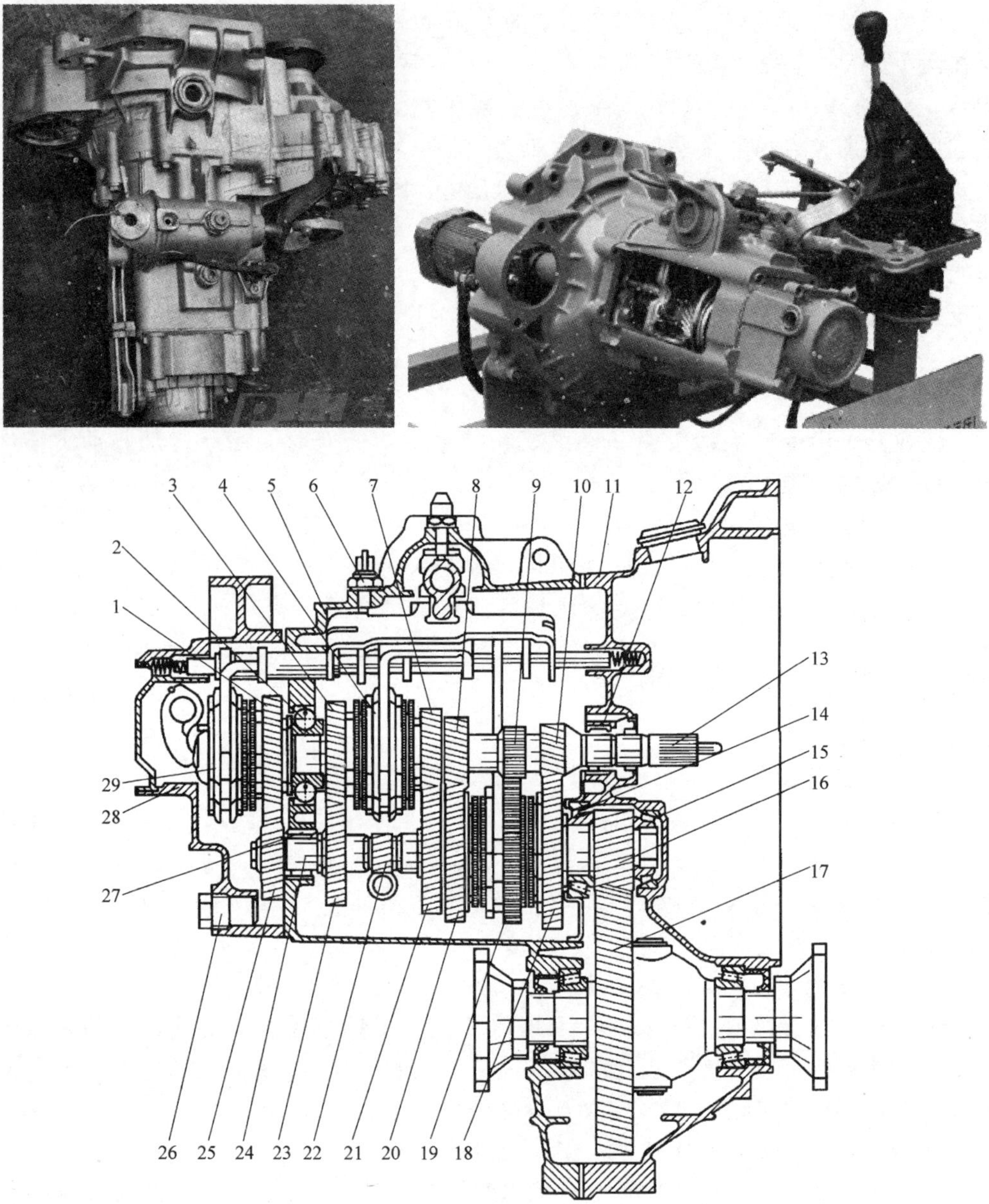

图 3-2 大众捷达手动变速器

1—输入轴五档齿轮 2、12、14、15、27—轴承 3—输入轴四档齿轮 4、29—接合套 5—变速器壳体 6—通气塞 7—输入轴三档齿轮 8—输入轴二档齿轮 9—输入轴倒档齿轮 10—输入轴一档齿轮 11—离合器壳体 13—输入轴 16—主减速器主动齿动 17—主减速器从动齿轮 18—输出轴一档齿轮 19—输出轴倒档齿轮 20—输出轴二档齿轮 21—输出轴三档齿轮 22—车速里程表传动齿轮 23—输出轴四档齿轮 24—输出轴 25—输出轴五档齿轮 26—放油塞 28—后壳体

前驱

后驱

四驱

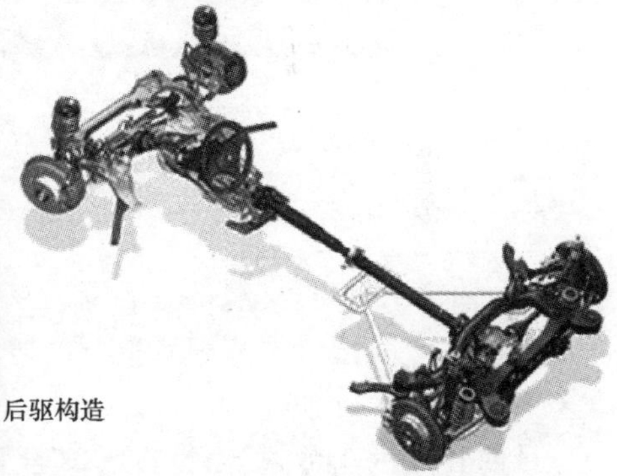

后驱构造

图 3-3 自动变器速

4. 双离合器变速器（图 3-5）

双离合器变速器最早在 1939 年由法国人 Adolphe Kégresse（阿道夫·加尔奇）提出构想，但最终未能实施。1940 年，德国达姆斯塔特（Darmstadt）大学教授 Rudolph Franke 第一个申请了变速器专利，并在货车上进行试验，但是没有投入批量生产（另一说法为 1939 年德国的 Kegresse A. 第一个申请了双离合器变速器的专利）。

图 3-4 无级变速器

保时捷于 1983 年发明的 PDK（Prosche Doppel Kupplungen），是最早量产的双离合器变速器。装备 PDK 的保时捷赛车在赛道上获得了极大的成功。

2009 年初，沃尔沃 S40 2.0L 车型上市，成为首款搭载双离合器变速器的国产

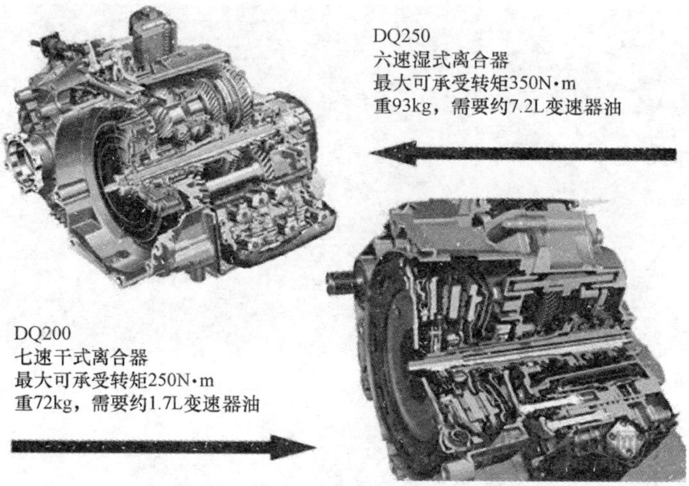

图 3-5 大众两款双离合器变速器

注：DQ200 型总重 72kg，传动效率 91%；DQ250 型总重 93kg，传动效率 85%

车型。沃尔沃 S40 所搭载的这台称之为 Power Shift 的双离合器变速器是由博格华纳与变速器生产商格特拉克（Getrag）协同福特研发的，为 6 速手自一体，可以承受最大 450N · m 的转矩。

目前各大汽车品牌旗下的双离合器变速器有保时捷 PDK、奔驰 SPEEDSHIFT MCT、宝马 DKG、奥迪 S-Tronic、三菱 TC-SST、日产 GR6 等。这些顶级变速器一般只使用在高端性能车上，如 911 Turbo、AMG、M3、EVO、GTR 等。

DSG 中文意思为“直接换档变速器”，是大众公司对双离合器变速器的定义。双离合器变速器与一般的变速系统不同，它基于手动变速器，而不是自动变速器。手动变速器要比自动变速器的效率高很多，而双离合器变速器除了同时拥有手动的灵活和自动的舒适外，更能够提供无间断的动力输出。传统的手动变速器在踩下离合器踏板的时候，动力的输出就出现了间断，而普通的自动变速器不是没有离合器，而是离合改由计算机控制，在换档的时候也会出现动力中断的问题。

早期的双离合器变速器都是干式的。所谓干式就是离合器在变速器外，表面接合面没有油。现在国内双离合器变速器基本都是湿式的，其离合器在变速器内，寿命大幅提升。但由于离合器在变速器内，变速器温度明显上升。为了解决这个问题，采用与 AT 一样的方法加装了散热器，这使得结构变得相对复杂，燃油经济性也有所下降。

大众 DQ200 属于七速干式双离合器变速器的一种，能承受的最大转矩为 250N · m，主要搭载于采用 1.6、1.4TSI 发动机的中低排量车型，如速腾等；大众 DQ250 双离合器变速器属于六速湿式双离合器变速器的一种，能承受的最大转矩为 350N · m，主要搭载于采用 2.0、1.8TSI 发动机的车型，如帕萨特和迈腾等。

近年来，业内基本达成这样的共识，15 万元左右的乘用车自动变速器以 CVT、湿式双离合器变速器和 6AT 三分天下，没有明显的谁优谁劣。CVT 变速器重量明显较轻，6AT 和湿式双离合器变速器都较重，湿式双离合器变速器会更重一点。6AT 相对技术成熟，故障率低，不过，现在湿式双离合器变速器质量也有显著提高。传动效率方面，湿式双离合器变速器比 6AT 高 2% 左右。现在 CVT 变速器都在前端加了液力变矩器，相对于 DSG 和 6AT 而言，已经没有省油的优势，油耗略高于 6AT 变速器 2% 左右，最新的早锁液力变矩器的 CVT，其传动效率与 6AT 基本相当。从驾驶感来看，CVT 较平顺，但为了提高钢带寿命，限制了加速度（通常所说的“肉”），DSG 和 6AT 均有顿挫感。笔者认为，你觉得哪一种更适合你的驾驶习惯，你就选择哪种变速器。

第二节 新汽车的价格

一、汽车价格的构成

这里的汽车价格是指纯车价，即汽车的零售价。

从经济学原理上讲，价值决定价格。汽车也不例外，汽车的价值决定汽车的价格，汽车价格是汽车价值的货币表现，但在市场经济的环境中，由于受汽车市场供求关系等因素的影响，汽车价格表现得异常活跃，价格时常与价值产生偏离，有时价格低于价值，有时价格高于价值。在价格形态上的汽车价值转化为汽车价格构成的四个要素是开发及生产成本、流通费用、政府税金、企业利润。

1. 开发与生产成本

开发与生产成本是汽车价格构成的重要组成部分，是制定汽车价格的重要依据。在汽车工业发达国家，一个新车型的开发成本，往往在 3 亿美元左右。开发成本高可以通过销量来消化成本，而生产成本是需要绝对控制的。而我国汽车多以“拿来主义”为主，开发成本往往远远小于这个数字，对于新车型的投放主要采用先进口探探市场反应如何，如果市场认可再进行国产，并且在国产时进行改进。这 10 年，成功车型基本都走了这条路。近几年来，我国汽车成本中的开发成本明显提高，尤其在新能源汽车上可以说是投入巨大。不过，从笔者的认知来看，汽车工业是制造业综合实力的体现，根本不可能存在弯道超车。

2. 流通费用

流通费用是汽车生产企业向最终消费者转移过程各个环节之中发生的费用，并与汽车转移的时间、距离相关，是汽车成本构成必不可少的因素，同时也是正确制定同型号汽车价格差异的基础。

3. 政府税金

政府税金是指政府向生产企业征收的税金，是汽车生产环节的税金。它包括地方税金和国家税金。税金的多少直接影响汽车的价格。

4. 企业利润

企业利润是汽车生产者和汽车经销者为社会创造价值的表现形态，是汽车价格构成的必要因素，是企业扩大再生产的重要保证。

二、影响汽车价格的因素

汽车价格的高低，主要是由汽车中包含的价值量的大小决定的。从市场学的角度出发，汽车的价格除受价值量的影响外，还要受以下因素的影响和制约。

1. 市场需求

汽车消费者的需求对汽车定价的影响，主要通过汽车消费者的需求能力、需求量和需求层次反映出来。汽车定价要考虑汽车价格是否适应汽车消费者的需求能力；需求强度是指消费者想获得某品牌型号汽车的程度，需求量大，生产能力有限，企业在定价时可适当定高一些，反之可以定低一些；不同的需求层次对汽车定价也有影响，对于能满足较高层次的汽车，其价格往往较高一些，反之，则低一些。

2. 汽车特征

汽车特征是汽车自身品质所形成的特色、亮点，一般指汽车质量、性能、造型、服务等，它能反映汽车对消费者的吸引力。汽车的特征好，该汽车就有可能成为名牌汽车、时尚汽车，就会对消费者产生较强的吸引力，这种汽车往往在市场上畅销，因而在定价上处于有利地位。

3. 竞争者行为

汽车定价是一种挑战性行为，任何一次汽车价格的制定与调整都会引起竞争者的关注，并导致竞争者采取相应的对策。在这种对抗中，竞争力强的汽车企业有较大的定价自由，竞争力量弱的汽车企业定价的自主性就小，通常它是追随市场领先者进行定价。在我国现阶段的汽车市场上，基本可以认为大众汽车掌握着市场定价权，炽热的 SUV 市场中，途观的定价就基本决定了这个市场其他竞争者定价所在的位置。

4. 汽车市场环境

根据汽车市场的竞争程度，汽车市场环境可分为以下几种。

（1）完全垄断市场　完全垄断市场是指汽车市场完全被某个品牌或某几个品牌所垄断，20 世纪八九十年代我国的汽车市场就是这种现象。这种环境下汽车价格肯定很高。

（2）垄断竞争市场　垄断竞争市场是指既有独占倾向又有竞争成分的汽车市场。现阶段我国中低档轿车市场就是这种现象，其主要特点是：

1）同类汽车在市场上有较多的生产者，市场竞争激烈。

2）新加入者进入市场比较容易。

3）不同企业生产的同类汽车存在着差异性，消费者对某种品牌汽车产生了偏好，垄断企业由于某种优势而产生了一定的垄断因素。

（3）寡头垄断市场　寡头垄断市场是指某类汽车的绝大部分由几家汽车企业垄断的市场，它是介于完全垄断和垄断竞争之间的一种汽车市场形式。我国的货车市场基本上属于这种市场。在这种汽车市场中，汽车的市场价格不是通过市场供求关系决定的，而是由几家大汽车生产企业通过协议或默契形成的。

5. 货币价值

价格是价值的货币表现。汽车价格不仅取决于汽车自身价值量的大小，而且取决于货币价值量的大小。通货膨胀率影响着汽车价格，汇率也左右着进口汽车的价格。

6. 法律法规

为了维护国家、消费者及公共利益，以及维护正常的汽车市场秩序，政府会制定相关的法律法规来约束汽车市场，从而影响着汽车价格。如进口汽车关税，国家制定了各个时期各种汽车的关税，也就制定了相应时期的进口汽车价格水平。又如，国家规定2003年1月1日以后化油器汽车不准上牌，至使2002年下半年化油器汽车价格明显下降。

7. 社会环境

（1）社会经济环境　一个国家或地区的经济水平及发展速度，决定了人们的购买力。轿车的私人购买与人均GDP之间有着必然的联系，人们用R值来表示这两者之间的关系：$R=\frac{\text{轿车的价格}}{\text{人均 GDP}}$，当$R$值在2～3时，轿车开始进入家庭。经济水平高、发展速度快，购买力就强，价格敏感性就弱，有利于汽车自由定价。反之，经济水平低、发展速度慢，购买力就弱，价格敏感性就强，就不利于汽车自由定价。

（2）道路情况及配套设施　汽车要有路跑，要有地方停，要有地方保养和修理，这些相应的配套设施都必须相适应，汽车才能跑起来、停下来。

（3）各项税费　车辆购置税、使用税、养路费、汽车保险费、燃油价格、过路过桥费、停车费等各种税费的大小都影响着汽车市场环境，从而影响着汽车价格。

三、汽车价格体系

汽车价格体系是指在国家的整个汽车市场中，各种汽车价格之间相互关系的总和。从价格学的角度来看，价格体系一般分为三个分体系，即比从体系、差价体系和体现我国价格管理体制的各种价格形式体系。从汽车市场营销学的角度来看，汽车市场价格体系主要指差价体系。汽车差价是指同种汽车因为购销环节、购销地区、购销季节以及汽车质量不同而形成的价格差异。

第三节　新汽车的定价目标

汽车企业在定价以前，首先要考虑一个与企业自身总目标、汽车市场营销目标相一致的汽车定价目标，作为确定汽车价格策略和汽车定价方法的依据。

一般来说，汽车企业可供选择的汽车定价目标有以下几类。

一、利润导向的汽车定价目标

汽车企业一般都把利润作为重要的汽车定价目标，目标主要有以下三种。

1. 利润最大化为目标

以最大利润为汽车定价目标，指的是汽车企业期望获取最大限度的销售利润。通常已成功打开销路的中小企业，最常用这种目标。追求最大利润并不等于追求最高汽车价格。最大利润既有长期和短期之分，又有汽车企业全部汽车产品和单个汽车产品之别。

2. 以预期的利润作为汽车定价目标

汽车企业把某项汽车产品或投资的预期利润水平规定为汽车销售额或投资额的一定百分比，即汽车销售利润或汽车投资利润率。汽车定价是在汽车成本的基础上加上目标利润。根据实现目标利润的要求，汽车企业要估算汽车按什么价格销售、销售多少才能达到目标利润。一般说来，预期汽车销售利润率或汽车投资利润率要明显高于银行存款利率。

以目标利润作为汽车定价目标的汽车企业，应具备以下两个条件：

1）该汽车企业具有较强的实力，竞争力比较强，在汽车行业中处于领导地位。

2）采用这种汽车定价目标的多为汽车新产品、汽车独家产品以及低价高质量的汽车产品。

3. 适当利润目标

有些汽车企业为了保全自己，减少市场风险，或者限于实力不足，以满足适当利润作为汽车定价目标。这种情况多见于处于市场追随者地位的中小汽车企业。

二、销量导向的汽车定价目标

这种汽车定价目标是指汽车企业希望获得某种水平的汽车销售量或汽车市场占有率而确定的目标。

1. 保持或扩大汽车市场占有率

汽车市场占有率是汽车企业经营状况和汽车产品在汽车市场上的竞争能力的直接反映，对于汽车企业的生存和发展具有重要意义。汽车市场占有率一般比最大利润容易测定，也更能体现汽车企业的努力方向。因此，有时汽车企业把保持或扩大汽车市场占有率看得非常重要。

许多资金雄厚的大企业，善于以低价渗透的方式来保持一定的汽车市场占有率；一些中小企业为了在某一细分汽车市场获得一定优势，也十分注重扩大汽车市场占有率。

一般来讲，只有当汽车企业处于以下几种情况时，才适合采用这种汽车定价目标。

1）该汽车的价格需求弹性较大，低价会促使汽车市场份额的扩大。

2）汽车成本随着销量增加呈现逐渐下降的趋势，而利润有逐渐上升的可能。

3）低价能阻止现有和可能出现的竞争者。

4）汽车企业有雄厚的实力，能承受低价所造成的经济损失。

5）采用进攻型经营策略的汽车企业。

2. 增加汽车销售量

这是指以扩大现有汽车销售量为汽车定价目标。这种方法一般适用于汽车的价格需求弹性较大，汽车企业开工不足，生产能力过剩，只要降低价格，就能扩大销售，使单位固定成本降低，汽车企业总利润增加的情况。

我国鼓励和保护公平竞争，保护汽车经营者和汽车消费者的合法权益，制止不正当竞争行为。国家制定了《反不正当竞争法》。在汽车定价时，不得以低于变动成本的价格销售汽车来排挤竞争对手；有奖销售的最高金额不得超过5000元。

三、以竞争为导向的汽车定价目标

这是指汽车企业主要着眼于竞争激烈的汽车市场，以应付或避免竞争为导向的汽车定价目标。在汽车市场竞争中，大多数竞争对手对汽车价格都很敏感，在汽车定价以前，一般要广泛收集市场信息，把自己生产的汽车的性能、质量和成本与竞争者的汽车进行比较，然后制定本企业的汽车价格。通常采用的方法有以下3种：

1）与竞争者同价。

2）高于竞争者的价格。

3）低于竞争者的价格。

汽车企业在遇到同行价格竞争时，常常会被迫采取相应对策，如竞相降价，压倒对方；及时调价，价位对等；提高价格，树立威望。

四、汽车质量导向目标

这是指汽车企业要在市场上树立汽车质量领先的目标，而在汽车价格上做出反应。优质优价是一般的市场供求准则，研究和开发优质汽车必然要支付较高的成本，自然要求以高的汽车价格得到回报。

从完善的汽车市场体系来看，高价格的汽车自然代表或反映着汽车的高性能、高质量及其优质服务。采取这一目标的汽车企业必须具备以下两个条件。

1）高性能、高质量。

2）优质服务。

五、汽车企业生存导向目标

当汽车企业遇到生产过剩或激烈的市场竞争要改变消费者的需求时，它要把维持生存作为自己的主要目标。对于这类汽车企业来讲，只要汽车价格能够弥补变动成本和一部分固定成本，即汽车单价大于汽车企业变动成本，就能够维持汽车企业的生存。

六、汽车销售渠道导向目标

对于那些需经中间商销售汽车的汽车企业来说，保持汽车销售渠道畅通无阻，是保证汽车企业获得良好经营效果的重要条件之一。

为了使得销售渠道畅通，汽车企业必须研究汽车价格对中间商的影响，充分考虑中间商的利益，保证对中间商有合理的利润，促使中间商有充分的积极性去销售汽车。

在现代汽车市场经济中，中间商是现代汽车企业在营销活动中必不可少的部分，对宣传汽车品牌、提高汽车企业知名度有十分重要的作用。汽车企业在激烈的市场竞争中，有时为了保住完整的汽车销售渠道，促进汽车销售，不得不让利于中间商。

例如，现在普遍流行的销售返利，经销商每销售一辆汽车，生产厂就会在年终返利给经销商车价的1%～3%，年销售量突破一定数量后返利的点数会更高。

第四节　新汽车的定价方法

汽车定价方法是指汽车企业为了在目标市场上实现定价目标，而给汽车产品制定一个基本价格或浮动范围的方法。影响汽车价格的因素比较多，但在制定汽车价格时主要考虑的因素是汽车产品的成本、汽车市场的需求和竞争对手的价格。一般来说，汽车产品的成本规定了汽车的最低价格，汽车市场的需求决定了汽车市场的价格弹性，竞争对手的价格提供了制定汽车价格时的参考点。

在实际操作中，往往侧重于影响因素中的一个或几个来选定汽车定价方法，以解决汽车定价问题。由此产生了汽车成本导向定价法、汽车需求导向定价法和汽车竞争导向定价法等三种汽车定价方法。

一、汽车成本导向定价法

顾名思义，汽车成本导向定价法就是以汽车成本、费用和税金为基础，加上一定的利润来制定汽车价格的方法。这是一种按汽车卖方意图定价的方法。以汽车成本为基础的定价方法主要有以下三种。

1. 汽车成本加成定价法

汽车成本加成定价法是一种最简单的汽车定价方法，即在单台汽车成本的基础上加上一定比例的预期利润作为汽车产品的售价。售价与成本之间的差额，就是利润。由于利润的多少是按一定比例反映的，这种比例习惯上称为“几成”，所以这种方法称为成本加成定价法。

计算公式如下：$$\text{汽车价格}=\frac{\text{单车成本}\times(1+\text{成本利润率})}{1-\text{增值税率}} \tag{3-1}$$

式中：$$\text{成本利润率}=\frac{\text{要求达到的总利润}}{\text{总成本}}\times 100\% \tag{3-2}$$

例如，设某个汽车企业一年要求达到利润 6000 万元，总成本 60000 万元，只生产某种汽车产品 4000 辆，产品税率 17%，计算得：

$$\text{成本利润率}=\frac{6000}{60000}\times 100\%=10\%$$

$$\text{汽车价格}=\frac{\frac{60000}{4000}\times(1+10\%)}{1-17\%}=19.88\text{ 万元/台}$$

汽车成本加成定价法的优点如下：

第一，能使汽车企业的全部成本得到补偿，并有一定的盈利，使得汽车企业的再生产能继续进行。

第二，这种计算方法简便易行。

第三，有利于政府及有关部门通过规定成本利润率，对汽车企业的汽车价格进行监督。

第四，如果汽车行业都采用此法，就可以避免汽车企业价格竞争，保持市场的价格稳定。

汽车成本加成定价法的缺点如下：

第一，由于汽车成本加成定价法忽视了汽车市场的需求和竞争对手的价格，只反映生产经营中的成本消耗，根据这种方法制定的汽车价格必然缺乏对汽车市场供求关系变化的适应能力，不利于增强汽车企业的市场竞争力。

第二，汽车企业成本纯属是企业的个别成本，而不是正常生产合理经营下的社会成本，因此有可能包含不正常、不合理的费用开支。

可见，此定价法主要适用于汽车生产经营处于合理状态下的企业和供求大致平衡、成本较稳定的产品。

2. 汽车加工成本定价法

汽车加工成本定价法是将汽车企业成本分为外购成本后分别进行处理，并根据汽车企业新增成本来加成定价的方法。对于外购成本，企业只垫付资金，只有企业内部生产过程中的新增成本才是企业自身的成本消耗。因此，按汽车企业内部新增成本的一定比例计算自身成本消耗和利润，按汽车企业新增价值部分缴纳增值税，使汽车价格中的盈利同汽车企业自身的成本消耗成正比，是汽车加工成本定价法的要求。其计算公式如下：

$$汽车价格=外购成本+\frac{汽车加工新增成本\times(1+汽车加工成本利润率)}{1-加工增值税率} \tag{3-3}$$

式中：

$$汽车加工成本利用率=\frac{要求达到的总利润}{加工新增成本总额}\times 100\% \tag{3-4}$$

$$加工增值税率=\frac{应纳增值税金总额}{销售总额-外购成本总额}\times 100\% \tag{3-5}$$

汽车加工成本定价法主要适用于加工型汽车企业和专业化协作的汽车企业。此方法既能补偿汽车企业的全部成本，又能使协作企业之间的利润分配和税收负担合理化，避免按汽车成本定价法形成的行业之间和协作企业之间利益不均。

3. 汽车目标成本定价法

汽车目标成本定价法是指汽车企业以经过一定努力预期能够达到的目标成本为定价依据，加上一定的目标利润和应纳税金来制定汽车价格的方法。这里，目标成本与定价时的实际成本不同，这是企业在充分考虑到未来市场环境变化的基础上，为实现企业的经营目标而制定的一种预期成本，一般都低于定价时的实际成本。其计算公式如下：

$$汽车价格=\frac{汽车目标成本\times(1+汽车目标成本利润率)}{1-税率} \tag{3-6}$$

式中：

$$汽车目标成本利润率=\frac{要求达到的总利润}{目标成本\times 目标产销量}\times 100\% \tag{3-7}$$

上述表明，汽车目标成本的确定要同时受到价格、税率和利润要求的多重制约。即汽车价格应确保市场能容纳目标产销量，扣税后销售总收入在补偿目标产销量计算的全部成本后能为汽车企业提供预期的利润。此外，汽车目标成本还要充分考虑原材料、工资等成本价格变化的因素。

汽车目标成本虽非定价起始的实际成本，但也不是主观臆造出来的，而要建立在对“量、本、利”关系进行科学测算的基础上。通常，企业成本可划分为固定总成本和变动成本这两大类。小批量生产成本高的主要原因是固定总成本按产量分摊额减少，平均变动成本一般变化不大，并还可能由于工艺技术更成熟而降低一些，于是就使单辆汽车成本大大降低。预期的成本降低便可将汽车价格定到能吸引消费者的水平，从而为汽车打开销路。但是，并非汽车目标成本定得越低越好，因为，要降低目标成本就必须增大目标产销量。如果太接近一个汽车企业的生产能力极限，单辆汽车成本水平反而又会升高，因为在人员和设备满负荷运转后，非熟练工人也得上一线，机器设备故障率也会上升，停机检修的时间和费用以及废、次品损失会增加，资金和原材料周转脱节的现象也会增多。根据许多企业的实践经验，汽车目标成本一般是在保本点直到设备利用率达到 80% 左右的产量区间内确定的。

汽车目标成本定价法是为谋求长远和总体利益服务的，较适用于经济实力雄厚、生产和经营有较大发展前途的汽车企业，尤其适用于新产品的定价。采用汽车目标成本定价法有助于汽车企业开拓市场，降低成本，提高设备利用率，从而提高汽车企业的经济效益。

二、汽车需求导向定价法

汽车需求导向定价法是一种以需求为中心的定价方法，汽车企业依据汽车消费者对汽车价值的理解和对汽车需求的差别来定价。

1. 对汽车价值的理解定价法

所谓对汽车价值的理解定价法，就是汽车企业按照汽车消费者对汽车价值的理解来制定汽车价格，而不是根据汽车企业生产汽车的实际价值来定价。

对汽车价值的理解定价法同汽车在市场上的定位是相联系的。其方法如下：

1）先从汽车的质量、提供的服务等方面为汽车在目标市场上定价。

2）决定汽车所能达到的售价。

3）估计在此汽车价格下的销量。

4）由汽车销量算出所需的汽车生产量、投资额及单辆汽车成本。

5）计算该汽车是否能达到预期的利润，以此来确定该汽车价格是否合理，并可进一步判明该汽车在市场上的命运如何。

运用对汽车价值的理解定价法的关键是，要把自己的汽车产品与竞争者的汽车产品相比较，正确估计本企业的汽车产品在汽车消费者心中的形象，找到比较准确的理解价值。因此，在汽车定价前搞好市场调研是非常必要的。

2. 对汽车需求的差别定价法

这是根据对汽车需求方面的差别来制定汽车的价格，主要有以下几种情况：

（1）按汽车的不同目标消费者采取不同价格　同一商品对于不同消费者，其需求弹性不一样。有的消费者对价格敏感，适当给予优惠可诱其购买；有的则不敏感，可照价收款。

（2）按汽车的不同花色、样式确定不同价格　对同一品牌、规格汽车的不同花色、样式，消费者的偏好程度不同，需求量也不同。因此，定不同的价，能吸引不同需求的消费者。

（3）按汽车的不同销售时间采用不同价格　同一种汽车因销售时间不同，其需求量也不同，汽车企业可据此制定不同的价格争取最大销售量。

总之，对汽车需求的差异定价法能反映汽车消费者对汽车需求的差别及变化，有助于提高汽车企业的市场占有率和增强其汽车产品的渗透率。但这种定价法不利于成交控制，且需求的差别不易精确估计。

三、汽车竞争导向定价法

汽车竞争导向定价法是依据竞争者的价格来定价，使本汽车企业的价格与竞争者价格相类似或保持一定的距离。这是一种汽车企业为了应付汽车市场竞争的需要而采取的特殊的定价方法。主要有以下三种方法。

1. 随行就市定价法

随行就市定价法，即以同类汽车产品的平均价格作为汽车企业定价基础。这种方法适合汽车企业既难于对顾客和竞争者的反应做出准确的估计，自己又难于另行定价时运用。在实践中，有些产品价格难以计算，采用随行就市一般可较准确地体现汽车价值和供求关系，保证能获得合理效益。同时，也有利于协调同行业的步调，融洽与竞争者的关系。

此外，采用随行就市定价法，其汽车产品的成本与利润要受同行业平均成本的制约。因此，企业只有努力降低成本，才能获得更多的利润。

2. 相关商品比价法

相关商品比价法，即以同类汽车产品中消费者认可某品牌汽车的价格作为依据，结合企业汽车产品与认可汽车的成本差率或质量差率来制定汽车价格。它有以下三种计算方式：

1）当汽车商品与认可汽车相比，成本变化与质量变化方向程度大体相似时，可按成本变化，实行“按值论价”：

$$汽车价格=认可汽车价格\times(1+成本差率) \tag{3-8}$$

2）当汽车产品与认可汽车相比，成本上升不多而质量有较大提高，可根据“按值论价、优质优价”原则，结合考虑供求关系，在下列区域中定价。

$$认可汽车价格\times(1+成本差率)<汽车价格\leqslant认可汽车价格\times(1+质量差率) \tag{3-9}$$

式中，质量差率要通过对汽车质量效用的综合评估来确定。

3）当汽车产品与认可汽车相比，成本下降不多而质量下降较多时，则应严格执行“按质论价”原则，实行低质廉价：

$$汽车价格=认可汽车价格\times(1-质量差率)$$

采用这种定价法，由于价格常与认可汽车保持由信誉、质量和成本等方面的差别而形成的一定距离，这是一种以避免竞争为主要意图的定价方法。

3. 竞争投标定价法

在汽车易主交易中，采用招标、投标的方式，由一个卖主（或买主）对两个以上并相互竞争的潜在买主（或卖主）出价（或要价），择优成交的定价方法，称为竞争投标定价法。其显著特点是招标方只有一个，处于相对垄断的地位；而投标方有多个，处于相互竞争的地位。能否成交的关键在于投标者的出价能否战胜所有竞争对手而中标，中标者与卖方（买方）签约成交。

此定价法主要用于政府采购汽车和处理走私罚没汽车。

一个汽车企业可以根据自身的需要，有重点地采用某种定价方法，同时兼顾其他形式定价方法。

第五节　新汽车的定价策略

汽车价格竞争是一种十分重要的汽车营销手段。在激烈的汽车市场竞争中，汽车企业为了实现自己的营销战略和目标，必须根据产品特点、市场需求及竞争情况，采取各种灵活多变的汽车定价策略，使汽车定价策略与汽车市场营销组合中的其他策略更好地结合，促使和扩大汽车销售，提高汽车企业的整体效益。因此，正确采用汽车定价策略是汽车企业取得市场竞争优势地位的重要手段。

一、汽车新产品定价策略

在激烈的汽车市场竞争中，汽车企业开发的汽车新产品能否及时打开销路、占领市场和获得满意的利润，除了汽车新产品本身的性能、质量及必要的汽车市场营销手段和策略之外，还取决于汽车企业是否能选择正确的定价策略。汽车新产品定价有以下三种基本策略。

1. 撇油定价策略

这是一种汽车高价保利策略，是指在汽车新产品投放市场的初期，将汽车价格定得较高，以便在较短的时期内获得较高的利润，尽快收回投资。

（1）撇油定价策略的优点

1）汽车新产品投放市场，需求弹性小，尚未有竞争者，因此，只要汽车新产品性能超群、质量过硬，就可以采取高价，来满足一些汽车消费者求新、求异的消费心理。

2）由于汽车价格较高，可以使汽车企业在较短时期内获得较大利润。

3）定价较高，便于在竞争者大量进入市场时主动降价，增强竞争力。

（2）撇油定价策略的缺点

1）在汽车新产品尚未建立起声誉时，高价不利于打开市场，一旦销售不利，汽车新产品就有夭折的风险。

2）如果高价投放销路旺盛，很容易引来竞争者，从而使汽车新产品的销路受到影响。

（3）撇油定价策略一般适应的几种情况

1）汽车企业研制、开发的这种新、难度大、开发周期长的汽车新产品，定高价也不怕竞争者迅速进入市场。

2）这种汽车新产品有较大的市场需求。由于汽车是一次购买，享用多年，高价市场也能接受。

3）高价可以使汽车新产品一投入市场就树立起性能好、质量优的高档品牌形象。

2. 渗透定价策略

这是一种汽车低价促销策略，是指在汽车新产品投放市场时，将汽车价格定得较低，以便使汽车消费者接受，很快打开和占领市场。

（1）渗透定价策略的优点

1）可以利用低价迅速打开新产品的市场销路，占领市场，从多销中增加利润。

2）可以阻止竞争者进入，有利于控制市场。

（2）渗透定价策略的缺点

投资回收周期长，见效慢，风险大，一旦渗透失利，企业就会一败涂地。

（3）渗透定价策略一般适应的几种情况

1）制造这种汽车新产品所采用的技术已经公开，或者易于仿制，竞争者容易进入市场。利用低价可以排斥竞争者，占领市场。

2）投放市场的汽车新产品，在市场上已有同类汽车产品，但是生产汽车新产品企业比生产同类汽车产品企业拥有较大的生产能力，并且该产品的规模效益显著，大量生产定会降低成本，收益有上升趋势。

3）该类汽车产品在市场中供求基本平衡，市场需求对价格比较敏感，低价可以吸引较多顾客购买，可以扩大市场份额。

以上两种汽车定价策略各有利弊，选择哪一种更为合适，应根据企业自身的产品性能、质量特点、生产能力、成本、市场需求、市场潜力、竞争情况等因素综合考虑。

3. 满意定价策略

这是一种介于撇油定价策略和渗透定价策略之间的汽车定价策略。所定的价格比撇油价格低，而比渗透价格高，是一种中间价格。由于这种价格介于高价和低价之间，比前两种定价策略的风险小，成功的可能性大。但有时也要根据市场需求、竞争情况等因素进行具体分析。

以上三种汽车新产品定价策略的汽车价格和汽车销量的关系如图3-6。

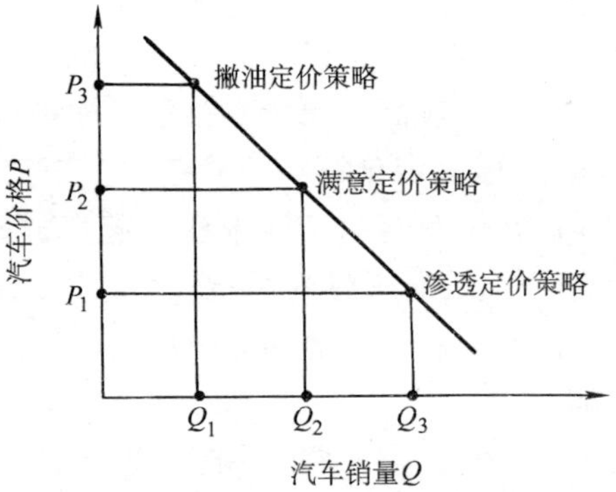

图3-6 汽车价格和汽车销量的关系

4. 按汽车产品寿命周期定价策略

在汽车产品寿命周期的不同阶段，汽车定价的三个要素：成本、消费者和竞争者，都会发生变化，因此，汽车定价策略要适合时宜，要保持有效，必须适时做出调整。

（1）导入期　汽车消费者在起初接触汽车新产品时，对其价格敏感性与他们长期的汽车价格敏感性之间是没有联系的。大多数消费者对新产品的价格敏感性相对较低，因为他们大多倾向于把汽车价格作为衡量汽车质量的标志。而且，此时没有可做对比的其他品牌汽车。

（2）成长期　在成长期，消费者的注意力不再单纯停留在汽车产品的效用上，开始比较不同汽车品牌的性能和价格，汽车企业可以采取汽车产品差别化和成本领先的策略。一般来说，成长期的汽车价格最好比导入期的价格低。因为消费者对产品的了解增加，价格敏感性提高。但对于那些对价格并不敏感的市场，不应使用渗透定价。

（3）成熟期　成熟期的汽车有效定价着眼点不是努力争得市场份额，而是尽可能地创造竞争优势。这时，市场为基本，汽车产品定价的可调范围缩小，但可以通过销售更有利可图的辅助汽车产品或优质服务来调整自己的竞争地位。

（4）衰退期　衰退期中很多汽车企业选择降价，但遗憾的是，这样的降价往往不能刺激起足够的需求，结果反而会降低企业的盈利能力。衰退期的汽车定价目标不是赢得什么，而是应在损失最小的情况下退出市场，或者是保护甚至加强自己的竞争地位。一般有以下三种策略：

1）紧缩策略。将资金紧缩到自己力量最强、汽车生产能力最强的品牌汽车生产线上。

2）收缩策略。通过汽车定价，获得最大资金回笼，然后退出整个市场。

3）巩固策略。加强自己的竞争优势，通过降价打败弱小的竞争者，占领他们的市场。

二、折扣和折让定价策略

在汽车市场营销中，汽车企业为了竞争和实现经营战略的需要，经常对汽车价格采取折扣和折让策略，直接或间接地降低汽车价格，以争取消费者，扩大汽车销量。灵活运用折扣和折让策略，是提高汽车企业经济效益的重要途径。

具体来说，折扣和折让分为以下五种。

1. 数量折扣

数量折扣是指根据买方购买的汽车数量多少，分别给以不同的折扣。买方购买的汽车数量越多，折扣越大。

数量折扣可分为累计数量折扣和非累计数量折扣。前者规定买方在一定时期内，购买汽车达到一定数量或一定金额时，按总量给予一定折扣的优惠，目的在于使买方与汽车企业保持长期的合作，维持汽车企业的市场占有率；后者是只按每次购买汽车的数量多少给予折扣的优惠，这可刺激买方大量购买，减少库存和资金占压。这两种折扣价格都能有效地吸引买主，使汽车企业能从大量的销售中获得较好的利润。

2. 现金折扣

现金折扣是指对按约定日期提前付款或按期付款的买主给予一定的折扣优惠价，目的是鼓励买主尽早付款以利于资金周转。运用现金折扣应考虑三个因素：

1）折扣率的大小。

2）给予折扣的限制时间长短。

3）付清车款期限的长短。

3. 交易折扣

交易折扣是指汽车企业根据各个中间商在市场营销活动中所担负的功能不同，而给予不同的折扣，所以也称“功能折扣”。

4. 季节折扣

季节折扣是指在汽车销售淡季时，给购买者一定的价格优惠，目的在于鼓励中间商和消费者购买汽车，减少库存，节约管理费，加速资金周转。季节折扣率应不低于银行存款利率。

5. 运费让利

运费是构成汽车价格的重要部分，为了调动中间商或消费者的积极性，汽车企业对他们的运输费用给予一定的津贴，支付一部分甚至全部运费。

在这里必须说明的是，汽车一般不宜采用打折的销售方法，宜采用回扣的方法，因为虽然同样是降价，顾客在支出了很大一笔费用以后能够收到一些回扣的货款的感受会比仅仅得到一种降价的产品要好一些。这也是20世纪80年代汽车经销商经常采用回扣的方法来刺激汽车销售的手段，而极少采用打折方法的原因。

另一方面，企业是否要采取折扣和折让定价的策略，折扣的限度有多少，还要综合考虑市场上各方面的因素。特别是当市场上同行业竞争对手实力很强时，一旦实施了折扣定价，可能会遭到强大竞争对手的更大折扣反击。一旦形成了竞相折价的市场局面，则要么导致市场总价格水平下降，在本企业仍无法扩大市场占有率的情况下将利益转嫁给了消费者，和竞争对手两败俱伤；要么就会因为与竞争对手实力的差距而被迫退出竞争市场。

因而，企业在实行折扣和折让定价策略时要考虑竞争者实力、折扣成本和消费者的折扣心理等多方面因素，并注意避免市场内同种商品折扣标准的混乱，才能有效地实现营销目标。

三、针对汽车消费者心理的定价策略

这是一种根据汽车消费者心理要求所采用的定价策略。每一品牌汽车都能满足汽车消费者某一方面的需求，汽车价值与消费者的心理感受有着很大的关系。这就为汽车心理定价策略的运用提供了基础，使得汽车企业在定价时可以利用汽车消费者心理因素，有意识地将汽车价格定得高些或低些，以满足汽车消费者心理的、物质的和精神的多方面需求。通过消费者对某种汽车产品的忠诚，诱导消费者增加购买欲望，扩大市场销售，获得最大效益。具体的心理定价策略如下。

1. 整数定价策略

在高档汽车定价时，往往把汽车价格定成整数，不带尾数。凭借整数价格给消费者造成属于高档消费品的印象，提高汽车品牌形象，满足汽车消费者的某种心理需求。

整数定价策略适用于汽车档次较高，需求的价格弹性不大的情况。由于目前选购高档汽车的消费者都属于高收入阶层，容易接受较高的整数价格。

2. 尾数定价策略

尾数定价策略是与整数定价策略正好相反的一种定价策略，是指汽车企业利用消费者求廉的心理，在汽车定价时，不取整数，而带尾数的定价策略。这种带尾数的汽车价格给消费者直观上一种便宜的感觉。同时往往还会给消费者一种汽车企业经过了认真的成本核算才定价的感觉，可以提高消费者对该定价的信任度，从而激起消费者的购买欲望，促进汽车销售。

尾数定价策略一般适用于汽车档次较低的经济型汽车。经济型汽车价格高低自然会对需求产生较大的影响。

3. 声望定价策略

这是根据汽车产品在消费者心目中的声望、信任度和社会地位来确定汽车价格的一种定价策略。声望定价策略可以满足某些消费者的特殊欲望，如地位、身份财富、名望和自我形象等，还可以通过高价格显示汽车的名贵优质。声望定价策略一般适用于具有较高知名度、有较大市场影响力的著名品牌的高档汽车。

4. 招徕定价策略

这是指将某种汽车产品的价格定得非常之高，或者非常之低，以引起消费者的好奇心理和观望行为，来带动其他汽车产品的销售的一种汽车定价策略。如某些汽车企业时常采取在某一时期推出某一款车型降价出售，过一段时期又换一种车型，以此来吸引消费者时常关注该企业的汽车，降价产品销售的同时，促进同品牌其他型号车型的销售。

5. 分级定价策略

分级定价策略是指在定价时，把同类汽车分为几个等级，不同等级的汽车采用不同价格的一种定价策略。这种定价策略能使消费者产生货真价实、按质论价的感觉，因而容易被消费者所接受。而且，这些不同等级的汽车若同时提价，对消费者的质价观冲击不会太大。分级定价策略，等级的划分要适当，级差不能太大或太小，否则，起不到应有的分级效果。

四、针对汽车产品组合的定价策略

一家汽车企业往往不只生产一种产品，常常会有多个系列的多种产品同时生产和销售，同一企业的不同种汽车产品之间的需求和成本是相互联系的。但同时它们之间又存在着一定程度的“自相竞争”。因而，这时候的企业定价就不能只针对某一产品独立进行，而要结合相关联的一系列产品，组合制定出一系列价格，使整个产品组合的利润最大化。这种定价策略主要有以下两种情况。

1. 同系列汽车产品组合定价策略

这种定价策略即是要把一个企业生产的同一系列的汽车作为一个产品组合来定价，在其中确定某一车型的较低价格，可以在该系列汽车产品中充当价格明星，以吸引消费者购买这一系列的各种产品；同时确定某一车型的较高价格，可以在该系列产品中充当品牌价格，以提高该系列汽车的品牌效应。

同系列汽车产品组合定价策略与分级定价策略有部分相似，但前者更注意系列产品作为产品组合的整体化，强调产品组合中各汽车产品的内在关联性。

2. 附带选装配置的汽车产品组合定价策略

这种定价策略即指将一个企业生产的汽车产品与其附带的一些可供选装配置的产品看作一个产品组合来定价。譬如汽车消费者可以选装 ABS、动力转向、中央门锁、电动门窗、电动后视镜等。汽车企业首先确定产品组合中应包含的可选装配置产品，其次再对汽车及选装配置产品进行统一合理的定价。如汽车价格相对较低，而选装配置的价格相对稍高一些，这样既可吸引消费者，又可通过选装配置来弥补企业的利润。

第六节　新汽车评估

一、新汽车评估方法与步骤

因为新汽车的评估方法通常都采用市场价格法，所以新汽车的评估步骤遵循市场价格法的评估步骤，具体如下：

1）采集与被评估汽车同类型汽车的技术参数、性能指标、配置情况及价格。

2）选择参照车型。

3）对被评估汽车与参照汽车进行试驾。

4）被评估汽车与参照汽车的品牌、性能和结构特点、配置的差异比较。

5）收集被评估汽车与参照汽车的价格走向。

6）了解与判断被评估汽车的定价目标、方法和策略。

7）差异量化与评估。

二、新汽车评估实例

【例 3-1】 请对 2016 年 3 月 1 日，上海市场上的长安 CX-5 2015 款 2.0L 自动两驱都市型 SUV 车（以下称马自达）进行性价比评估。

1. 采集与被评估汽车同类型汽车的技术参数、性能指标、配置情况及价格

通过市场调研，得出 2016 年 3 月 1 日上海汽车市场几款同类型汽车（SUV 车、厂商指导价近 20 万元、合资品牌）的制造厂商提供的技术参数、性能指标、配置情况及市场价格见表 3-3。

表 3-3 几款同类汽车的对比

厂商	长安福特	上汽大众	一汽丰田	东风本田	东风日产	长安马自达
车型信息	翼虎 2015 款 1.5L GTDi 两驱舒适型	途观 2016 款 300TSI 手动两驱风尚版	一汽丰田 RAV4 2015 款 2.0L CVT 两驱风尚版	本田 CR-V 2015 款 2.0L 两驱风尚版	奇骏 2014 款 2.0L CVT 舒适版 2WD	马自达 CX-5 2015 款 2.0L 自动两驱都市型
厂商指导价/万元	19.38	19.98	19.98	19.98	19.68	19.08
长×宽×高/(mm×mm×mm)	4524×1838×1685	4506×1809×1685	4570×1845×1670	4585×1820×1685	4643×1820×1725	4555×1840×1710
发动机	1.5T 181 马力[⊖] L4	1.8T 160 马力 L4	2.0L 147 马力 L4	2.0L 155 马力 L4	2.0L 150 马力 L4	2.0L 155 马力 L4
变速器	6 档手自一体	6 档手动	CVT 无级变速	CVT 无级变速	CVT 无级变速（模拟 7 档）	6 档手自一体
工信部综合油耗/(L/100km)	7.2	7.9	7.3	7.1	7.1	6.6

2. 选择参照车型

从表 3-3 中分析，翼虎 2015 款 1.5L GTDi 两驱舒适型，采用 1.5T 增压高功率发动机，是以运动模式为主的 SUV。大众途观 2016 款 300TSI 手动两驱风尚版，采用 1.8T 双增压发动机，使用 97 号（京 95）汽油，手动变速器，在具有一定数量并更适宜的参照物的情况下，不作为评估参照物。选择丰田 RAV4 2015 款 2.0L CVT 两驱风尚版（以下称 RAV4）、本田 CR-V 2015 款 2.0L 两驱风尚版（以下称 CR-V）和东风日产奇骏 2014 款 2.0L CVT 舒适版 2WD（以下称奇骏）作为评估参照物。

表 3-4 为被评估物与参照物配置及参数差异表。

⊖ 1 马力 =735.5W。

表 3-4 被评估物与参照物配置及参数差异表

车型信息	一汽丰田 RAV4 2015 款 2.0L CVT 两驱风尚版	本田 CR-V 2015 款 2.0L 两驱风尚版	奇骏 2014 款 2.0L CVT 舒适版 2WD	马自达 CX-5 2015 款 2.0L 自动两驱都市型
厂商指导价/万元	19.98	19.98	19.68	19.08
厂商	一汽丰田	东风本田	东风日产	长安马自达
发动机	2.0L 147 马力 L4	2.0L 155 马力 L4	2.0L 150 马力 L4	2.0L 155 马力 L4
变速器	无级变速	无级变速	CVT 无级变速（模拟 7 档）	6 档手自一体
长×宽×高/(mm×mm×mm)	4570×1845×1670	4585×1820×1685	4643×1820×1725	4555×1840×1710
认证车主平均油耗/(L/100km)	9 （177 人平均值）	9 （132 人平均值）	8.9 （922 人平均值）	8.4 （118 人平均值）
工信部综合油耗/(L/100km)	7.3	7.1	7.1	6.6
车身				
长度/mm	4570	4585	4643	4555
宽度/mm	1845	1820	1820	1840
高度/mm	1670	1685	1725	1710
轴距/mm	2660	2620	2706	2700
前轮距/mm	1570	1580	1575	1585
后轮距/mm	1570	1580	1575	1590
最小离地间隙/mm	193	137	210	210
整备质量/kg	1510	1540	1460	1455
油箱容积/L	60	58	65	56
		发动机		
发动机型号	6ZR-FE	R20A7	MR20dd	-
排量/mL	1987	1997	1997	1998
压缩比	10	10.6	11.2	13
配气机构	DOHC	SOHC	DOHC	DOHC
最大功率/kW	108	114	110	114
最大功率转速/(r/min)	6200	6500	6000	6000
最大转矩/(N·m)	187	190	200	200
最大转矩转速/(r/min)	3200~4400	4300	4400	4000

（续）

车型信息	一汽丰田 RAV4 2015 款 2.0L CVT 两驱风尚版	本田 CR-V 2015 款 2.0L 两驱风尚版	奇骏 2014 款 2.0L CVT 舒适版 2WD	马自达 CX-5 2015 款 2.0L 自动两驱都市型
发动机特有技术	VVT-i	i-VTEC	-	Dual S-VT
供油方式	多点电喷	多点电喷	直喷	直喷
变速器				
简称	无级变速	无级变速	无级变速（模拟7档）	6档手自一体
档位个数	无级变速	无级变速	7	6
变速器类型	无级变速器（CVT）	无级变速器（CVT）	无级变速器（CVT）	手自一体变速器（AT）
悬架				
前悬架类型	麦弗逊式独立悬架	麦弗逊式独立悬架	麦弗逊式独立悬架＋横向稳定杆	麦弗逊式独立悬架
后悬架类型	双叉臂式独立悬架	双横臂式独立悬架	带横向稳定杆＋复合多连杆式独立悬架	多连杆独立悬架
车轮制动				
驻车制动类型	手制动	脚制动	脚制动	电子驻车
备胎规格	全尺寸	全尺寸	非全尺寸	全尺寸
安全装备				
前/后排头部气囊（气帘）	前● / 后●	前● / 后●	-	前● / 后●
胎压监测装置	●	●	-	-
遥控起动系统	-	●	●	●
遥控进入系统	-	●	●	-
操控配置				
制动辅助（EBA/BAS/BA 等）	-	●	●	●
牵引力控制（ASR/TCS/TRC 等）	-	●	●	●
车身稳定控制（ESC/ESP/DSC 等）	-	●	●	●
上坡辅助	-	●	●	●
车轮制动				
驻车制动类型	手制动	脚制动	脚制动	电子驻车
备胎规格	全尺寸	全尺寸	非全尺寸	全尺寸
外部配置				
全景天窗	-	-	●	-

（续）

车型信息	一汽丰田 RAV4 2015 款 2.0L CVT 两驱风尚版	本田 CR-V 2015 款 2.0L 两驱风尚版	奇骏 2014 款 2.0L CVT 舒适版 2WD	马自达 CX-5 2015 款 2.0L 自动两驱都市型
座椅配置				
座椅材质	织物	织物	仿皮	织物
腰部支撑调节	-	-	-	●
第二排靠背角度调节	●	-	-	-
多媒体配置				
GPS 导航系统	-	-	-	○
中控台彩色大屏	●	-	●	○
蓝牙/车载电话	●	-	-	○
外接音源接口	USB + AUX	USB + AUX	USB + AUX	AUX(选装 USB + SD 卡插槽)
CD 支持 MP3/WMA	-	●	●	●
多媒体系统	-	单碟 CD	单碟 CD	单碟 CD
灯光配置				
日间行车灯	-	●	●	-
自动前照灯	●	-	-	-
玻璃/后视镜				
防紫外线/隔热玻璃	●	-	-	●
后视镜加热	-	●	○	●
后视镜电动折叠	-	-	●	●
空调/冰箱				
空调控制方式	自动●	手动●	自动●	自动●
后座出风口	-	●	●	●
车内空气调节/花粉过滤	●	-	-	●
高科技配置				
发动机起停技术	-	●	-	●
全景摄像头	-	-	●	-

（1）车身　车身制造技术没有明显谁优谁劣，车身尺寸奇骏略大，其他差距都在毫厘之间。RAV4 与 CR-V 和 CX-5 均为普通天窗，奇骏为全景天窗，对于购车的目标人群是一最大的区别。另外，在整备质量这个关键指标上，马自达 1455kg，虽然采用 6AT 变速器，但比丰田和本田的 CVT 还要轻 55kg 和 85kg。从这点上看被评估物有着明显的优势，可见马自达创驰蓝天技术在轻量化方面确实是有

成果的。参照物中的奇骏虽然也是 CVT 变速器，但其车身最长，并且是全景天窗，整备质量是 1460kg，在轻量化车身上做的也是可圈可点。车身指标方面，CX-5 与奇骏相当，好于 RAV4 和 CR-V。

被评估物与参数物车身造型上，可以说仁者见仁、智者见智，从网络上采用 5 星评分制来看，被评估物要略高于几个参照物，笔者不多加评论，给予 CX-5 时尚的评价。

（2）发动机　RAV4 采用自然吸气、多点喷射加 VVT-i，压缩比为 10，CR-V 采用自然吸气、多点喷射加 i-VTEC，压缩比为 10.6，奇骏采用自然吸气、缸内直喷，压缩比为 11.2，CX-5 采用自然吸气、缸内直喷加 Dual S-VT，压缩比为 13，比丰田和本田占优。在同是自然吸气且排量基本相同的情况下，最大功率与 CR-V 相同，优于 RAV4 和奇骏，并且最大功率出现时转速也相对较低，同时转矩与奇骏相同，优于 RAV4 和 CR-V，并且最大转矩出现时转速也相对较低；燃油经济性方面，不论是工信部综合油耗还是消费的反馈，被评估物都明显占优，被评估车的油箱容积设计也证明了这一点。从发动机两项最重要指标来看，被评估物有明显的优势。

（3）变速器　CX-5 采用 6AT，RAV4、CR-V 和奇骏采用 CVT，CX-5 占优。

（4）其他　在众多小配置方面，如电子驻车、腰部支承调节，CX-5 也是略高于参照物。

3. 收集被评估汽车与参照汽车的价格走向

被评估汽车与参照汽车的价格历史见表 3-5。

表 3-5　被评估汽车与参照汽车的价格历史

品牌车型 时间、价格	一汽丰田 RAV4 2015 款 2.0L CVT 两驱风尚版	本田 CR-V 2015 款 2.0L 两驱风尚版	奇骏 2014 款 2.0L CVT 舒适版 2WD	马自达 CX-5 2015 款 2.0L 自动两驱都市型
最初上市时刻	2014 年 12 月	2015 年 4 月	2014 年 3 月	2015 年 6 月
最初上市价格	19.98 万元	19.98 万元	19.68 万元	19.08 万元
已上市时间	15 个月	11 个月	24 个月	9 个月
评估基准时价格	17.18 万元	18.18 万元	17.78 万元	17.78 万元
平均每月降价	1.87 千元	1.64 千元	0.79 千元	1.44 千元
现价占最初上市价(%)	86.99	90.99	90.35	93.19

被评估汽车与参照汽车综合平均每月降价为 1.4 千元。

4. 了解与判断被评估汽车的定价目标、方法和策略

汽车的定价目标、方法和策略是汽车制造商的商业机密，直接向生产商咨询一般不易得到，但是我们可从被评估汽车与参照汽车的价格、市场价格走向做出一定的分析和判断。

(1) 评估汽车的定价目标　现阶段2.0L的同类型车较多，被评估汽车在近期市场上的占有率不高，由于众多新车型加入这一档次的竞争，以利润最大和以预期的利润作为汽车定价目标已不大可能。就品牌而言，马自达与丰田相差甚远，与本田和日产也有一定的差距。就车型而言，本田CR-V算经典车型，以汽车质量导向的定价目标已不大可能。马自达CX-5是以蓝天创驰技术为核心竞争的车型，其优势是燃油经济性，由于近几年的油价一路走低，其优越性未能得到充分发挥。从长安马自达的经营业绩来看，以汽车企业生存导向为定价目标应该说可能性不是很大。由于被评估汽车采取4S店销售模式，以汽车销售渠道导向目标根本不存在。所以，笔者认为被评估汽车应是以竞争为导向的汽车定价目标，辅以适当的利润和保持一定的市场占有率。

(2) 评估汽车的定价方法　从2015年汽车销售市场和表3-5来看，汽车价格一路高开低走，就被评估汽车的具体车型而言，采用汽车成本导向定价法已不可能，以汽车竞争导向定价法为主，辅以汽车需求导向定价法应是被评估汽车的定价方法。

(3) 评估汽车的定价策略　被评估汽车的车型已不是什么新车型，从表3-5可以看出，现价是最初上市价的93.19%，撇油定价策略已成为历史，现在这个定价如果说仍在撇油，也撇不出多少油，也不存在渗透定价和满意定价策略，折扣和折让定价策略也不存在。马自达CX-5属于马自达蓝天创驰的主打车型之一，投放市场时间不长，应属于按汽车产品寿命周期定价策略。

5. 评估

参照汽车的平均价格为17.71万元，被评估汽车的价格为17.78万元。

6. 评估结论

1) 车身方面。在轻量化车身上做得很好（比同类型的丰田车和本田车做得还要好）。

2) 发动机方面。在燃油经济性与动力性方面与同类型（自然吸气）发动机相比，优势明显。

3) 变速器方面。采用6AT变速器，与同类型车多用CVT相比，也有优势。

4) 其他配置方面。在同类型的车中占优。

5) 从被评估汽车的定价目标、方法和策略上看，被评估汽车与同类型汽车降价走势相同。

笔者认为，被评估物性价比较高，属于自然吸气发动机中的首选车型。

第四章

旧汽车评估

旧汽车评估是指具有专业资质的鉴定评估人员，按照特定的目的、法定或公允的标准和程序，运用科学的方法，对旧汽车进行手续检查、技术鉴定和价格估算的过程。

旧汽车作为一类资产，有别于其他类型的资产，有其自身的特点。其主要特点一是单位价值较大，使用时间较长；二是工程技术性强；三是使用强度、使用条件和维护水平差异大；四是使用管理严格，各项税费附加值高。这些汽车固有的特点决定了旧汽车评估的特点。旧汽车评估对象必须以具有合法手续为前提，旧汽车评估必须以单辆车技术鉴定为基础，旧汽车评估要考虑其手续构成的价值。

第一节　旧汽车评估的手续检查

旧汽车的手续是指汽车上路行驶，按照国家法规和地方法规应该办理的各项有效证件和应该缴纳的各项税费凭证。旧汽车属于特殊商品，它的价值包括车辆实体本身的有形价值和各项手续构成的价值，只有齐全，才能发挥汽车的实际效用，才能办理正常的过户、转籍。没有合法手续的汽车不是旧汽车鉴定估价师的评估对象。旧汽车的手续包括：

一、汽车来历凭证

根据《机动车登记规定》第三十八条，机动车来历证明是指：

1）在国内购买的机动车，其来历凭证是全国统一的机动车销售发票或者旧机动车交易发票（图 4-1）。在国外购买的机动车，其来历凭证是该车销售单位开具的销售发票及其翻译文本。

2）人民法院调解、裁定或者判决转移的机动车，其来历凭证是人民法院出具的已经生效的《调解书》《裁定书》或者《判决书》以及相应的《协助执行通知书》。

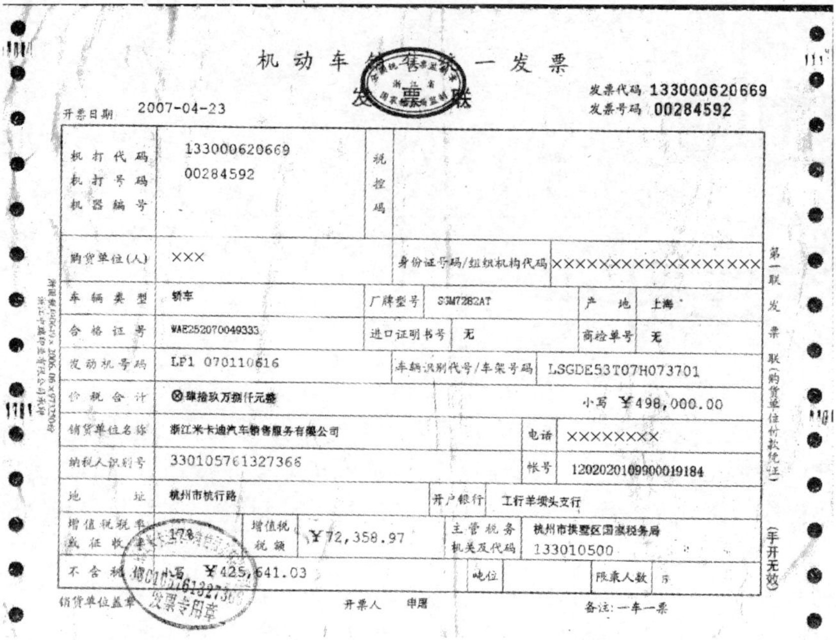

机动车销售统一发票

发票联

开票日期 2007-04-23

发票代码 133000620669
发票号码 00284592

机打代码 机打号码 机器编号	133000620669 00284592	税控码			
购货单位(人)	×××	身份证号码/组织机构代码	××××××××××××××××××		
车辆类型	轿车	厂牌型号	SGM7282AT	产地	上海
合格证号	WAE252070049333	进口证明书号	无	商检单号	无
发动机号码	LF1 070110616	车辆识别代号/车架号码	LSGDE53T07H073701		
价税合计	⊗肆拾玖万捌仟元整		小写 ￥498,000.00		
销货单位名称	浙江米卡迪汽车销售服务有限公司			电话	××××××××
纳税人识别号	330105761327366			帐号	1202020109900019184
地址	杭州市杭行路	开户银行	工行半坝头支行		
增值税税率或征收率	17%	增值税税额	￥72,358.97	主管税务机关及代码	杭州市拱墅区国家税务局 133010500
不含税价	小写 ￥425,641.03	吨位		限乘人数	5

销货单位盖章　　开票人 申丽　　备注：一车一票

第一联 发票联（购货单位付款凭证）（手开无效）

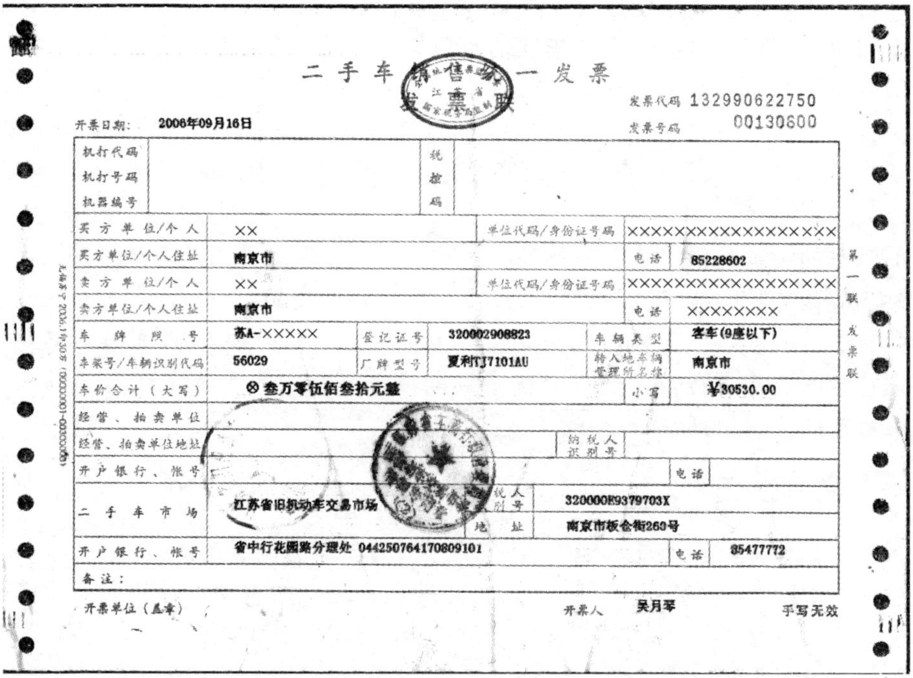

二手车销售统一发票

发票联

开票日期：2006年09月16日

发票代码 132990622750
发票号码 00130600

机打代码 机打号码 机器编号		税控码			
买方单位/个人	××		单位代码/身份证号码	××××××××××××××××××	
买方单位/个人住址	南京市			电话	85228602
卖方单位/个人	××		单位代码/身份证号码	××××××××××××××××××	
卖方单位/个人住址	南京市			电话	××××××××
车牌照号	苏A-×××××	登记证号	320002908823	车辆类型	客车(9座以下)
车架号/车辆识别代码	56029	厂牌型号	夏利TJ7101AU	转入地车辆管理所名称	南京市
车价合计（大写）	⊗叁万零伍佰叁拾元整			小写	￥30530.00
经营、拍卖单位					
经营、拍卖单位地址			纳税人识别号		
开户银行、帐号				电话	
二手车市场	江苏省旧机动车交易市场	纳税人识别号	32000E9379703X		
		地址	南京市板仓街260号		
开户银行、帐号	省中行花园路分理处 044250764170809101			电话	85477772
备注：					

开票单位（盖章）　　开票人 吴月琴　　手写无效

第一联 发票联

图 4-1　机动车销售统一发票和二手车销售统一发票

3）仲裁机构仲裁裁决转移的机动车，其来历凭证是《仲裁裁决书》和人民法院出具的《协助执行通知书》。

4）继承、赠予、中奖和协议抵偿债务的机动车，其来历凭证是继承、赠予、中奖和协议抵偿债务的相关文书和公证机关出具的《公证书》。

5）资产重组或者资产整体买卖中包含的机动车，其来历凭证是资产主管部门的批准文件。

6）国家机关统一采购并调拨到下属单位未注册登记的机动车，其来历凭证是全国统一的机动车销售发票和该部门出具的调拨证明。

7）国家机关已注册登记并调拨到下属单位的机动车，其来历凭证是该部门出具的调拨证明。

8）经公安机关破案发还的被盗抢且已向原机动车所有人理赔完毕的机动车，其来历凭证是保险公司出具的《权益转让证明书》。

二、机动车行驶证

《机动车行驶证》是由公安车辆管理机关依法对汽车进行注册登记核发的证件，它是机动车取得合法行驶权的凭证。中华人民共和国道路交通管理条例第十七条规定，机动车行驶证是汽车上路行驶必需的证件，《中华人民共和国机动车登记管理办法》规定机动车行驶证是旧汽车过户、转籍必不可少的证件。《机动车行驶证》样式如图 4-2 所示。

为了防止伪造，《中华人民共和国机动车行驶证》（GA 37—2008）规定，机动车行驶证塑封套 A 页有全息图文。图文由平安结、指路条标志、机动车等图案和“中国 CHINA”、“VEHICLE LICENSE”等字样构成。平安结中心几何图形颜色在蓝紫色和草绿色之间交互变化；“中国 CHINA”和“VEHICLE LICENSE”为动态景深文字，不同角度分别出现。平安结上下、左右位置居中，定位中心偏差小于 1.5mm。机动车行驶证塑封套 B 页有荧光印刷图文。自然光下依稀可见，整个表面直径 0.3 ~1.0mm。荧光斑点不超过 10 个，没有明显的大斑点。图文没有重影，不影响机动车行驶证的复印效果。紫外灯照射下，图案清晰，有完整的图案，马车图案呈黄绿色荧光，波浪线、“中国 CHINA”和“VEHICLE LICENSE”呈红色荧光。因此机动车行驶证识伪办法：一是查看识伪标记；二是查看汽车彩照与实物是否相符；三是查看行驶证纸质、印刷质量、字体、字号与车辆管理机关核发的行驶证进行比对，对有怀疑的行驶证可去发证的公安车辆管理机关核实。最常见的是伪造行驶证副页上的检验合格章，车辆没有按规定时间到车辆管理机关去办理检验手续，却私刻公章私自加盖检验合格章。现在许多地方采用电脑打印检验合格至 × ×年 ×月并加盖检验合格章的办法来增加防伪能力。车辆管理机关规定超过两年未检验的汽车按报废处理。汽车评估人员要对副页上的检验合格章，即行驶证的有效期特别重视。

三、机动车登记证书

根据《机动车登记规定》，在我国境内道路上行驶的机动车，应当按规定经机

中华人民共和国机动车行驶证

号牌号码 车辆类型

所 有 人

住 址

品牌型号 使用性质

发动机号

发证机关章 车辆识别代号

注册登记日期 发证日期

中华人民共和国机动车行驶证副页

号牌号码 车辆类型

总 质 量 整备质量

核定载质量 准牵引总质量

核定载客 驾驶室共承

货 厢 内 后轴钢板

部 尺 寸 弹簧片数

外廓尺寸

检验记录

图 4-2 机动车行驶证

动车登记机构办理登记，核发机动车号牌、《机动车行驶证》和《机动车登记证书》。

机动车所有人申请办理机动车各项登记业务时均应出具《机动车登记证书》；当登记信息发生变动时，机动车所有人应当及时到车辆管理所办理相关手续；当机动车所有权转移时，原机动车所有人应当将《机动车登记证书》随车交给现机动车所有人。现在，《机动车登记证书》还可以作为有效资产证明，到银行办理抵押贷款。

《机动车登记证书》同时也是机动车的“户口本”，所有机动车的详细信息及机动车所有人的资料都记载在上面，证书上所记载的原始信息发生变化时，机动车所有人应携证到车管所做变更登记。这样，“户口本”上就有机动车从“生”到“死”的一套完整记录。

公安车辆管理部门是《机动车登记证书》的核发单位。凡2001年10月1日之后新购机动车，都随车办好了证书，凡2001年10月1日之前购车未办领《机动车登记证书》的机动车所有者，必须补办《机动车登记证书》。

《机动车登记证书》是汽车评估人员必须认真查验的手续。《机动车登记证书》与《机动车行驶证》相比，它的内容更详细，一些评估参数必须从《机动车登记证书》获取，如使用性质的确定等。《机动车登记证书》的样式如图 4-3 所示。

机动车登记证书编号：×××××××××××××

注册登记摘要信息栏

I	1. 机动车所有人/身份证明名称/号码					
	2. 登记机关		3. 登记日期		4. 机动车登记编号	
过户、转入登记摘要信息栏						
Ⅱ	机动车所有人/身份证明名称/号码					
	登记机关		登记日期		机动车登记编号	
Ⅲ	机动车所有人/身份证明名称/号码					
	登记机关		登记日期		机动车登记编号	
Ⅳ	机动车所有人/身份证明名称/号码					
	登记机关		登记日期		机动车登记编号	
Ⅴ	机动车所有人/身份证明名称/号码					
	登记机关		登记日期		机动车登记编号	
Ⅵ	机动车所有人/身份证明名称/号码					
	登记机关		登记日期		机动车登记编号	
Ⅶ	机动车所有人/身份证明名称/号码					
	登记机关		登记日期		机动车登记编号	

第 1 页

注册登记机动车信息栏

5. 车辆类型			6. 车辆品牌	
7. 车辆型号			8. 车身颜色	
9. 车辆识别代号/车架号			10. 国产/进口	
11. 发动机号			12. 发动机型号	
13. 燃料种类			14. 排量/功率	ml/　kW
15. 制造厂名称			16. 转向形式	
17. 轮距	前　后　mm		18. 轮胎数	
19. 轮胎规格			20. 钢板弹簧片数	后轴　片
21. 轴距	mm		22. 轴数	
23. 外廓尺寸	长　宽　高　mm			33. 发证机关章
24. 货厢内部尺寸	长　宽　高　mm			
25. 总质量	kg	26. 核定载质量	kg	
27. 核定载客	人	28. 准牵引总质量	kg	
29. 驾驶室载客	人	30. 使用性质		34. 发证日期
31. 车辆获得方式		32. 车辆出厂日期		

第 2 页

图 4-3　机动车登记证书

四、汽车号牌

汽车号牌是由公安车辆管理机关依法对汽车进行注册登记核发的号牌，它和机动车行驶证一同核发，其号码与行驶证应该一致。它是汽车取得合法行驶权的标志。《道路交通安全法》第十六条规定，号牌不得转借、涂改、伪造。

现在使用的汽车号牌有三种：一种为“1992”式，它按中华人民共和国公共安全行业标准《中华人民共和国机动车号牌》GA 36—1992 标准制作，自 1992 年 7 月 1 日实施；第二种为“2002”式，即所谓的个性化车牌，现以暂停发放；第三种为“2007”式，即按《中华人民共和国机动车号牌》GA 36—2007（现为 GA 36—2014）标准制作，自 2007 年 11 月 1 日实施，基本与“1992”式相同，不同之处在于：

1）调整了大型汽车号牌（黄牌）的使用范围。自 2007 年 11 月 1 日起，对中型载客汽车（车长小于 6m，乘坐人数大于 9 人且小于 20 人。乘坐人数可变的，以上限确定。乘坐人数包括驾驶员）由原核发“小型汽车号牌”（蓝牌），调整为核发“大型汽车号牌”（黄牌）。

2）取消了外籍车号牌（黑牌）种类。

3）修改了机动车号牌号码的编码规则，允许字母在后五位编码中任意一位出现，但总数不能超过 2 个，增加了号牌容量。

4）对临时号牌的式样进行了调整，由原来的一种式样调整为行政辖区内、跨行政辖区、试验车和特型机动车 4 种式样，并且将有效期的位置调整到号牌的正面。

汽车号牌的分类、规格、颜色及适用范围见表 4-1。

主要汽车号牌样式如下：

1）大型汽车前号牌、小型汽车号牌、领馆汽车号牌、港澳入出境车号牌、教练汽车号牌，外廓尺寸为 440mm × 140mm，如图 4-4 所示。

2）大型汽车后号牌和挂车号牌，外廓尺寸为 440mm × 220mm，如图 4-5 所示。

表 4-1 汽车号牌的分类、规格、颜色及适用范围

<table>
<tr><th>序号</th><th>分 类</th><th>外廓尺寸/mm</th><th>颜 色</th><th>数量</th><th>适 用 范 围</th></tr>
<tr><td>1</td><td>大型汽车号牌</td><td>前：440 × 140
后：440 × 220</td><td rowspan="2">黄底黑字黑框线</td><td>2</td><td>中型（含）以上载客、载货汽车和专项作业车；半挂牵引车；电车</td></tr>
<tr><td>2</td><td>挂车号牌</td><td>440 × 220</td><td>1</td><td>全挂车和不与牵引车固定使用的半挂车</td></tr>
</table>

（续）

序号	分类	外廓尺寸/mm	颜色	数量	适用范围
3	小型汽车号牌		蓝底白字白框线		中型以下的载客、载货汽车和专项作业车
4	使馆汽车号牌		黑底白字红“使”、“领”字红框线		驻华使馆的汽车
5	领馆汽车号牌				驻华领事馆的汽车
6	港澳入出境车号牌	440×140	黑底白字白“港”、“澳”字白框线		港澳地区入出内地的汽车
7	教练汽车号牌		黄底黑字，黑“学”字黑框线		教练用汽车
8	警用汽车号牌		白底黑字，红“警”字黑框线	2	汽车类警车
9	普通摩托车号牌		黄底黑字黑框线		普通二轮摩托车和普通三轮摩托车
10	轻便摩托车号牌		蓝底白字白框线		轻便摩托车
11	使馆摩托车号牌	前：220×95 后：220×140	黑底白字红“使”、“领”字红框线		驻华使馆的摩托车
12	领馆摩托车号牌				驻华领事馆的摩托车
13	教练摩托车号牌		黄底黑字，黑“学”字黑框线		教练用摩托车
14	警用摩托车号牌	220×140	白底黑字，红“警”字黑框线	1	摩托车类警车
15	低速车号牌	300×165	黄底黑字黑框线	2	低速载货汽车、三轮汽车和轮式自行机械车
16	临时行驶车号牌	220×140	天（酞）蓝底纹黑字黑框线	1	行政辖区内临时行驶的机动车
			棕黄底纹黑字黑框线		跨行政辖区临时移动的机动车
			棕黄底纹黑字黑框线黑“试”字		试验用机动车
			棕黄底纹黑字黑框线黑“超”字		特型机动车，指轴荷和总质量超限的工程专项作业车和超长、超宽、超高的运输大型不可解物品的机动车
17	临时入境汽车号牌	220×140	白底棕蓝色专用底纹，黑字黑边框		临时入境汽车
18	临时入境摩托车号牌	88×60			临时入境摩托车
19	拖拉机号牌	按 NY 345.1—2005 执行			上道路行驶的拖拉机

非法者常以非法加工等手段伪造汽车号牌。1993 年 5 月 13 日公安部令第 13 号《机动车号牌生产管理办法》规定，机动车号牌实行准产管理制度，凡生产号牌的企业，必须申请号牌准产证，经省级公安交通主管部门综合评审，对符合条件的企业发给《机动车号牌准产证》，其号牌质量必须达到标准。号牌上加有防伪合格标

图 4-4　汽车号牌样式

图 4-5　汽车号牌样式

记。因此，汽车号牌的识伪方法：一是看号牌的防伪标记；二是看油漆是否含反光材料。对有怀疑的号牌可去发号牌的公安车辆管理机关核实。

以上号牌，除临时行驶车的号牌为纸质，其余均为铝质反光。号牌上的字的尺寸大小也都有明确的规定，可查阅 GA 36—2014 标准。

号牌在安装方面设有固封装置，并规定该装置将由发牌机关统一负责装、换，任何单位和个人都无权拆卸，并作为车辆检验的一项内容。对于号牌的固封有被破坏痕迹的汽车，汽车评估人员要引起必要的重视，查明原因，确认号牌真伪。

五、车辆购置税

车辆购置税是由车辆购置附加费演变而来的，国务院于 1985 年 4 月 2 日发文，决定对所有购置车辆的单位和个人，包括国家机关和单位一律征收车辆购置附加费，其目的是切实解决发展公路运输事业与国家财力紧张的突出矛盾，将车辆购置附加费作为我国公路建设的一项长期稳定的资金来源。车辆购置附加费由交通部门负责征收工作。2000 年 10 月 22 日，中华人民共和国国务院令（第 294 号）《中华人民共和国车辆购置税暂行条例》规定自 2001 年 1 月 1 日起，车辆购置附加费改成车辆购置税，由国家税务局征收，资金的使用由交通部门按照国家有关规定统一安排使用，车辆购置税的征收标准，是按车辆计税价的 10% 计征。在取消消费税后，它是购买汽车后最大的一项费用。车辆购置税凭证如图 4-6 所示。

图 4-6　车辆购置税凭证

按照国家规定，车辆购置税的征收和免征范围如下：

1. 车辆购置税的征收范围

汽车、摩托车、电车、挂车、农用运输车。具体征收范围依照本条例所附《车辆购置税征收范围表》执行。

2. 车辆购置税的免税、减税

车辆购置税的免税、减税按下列规定执行：

1）外国驻华使馆、领事馆和国际组织驻华机构及其外交人员自用的车辆免税。

2）中国人民解放军和中国人民武装警察部队列入军队武器装备订货计划的车辆免税。

3）设有固定装置的非运输车辆免税。

4）由国务院规定予以免税或者减税的其他情形的，按照规定免税或者减税。

六、车船使用税

国务院 1986 年 9 月 15 日发布了《中华人民共和国车船使用税暂行条例》国发〔1986〕90 号，从 1986 年 10 月 1 日实施。根据规定，凡在我国境内拥有并使用车船的单位和个人，为车船使用税的纳税义务人（不包括外商投资企业、外国企业和外国人）。车船拥有人与使用人不一致时，仍由拥有人负责缴纳税款。凭证如图 4-7 所示。

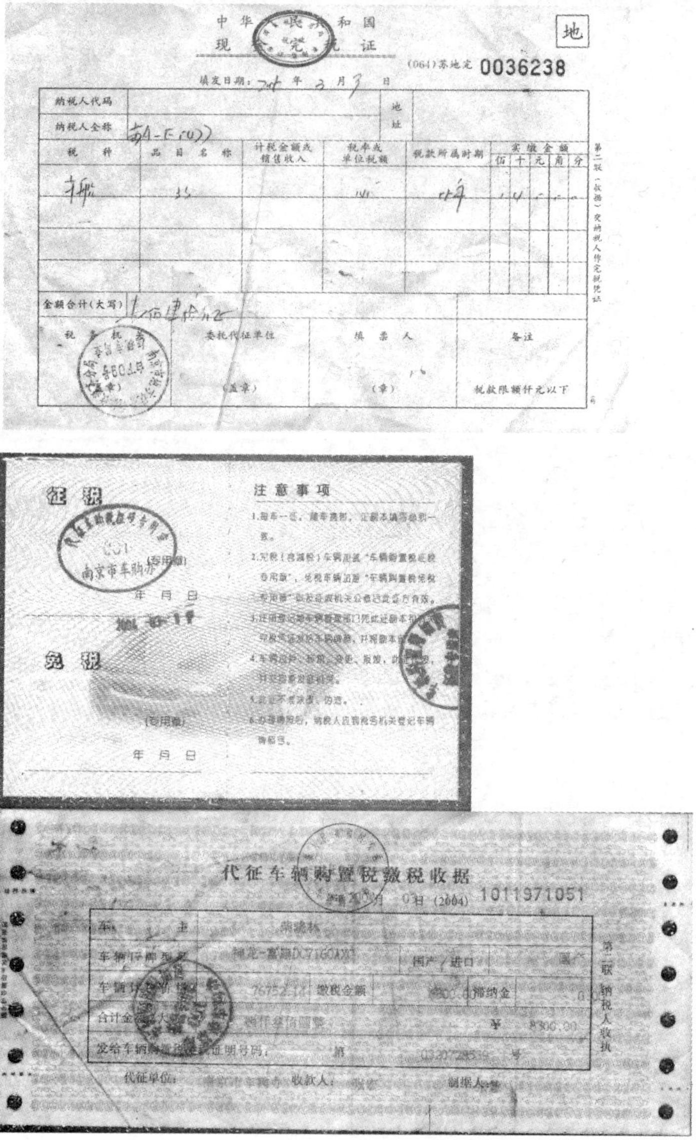

图 4-7 车船使用税凭证

汽车车船使用税的征收由各地地方税务局征收，客车按座位数分类计征，货车按净吨位计征。各地的征收标准、滞纳金不尽相同，大约在每年每辆车从数十元至数百元不等。

七、汽车强制保险

我国从 2006 年 7 月 1 日起施行机动车交通事故责任强制保险（简称交强险），根据

《机动车交通事故责任强制保险条例》第二条，在中华人民共和国境内道路上行驶的机动车的所有人或者管理人，应当依照《中华人民共和国道路交通安全法》的规定投保机动车交通事故责任强制保险。现行的机动车强制保险凭证如图 4-8 所示。

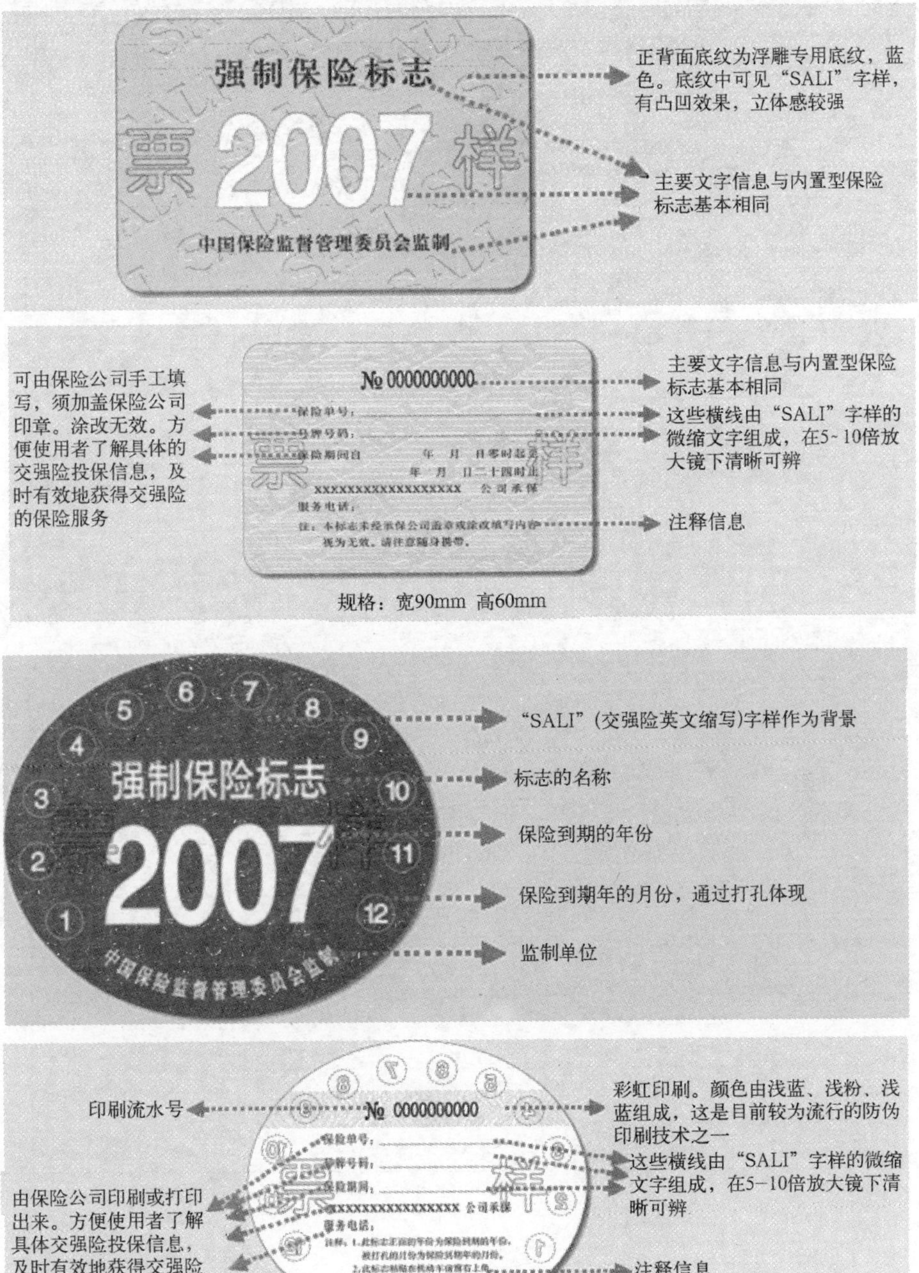

图 4-8 机动车强制保险凭证

中国保险监督管理委员会监制　　　　限在江苏省销售

机动车交通事故责任强制保险单（副本）

阳光财产保险股份有限公司
Sunshine Property and Casualty Insurance Company Limited

苏：0300003460

保险单号：　1031305072006000494

被保险人	程杰				
被保险人身份证号码(组织机构代码)	320105196808060276				
地　址	南京市建邺区×××××			联系电话	
被保险机动车 号牌号码	赣××××××	机动车种类	客车	使用性质	营业公路客运
发动机号码	JX493ZQ*303138	识别代码(车架号)	LJXBMCH133T003281		
厂牌型号	江铃全顺JX6590D-M轻型客车	核定载客	17人	核定载质量	0.0千克
排　量		功　率		登记日期	2003年6月
责任限额 死亡伤残赔偿限额	50000元	无责任死亡伤残赔偿限额	10000元		
医疗费用赔偿限额	8000元	无责任医疗费用赔偿限额	1600元		
财产损失赔偿限额	2000元	无责任财产损失赔偿限额	400元		
与道路交通安全违法行为和道路交通事故相联系的浮动比率	%				
保险费合计（人民币大写）：	贰仟陆佰贰拾元整	（¥：2620元）	其中救助基金（　%）¥：　元		
保险期间自	2006年　月　日零时起至	200年　月　日二十四时止			
保险合同争议解决方式	诉讼				
特别约定					
重要提示	1. 请详细阅读保险条款，特别是责任免除和投保人、被保险人义务。 2. 收到本保险单后，请立即核对，如有不符或疏漏，请及时通知保险人并办理变更或补充手续。 3. 保险费应一次性交清，请您及时核对保险单和发票（收据），如有不符，请及时与保险人联系。 4. 投保人应如实告知对保险费计算有影响的或被保险机动车因改装、加装、改变使用性质等导致危险程度增加的重要事项，并及时通知保险人办理批改手续。 5. 被保险人应当在交通事故发生后及时通知保险人。				
保险人	公司名称：阳光财产保险股份有限公司江苏省分公司营业二部 公司地址：南京市中山东路145号全民健身中心15楼 邮政编码：210002　服务电话：95510　签单日期：2006年9月　日（保险人签章）				

保险人授权签字：　复核：　制单：程　业务员：何　代理/经纪人：

北京中融安全印务公司印制(2006)

第三联　公安交管部门留存

图 4-8　机动车强制保险凭证（续）

特别提示：为充分保障您的权益，请您仔细阅读本条款。机动车交通事故责任强制保险向您提供的是因交通事故造成的对受害人损害赔偿责任风险的基本保障。每辆机动车只需投保一份机动车交通事故责任强制保险，请不要重复投保。

在投保本保险后，您可以投保其他机动车保险。

机动车交通事故责任强制保险条款

编号：中保协条款〔2006〕1号

总　则

第一条　根据《中华人民共和国道路交通安全法》、《中华人民共和国保险法》、《机动车交通事故责任强制保险条例》等法律、行政法规，制定本条款。

第二条　机动车交通事故责任强制保险（以下简称交强险）合同由本条款与投保单、保险单、批单和特别约定共同组成。凡与交强险合同有关的约定，都应当采用书面形式。

第三条　交强险费率实行与被保险机动车道路交通安全违法行为、交通事故记录相联系的浮动机制。

签订交强险合同时，投保人应当一次支付全部保险费。保险费按照中国保险监督管理委员会（以下简称保监会）批准的交强险费率计算。

定　义

第四条　交强险合同中的被保险人是指投保人及其允许的合法驾驶人。

投保人是指与保险人订立交强险合同，并按照合同负有支付保险费义务的机动车的所有人、管理人。

第五条　交强险合同中的受害人是指因被保险机动车发生交通事故遭受人身伤亡或者财产损失的人，但不包括被保险机动车本车车上人员、被保险人。

第六条　交强险合同中的责任限额是指被保险机动车发生交通事故，保险人对每次保险事故所有受害人的人身伤亡和财产损失所承担的最高赔偿金额。责任限额分为死亡伤残赔偿限额、医疗费用赔偿限额、财产损失赔偿限额以及被保险人在道路交通事故中无责任的赔偿限额。其中无责任的赔偿限额分为无责任死亡伤残赔偿限额、无责任医疗费用赔偿限额以及无责任财产损失赔偿限额。

第七条　交强险合同中的抢救费用是指被保险机动车发生交通事故导致受害人受伤时，医疗机构对生命体征不平稳和虽然生命体征平稳但如果不采取处理措施会产生生命危险，或者导致残疾、器官功能障碍，或者导致病程明显延长的受害人，参照国务院卫生主管部门组织制定的交通事故人员创伤临床诊疗指南和国家基本医疗保险标准，采取必要的处理措施所发生的医疗费用。

保险责任

第八条　在中华人民共和国境内（不含港、澳、台地区），被保险人在使用被保险机动车过程中发生交通事故，致使受害人遭受人身伤亡或者财产损失，依法应当由被保险人承担的损害赔偿责任，保险人按照交强险合同的约定对每次事故在下列赔偿限额内负责赔偿：

（一）死亡伤残赔偿限额为50000元；

（二）医疗费用赔偿限额为8000元；

（三）财产损失赔偿限额为2000元；

（四）被保险人无责任时，无责任死亡伤残赔偿限额为10000元；无责任医疗费用赔偿限额为1600元；无责任财产损失赔偿限额为400元。

死亡伤残赔偿限额和无责任死亡伤残赔偿限额项下负责赔偿丧葬费、死亡补偿费、受害人亲属办理丧葬事宜支出的交通费用、残疾赔偿金、残疾辅助器具费、护理费、康复费、交通费、被扶养人生活费、住宿费、误工费，被保险人依照法院判决或者调解承担的精神损害抚慰金。

医疗费用赔偿限额和无责任医疗费用赔偿限额项下负责赔偿医药费、诊疗费、住院费、住院伙食补助费，必要的、合理的后续治疗费、整容费、营养费。

垫付与追偿

第九条　被保险机动车在本条（一）至（四）之一的情形下发生交通事故，造成受害人受伤需要抢救的，保险人在接到公安机关交通管理部门的书面通知和医疗机构出具的抢救费用清单后，按照国务院卫生主管部门组织制定的交通事故人员创伤临床诊疗指南和国家基本医疗保险标准进行核实。对于符合规定的抢救费用，保险人在医疗费用赔偿限额内垫付。被保险人在交通事故中无责任的，保险人在无责任医疗费用赔偿限额内垫付。对于其他损失和费用，保险人不负责垫付和赔偿。

（一）驾驶人未取得驾驶资格的；

（二）驾驶人醉酒的；

（三）被保险机动车被盗抢期间肇事的；

（四）被保险人故意制造交通事故的。

对于垫付的抢救费用，保险人有权向致害人追偿。

责任免除

第十条　下列损失和费用，交强险不负责赔偿和垫付：

（一）因受害人故意造成的交通事故的损失；

（二）被保险人所有的财产及被保险机动车上的财产遭受的损失；

（三）被保险机动车发生交通事故，致使受害人停业、停驶、停电、停水、停气、停产、通讯或者网络中断、数据丢失、电压变化等造成的损失以及受害人财产因市场价格变动造成的贬值、修理后因价值降低造成的损失等其他各种间接损失；

（四）因交通事故产生的仲裁或者诉讼费用以及其他相关费用。

保险期间

第十一条　除国家法律、行政法规另有规定外，交强险合同的保险期间为一年，以保险单载明的起止时间为准。

投保人、被保险人义务

第十二条　投保人投保时，应当如实填写投保单，向保险人如实告知重要事项，并提供被保险机动车的行驶证和驾驶证复印件。重要事项包括机动车的种类、厂牌型号、识别代码、号牌号码、使用性质和机动车所有人或者管理人的姓名（名称）、性别、年龄、住所、身份证或者驾驶证号码（组织机构代码）、续保前该机动车发生事故的情况以及保监会规定的其他事项。

投保人未如实告知重要事项，对保险费计算有影响的，保险人按照保单年度重新核定保险费计收。

第十三条　签订交强险合同时，投保人不得在保险条款和保险费率之外，向保险人提出附加其他条件的要求。

第十四条　投保人续保的，应当提供被保险机动车上一年度交强险的保险单。

第十五条　在保险合同有效期内，被保险机动车因改装、加装、使用性质改变等导致危险程度增加的，被保险人应当及时通知保险人，并办理批改手续。否则，保险人按照保单年度重新核定保险费计收。

第十六条　被保险机动车发生交通事故，被保险人应当及时采取合理、必要的施救和保护措施，并在事故发生后及时通知保险人。

第十七条　发生保险事故后，被保险人应当积极协助保险人进行现场查勘和事故调查。

发生与保险赔偿有关的仲裁或者诉讼时，被保险人应当及时书面通知保险人。

赔偿处理

第十八条　被保险机动车发生交通事故的，由被保险人向保险人申请赔偿保险金。被保险人索赔时，应当向保险人提供以下材料：

（一）交强险的保险单；

（二）被保险人出具的索赔申请书；

（三）被保险人和受害人的有效身份证明、被保险机动车行驶证和驾驶人的驾驶证；

（四）公安机关交通管理部门出具的事故证明，或者人民法院等机构出具的有关法律文书及其他证明；

（五）被保险人根据有关法律法规规定选择自行协商方式处理交通事故的，应当提供依照《交通事故处理程序规定》规定的记录交通事故情况的协议书；

（六）受害人财产损失程度证明、人身伤残程度证明、相关医疗证明以及有关损失清单和费用单据；

（七）其他与确认保险事故的性质、原因、损失程度等有关的证明和资料。

第十九条　保险事故发生后，保险人按照国家有关法律法规规定的赔偿范围、项目和标准以及交强险合同的约定，并根据国务院卫生主管部门组织制定的交通事故人员创伤临床诊疗指南和国家基本医疗保险标准，在交强险的责任限额内核定人身伤亡的赔偿金额。

第二十条　因保险事故造成受害人人身伤亡的，未经保险人书面同意，被保险人自行承诺或支付的赔偿金额，保险人在交强险责任限额内有权重新核定。

因保险事故损坏的受害人财产需要修理的，被保险人应当在修理前会同保险人检验，协商确定修理或者更换项目、方式和费用。否则，保险人在交强险责任限额内有权重新核定。

第二十一条　被保险机动车发生涉及受害人受伤的交通事故，因抢救受害人需要保险人支付抢救费用的，保险人在接到公安机关交通管理部门的书面通知和医疗机构出具的抢救费用清单后，按照国务院卫生主管部门组织制定的交通事故人员创伤临床诊疗指南和国家基本医疗保险标准进行核实。对于符合规定的抢救费用，保险人在医疗费用赔偿限额内支付。被保险人在交通事故中无责任的，保险人在无责任医疗费用赔偿限额内支付。

合同变更与终止

第二十二条　在交强险合同有效期内，被保险机动车所有权发生转移的，投保人应当及时通知保险人，并办理交强险合同变更手续。

第二十三条　在下列三种情况下，投保人可以要求解除交强险合同：

（一）被保险机动车被依法注销登记的；

（二）被保险机动车办理停驶的；

（三）被保险机动车经公安机关证实丢失的。

交强险合同解除后，投保人应当及时将保险单、保险标志交还保险人；无法交回保险标志的，应当向保险人说明情况，征得保险人同意。

第二十四条　发生《机动车交通事故责任强制保险条例》所列明的投保人、保险人解除交强险合同的情况时，保险人按照日费率收取自保险责任开始之日起至合同解除之日止期间的保险费。

附　则

第二十五条　因履行交强险合同发生争议的，由合同当事人协商解决。

协商不成的，提交保险单载明的仲裁委员会仲裁。保险单未载明仲裁机构或者争议发生后未达成仲裁协议的，可以向人民法院起诉。

第二十六条　交强险合同争议处理适用中华人民共和国法律。

第二十七条　本条款未尽事宜，按照《机动车交通事故责任强制保险条例》执行。

图4-8　机动车强制保险凭证（续）

不同的地区还有一些地方性法规，如营运汽车的客货运附加费等。这里不再赘述。

第二节 汽车技术状况鉴定

汽车在使用过程中，随着行驶里程的增加，有关零部件将分别产生松动、磨损、腐蚀、疲劳、变形、老化等不同程度的损伤和损坏，使其动力性下降，经济性变差，工作可靠性降低。并且会相继出现种种症状。有些症状如车身不正、油漆剥落、锈蚀、漏水、漏油、漏气等外观症状，还有加速不良、油耗上升等动态症状。

汽车技术状况的鉴定方法包括以下三个方面：

1）静态检验。汽车在静止状态下，根据检查人员的技能和经验，辅以简单的量具，对汽车技术状况进行检查鉴定。

2）动态检验。汽车在工作状态下（发动机运转、汽车在运动或静止），根据检测人员的技能和经验，辅以简单的量器具，对汽车的技术状况进行检查鉴定。

3）仪器检验。使用仪器、设备对汽车的技术性能和故障进行检测和诊断，既定性又定量地对汽车进行技术鉴定。

前两项在汽车评估中是必不可少的，第三项在实际工作中往往视评估目的和实际情况而定。

一、汽车技术状况的静态检查

汽车技术状况的静态检查包括对汽车的识伪检查和外观检查。

1. 识伪检查

汽车的识伪检查有两个含义，对于进口汽车判别是不是“水货”，对于国产小客车判别车身是不是纯正的原厂货。

（1）水货汽车的鉴别　所谓“水货”汽车，是指那些通过走私或非合法渠道进口的汽车。这些汽车有的是整车走私，有的是散件走私和境内组装，有的甚至是旧车拼装。

进口正品汽车，即习惯上称大贸进口的汽车，是指通过正常的贸易渠道进口的汽车。此类车的前风窗玻璃上有黄色的商检标志，符合中国产品质量法。进口正品汽车都附有中文使用手册和维修手册，有的还有零部件目录；而“水货”汽车则没有。

对于“水货”汽车的判别还可以从以下几个方面进行：

1）查勘汽车型号，汽车型号是否在我国进口汽车产品目录上。对于多年从事评估工作的业内人士，大多数汽车从外观就能看出是否是我国进口汽车产品目录上的车型。

2）看外观是否有重新做过油漆的痕迹，尤其是顶部下风窗玻璃框处要特别注意，因为有一种最常见的走私车就是所谓的“割顶”车，走私者在境外从车顶下风窗玻璃框处将汽车切成两部分，分别作为汽车配件走私或进口，然后在境内再将两部分焊接起来，通过这种方法来达到走私整车的目的。注意曲线部分的线条是否流畅，大面是否平整，在现有的技术条件下，“割顶”车要想做得天衣无缝还不可能。一般用肉眼仔细观察并用手从车顶部向下触摸，还是能够发现走私者留下的痕迹的。

3）打开发动机盖，观察发动机室内线路、管路布置是否有条理，是否有重新装配和改装的痕迹。

4）我国现有“水货”车中日本车较多，右驾改左驾的车较多，自动变速器的车较多。根据作者经验，自动变速器的车右驾改左驾是很容易识别的，为了适应我国的交通管理，走私者将右驾改为左驾，为了降低改装成本，走私者不可能更换变速器，自动变速器的车右驾改左驾通过变速杆就可以识别，自动变速器变速杆的保险按钮仍在右侧，通过这一点可识别不少“水货”车。

（2）小客车车身防伪检查　现代小客车车身基本上是承载式车身，车架号在车身上，车身是小客车最重要的基础件，同时又是小客车上最贵的一个零部件。根据《中华人民共和国机动车登记规定》第九条，申请改变机动车车身颜色、更换车身或者车架的，应当填写《机动车变更登记申请表》，提交法定证明、凭证。

属于更换车身或者车架的，还应当核对车辆识别代号（车架号码）的拓印膜，收存车身或者车架的来历凭证。

第十条，更换发动机的，机动车所有人应当于变更后十日内向车辆管理所申请变更登记，填写《机动车变更登记申请表》，提交法定证明、凭证，并交验机动车。

车辆管理所应当自受理之日起一日内确认机动车，收回原行驶证，重新核发行驶证，收存发动机的来历凭证。

1）国厂车。由于许多汽车制造厂为了防止不法分子造假，对汽车车身实行专营，只对特约维修站供应，一般的汽车修理厂是买不到汽车车身的，并且正厂的汽车车身比仿制的汽车车身价格要贵得多，一些修理厂的“高手”采用将原车上的车架号割下，再焊在假车身上的方法，试图混过汽车检验关。汽车评估人员只要通过仔细的观察和触摸，就能发现造假者留下的痕迹，识别假汽车车身。

2）进口车。进口汽车的车身如果要进口，它的手续同进口一辆汽车的手续一样。对于老旧车型，一些进口汽配供应商时常将报废车的车身拆下后翻新，从中谋取暴利。汽车修理厂同样采用上述办法制假，汽车评估人员必须高度重视和警惕，识别假汽车车身。

2. 外观检查

在进行汽车外观检查之前，先进行外部清洁。下面以小客车为例，说明外观检查的步骤，具体步骤如下：

1）将发动机盖打开，检查被评估汽车的厂牌型号、底盘号及发动机号与行车证是否一致。

2）检查车身的技术状况。客车的车身价格在整车中的比重较大，要特别注意检查。一般步骤如下：

① 检查车身是否有严重的碰撞损伤。严重碰撞后，小客车会更换前纵梁，打开发动机盖，观察纵梁与车身前围焊接处有无二次焊接的痕迹。再站在车前部观察车身是否周正。检查车门、发动机盖、行李箱盖开关是否灵活自如，缝隙是否合理、一致。

② 检查车身金属锈蚀程度、油漆的脱落情况，通过检查镶条、窗户边缘、轮胎判断是否有重新做漆的痕迹。因为汽车车身多为铁质，用一块磁铁沿车身周围移动，如遇到突然减少磁力的地方，就说明局部补了较多的原子灰。

3）检查发动机

① 观察发动机的外部状况是否清洁。发动机外部有少量油迹和灰尘是正常的，如果油迹和灰尘过多，说明发动机漏油；如果一尘不染，说明发动机刚刚经过清洁处理。

② 观察机油质量和油平面高度。拔出机油标尺，如果机油混浊，说明车主对汽车的保养不好；如果机油很稀薄，说明发动机有可能窜气；如果机油中有水泡，说明发动机内部漏水；如果机油平面过低，向车主询问上次更换机油的时间和间隔里程，如果时间和间隔里程正常，说明发动机烧机油；如果机油平面过高，说明发动机严重窜气或漏水。

③ 检查发动机冷却液。现代汽车发动机常年使用防冻液作为发动机冷却液，如果冷却液已变成水，首先要向车主了解其原因，并分析汽车可能有的毛病，如事故、发动机温度高、发动机漏水、发动机内烧水等；如果冷却液内有油污，一般可认为气缸垫处漏气；如果冷却液混浊，要向车主询问原因，并特别注意发动机温度。

④ 检查蓄电池。现代蓄电池一般均为免维护蓄电池，仍以铅酸蓄电池为主，其寿命一般为两年多一点。蓄电池两接线柱应没有大量白色粉末（硫酸盐）附贴在上面，蓄电池液面高度应一致并在规定的上下限之间，如果有所有格液面过低的现象，一般为发动机充电电流过大。液面经常处于过低状态，将大大降低蓄电池的寿命；如果有个别格液面过低，一般为个别格漏液。从蓄电池托盘上能够观察到漏液的痕迹。

⑤ 检查发动机主要附件是否完好。注意观察发电机、起动机、分电器、化油器、空调压缩机及转向助力泵等外观是否正常，是否有漏油、漏水、漏气及漏电现象，是否有松动现象等。

4）检查车厢内部

① 检查内饰的新旧程度，橡胶件和塑料件的老化程度。

② 检查车厢底板是否有严重的潮湿和锈蚀现象，如果有说明汽车密封有问题，有漏水现象。

③ 检查各电器设备是否完好，各开关、仪表工作是否正常。

④ 检查各操纵控制机构是否完好、转向自由行程是否在正常的范围，离合器踏板、制动踏板的自由行程和工作行程是否正常，加速踏板是否灵活自如、行程是否合适，变速杆行程和自由度是否正常，驻车制动器的行程是否正常。

5）检查行李箱。主要检查行李箱内的密封性，尾部出过重大事故的汽车，往往存在行李箱漏水、严重漏灰现象。

6）检查汽车底部。将汽车置于举升机上或地沟上。

① 检查车底部是否有漏水、漏油及漏气情况。

② 检查车底部车身、车架是否有非制造上的焊接痕迹，是否严重变形。

③ 检查车底部各运动副的磨损程度和间隙是否在正常的范围，是否有裂纹、塑性变形等疲劳损伤现象。

④ 检查车底部各紧固件是否有松动现象。

3. 常用量具检查

将汽车停置于水平地面上，根据国家标准 GB 7258—2012 规定：

1）汽车车体周正。车体外缘左右对称部位高度差不得大于 40mm。首先目测检查，如发现有严重的横向或纵向歪斜等现象，再用高度尺（或钢卷尺）检测是否超过规定值。如果接近或超过规定值，同时检查车架和车身是否变形，悬架是否断裂或塑性变形，轮胎搭配及气压是否正常。

汽车歪斜会引起安全性下降、操纵稳定性下降、行驶跑偏、轮胎磨损加剧。

2）轮胎

① 轮胎的磨损。轿车、摩托车及轻便摩托车轮胎胎冠上花纹深度不得小于 1.6mm，其他机动车转向轮的胎冠花纹深度不得小于 3.2mm；其余轮胎胎冠花纹深度不得小于 1.6mm。

② 轮胎胎面不得因局部磨损而暴露出轮胎帘布层。

③ 轮胎的胎面和胎壁上不得有长度超过 25mm 或深度足以暴露出轮胎帘布层的破裂和割伤。

④ 同一轴上的轮胎型号和花纹应相同，轮胎型号应符合机动车出厂时的规定。

⑤ 机动车转向轮不得装用翻新的轮胎。

⑥ 机动车所装用的轮胎应与其最大设计车速相适应。

⑦ 轮胎负荷不应超过该轮胎的额定负荷，用轮胎气压表检查轮胎气压，轮胎的充气压力应符合该轮胎承受负荷时规定的压力。

3）车轮总成的横向摆动量和径向跳动量。将汽车举起，使用百分表，依次检查各车轮的横向摆动量和径向跳动量。总质量小于或等于 4.5t 的汽车不得大于 5mm，其他车辆不得大于 8mm。

二、汽车技术状况的动态检查

汽车的动态检查是指汽车在工作状态下的检查。通过汽车在各种工况，如发动机起动、怠速，汽车起步、加速、匀速、滑行、制动减速、紧急制动，从低速档到高速档，检查汽车的操纵性能、加速性能、滑行性能、安全性能、噪声和排放情况，借以鉴定汽车的技术状况。

1. 无负荷时的工况检查

（1）检查起动性　检查发动机起动是否容易，起动机是否良好。

（2）无负荷时的工况检查

1）发动机起动后使其怠速运转，打开发动机盖，听发动机有无异响、噪声大小，观察发动机工作是否平稳。

2）检查急加速性。待发动机达到正常工作温度后，用手拨动节气门，从怠速到急加速，观察发动机的急加速性能，然后迅速松开节气门，观察发动机怠速是否熄火或工作不稳。

3）检查发动机是否窜气。常用打开加机油口盖观察发动机窜气量，发动机工况良好的汽车用肉眼观察应无明显的油气。

4）检查排气颜色。正常的汽油发动机排出气体是无色的，在严寒的冬季可见白色的水气；柴油发动机带负荷运转时，发动机排出气体一般是灰色的，负荷加重时，排气颜色会深一些。无论汽油发动机还是柴油发动机，如果排气颜色发蓝色，说明机油窜入燃烧室。若机油油面不高，最常见的是气缸与活塞密封出现问题，即活塞、活塞环因磨损与气缸的间隙过大。无论汽油发动机还是柴油发动机，如果排气管冒黑烟，说明混合气过浓，汽油发动机点火时刻过迟等。

2. 路试检查

汽车路试速度一般在20km/h左右。通过一定里程的路试检查汽车的工况。

（1）检查离合器　正常的离合器应该是接合平稳，分离彻底，工作时不得有异响、抖动和不正常打滑现象。

踏板自由行程应符合汽车技术条件的有关规定。自由行程过小，一般说明离合器摩擦片磨损严重。

踏板力应与该型号汽车的踏板力相适应，各种汽车的踏板力应不大于300N。

（2）检查制动性能

1）行车制动。汽车起步后，先点一下制动踏板检查是否有制动；将车加速至20km/h做一次紧急制动，检查制动是否可靠，有无跑偏、甩尾现象；再将车加速至50km/h，先用点制动的方法检查汽车是否立即减速、是否跑偏，再用紧急制动的方法检查制动距离和跑偏量。应符合GB 7258—2012标准，见表4-2。

2）驻车制动。驻车制动力、施加于驻车制动操纵装置上的力、操纵装置的储备行程均应符合GB 7258—2012标准要求。

（3）检查转向操纵性能　选择宽敞的路面，左右转动转向盘，检查转向是否灵活、轻便，是否有正常的回正力矩，是否行驶跑偏，高速行驶时方向是否抖动。

表 4-2 制动距离和制动稳定性要求

车辆类型	制动初速度/(km/h)	满载检验制动距离要求/m	空载检验制动距离要求/m	制动稳定性要求车辆任何部位不得超出的试车道宽度/m
座位数≤9 的载客汽车	50	≤20	≤19	2.5
其他总质量≤3.5t 的汽车	50	≤22	≤21	2.5
3.5t＜总质量≤4.5t 的汽车	50	≤22	≤21	3.0
其他汽车、汽车列车及无轨电车	30	≤10	≤9	3.0

(4) 检查变速器　从起步档加速到高速档，再由高速档减至低速档，检查变速器换档是否轻便灵活、是否有异响，互锁和自锁装置是否有效、是否有乱档现象，加减车速是否有跳档现象，同时，换档时变速杆不得与其他部件干涉。

自动变速器的汽车在平坦的路面上起步一般不要踩加速踏板，如果需要踩加速踏板才能起步，说明自动变速器保养不好，或已到保修里程；检查自动变速器是否有换档迟滞现象。自动变速器的汽车换档时应无明显的感觉，如果感觉汽车在加减速时有明显的发“冲”现象，说明自动变速器保养不好，或已到大修里程。

(5) 检查传动系统间隙　将汽车加速至 40～60km/h 迅速抬起加速踏板，检查有无明显的金属撞击声，如果有说明传动间隙大。

(6) 检查汽车动力性　通过道路试验分析汽车动力性能，其结果接近于实际情况。汽车动力性在道路试验中的检测项目一般有高档加速时间、起步加速时间、最高车速、陡坡爬坡车速和长坡爬坡车速。有时为了评价汽车的拖挂能力，还进行汽车牵引力检测。另外，有时为了分析汽车动力的平衡问题，采用高速滑行试验测定滚动阻力系数和空气阻力系数，但由于道路试验受到道路条件、风向、风速和驾驶技术等因素的影响，而且这些因素可控性差，同时还需要按规定条件选用和建造专门的道路等。

小客车动力性能最常见的指标是从静止状态加速至 100km/h 所需的时间 t(s) 和最高车速，其中前者是最具意义的动力性能指标和国际流行的小客车动力性能指标。

汽车起步后，加速行驶，猛踩加速踏板，检查汽车的加速性能。各种汽车设计时的加速性能不尽相同，就轿车而言，一般发动机排量越大，加速性能就越好。有经验的汽车评估人员，能够了解各种常见车型的加速性能，通过路试能够检查出被检汽车的加速性能与正常的该型号汽车加速性能的差距。

检查汽车的爬坡性能，检查汽车在相应的坡道上，使用相应的档位时的动力性能，是否与经验值相近，感觉是否正常。

检查汽车是否能够达到原设计车速，如果达不到，估计一下差距大小。

(7) 检查转动系统与行驶系统的动平衡　汽车在任何车速下都不应抖动，如果汽车在某一车速范围内抖动，说明汽车的转动系统或行驶系统动平衡有问题，应检查轮胎、传动轴和悬架等。

(8) 检查传动效率 在平坦的路面上，进行汽车滑行试验。将汽车加速至50km/h左右，空档滑行。根据经验，通过滑行距离可以判断汽车的传动效率。

3. 路试后的检查

(1) 检查各部件温度 检查冷却液、制动毂、轮毂等的温度是否正常。

(2) 检查“四漏”现象

1) 在发动机运转及停车时，散热器、水泵、缸体、缸盖、暖风装置及所有连接部位均不应有明显渗漏水现象。

2) 机动车连续行驶距离不小于10km，停车5min后观察不得有明显渗漏油现象。

3) 检查汽车的气、电泄漏现象。

三、汽车技术状况的仪器检查

汽车技术状况的仪器检查在汽车评估中主要用于对被评估汽车用动态检查性能把握不准和不熟悉，并且对评估准确性要求较高，常用于较高档的冷僻车型和司法评估。

汽车技术状况的仪器检查种类繁多，这里是指汽车综合性能检测，而汽车综合性能检测主要包括汽车的动力性、经济性、安全性、可靠性和排气污染物等的检测和评价。现在我国汽车综合性能检测主要是通过在全国的汽车综合性能检测站进行的，汽车综合性能检测站对汽车上述性能检测的指标和方法如下：

1. 汽车动力性检测

汽车动力性检测主要用于对被评估汽车车型不熟悉，对其动力性无经验，而动力性指标对评估值影响又较大，评估准确性要求较高，常用于较高档的冷僻车型。

汽车动力性台架试验的方式，主要是用无外载测功仪检测发动机功率，底盘测功机检测汽车的最大输出功率、最高车速和加速能力。室内台架试验不受气候、驾驶技术等客观条件的影响，只受测试仪本身测试精度的影响，测试条件易于控制，汽车检测站广泛采用汽车动力性台架试验方式。为了取得精确的测量结果，底盘测功机的生产厂家，应在说明书中给出该型号底盘测功机在测试过程中本身随转速变化机械摩擦所消耗的功率，对风冷式测功机还需给出冷却风扇随转速变化所消耗的功率。另外，由于底盘测功机的结构不同，对汽车在滚筒上模拟道路行驶时的滚动阻力也不同，在说明书中还应给出不同尺寸的车轮在不同转速下的滚动阻力系数值。

(1) 汽车底盘输出功率的检测方法 通过底盘测功机检测车辆的最大底盘驱动功率，用以评定车辆的技术状况等级。

1) 在动力性检测之前，必须按汽车底盘测功机说明书的规定进行试验前的准备。台架举升机应处于升状态，无举升器者滚筒必须锁定；车轮轮胎表面不得夹有小石子或坚硬物。

2）汽车底盘测功机控制系统、道路模拟系统、引导系统和安全保障系统等必须工作正常。

3）在动力性检测过程中，控制方式处于恒速控制，当车速达到设定车速（误差 ±2km/h）并稳定5s后（时间过短，检测结果重复性较差），计算机方可读取车速与驱动力数值，并计算出底盘输出功率。

4）输出检测结果。

（2）发动机功率的检测方法　用发动机无外载检测仪检测发动机功率，使用方便，检测快捷，在规范操作的前提下，可对发动机动力性检测与管理提供有效依据。还可以用于同一发动机调试前后的功率对比，因此也得到广泛使用。

1）起动发动机并预热至正常状态，与此同时接通无外载测功仪电源，连接传感器。

2）按仪器使用说明书进行操作。

3）从测功机上读取（或算出）发动机的输出功率。

（3）数据处理

1）检测的数据处理。目前底盘测功机显示的数值，有的是功率吸收装置的吸收功率的数值，有的则是驱动轮输出的最大底盘输出功率的数值。对于显示功率吸收装置所吸收功率数值的，在检测结果的数据处理时，必须增加汽车在滚筒上滚动阻力消耗的功率、台架机械阻力的功率及风冷式功率吸收装置的风扇所消耗的功率，其计算公式为

汽车底盘最大输出功率 DP_{max} = 功率吸收装置所消耗的功率 + 滚动阻力所消耗的功率 + 台架机械阻力所消耗的功率 + 风冷式功率吸收装置冷却风扇所消耗的功率　　(4-1)

2）检测发动机最大输出功率的数据处理。依据 JT/T 198—2004《营运车辆技术等级划分和评定要求》的规定，所测发动机最大输出功率应与发动机的额定功率相比较。为此，发动机最大输出功率的计算公式应为

发动机最大输出功率 P_{max} = 附件消耗功率 P_1 + 传动系统消耗功率 P_2 + 底盘最大输出功率 DP_{max}　　(4-2)

所以，在测得底盘最大输出功率之后，应增加附件消耗功率 P_1 及传动系统消耗功率 P_2 才可确定发动机最大输出功率 P_{max}，若该汽车发动机额定功率为净功率，不包括发动机附件消耗功率 P_1，则处理后发动机最大输出功率 P_{max}应为

发动机最大输出功率 P_{max} = 传动系统消耗功率 P_2 + 底盘最大输出功率 DP_{max}　　(4-3)

用发动机无外载测功仪测得的发动机功率 P 为净功率，若该汽车发动机的额定功率为总功率，而不是净功率，则所测得的 P 应加上发动机附件消耗功率 P_1 后才可与额定功率相比较。

2. 汽车燃油经济性检测

汽车燃油经济性的评价，一般是通过燃油消耗量试验来确定的，它是用以评价在用汽车技术状况与维修质量的综合性参数，也是诊断和分析汽车故障的重要参考。检测汽车燃油消耗量常通过燃油消耗检测仪测定燃油消耗量的容积或质量来表示。在汽车检测站通过汽车道路试验，更多的是在底盘测功试验台上模拟路试来检测其燃油消耗量。

（1）汽车燃油经济性路试检测　汽车燃油消耗量与发动机类型、制造工艺、调整状况、道路条件、气候情况、海拔及驾驶技术等多种因素有关。因此其主要试验方法必须有完整的规范。根据 GB/T 12545.1—2008《乘用车燃料消耗量试验方法》及 GB/T 12545.2—2001《商用车燃料消耗量试验方法》规定，汽车在路试条件下燃料消耗量的试验方法如下：

1）试验规范。汽车路试的基本规范可按照 GB/T 12534—1990《汽车道路试验方法通则》。

2）试验汽车载荷。除有特殊规定外，轿车为规定载荷的一半（取整数）；城市客车为总质量的65%；其他汽车为满载，乘员质量及装载要求按 GB/T 12534—1990《汽车道路试验方法通则》规定。

3）试验仪器。试验仪器及精度要求如下：

① 车速测定仪和汽车燃油消耗仪：精度0.5%。

② 计时器：最小读数0.1s。

4）试验一般规定。

① 试验汽车必须清洁，关闭车窗和驾驶室通风口，只允许开动为驱动汽车所必需的设备。

② 由恒温器控制的空气流必须处于正常调整状态。

5）试验项目。

① 直接档全节气门加速燃料消耗量试验。

② 等速燃料消耗量试验。

③ 多工况燃料消耗量试验。

④ 限定条件下的平均使用燃料消耗量试验。

汽车检测站在进行路试时，一般以等速行驶燃料消耗量试验来检测汽车燃油消耗量，即汽车在常用档位（直接档）从车速 20km/h 开始（最低稳定车速高于 20km/h 时，从 30km/h 开始），以间隔 10km/h 的整数倍的各预选车速，通过 500m 的测量路段，测定燃油消耗量 Δ（mL）和通过时间 t（s），每种车速试验往返各进行两次，直到该档最高车速的90%以上（至少不少于5种预选车速）。两次试验时间间隔（包括达到预定车速所需的助跑时间）应尽量缩短，以保持稳定的热状态。

各平均实测车速 v 及相应的等速油耗量的平均值 Q_0 为

$$Q_0 = \Delta/500 = 0.2\Delta \ (\mathrm{l/100km}) \tag{4-4}$$

$$v = 3.6 \times 500/t \tag{4-5}$$

上式中 t、Δ 是预选车速下的平均值。算出 Q_0 后应校正为标准状态下的 Q_C。标准状态指：大气温度 20℃；大气压力 100kPa；汽油密度 0.742g/mL。校正公式为

$$Q_C = Q_0/C_1C_2C_3(1/100\text{km}) \tag{4-6}$$

$$C_1 = 1 + 0.0025(20 - T)$$

$$C_2 = 1 + 0.0021(P - 100)$$

$$C_3 = 1 + 0.8(0.742 - \rho) \quad （汽油车）$$

$$C_3 = 1 + 0.8(0.830 - \rho) \quad （柴油车）$$

式中 C_1——环境温度校正系数；

C_2——大气压力校正系数；

C_3——燃油密度校正系数；

T——试验时的环境温度（℃）；

P——试验时的大气压力（kPa）；

ρ——试验时的燃油密度（g/mL）。

各种车速下油耗测试值对其平均值的相对误差不应超过 ±2.5%。

6）绘制等速燃油消耗量特性曲线。以车速为横坐标，燃油消耗量为纵坐标，绘制等速燃油消耗量散点图，根据散点绘制等速燃料消耗量的特性曲线，即 Q_C—v 曲线，如图 4-9 所示。

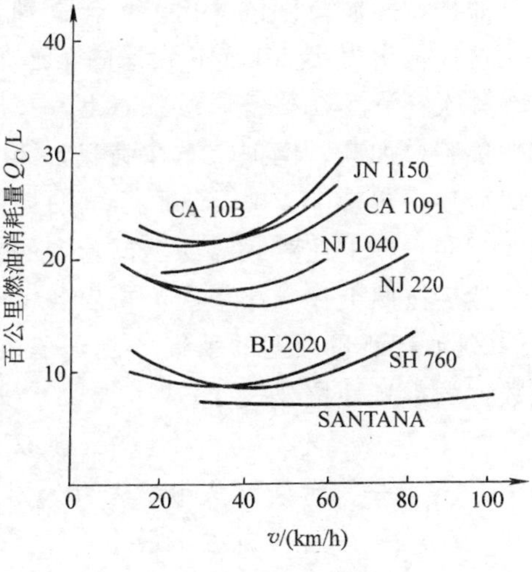

图 4-9 Q_C—v 曲线

（2）汽车燃油经济性台架检测 检测汽车燃油经济性，按照国标采用道路试验，但是道路试验的方法评价汽车燃油经济性受到种种条件限制，因此以整车在底盘测功试验台上按照国标模拟道路试验检测其燃油经济性。

1）检测油路的连接与排除油路中的空气。

2）台架检验方法。采用路试方法受到很多限制，按国标 GB/T 12545.1—2008《乘用车燃料消耗量试验方法》及 GB/T 12545.2—2001《商用车燃料消耗量试验方法》规定的要求评价汽车燃油经济性，便于汽车综合性能检测站开展技术评定工作，可通过台架试验方法来模拟道路试验，即在底盘测功机上模拟道路等速行驶油耗测试方法。模拟的基本原理如下：

① 台架试验中常见的两种检测油耗的方法。其一为质量法，即采用质量式油

耗传感器在底盘测功试验台上进行油耗检测；其二为容积法，即采用行星活塞油耗传感器在底盘测功试验台上进行油耗检测。当汽车驶上底盘测功试验台后拆卸燃油管路，接上油耗传感器，排除油路中的空气，然后在底盘测功试验台上进行加载，使加载量符合该车在路试状态下的各种阻力，然后进行油耗检测。

② 台架试验中模拟加载量的确定。按照中华人民共和国交通部行业标准 JT/T 198—2004《营运车技术等级划分和评定要求方法》规定，应测量汽车等速百公里燃油消耗量。根据国标 GB/T 12545.1—2008《乘用车燃油消耗量试验方法》、GB/T 12545.2—2001《商用车燃料消耗量试验方法》及 GB/T 12534—1990《汽车道路试验方法通则》规定，在限定条件下的平均使用燃油量试验的试验车速：建议轿车在(60±2)km/h，铰接客车在(35±2)km/h，其他采用(50±2)km/h，载荷按照不同车型加载至限定条件，测试距离应保证不少于500m。因为加载量是模拟汽车在道路上行驶时所受到的滚动阻力、空气阻力等行驶阻力。由于各个车型的实际情况不同（包括迎风面积、汽车总质量、汽车与地面接触的轮胎个数等），不同的车型在底盘测功试验台上应有不同的加载量。模拟加载量的确定方法是：

首先，汽车（走合过的新车或接近新车的在用车）在额定总质量状态下，以直接档从20km/h开始做油耗量试验。往返采样各三次，得出20km/h的该车平均等速油耗，然后每间隔10km/h一直到该车最高车速的90%，做与上述同样的试验。这样依次得出20km/h到最高车速90%的等速平均百公里油耗。

其次，汽车在整备质量状态下，在底盘测功试验台上也从20km/h开始对底盘测功试验台加载，模拟汽车在满载时20km/h状态下所受的外界阻力，直至加上某一载荷后得出20km/h等速百公里油耗值与车速为20km/h路试所得的平均百公里油耗相同，则上述对底盘测功试验台的加载量即为车速20km/h时的模拟加载量。

然后按照上述方法依次可得出各个车速下的加载量。

③ 油耗测量数据的采集。在汽车技术等级评定油耗检测的台架方法中，其油耗数据的重复性按公式

$$(Q_{1\max}-Q_{1\min})/Q_{AV}\leqslant 2\% \tag{4-7}$$

式中 $Q_{1\max}$——台架方法中最大百公里油耗；

$Q_{1\min}$——台架方法中最小百公里油耗；

Q_{AV}——平均油耗。

即每种车速工况必须测其3个数据，取均值且满足上式，则 Q_{AV} 定为该车检测到的实际百公里油耗。如果发现数据重复性达不到上述要求，必须排除仪器及发动机或底盘的有关故障后重新进行测量，然后以标准的 Q_{AV} 与厂方给出的百公里油耗 Q_0 比较：一级车 $Q_{AV}\leqslant Q_0$；二级车 $Q_0<Q_{AV}\leqslant 110\%Q_0$；三级车 $Q_{AV}>110\%Q_0$。

3. 汽车制动性检测

国家标准 GB 7258—2012《机动车运行安全技术条件》规定，台试检验制动性能应满足下列要求：

(1) 行车制动性能检验

1) 汽车、汽车列车、无轨电车和农用运输车在制动试验台上测出的制动力应符合表 4-3 的要求。对空载检验制动力有质疑时，可用表 4-3 规定的满载检验制动力要求进行检验。

表 4-3 台试检验制动力要求

车辆类型	制动力总和与整车重量的百分比(%)		轴制动力与轴荷的百分比(%)	
	空载	满载	前轴	后轴
汽车、汽车列车、无轨电车和四轮农用运输车	≥60	≥50	≥60①	—

① 空载和满载状态下测试均应满足此要求。

2) 检验时制动踏板力或制动气压应符合以下要求：

① 满载检验时。气压制动系统：气压表的指示气压≤额定工作气压；液压制动系统：踏板力，座位数小于或等于 9 的载客汽车≤500N；其他车辆≤700N。

② 空载检验时。气压制动系统：气压表的指示气压≤600kPa；液压制动系统：踏板力，座位数小于或等于 9 的载客汽车≤400N；其他汽车≤450N。

3) 制动力平衡要求。在制动力增长全过程中，同时测得的左右轮制动力差的最大值与全过程中测得的该轴左右轮中制动力大者之比对前轴不得大于 20%；对后轴在后轴制动力大于等于后轴轴荷的 60% 时不得大于 24%；当后轴制动力小于后轴轴荷的 60% 时，在制动力增长的全过程中同时测得的左右轮制动力差的最大值不得大于后轴轴荷的 8%。

4) 汽车和无轨电车的单车制动协调时间应不大于 0.6s，汽车列车的协调时间应不大于 0.8s。

5) 汽车和无轨电车车轮阻滞力要求：进行制动力检测时车辆各轮的阻滞力均不得大于该轴轴荷的 5%。

(2) 驻车制动性能检验 当采用制动试验台检验车辆（两轮、边三轮摩托车和轻便摩托车除外）驻车制动的制动力时，车辆空载，乘坐一名驾驶员，使用驻车制动装置，驻车制动力的总和应不小于该车在测试状态下整车重量的 20%；对总质量为整备质量 1.2 倍以下的车辆此值为 15%。

当车辆经台架检验后对其制动性能有质疑时，可用规定的路试检验进行复检，并以满载路试的检验结果为准。

(3) 台试制动性能检验方法

1) 用滚筒式制动试验台检验。制动试验台滚筒表面应干燥，没有松散物质及油污。驾驶员将车辆驶上滚筒，位置摆正，起动滚筒，使用制动，测取所要求的参数值，并记录车轮是否抱死。

在测量制动时，为了获得足够的附着力，避免车轮抱死，允许在车辆上增加足够的附加质量或施加相当于附加质量的作用力（附加质量或作用力不计入轴荷），可采取防止车辆移动的措施（如加三角垫块或采取牵引等方法）。

当采取上述方法之后，仍出现车轮抱死并在滚筒上打滑或整车随滚筒滚动向后移出的现象，而制动力仍未达到合格要求时，应改用本标准中规定的其他方法进行检验。

2）用平板制动试验台检验。制动试验台平板表面应干燥，没有松散物质及油污。

驾驶员以5～10km/h的速度将车辆对正平板台并驶上平板，置变速器于空档，急踩制动，使车辆停住，测取所要求的参数值。

（4）路试制动性能检验方法

1）路试检验制动性能应在平坦（坡度不应超过1%）、干燥和清洁的硬路面（轮胎与路面之间的附着系数不小于0.7）上进行。

2）在试验路面上画出制动稳定性要求相应宽度试车道的边线，被测车辆沿着试验车道的中线行驶至高于规定的初速度后，置变速器于空档，当滑行到规定的初速度时，急踩制动，使车辆停住。

3）应采用速度计、第五轮仪或用其他测试方法测量车辆的制动距离。

4）应采用速度计、制动减速度仪或用其他测试方法测量车辆充分发出的平均减速度（FMDD）。充分发出的平均减速度应在测得公式中相关参数后计算确定。

4. 汽车车轮侧滑检测

为保证汽车转向车轮做无横向滑移的直线滚动，要求车轮外倾角和车轮前束有适当的配合，当车轮前束值与车轮外倾角匹配不当时，车轮就在直线行驶时不做纯滚动，产生横向滑移现象。当这种滑移现象过于严重时，将破坏车轮的附着条件，丧失定向行驶能力，大大降低汽车行驶的安全性，并导致轮胎的异常磨损。侧向滑移量的大小与方向可用汽车车轮侧滑检验台来检测。

国家标准GB 7258—2012《机动车运行安全技术条件》规定：前轴采用非独立悬架的机动车转向轮的横向滑移量，用侧滑仪（包括双板和单板侧滑仪）检测时侧滑量值应不大于5m/km。

同时规定转向轮横向侧滑量检验方法：

1）将车辆对正侧滑试验台（对于单板式侧滑仪，将车辆的一侧车轮对正侧滑板），并使转向盘处于正中位置。

2）使车辆沿台板上的指示线以3～5km/h车速平稳前行，在行进过程中，不得转动转向盘。

转向轮通过台板时，测取横向侧滑量。

当检测结果不合格时，要分析不合格的原因。当偏差较小时，一般通过调整就可以排除这种现象；当偏差较大时，有时还需更换部分零部件，甚至还需校正车身才能排除这种现象。分析明确不合格原因后，估算排除不合格现象需多少费用。

5. 四轮定位检测

由于汽车行驶速度越来越高，汽车的操纵稳定性对汽车安全越来越重要。汽车不仅具有前轮定位参数要求，有些高速客车和轿车还具有后轮外倾角和后轮前束等参数。这些定位参数的变化会使汽车操纵稳定性下降，同时增加轮胎的异常磨损和某些零部件过早的疲劳损伤。

例如，主销后倾角过大时，转向沉重，驾驶员容易疲劳；主销后倾角过小时，汽车直线行驶时，容易产生前轮摆振，转向盘摇摆不定，转向自动回正能力下降；当左右车轮的主销后倾角不相等或前后桥不平行时，汽车会出现行驶跑偏现象，会大大降低汽车的操纵稳定性和增加驾驶员疲劳。

通过四轮定位仪对定位参数的检测合格，可增加汽车行驶时的安全性，增强操纵稳定性，减少轮胎磨损，减少悬架系统和行驶系统部分零部件的疲劳损伤，降低燃油消耗等。

四轮定位仪可检测的项目包括前轮前束值/角（前轮前束角/前张角）、前轮外倾角、主销后倾角、主销内倾角、后轮前束值/角（后轮前束角/前张角）、后轮外倾角、轮距、轴距、左右轴距差、转向20°时的前张角、推力角等。

因为各种汽车的四轮定位参数不尽相同，可调参数也不尽相同，所以在检测汽车四轮定位前必须先查阅被评估汽车生产厂的四轮定位参数标准，哪些参数是可调的，哪些参数是不可调的，一般可通过从维修手册或四轮定位仪内存中查阅。

专业的汽车评估人员在拿到四轮定位检测不合格的报告后，通常要会同被评估汽车的专业维修人员对不合格项目进行认真分析。四轮定位修理中，通常的修理方法包括调整、更换部分零部件和车身校正。有多种原因造成不合格的项目一般还需进行现场检验，根据现场检验结果，分析最大和最小可能产生的原因，拟定维修方案，确定被评估汽车恢复到四轮定位合格可能所需的费用范围。

6. 汽车前照灯检测

汽车前照灯是汽车在夜间或能见度较低的条件下，为驾驶员提供道路照明的重要设备，而且也是驾驶员发出警示信号以及进行联络的灯光信号装置。所以汽车前照灯必须有足够的发光强度和正确的照射方向，由于汽车在行驶的过程中会受到振动，可能引起前照灯部件的安装位置发生变动，从而改变光束的正确照射方向，同时，灯泡在使用过程中会逐渐老化，反射镜面也会受到污染而使其聚光的性能变差，导致前照灯的亮度不足。这些变化都会使驾驶员对前方道路情况辨认不清，或在与对面来车交会时造成对方驾驶员眩目等，从而导致事故的发生。因此，汽车前照灯的强度和照射方向被列为汽车安全检测的必检项目。

国家标准 GB 7258—2012《汽车运行安全技术条件》对汽车前照灯做出了如下规定：

（1）远光光束发光强度要求

汽车远光光束发光强度应达到表4-4的要求，测试时，电源系统应处于充电状态。

表 4-4 前照灯远光光束发光强度最小值要求 （单位：cd）

检查项目 / 车辆类型	新注册车		在用车	
	两灯制	四灯制	两灯制	四灯制
汽车、无轨电车	18000	15000	15000	12000

新标准比2004年标准提高了3000cd，这也是造成老旧车灯光检验不合格的主要原因，只有更换符合现行标准的远光灯。

（2）光束照射位置要求

1）检验前照灯近光光束照射位置时，前照灯照射在距离10m的屏幕上，乘用车前照灯近光光束明暗截止线转角或中点的高度应为0.7H～0.9H（H为前照灯基准中心高度，下同），其他机动车（拖拉机运输机组除外）应为0.6H～0.8H。机动车（装用一只前照灯的机动车除外）前照灯近光光束水平方向位置向左偏应小于等于170mm，向右偏应小于等于350mm。

2）检验前照灯远光照射位置时，对于能单独调整远光光束的前照灯，前照灯照射在距离10m的屏幕上时，要求在屏幕光束中心离地高度，对乘用车为0.85H～0.95H（但不得低于前照灯近光光束明暗截止线转角或中点的高度），对其他机动车为0.8H～0.95H。机动车（装用一只前照灯的机动车除外）前照灯远光光束水平位置要求，左灯向左偏应小于等于170mm，向右偏应小于等于350mm，右灯向左或向右偏均应小于等于350mm。

与2004年标准相比，新标准进行了精细化调整，老旧车通常通过灯光调节螺钉可以调整到符合现行标准的要求。

7. 汽车排气污染物检测

随着汽车保有量的急剧增加，汽车排气污染物造成的环境污染问题日趋严重。所以对汽车排气污染物监控与防治已成为政府及环保部门对汽车管理的一项重要工作。

汽车排放污染物主要有HC、NO_x、CO、PM（微粒）等，它们主要通过汽车排气管排放，此外将近45%的HC和极少量的其他污染物质则由曲轴箱和燃油系统排放。

在上述汽车排放污染物中，CO是燃油不完全燃烧的产物，对人的健康危害较大。HC主要是燃油蒸发及不完全燃烧的产物，由200多种不同的成分构成，含有致癌物质。NO_x是在燃烧室高温高压条件下，由氮和氧化合而成，排放到大气后变成NO_2，其毒性很强，对人及植物生长均有不良影响，是形成酸雨及光化学烟雾的主要物质之一。PM主要成分是炭烟，上面附有大量化学物质，包含致癌物质，吸入人体后会在肺部长期停留。

随着汽车数量的增加，汽车排放污染物对环境造成的危害日益严重，因此世界各国和地区都先后制定了限制汽车废气排放的限量值。

我国现行的汽车排放国家标准分为在用车和新车两部分。在用车只要在规定的使用年限（初次登记时的规定）符合初次登记时的排放要求，在法律上就不得设置使用障碍，只是在环境污染严重的地区设置了二手车流入限制。新车按新车登记时的国家标准和地方标准执行。

欧盟组织（EU）制定的欧洲标准是大多数国家和地区执行的参照标准，见表4-5、表4-6。

表 4-5 欧洲商用汽车废气排放标准（仅供参考）

标准类别	欧洲Ⅰ号标准	欧洲Ⅱ号标准	欧洲Ⅲ号标准	欧洲Ⅳ号标准
实施时间	1995年底前	1995～2000年	2000～2005年	2005年底起
HC(%)	1.1	1.1	0.66	0.46
CO(%)	4.5	4	2.1	1.5
NO_x(%)	8	7	5	3.5
PM(%)	0.36	0.15	0.1	0.02

表 4-6 欧洲柴油汽车废气排放标准(仅供参考)

标准类别	欧洲Ⅰ号标准	欧洲Ⅱ号标准	欧洲Ⅲ号标准	欧洲Ⅳ号标准
实施时间	1995年底前	1995～2000年	2000～2005年	2005年底起
HC + NO_x(%)	1.36	0.9	0.56	0.3
CO(%)	2.72	1.0	0.64	0.5
PM(%)	0.196	0.1	0.05	0.025

原国经贸资源[2000]1202号中第三条规定,车辆达到报废年限需继续使用的,必须依据国家机动车安全、污染物排放有关规定进行严格检验,检验合格后可延长使用年限。第四条规定对延长使用年限的车辆,应当按照公安交通管理部门和环境保护部门的规定,增加检验次数。一个检验周期内连续三次检验不符合要求的,应注销登记,不允许再上路行驶。作者认为,对于经过反复调整和一般性修理后仍无法达到排气污染物检验合格标准的汽车应就地报废,公安交通管理部门应立即办理注销手续。

第三节 旧汽车评估方法的选择与成新率的确定

一、旧汽车评估方法的选择

在第二章资产评估基本原理中我们介绍了评估的四种基本方法,即现行市价法、重置成本法、收益现值法和清算价格法。这些方法各有各的特点,同时这些方法又是相互关联的。评估方法的多样性,为鉴定估价人员提供了选择适当的评估途径和合适的评估方法,有利于简捷、准确地确定被评估对象的价值。各种方法选择使用的条件如下：

1)现行市价法是汽车评估优先考虑采用的评估方法，它符合市场经济规律，评估结果易于被各方面理解和接受。但需要有一个成熟的、健康的、完全市场经济环境的市场，并且要有大量的同质标的。由于我国经济发展极不平衡，各地市场发育差异很大，品牌与车型又是世界之最，加之互联网 + 的渗入，二手车市场可以说是乱象丛生，现行市价法也只能在一定的区域和品牌车型上使用。

2)重置成本法是汽车评估经常采用的评估方法，其收集资料信息便捷、操作简单易行，评估理论贴近旧汽车的实际，在现行市价法条件不具备的情况下，是一种容易被接受的评估方法。但经济性贬值不易准确计算。

3)收益现值法只在少数营业性运输车辆评估上使用。

4)清算价格法只在少数破产、抵押、急于变现等车辆评估上使用。

二、成新率确定

旧汽车成新率的确定通常有使用年限法和综合分析法。

1. 使用年限法

使用年限法采用的计算公式：

(1)等速折旧法

$$G_n = \left(1 - \frac{Y}{G}\right) \times 100\% \tag{4-8}$$

(2) 加速折旧法

1) 年份数求和法：$$C_n = \left[1 - \frac{2}{G(G+1)}\sum_{n=1}^{Y}(G+1-n)\right] \times 100\% \tag{4-9}$$

2) 双倍余额递减法：$$C_n = \left[1 - \frac{2}{G}\sum_{n=1}^{Y}\left(1 - \frac{2}{G}\right)^{n-1}\right] \times 100\%$$

$$= \left(1 - \frac{2}{G}\right)^{Y} \times 100\% \tag{4-10}$$

式中 C_n——使用年限成新率；

G——规定使用年限；

Y——已使用年限。

(3) 汽车规定使用年限 我国从 1997 年出台了《汽车报废标准》，1998 年 7 月 7 日原国经贸经［1998］407 号文《关于调整轻型载货汽车报废标准的通知》，2000 年原国经贸资源［2000］1202 号《关于调整汽车报废标准若干规定的通知》。上述报废标准是我国现行汽车使用年限规定的法规。汽车有三种使用年限规定，即 8 年（常见的有出租车）、10 年和 15 年［9 座（含 9 座）以下非营运载客汽车（包括轿车、含越野型）］。

2013 年 5 月 1 日施行的《机动车强制报废标准规定》，是我国现行汽车使用年限及里程的极限规定，见表 4-7。

作为主要被评估对象的非营运小型客车不再强制报废，然而，汽车的检验规定没变，检验标准并没有下降。超过 15 年的，每 6 个月检验 1 次，所谓没有设定强制报废年限，只是为了配合物权法的一个技术处理。随着大气质量的下降，更加严格的环保标准只会让 15 年以上的车基本不可能通过环保检测。从市场的反应来看，汽车的实际使用年限也在 10 ~ 15 年之间。由于国家鼓励老旧车辆更新，并给予一定的补贴，造成旧汽车中的无形价值提升，旧汽车的价格走势最接近于加速折旧法中的双倍余额法。对于非营运乘用车，15 年的使用年限作为评估参数更符合实际情况。

（4）已使用年限　使用年限是代表汽车运行量和工作量的一种计量方法，这种计量是以汽车正常使用为前提的，包括正常的使用时间和使用强度。对于汽车这种商品来说，它的经济使用寿命指标有规定使用年限，同时也以行驶里程数作为运行量的计量单位。从理论上讲，综合考虑已使用年限和行驶里程数要符合实际一些，即汽车的已使用年限应采用折算年限，即

$$折算年限=\frac{总的累计行驶里程}{年平均行驶里程} \tag{4-11}$$

表 4-7　主要汽车强制报废一览表

车辆类型与用途					使用年限/年	行驶里程参考值/万 km
汽车	载客	营运	出租客运	小、微型	8	60
				中型	10	50
				大型	12	60
			租赁		15	60
			教练	小型	10	50
				中型	12	50
				大型	15	60
			公交客运		13	40
			其他	小、微型	10	60
				中型	15	50
				大型	15	80
			专用校车		15	40
		非营运	小、微型客车、大型轿车		无	60
			中型客车		20	50
			大型客车		20	60

这种使用年限表示方法既反映了汽车的使用情况（即管理水平、使用水平、

维护保养水平）、使用强度，又包括了运行条件和某些停驶时间较长的汽车的自然损耗。但在实践操作中，很难找到总的累计行驶里程和年平均行驶里程这一组数据，所以已使用年限只能取汽车从新车在公安交通管理机关注册登记之日起至评估基准日的年数，在估算成新率时，一定要有使用年限的概念。在汽车评估实务中的实际计算中，通常在使用等速折旧时，将已使用年限和规定使用年限换算成月数；在使用加速折旧时，已使用年限和规定使用年限按年数计算，不足一年部分按十二分之几折算。如三年九个月，前三年按年计算，后九个月按第四年折旧的十二分之九计算。汽车评估实务中通常不计算不足一个月的天数折旧。

最近几年我国各类汽车年平均行驶里程见表4-8：

表4-8 我国各类汽车年平均行驶里程

汽车类别	年平均行驶里程/万 km
微型、轻型货车	3~5
中型、重型货车	6~10
私家车	1~3
行政、商务用车	3~6
出租车	10~15
租赁车	5~8
旅游车	6~10
中、低档长途客运车	8~12
高档长途客运车	15~25

汽车按年限折旧不宜采用等速折旧法，宜采取加速折旧的方法。采用等速折旧法时从理论上讲往往未考虑经济性贬值，而造成新车和准新车评估值偏高，而使报废车评估值偏低，因此在用直线法计算成新率时往往要考虑市场波动系数。表4-9所示为正常使用5年内的轿车变现系数。

表4-9 正常使用5年内的轿车变现系数（仅供参考）

已使用时间/月	1~6	7~12	13~18	19~24	25~30	31~36	37~42	43~48	49~54	55~60
变现系数	0.80	0.84	0.86	0.88	0.90	0.92	0.94	0.96	0.98	1.00

旧汽车市场上的旧汽车市场价格也呈加速折旧的态势，见表4-10。作者认为，25万元以上的汽车采用年份数求和法较好，25万元以下的汽车采用双倍余额递减法较好。

表中叁倍余额法是目前西方发达国家的旧汽车市场价格走势，从中可以看到：

1）西方旧汽车比我国现阶段要便宜得多。

2）我国旧汽车成交比例远低于西方发达国家的最主要原因还是价格贵，价格贵的原因其实还是我国的总体经济发展水平比较落后。我国还是发展中国家，汽车占国民的财富比例是偏高，这也从另一个方面说明，随着国民收入的提高，旧汽车市场未来潜力巨大。

表 4-10 汽车年限成新率 （单位：%）

年限	使用年限 15 年			使用年限 10 年			使用年限 8 年		
	年数求和法	双倍余额法	叁倍余额法	年数求和法	双倍余额法	叁倍余额法	年数求和法	双倍余额法	叁倍余额法
1	87.50	86.67	80.00	81.82	80.00	70.00	77.78	75.00	62.50
2	75.83	75.11	64.00	65.46	64.00	49.00	58.34	56.25	39.06
3	65.00	65.10	51.20	50.91	51.20	34.30	41.67	42.19	24.41
4	55.00	56.42	40.96	38.18	40.96	24.01	27.78	31.64	15.26
5	45.83	48.90	32.77	27.27	32.77	16.81	16.67	23.73	9.54
6	37.50	44.25	26.21	18.18	26.21	11.76	8.34	17.80	5.96
7	30.00	39.35	21.97	10.91	21.97	8.24	2.78	13.35	3.73
8	23.33	35.11	16.78	5.46	16.78	5.76			
9	17.50	31.43	13.42	1.82	13.42	4.04			
10	12.50	28.24	10.74						
11	8.33	25.48	8.59						
12	5.00	23.09	6.87						
13	2.50	21.01	5.50						
14	0.83	19.21	4.40						

例：某马自达 5MPV 车，初次登记年月是 2010 年 7 月，评估基准时是 2015 年 7 月，请分别用等速折旧法、加速折旧法中的年份数求和法与双倍余额递减法计算成新率。

解：1）等速折旧法：$C_d = \left(1 - \frac{Y}{G}\right) \times 100\% = \left(1 - \frac{5}{15}\right) \times 100\% = 66.7\%$

2）年份数求和法：

$$C_f = \left[1 - \frac{2}{G(G+1)}\sum_{n=1}^{Y}(G+1-n)\right] \times 100\%$$

$$= \left[1 - \frac{2}{15(15+1)}\sum_{n=1}^{Y}(15+1-n)\right] \times 100\%$$

$$= \left\{1 - \frac{2}{15(15+1)}[(15+1-1)+(15+1-2)+(15+1-3)+(15+1-4)+(15+1-5)]\right\} \times 100\%$$

$$= 45.8\%$$

3）双倍余额递减法：

$$C_s = \left[1 - \frac{2}{G}\sum_{n=1}^{Y}\left(1 - \frac{2}{G}\right)^{n-1}\right] \times 100\%$$

$$= \left[1 - \frac{2}{15}\sum_{n=1}^{5}\left(1 - \frac{2}{15}\right)^{n-1}\right] \times 100\%$$

$$= \left\{1 - \frac{2}{15}\left[\left(1-\frac{2}{15}\right)^{1-1} + \left(1-\frac{2}{15}\right)^{2-1} + \left(1-\frac{2}{15}\right)^{3-1} + \left(1-\frac{2}{15}\right)^{4-1} + \left(1-\frac{2}{15}\right)^{5-1}\right]\right\} \times 100\%$$

$$= 48.9\%$$

2. 综合分析法

综合分析法是以使用年限法为基础，再综合考虑到影响旧汽车价值的多种因素，以系数调整确定成新率的一种方法，其计算公式为

$$C = C_n J_t \tag{4-12}$$

式中 C——成新率；

C_n——使用年限成新率；

J_t——鉴定调整系数。

鉴定调整系数作者推荐采用表4-11中的系数。

表4-11 鉴定调整系数

<table>
<tr><th>影响因素</th><th colspan="2">状 况</th><th colspan="2">调 整 系 数</th><th>权重(%)</th></tr>
<tr><td rowspan="3">技术状况</td><td colspan="2">优质车</td><td colspan="2">1.1</td><td rowspan="3">30</td></tr>
<tr><td colspan="2">一般车</td><td colspan="2">1.0</td></tr>
<tr><td colspan="2">较差车</td><td colspan="2">0.8</td></tr>
<tr><td rowspan="2">重大事故</td><td colspan="2">无</td><td colspan="2">1.0</td><td rowspan="2">25</td></tr>
<tr><td colspan="2">有</td><td colspan="2">0.5</td></tr>
<tr><td rowspan="5">需要修理情况</td><td colspan="2">不需要</td><td colspan="2">1.0</td><td rowspan="5">20</td></tr>
<tr><td rowspan="4">需要修理费占</td><td>重置成本0.5%以下</td><td colspan="2">0.9</td></tr>
<tr><td>重置成本0.5%～2%</td><td colspan="2">0.7</td></tr>
<tr><td>重置成本2%～5%</td><td colspan="2">0.5</td></tr>
<tr><td>重置成本5%以上</td><td colspan="2">0.2</td></tr>
<tr><td rowspan="5">品牌地域</td><td>大贸进口车</td><td>地域系数</td><td>1.0</td><td>0.9～1.1</td><td rowspan="5">15</td></tr>
<tr><td>走私罚没车</td><td>地域系数</td><td>0.7</td><td>0.8～1.0</td></tr>
<tr><td>合资名牌车</td><td>地域系数</td><td>1.1</td><td>0.8～1.2</td></tr>
<tr><td>国产名牌</td><td>地域系数</td><td>1.0</td><td>0.7～1.2</td></tr>
<tr><td>国产非名牌</td><td>地域系数</td><td>0.7</td><td>0.7～1.0</td></tr>
<tr><td rowspan="3">使用强度</td><td colspan="2">平均年行驶里程3万km以下</td><td colspan="2">1.0</td><td rowspan="3">10</td></tr>
<tr><td colspan="2">平均年行驶里程3万～5万km</td><td colspan="2">0.8</td></tr>
<tr><td colspan="2">平均年行驶里程5万km以上</td><td colspan="2">0.5</td></tr>
</table>

旧汽车成新率的影响因素和鉴定调整系数说明如下：

（1）汽车技术状况调整系数 J_z　汽车技术状况是汽车品质的最根本因素，用汽车技术等级来评定汽车的技术状况是最为科学和合理的。通常将汽车技术等级分为三档，然后取调整系数来修正汽车的成新率，技术状况调整系数取值范围为0.8～1.1。

（2）重大事故调整系数 S_g　重大事故通常是指汽车因碰撞、倾覆造成汽车主要结构件的严重损伤，尤其以承载式汽车的车身件为代表，汽车发生过重大事故后，往往存在严重的质量缺陷，并且不易修复。在汽车交易实务中，往往对汽车的交易价格形成重大影响，同时也是旧汽车鉴定评估人员必须非常重视的工作。将重大事故系数设定为1和0.5是统计数据的总结。

对于旧汽车，小碰擦事故以及未对车身造成结构性损伤的事故车，笔者不主张对小碰擦事故车进行明显的价格调整，对于车表面任何一处的损伤进行扣分式（《二手车鉴定评估技术规范》推荐标准）的评价，有待商榷。

（3）需要修理情况调整系数 X_1　旧汽车需要进行项目修理或换件的，或需进行大修的，对旧汽车的交易价格构成重要影响，用需要修理费占重置成本的比例来衡量需要修理的程度是较为合理和实际的，修理费的评定法采用评估基准的修理市价。重置成本按本章第六节中的方法计算。需要修理情况系数范围为0.2～1。

（4）品牌地域调整系数 P_p　汽车品牌对旧汽车的市场价格也有着重要影响，国家大贸进口的汽车往往质量稳定可靠，售后服务及配件供应有保障，购车者对这类车容易接受。走私罚没汽车往往质量不稳定，售后服务及配件供应没有保障，购旧汽车者风险较大，购车者对这类汽车不容易接受。合资名牌汽车往往质量稳定可靠，售后服务及配件供应有保障，且通常配件价格较大贸进口的汽车合理，旧汽车市场这类汽车较为热销。合资非名牌车往往售后服务及配件供应没有保障，通常配件价格较贵，购旧汽车者有一定的风险，这类旧汽车往往不好销。国产名牌汽车由于质量较稳定，售后服务及配件供应有保障，并且维修价格低廉，购车者对这类车容易接受。国产非名牌汽车由于质量较差，售后服务及配件供应没有保障，虽然时常价格低廉，但大多数旧汽车的购买者不愿问津。

在我国汽车市场上一些品牌有着明显的地域性。如上海大众系列车在华东、西北市场比较走俏，旧汽车市场价格也高于其他品牌的同类型车，而一汽大众捷达车在华北、东北、华南市场比较走俏，旧汽车市场价格也高于其他品牌的同类型车。出于这方面因素的考虑，作者又设定了品牌地域系数。

（5）使用强度调整系数 Y_q　随着我国公路条件的大幅度改善，汽车的使用强度主要来自于行驶里程，我们把汽车的使用强度按行驶里程划分为三档，同时也就兼顾了汽车的使用性质。汽车行驶里程可通过里程表读取，对于里程表的数值要结合汽车的使用性质加以认证，对于里程表读数有质疑的，汽车鉴定评估人员可根据车况，结合经验加以认定。使用强度调整系数范围为0.5～1。

$$J_t = J_z \times 30\% + S_g \times 25\% + X_1 \times 20\% + P_p \times 15\% + Y_q \times 10\% \tag{4-13}$$

例：某马自达5 MPV车，初次登记年月为2010年7月，评估基准日为2015年7月，基准地为南京，行驶里程为5万km，需要进行项目修理费用为1200元（到小保期），重置成本为15万元，经汽车技术评定为优质车。分别求无、有重大事故的成新率（鉴定调整系数）。

技术状况调整系数 = 1.1

无重大事故调整系数 = 1.0，有重大事故调整系数 = 0.5

修理费用1200元，重置成本15万元，需要修理情况调整系数 = 1.0

名牌地域调整系数 = 0.9

使用强度调整系数 = 1.0

无重大事故时：

鉴定调整系数 = 1.1 × 30% + 1 × 25% + 1.0 × 20% + 0.9 × 15% + 1.0 × 1.0% = 1.025

有重大事故时：

鉴定调整系数 = 1.1 × 30% + 0.5 × 25% + 1.0 × 20% + 0.9 × 15% + 1.0 × 1.0% = 0.9

第四节 现行市价法评估旧汽车

一、查勘鉴定被评估汽车

查勘待评估汽车，并对其结构特点、性能及新旧程度等做必要的技术鉴定，以获得该汽车的基本技术参数，为市场数据资料的搜集及参照物的选择提供依据。

二、选择参照物

根据评估的特定目的、待评估汽车的有关技术参数，按可比性原则选取参照物。参照物的选择一般应在两个以上。从优选择考虑，首先应考虑选择市场上已成交的交易案例中的汽车作为参照物。

三、对被评估汽车和参照物之间的差异进行比较、量化和调整

被评估汽车和参照物之间的差异主要有几个方面：

1. 结构性能的差异及量化

汽车型号及结构上的差别都会集中反映到汽车的功能和性能差异上，功能和性能的差异可通过功能、性能对汽车的价格影响进行估算。

量化调整值 = 结构性能差异值 × 成新率

例如，同类型的汽油车，电喷发动机相对于化油器发动机要贵3000～5000元（主要功能对价格的影响可参照第三章新汽车评估）；对营运性汽车而言，主要表

现为生产能力、生产效率和运营成本等方面的差异。可利用收益现值法对其进行量化调整。

2. 销售时间的差异及量化

在选择参照物时应尽可能选择评估基准日的成交案例，以免去销售时间差异的量化。若参照物的交易时间在评估基准日之前，可采用价格指数法将销售时间差异量化并调整。

3. 新旧程度的差异及量化

被评估汽车与参照物在新旧程度上不一定会完全一致，参照物也未必是全新汽车。这就要求评估人员对被评估汽车与参照物的新旧程度做出基本判断，取得被评估汽车和参照物成新率后，以参照物的价格乘以被评估汽车与参照物成新率之差即可得到两个汽车新旧程度的差异量为

$$新旧程度差异量=参照物价格\times(被评估汽车成新率-参照物成新率) \tag{4-14}$$

4. 销售数量的差异及量化

销售量的大小、采用何种付款方式均会对汽车成交单价产生影响。对这两个因素在被评估汽车与参照物之间的差别，应先了解清楚，然后根据具体情况做出必要的调整。一般来说，卖主充分考虑货币的时间价值，他会以较低的单价吸引购买者（常为经纪人）多买旧汽车，尽管价格比零售价低，但他可提前收到货款。当被评估汽车是成批量时，以单个汽车作为汽车参照物是不恰当的。而当被评估汽车是单件时，以成批汽车作为参照物也是不合适的。销售数量的不同会造成成交价格的差异。必须对此差异进行分析，适当调整被评估汽车的价值。

5. 付款方式的差异及量化

在旧汽车交易中，绝大多数为现款交易。在我国一些经济较活跃的地区已出现了旧汽车的银行按揭销售。银行按揭的旧汽车与一次性付款的旧汽车的价格差异由两部分组成：一是银行的贷款利息，贷款利息按贷款年限确定；二是汽车按揭保险费，各保险公司的汽车按揭保险费率不完全相同，会有一些差异。

找出主要差异后，对其作用程度要加以确定且予以量化，并做出相应的调整。

四、现行市价法评估实例

例：某捷达车现行市价法评估实例，其技术经济参数见表4-12。

表4-12 技术经济参数

序号	技术经济参数	参照物Ⅰ	参照物Ⅱ	被评估汽车
1	车辆型号	捷达 FV7160CL	捷达 FV7160CIX	捷达 FV7160GIX
2	销售条件	公开市场	公开市场	公开市场
3	交易时间	2003年12月	2004年6月	2004年6月

（续）

序号	技术经济参数	参照物Ⅰ	参照物Ⅱ	被评估汽车
4	使用年限	15年	15年	15年
5	初次登记年月	1998年6月	1998年6月	1998年12月
6	已使用时间	5年6个月	6年	5年6个月
7	成新率	53%	48%	50%
8	交易数量	1	1	1
9	付款方式	现款	现款	现款
10	地点	北京	北京	北京
11	物价指数	1	1.03	1.03
12	价格	5.0万元	5.5万元	求评估值

解：(1)以参照物Ⅰ为参照物做各项差异量化和调整

1)结构性能差异量化与调整。参照物Ⅰ车身为老式车身，被评估物为新式改款车身，评估基准时点该项结构价格差异为0.8万元；参照物Ⅰ发动机为化油器式两气门发动机，被评估物发动机为电喷式五气门发动机。评估基准时点该项结构价格差异为0.6万元。该项调整数为：(0.8+0.6)×50%=0.7万元。

2）销售时间差异量化与调整。参照物Ⅰ成交时物价指数为1，被评估物评估时物价指数为1.03，该项调整系数为：

$$\frac{1.03}{1}=1.03。$$

3）新旧程度差异量化与调整。该项调整数为：

$$5.0\times(50\%-53\%)=-0.15\text{ 万元。}$$

销售数量和付款方式无差异。

评估值=(5.0 + 0.7-0.15) × 1.03=5.72万元。

(2）以参照物Ⅱ为参照物做各项差异量化和调整

1）结构性能差异量化与调整。参照物Ⅱ发动机为电喷两气门发动机，被评估物为电喷五气门发动机。评估基准时点该项结构价格差异为0.3万元。该项调整数为：

$$0.3\times 50\%=0.15\text{ 万元。}$$

2）新旧程度差异量化与调整。该项调整数为：

$$5.5\times(50\%-48\%)=0.11\text{ 万元。}$$

销售时间、数量和付款方式无差异。

评估值=5.5+0.15+0.11=5.76万元。

综合参照物Ⅰ和参照物Ⅱ，被评估物评估值$=\frac{5.72+5.76}{2}=5.74$万元。

第五节 重置成本法评估旧汽车

一、重置成本的确定

原国家国内贸易局组织编写的《旧机动车鉴定估价》一书中，将重置成本的确定分为交易类和咨询服务类两类鉴定估价业务。前者以现行市场纯车价作为重置成本，后者以现行市场车价加大额税费为重置成本。

作者认为，重置成本是有严格定义的，重置成本是评估基准时重新购置具有同等效用的新汽车的完全价值。它不会因为评估的目的而改变。重置成本应以现行市场纯车价加车辆购置税最合理。因为如养路费、保险费会因汽车的使用而逐步被消费掉，将其准确计入重置成本意义不大。

二、重置成本估算应注意的问题

1）政府对汽车税费的征收有些是在生产和销售环节，有些是在使用环节。前者的税费已包含在汽车的市价里，而后者则没有。确定重置成本只考虑使用环节的税费。

2）因为纯汽车价格以外的税费是动态变化的，汽车鉴定评估人员要根据当时当地的情况按重置成本构成的概念，正确计算重置成本。

3）对于少数的进口汽车，一时难以查找到车价时，可采用功能、性能对比法寻找相似车型，参照相似车型的价格来确定重置成本，也可采用物价指数法确定重置成本。

三、重置成本法的计算公式

重置成本法的计算公式为

$$\text{评估值}=\text{重置成本}-\text{实体性贬值}-\text{功能性贬值}-\text{经济性贬值} \tag{4-15}$$

$$\text{评估值}=\text{重置成本}\times\text{成新率} \tag{4-16}$$

从一般意义上讲，式（4-15）优于式（4-16），这是因为式（4-15）中不仅扣除了有形损耗，而且扣除了功能性损耗和经济性损耗，从理论上讲更科学。但其实际的可操作性较差，使用困难。式（4-16）中成新率的确定是综合各项贬值的结果，具有收集信息便捷，操作较简单易行，评估理论贴近汽车使用行业实际，容易被委托人接受等优点，因此被广泛采用。

将重置成本、使用年限（加速折旧法）、成新率、鉴定调整系数代入式(4-16)可得重置成本法计算公式

$$\text{评估值}=\left(C_{\mathrm{j}}+\frac{C_{\mathrm{j}}}{1.17}\times 10\%\right)\left[1-\frac{2}{G(G+1)}\sum_{n=1}^{Y}\left(G+1-n\right)\right]\times J_{t} \tag{4-17}$$

$$评估值 = \left(C_j + \frac{C_j}{1.17} \times 10\%\right)\left[1 - \frac{2}{G}\sum_{n=1}^{Y}\left(1 - \frac{2}{G}\right)^{n-1}\right] \times J_t \qquad (4\text{-}18)$$

式中 C_j——纯车价。

四、重置成本法评估实例

例： 2005 年 6 月，某品牌置换公司拥有一辆奥迪 A4 1.8T 轿车，该车是舒适型，其基本配置为手自一体变速器（CVT 链条式）、天窗、真皮座椅、倒车雷达等。该车为 2004 年 3 月登记上牌，行驶公里数为 8700km。某客户愿以一辆马自达福美来 323 进行置换，该马自达福美来是 2003 年 2 月登记上牌使用，排量为 1.8L，配置为天窗、自动变速器、真皮座椅等。此私家车行驶里程为 67000km，计算这次置换需贴补多少差价（试采用重置成本、等速折旧、综合调整系数、变现系数法计算）。

经市场调查给出这两款新车售价，见表 4-13。

表 4-13 奥迪和马自达两款新车型售价

奥迪 A4 1.8T 舒适型		马自达福美来 1.8	
年份	售价	年份	售价
2004 年 2 月	37.35 万	2003 年 2 月	18.36 万
2004 年 12 月	34.25 万	2004 年 8 月	17.26 万
2005 年 6 月	33.25 万	2005 年 6 月	15.36 万

其中 2005 年 6 月新款马自达福美来比 2003 款添加了电动座椅等配置，价值约 3600 元。

解： 根据题意

1. 首先计算奥迪 A4 1.8T 的价值

（1）确定重置成本

$$B = 32.25 + \frac{32.25}{1.17} \times 10\% = 36.09 \text{ 万元}$$

（2）计算成新率　根据当时国家规定，非营运车的使用年限为 15 年，折合 180 个月，从初次登记之日至评估基准日已使用 16 个月。成新率计算为：

$$C = \left(1 + \frac{16}{180}\right) \times 100\% = 91.11\%$$

（3）计算综合调整系数

技术状况调整系数 $K_1 = 1.1$；

无重大事故 $K_2 = 1.0$；

不需要修理 $K_3 = 1.0$；

品牌地域 $K_4=1.1$；
使用强度 $K_5=1.0$。
则综合调整系数为：

$$K=K_1\times30\%+K_2\times25\%+K_3\times20\%+K_4\times15\%+K_5\times10\%$$
$$=1.1\times30\%+1.0\times25\%+1.0\times20\%+1.1\times15\%+1.0\times10\%$$
$$=1.045$$

（4）计算评估值

$$P=BCK$$
$$=36.09\times82\%\times1.045$$
$$=30.9\text{ 万元}$$

2. 计算马自达福美来的价格

（1）确定重置成本

$$B=15+\frac{15}{1.17}\times10\%=16.28\text{ 万元}$$

新车价考虑了一次性功能贬值，即已减 3600 元。

（2）计算成新率　根据当时国家规定非营运车的使用年限为 15 年，从初次登记之日至评估基准日已使用 29 个月，近 2.5 年，可以查表，年限成新率为：71%。

（3）计算综合调整系数

车况好，技术状况调整系数取 $K_1=1.1$；
无重大事故未说明 $K_2=1.0$；
需要修理系数未说明 $K_3=1.0$；
品牌地域系数 $K_4=0.8$；
使用强度系数 $K_5=1$。
则综合调整系数为：

$$K=K_1\times30\%+K_2\times25\%+K_3\times20\%+K_4\times15\%+K_5\times10\%$$
$$=1.1\times30\%+1.0\times25\%+1.0\times20\%+0.8\times15\%+1.0\times10\%$$
$$=1.0$$

（4）计算评估值

$$P=BCK$$
$$=16.28\times71\%\times1$$
$$=11.56\text{ 万元}$$

3. 计算两车之间的差价

奥迪与福美来之间差价为：30.90 − 11.56 = 18.44 万元

第六节 收益现值法评估旧汽车

当汽车作为生产资料而非消费资料时，即营业性汽车评估时，时常会考虑汽车的使用收益问题。采用收益现值法对旧汽车进行评估所确定的价值，是指为获得该汽车以取得预期收益的权利所支付的货币额。

一、收益现值法评估步骤

1）搜集有关营运汽车收入和费用的资料。

2）充分调查了解被评估汽车的技术状况，估算潜在毛收入。

3）估算有效毛收入。

4）估算运营费用。

5）估算净收益。

6）确定折现率。

7）选用适宜的计算公式求出评估值。

二、收益现值法中各评估参数的确定

1. 剩余经济寿命期的确定

剩余经济寿命期是指从评估基准日到车辆到达报废的年限。如果剩余经济寿命期估计过长，就会高估车辆价格；反之侧会低估价格。因此，必须根据汽车的实际状况对剩余寿命做出正确的评定。对于各类汽车来说，该参数按《汽车报废标准》确定是较科学和合理的。由于汽车达到报废年限后，使用成本会大幅提高，已无明显的收益可言，一般不考虑达到报废年限后的继续使用年限。

2. 预期收益额的确定

收益法运用中，收益额的确定是关键。收益额是指由被评估对象在使用过程中产生的超出其自身价值的溢余额。对于收益额的确定应把握两点：

1）收益额是指汽车使用带来的未来收益期望值，是通过预测分析获得的。无论对于所有者还是购买者，判断某汽车是否有价值，首先应判断该汽车是否会带来收益。对其收益的判断，不仅仅是看现在的收益能力，更重要的是预测未来的收益能力。

2）收益额的构成，以运输企业为例，目前有几种观点：第一，企业所得税后利润；第二，企业所得税后利润与提取折旧之和减去投资额；第三，利润总额。

关于选择哪一种作为收益额，针对汽车评估特点与评估目的，推荐选择第一种观点，目的是准确反映预期收益额。为了评估准确，一般应列出汽车在剩余寿命期内的现金流量表。

3. 确定预期支出

根据本行业的情况，仔细分析被评估汽车的可能支出项目及支出额，列出预计

支出清单。

4. 折现率的确定

确定折现率，首先应该明确折现的内涵。折现作为一个时间优先的概念，认为将来的收益或利益低于现在的同样收益或利益，并且随着收益时间向将来推迟的程度而有系统地降低价值。同时，折现作为一个运算过程，是把一个特定比率应用于一个预期的将来收益，从而得出当前的价值。从折现率本身来说，它是一种特定条件下的收益率，说明汽车取得该项收益的收益率水平。收益率越高，汽车评估值越低。因为在收益一定的情况下，收益率越高，意味着单位资产增值率高，所有者拥有资产价值就低。折现率的确定是运用收益现值法评估汽车时比较棘手的问题。折现率必须谨慎确定，折现率的微小差异，会带来评估值很大的差异。确定折现率，不仅应有定性分析，还应寻求定量方法。折现率与利率不同，利率是资金的报酬，折现率是使用管理的报酬。利率只表示资金本身的获得能力，而与使用条件、用途没有直接联系，折现率则与汽车所有者的使用效果有关。一般来说，折现率应包含无风险利率、风险报酬率和通货膨胀率。无风险利率是指资产在一般条件下的获利水平；风险报酬率则是指冒风险取得报酬与汽车投资中承担风险所付代价的比率。风险收益能够计算，而为承担风险所付出的代价却不好确定，因此风险收益率不容易计算出来，只要求选择的收益率中包含这一因素即可。

每个行业，每个企业都有具体的资金收益率。因此在利用收益法对汽车评估选择折现率时，应该进行本行业、本企业历年收益率指标的对比分析。但是，最后选择的折现率应该高于国家债券或银行利率。

三、收益现值法评估应用实例

例：某人拟购一辆桑塔纳普通型出租车，作为个体出租车经营使用，该车各项数据和情况如下：

1）评估基准日：2004 年 12 月 15 日。

2）初次登记年月：2000 年 12 月。

3）技术状况正常。

4）每年营运天数：350 天。

5）每天毛收入：500 元。

6）日营业所得税：50 元。

7）每天燃、润油费：120 元。

8）每年日常维修、保养费：6000 元。

9）每年保险及各项规费：12000 元。

10）营运证使用费：18000 元。

11）两名驾驶员劳务、保险费：60000 元。

用收益现值法求评估值是多少？

解： 首先求预计年收入：350×500＝175000 元

预计年支出：税费：350×50＝17500 元

油费：350×120＝42000 元

维修、保养费：6000 元

保险及规费：12000 元

营运证使用费：18000 元

驾驶员劳务、保险费：60000 元

年收入＝17.5－1.75－4.2－0.6－1.2－1.8－6＝1.95 万元

其次根据目前银行储蓄和贷款利率、债券、行业收益等情况，确定资金预期收益率为 10%，风险报酬率为 5%，折现率为 15%。

该车剩余使用年限 4 年，假定每年的年收入相同，则由收益现值法公式：

$$P_V = \sum_{i=1}^{n} \frac{R_i}{(1+r)^i}$$

$$评估值 = \frac{1.95}{(1+0.15)^1} + \frac{1.95}{(1+0.15)^2} + \frac{1.95}{(1+0.15)^3} + \frac{1.95}{(1+0.15)^4}$$

$$=5.57 \text{ 万元}$$

第七节 清算价格法评估旧汽车

清算价格评估旧汽车的方法主要有如下三种：

1. 现行市价折扣法

现行市价折扣法是指对清算汽车首先在旧机动车交易市场寻找一个相适应的参照物，然后根据快速变现的原则估定一个折扣率，并据此确定清算价格。

影响快速变现折扣系数大小的因素有：

1）被评估车辆的市场接受程度，是通用车型还是专用车型，如运钞车就比一般的小客车难以变现。

2）要综合考虑车辆的欠费情况，欠费较多的车辆只能变换用途拆零出售，价格相对较低。

3）拍卖时限。变现时间的长短影响快速变现系数，变现时间越短，快速变现系数就越低。

通常快速变现系数小于 1，但对用重置成本法年限计算成新率的、离报废年限只剩 2～3 年的通用型车辆（如桑塔纳、捷达），如车况较好，则变现系数可能略大于 1。

清算价格法虽然在清算运用时，受许多条件的制约，但在实际运用中常利用其快速变现的特点，在确定评估拍卖底价时运用其原理。只不过在评估报告中说明采用评估方法时考虑规避风险，用重置成本法和市场比较法结合快速变现因素进行描述，不直接运用清算价格法。

例如，一辆旧桑塔纳普通型轿车，经调查类似的旧车在旧机动车交易市场上成交价在 5 万元左右，根据销售情况调查，折价 20% 可以当即出售。则该车的清算价格为 5×(1－20%)＝4 万元。

例如，某市进行公车改革，采用公开拍卖的形式，连续在省内各大平面媒体刊登拍卖公告，说明竞买规则，拍卖各种车辆约 800 辆，预展 7 天。某评估机构对其进行价值评估，确定拍卖底价，见表 4-14。

表 4-14　公车改革拍卖目录（2004 年 10 月为评估基准日）

序号	品牌型号	上牌日期	年审至	养路费交至	保险费交至	评估底价/元	拍卖成交价/元
1	普通桑塔纳 LX	1996.9	2005.9	2004.12	2004.8	35000	44000
2	帕萨特 1.8	2001.8	2006.8	2004.12	2005.6	110000	123000
3	桑塔纳 2000GLS	1997.6	2005.6	2004.12	2004.10	58000	69000
4	捷达 GIX	2002.1	2006.1	2004.12	2005.9	62000	72000
5	桑塔纳 2000GLI	1998.11	2006.11	2004.12	2005.4	70000	78000
6	别克赛欧 SLX	2003.2	2006.2	2004.12	2005.3	49000	62000
7	红旗 7180AE2	2001.3	2006.3	2004.12	2004.12	78000	88000
8	桑塔纳 2000GSI	2002.1	2006.1	2004.12	2005.7	82000	99000
9	依维柯客车 40－10	1997.7	2004.7	2004.9	2004.9	35000	56000
10	长安面包车 SC6331B	2001.7	2006.7	2004.9	2005.7	9000	16000
11	奥迪四缸	1993.9	2005.7	2004.12	2005.7	32000	48000
12	奥迪五缸	1994.3	2005.7	2004.12	2005.4	30000	45000

从表 4-14 中可以看出，评估底价与拍卖成交价均有一定差距，从几千元到几万元。评估底价是利用清算价格法的原理，在市场比较法或重置成本法的基础上确定的，然后根据快速变现的要求分不同情况后再乘以各自的快速变现系数。例如，依维柯客车快速变现系数为 0.6，奥迪五缸车虽然上牌时间比奥迪四缸车晚，退出市场的售价也比奥迪四缸车售价高，但由于故障率高、维修成本高，市场认可程度远不如奥迪四缸车，不论是拍卖底价还是成交价均低于奥迪四缸车。评估价、评估底价及快速变现系数如何确定需要评估人员市场操作经验的不断积累。

2. 模拟拍卖法（也称意向询价法）

模拟拍卖法是根据向被评估汽车的潜在购买者询价的办法取得市场信息，最后经评估人员分析确定其清算价格的一种方法。用这种方法确定的清算价格受供需关系影响很大，要充分考虑其影响的程度。适用于常见车型，不常见车型要慎用。

例如，有一辆旧桑塔纳普通型轿车，拟评估其清算价格，评估人员经过对五个有购买意向的经纪人询价，价格分别为 4.5 万元、4.6 万元、4.7 万元、4.8 万元、

4.6万元，价格差异不大，评估人员确定清算价格为4.6万元。

又如，有一辆94款林肯轿车，拟评估其清算价格，评估人员经过对三个有购买意向的经纪人询价，其价格分别为15万元、11万元、17万元，价格差异较大，评估人员不能以此来确定清算价格。

3. 竞价法

竞价法通常由法院或其他执法机构，按照法定程序或由卖方根据评估结果提出一个拍卖的底价，在公开市场上由买方竞价，谁出的价格高就卖给谁。现在我国许多地方对国有资产中的汽车转让采取这种方法。

清算价格法的应用在我国还处在一个不成熟的阶段，还缺少有力的实践依据，对买卖各方如何取得一个公平地位，清算价格的理论与实践都有待进一步完善。

第八节 旧机动车电商

旧机动车市场，原本让人难以信任，近几年却突然升温，成为创业者们的香饽饽、投资者们的目光焦点。他们都觉得，旧机动车市场一定会火。

为什么他们都看好旧机动车市场呢？这里有数字依据：在汽车发达国家和地区，旧机动车交易量2~3倍于新车交易（美国3倍，德国2倍），且渠道利润也高于新车利润（旧机动车利润率10%，新车5%）。根据中国汽车流通协会提供的数字，2015年前8月中国的旧机动车交易量已超过去年一整年的交易量，并有可能在5年后成为万亿元级市场。

在旧机动车经销商看来，如何保证旧机动车的流通速度成为生存的关键。因此，交易流程更为简化的电商平台，逐渐成为新兴的销售模式。在此背景下，以B2B为主的旧机动车电商模式逐渐兴起，以车易拍、优信拍、瓜子二手车、优信二手车为代表的电子商务平台交易量明显增长。

电商创业者们看中的是这个市场的潜力，在目前新车交易量增长疲软的情况下，一旦旧机动车交易量接近或超过新车交易量，汽车市场的重心就会向旧机动车倾斜，这时谁手头的交易订单多，谁就能接手大量原本服务于新车、且利润高的汽车后市场。因此，旧机动车电商成为了一个新风口，大家都想蹭一点风，成为“飞猪”。

众多的投资趋言论向和大量的行业专家表明，旧机动车电商化发展已成大势所趋。车易拍、273、优信拍、人人车、优车诚品、好车无忧……越来越多的企业进驻到旧机动车电商领域，以自己独特的模式争取着即将发展壮大的旧机动车市场份额。笔者眼中的几个知名的电商品牌都如何？

1. 车易拍

车易拍是中国领先的旧机动车在线交易平台，也是新车置换解决方案、旧机动车网络竞拍解决方案及旧机动车标准化检测方案供应商的领导者。公司拥有“车易拍”在线交易平台和“268V”旧机动车标准化检测两个服务品牌，以“旧机动车交易更容易”为使命，为持续建设诚信、透明、开放的旧机动车交易文明和用车环境而努力。

2. 273

273是中国领先的旧机动车交易平台，在旧机动车线下服务、互联网旧机动车线上服务平台方面，273始终保持国内业界的领先地位。273对中国旧机动车的发展具有强烈的使命感。273以不赚差价的商业定位，配套车况宝专业旧机动车检测系统，开创并领导中国旧机动车经纪模式。

3. 优信拍

优信拍汽车拍卖交易服务平台集竞价拍卖、车况检测、安全支付、物流运输及手续代办于一体，向全国旧机动车经营机构提供最具实效性的汽车拍卖服务。

4. 人人车

专注于为个人用户服务，致力于打造全新的二手车C2C交易模式，为个人用户提供诚信、专业、便捷、有保障的优质二手车交易平台。通过249项专业检测，帮买方买到8年/12万km以内的优质二手车。

5. 优车诚品

优车诚品是中国旧机动车交易服务提供商，为消费者打造旧机动车行业诚信、透明的交易平台。线上信息平台为消费者提供真实、全面的旧机动车产品信息服务；线下连锁门店（优车诚品品牌旧机动车馆）为消费者提供专业的旧机动车认证、交易及质保服务。

6. 好车无忧

旨在通过218项专业标准检测构建结构化二手车数据，通过精准定向快速撮合个人买卖二手车双方，通过线上和线下优质服务打造完整的用户体验，用创新的服务和体验使用户更放心，更省心，更省钱。截止到2015年1月，好车无忧完成中国10个城市的市场布局。

7. 瓜子二手车

瓜子二手车专注于服务个人与个人之间的旧机动车交易（C2C），2015年底前覆盖全国60座城市，占领C2C线上80%的市场份额。

8. 优信二手车

优信二手车是优信集团旗下专业提供旧机动车零售的电商平台，于2015年3月15日正式上线，创始人戴琨。优信二手车利用互联网与移动互联网技术为消费者提供在旧机动车购买的整个环节中相关的咨询、购买及售后等服务，增加旧机动车交易在消费者心中的透明度。

9. 车300

国内最专业的基于互联网全数据搜索与分析的二手车信息服务平台，为广大车友提供最为可靠的从车辆估值到交易以及售后的一系列服务。

10. 车三宝

通过研发手机 APP 车来客等为商户提供 ERP 系统数据统计，帮助大部分致力于发展二手车零售（而不是同行批发）的车商，成功转型为“立足线下服务体验，同时利用好互联网工具”的 O2O 电商化企业。

综观上述二手车市场链的各大品牌，笔者认为当下较成熟的市场可分为 TOB、TOC、信息服务型三种主要模式。

模式一，TOB 网上竞价交易服务平台，以车易拍、优信拍、开新等为代表。

这种模式采取检测人员电话上门或车主到店服务的方式，即到即检，一个小时足不出户即可面向全国商户进行拍卖。交易服务平台以中介机构的角色出现，通过为买卖双方提供车况保障、支付保障等中介服务，保障旧机动车在线交易顺畅实现。其盈利模式主要来自按车收取检测费、交易服务费等。该模式实现了真正的在线交易，其优点是实现车况标准化，交易双方能够不受时间和地点的约束完成不看车交易，交易成本低，信息透明，效率高。其难点是信用体系的维护及持续优化。

模式二，TOC 交易服务模式，类似于汽车超市，有线上平台和线下体验店，线上提供信息，以线下为主，是一体化的旧机动车卖场。代表模式有人人车、优车诚品、好车无忧、百优卡等。

这种模式的优点是消费者可以直接体验。以百优卡为例，卖方将汽车放在百优卡线下体验馆，经过评估师专业检测后，车主可为汽车自主定价，并放在百优卡车馆寄卖。车辆信息同时公布在百优卡网站，消费者可以在线看车然后到现场试驾，也可以在馆内查看车检报告。最终合意双方完成交易，百优卡收取服务佣金。这种模式的优点是立场中立，信息透明，渠道自由，面向终端客户，展厅销售门店形象好。其劣势为交易效率较低，对人员依赖大，经营管理成本较高，很难复制。

模式三，第三方信息服务平台，以资讯类和估值类服务为主，主要有第一车网、二手车之家、易车、车 300、车三宝等。

第三方信息服务平台模式即中介服务平台模式，也可以称作信息服务模式。第三方旧机动车交易平台，以新的交易模式打破买卖双方的信息壁垒，将卖家和买家从“柠檬市场”的交易困局中解救出来。“柠檬市场”理论是诺贝尔经济学奖得主乔治·阿克尔洛夫在 1970 年提出的：在一个市场中，卖家利用自己比买家了解更多信息所造成的信息不对称，会造成整个市场运转低效；买家会默认所有商品都有问题，所以优质商品也卖不出好价钱。旧机动车的“柠檬市场”效应尤其典型，很多人有品质不错的车源，却只能以较低价格卖给经销商，或者选择放弃出售。这种模式首先会对交易车辆进行严格限制，排除“坏柠檬”。目前，我国绝大多数的网络平台都在消费者和旧机动车经营主体之间扮演传达信息的角色，为买卖双方提供信息发布平台，通过广告和信息服务获取收益，盈利模式比较单一。该模式未来可以通过利用积累的信息资源，向旧机动车市场参与主体提供信息咨询服务。另外，还可以同经销商、保险公司以及拍卖、评估机构合作，扩大利润渠道。

在当前市场中，专注 TOB 的主要有车易拍和优信拍等，B2C/C2C 等围绕 C 端的旧机动车电商最为火爆，优信、瓜子、人人车、车猫等电商在这个领域内互相竞争。发展期只有短短两三年的时间，旧机动车市场的风口已在逐渐缩紧。尤其是竞争激烈的 C 端，已经有电商觉得找不到价值，选择离开市场；而坚守在这个市场的，正面临着模式的分歧，他们仍然一边在探索市场，一边在激烈拼杀。

比如背靠 58 赶集，资本和流量不愁的“瓜子”，以及立足优信拍，拥有丰富车商资源和业务支持的优信二手车。它们选择进入 C 端市场的理由和玩法各不相同，但在品牌推广上，却都相当大方。

2014 年 11 月，赶集好车项目启动，从自有平台导流，高价挖评估师，学着自建中间环节。但在精细化运营这一块，由于人人车早进赛道且已形成一定的用户体验壁垒，导致赶集很难快速赶上。赶集转变了思路，用户卖车一定会去车源最多的平台，并且 C2C 不受场地限制，可以快速扩张（流量能为 C2C 电商同时带来客源和车源）。从过往 58 赶集竞争时期的经验吸取了教训，于是，赶集开始从流量这块自有长项下手，加上大规模广告引流，以期缩短竞争差距。

2015 年 9 月，赶集好车改名“瓜子二手车”，并耗资 2 亿元进行大规模的品牌推广，铺满了 40 个城市的电视、公交车站、地铁等广告位。而早在项目启动时，赶集就停掉了人人车在其之前投放的广告。广告带来的流量超过了赶集二手车频道自有的流量，并实现了车源上架量翻倍、销售额增长超 160% 的成绩。之后，瓜子二手车还打算砸下 10 亿元拓展市场。

2015 年 12 月，在某个行业活动上发生了这样劲爆的一幕，这两年势头很猛的车易拍 CEO 杨雪剑现场隔空约战瓜子二手车 CEO 杨浩涌，赌约内容大概是以一年为期，赌定瓜子二手车的 C2C 模式艰难，将会向 C2B 模式转型。无论杨雪剑还是杨浩涌谁输，都必须拿出自己公司的 1 亿原始股送给现场观众，围观者人人有份！大家纷纷叫好，并晒微博、朋友圈。之所以这场赌约备受行业内外关注，除了女人 VS 男人，更因为二手车电商市场今年大热！

从 B2B 拍卖延伸到 B2C 交易，对优信创始人戴琨来说是必然的：“当你把货源端所有东西都举出来了以后，如果不给所有的商家提供真实的销售机会，这个生态是建不起来的。”优信有车源方面的优势。从目前能够搜索到的资料来看，通过 B2B 拍卖平台，优信聚合了 97 万辆车源。但在聚合了大量车源后，如何获取新客源成为一个大问题。优信想到的最优解决方案还是广告。

相比赶集的密集广告轰炸，优信的广告策略较为取巧。“建立一个品牌在消费者心中的认知，是需要沿着一个记忆曲线去做的，这是一个非常专业的事情。”中国好声音之后，优信 1.8 亿元买下了跑男第三季在爱奇艺播放的冠名权，继续扩大对目标人群的影响力。优信在期望广告带来客源的同时，也想通过广告树立品牌形象，以获取消费者的信任。

当下有规模的各家电商，人员规模都已扩张至千人以上，优信甚至达到4000人，人力成本高企。虽然各家都表示旧机动车市场足够大，能够容下多家企业，但以目前3000~4000亿元的市场体量来看，旧机动车市场仍然较小，加上广告战造成的获客成本的升高、流量的互相挤压、高额的人力成本，成本升高的速度仍有可能超过旧机动车市场增长带来的红利，让初创企业出现资金链断裂的风险。

在这种情况下，为什么各家还要继续拼杀?

传统的流量电商平台可复制性极高，没有竞争壁垒，而如果各家电商能够掌控旧机动车交易环节，控制、优化资金流转交易效率，也能够提高增值服务的转化率，获得高额收益。这也是各家盯上旧机动车这块肥肉的最重要原因。

那么，对于“诚信派”“资源派”的旧机动车电商创业者来说，未来的路要怎么走呢？对于以“诚信”立本的信任派公司来说，若能够加强其在用户体验上的壁垒，真正针对精准用户做出其所需的价值，那么公司的价值也将越来越大。而在当前行业成本升高但盈利模式不明晰的情况下，也需要善用资本的力量，不断为自己补充弹药，稳固自己的市场地位。而对于财大气粗的“资源派”来说，当前最重要的任务不仅是保证流量和车源的富余，还需要在用户交易体验上进行优化，补足自己的短板。若能够深入交易环节本身优化到极致，“资源派”的机会将会更大。

模式本身并不重要，重要的是提高效率、降低成本。自电商兴起以来，互联网强风也吹向了旧机动车市场，各商家纷纷进入旧机动车市场，希望从旧机动车切入广阔的汽车后市场。旧机动车电商大战全面打响。毫无疑问，旧机动车市场价值巨大，但是要想获得旧机动车市场原始规模积累，就意味着需要在非常长的时期对市场不断投入。

无论是电商平台还是传统的旧机动车市场，最终还是要回归到交易本身这个问题上，无论是满足客户的需要或者是售后的完善。旧机动车平台目前面临的最大问题在于信息发布上，基于旧机动车的“一车一况”“一况一价”，目前平台在没有提供看车的情况下很难取得买家信任，因此在未解决这一问题的情况下对市场大力补贴投入，回报率是非常低的。

过去中国旧机动车市场基本是一个传统的线下市场。未来如果需要整个全景的高流通，必须要打通屏障，能够让流通层级在中间大幅减少，让平台的效率大幅提升。

旧机动车的买卖交易过程正经历一个转变，有人更倾向于传统车商的交易方法，喜欢去车市上看车，也有一些人更接受上门的验车、市场的验测等。今后也会有更多的形式，会有线上线下的体验。

在交易市场当中，传统的实体店仍旧是完成交易端一个非常重要的主体，在售后服务以及增值体验上，又会出现非常多的线上评价、分享，包括更多的后续服务等也会在线上和线下一同呈现给消费者。

所以在这样一个转化过程中，思考一下，从车到人这样一个转换，对客户导向、体验的重塑来说，我们所在的企业优势在哪里？

从旧机动车市场来讲，提供什么样的服务才能具备吸引消费者的能力？其中经营型的金融贷款，以及车辆信息的网络发布，让旧机动车电商有了更广阔的宣传平台。能够找到车源、发放车源，是非常重要的一个环节，也是平台与车商一起成长的方向。

如果一起展望未来的发展，笔者感觉在将来可能会凸显两个很重要的环节。

第一，是 B2B 的层面。随着线上拍卖平台的风生水起，车商数量持续增长，对于削减交易手续和支持远距离的交易来说，这样一个大规模线上交易平台和拍卖平台，会起到一个很重要的推动作用。

第二，零售不死，但是世界在变。也就是说，我们一直坚信传统的线下实体，实体的基础量是一个极为宝贵的资源，作为消费者来说，他需要有很多的增值服务，但是线下实体对于增值服务以及增值服务这块的产品、产品的推送，是不是有同步的能力的提升。对于一些高值而且低频的交易，线下渠道依旧会占据一个很重要的地位。

其实线上和线下是一个平分秋色的状态。交易市场和经销商同等重要，在 B2B 和 B2C 的层面，线上和线下分工结合变得非常重要。C 端主体依旧是线下实体的渠道，但是线上也会有一定量的切入。

预计 2018 年旧机动车市场总量有一个翻倍的提升，但更重要的是在生态圈中大家的分工要更清晰，而且线上和线下为了解决同一件事，每个人把自己的强势元素发挥到极致。沿着这样一个方向，我们的消费层级会减少，而且必须有强大的物流体系和增值服务体系，去支撑整个结构性不平衡产生的商机。

笔者最后分享一下传统电商与网络平台相结合的四个观点。

第一，当下的环境，从一个很理性的角度来看，我们正处在一个重构、提速的新时代。

第二，随着供需结构的调整、政策的松绑、系统效率的提升，按照很严格的定义，旧机动车的最终交易量会达到比今天提升 3 倍的规模。

第三，在整个生态圈中分工合作会大大加强。线上渠道继续交易 2B 的环节，其中效率的提升会强者愈强，线下的渠道依然在 2C 端发挥重要作用，客户体验和体系能力必须要大幅提升。

第四，不管是平台还是传统旧机动车商，建筑一个高效的客户导向，注重增值服务、全渠道大循环，将会是中国旧机动车市场的制胜渠道。

第五章

汽车碰撞损失评估

汽车因磨损、碰撞、火灾、自然灾害等原因常会造成汽车零部件受损，在修理前通常都要对损失有一个较准确的估计，即汽车损失评估。专业的汽车评估人员在对评估具体的损失前，首先要确定被评估汽车的型号。

第一节　汽车型号的确定

汽车型号的确定一般是通过查勘汽车商标铭牌来确定的，汽车商标铭牌因事故或其他原因损毁、遗失，可通过车架号、行驶证以及技术资料来确定汽车型号。

一、国产汽车厂牌型号的确定

1）通过汽车产品铭牌识别汽车型号。

2）通过车辆识别代号（VIN）识别汽车型号。

具体方法已在第一章中介绍。

对于汽车铭牌、车辆识别代号因事故或其他原因损毁、遗失的，可通过车架号和汽车尾部的汽车特征参数、等级参数（一般限于乘用车）、由厂商提供的技术资料或相关技术资料查得汽车型号和主要技术参数。2016 年 1 月 1 日实施的《汽车维修技术信息公开实施管理办法》第十五条规定，自本办法实施之日起取得 CCC 认证的汽车车型，汽车生产者应在该车型上市之日起 6 个月内公开维修技术信息，并在信息公开网站上公布相关车型上市时间。汽车维修技术信息公开目录第一项就是车辆识别代号中汽车生产者自定义码段的编码规则。

二、部分老旧进口汽车厂牌型号的确定

进口汽车大多数也有铭牌，铭牌上常有底盘型号、VIN、车架号（出厂序号）、发动机型号、发动机号码、变速器型号、车身颜色、内饰颜色、汽车重量、轮胎型号及轮胎气压等主要技术参数。汽车出口国正规出口的汽车，汽车上的铭牌大多用

英文书写。下面列举几种常见的具有代表性的汽车英文铭牌以及中文含义。

1）福特（FORD）铭牌，如图 5-1 所示。

MFD BY FORD MOTOR CO. IN U. S. A
DATE:12. 94　　GVWR:5347LB—2425KG
FRONT GAWR:2714LB　　REAR GAWR:2683LB
1231KG　　1216KG
THIS VEHICLL CONTORMS TO ALL APPLICABLE
FEDERAL MOTOR VEHICLE SAFETY AND BUMPER
STANDARDS IN EFFECT ON THE DATE OF
MANRFACTURE SHOWN ABOVE

VEH. IDENT. NO:1FARP43MZJX100001

TYPE:PASSENOEP
2A
EXLER10R PAINT COLORS

BODY	VR	MCDG	INT. TAOE	R	S	AX	TR
5R	TP	SEP	GG TRIMA	2	B	8	TBB BB

美国福特汽车公司制造
日期:12. 94　　车辆总质量:5347LB－2425KG
前轴质量:2714LB　　后轴质量:2683LB
1231KG　　1216KG
该车出厂时,符合出厂日期前联邦政府所有的安全和防撞标准

车辆识别码:1FARP43MZJX100001

车辆类型 :小客车
2A(漆号代码)
EXLER10R PAINT COLORS

车身	顶篷	饰条	车身材料	主座椅	收音机	天窗	驱动桥	传动比	TR
5R	TP	SEP	GG	TRIMA	2	B	8	变速器代码等	

图 5-1　福特汽车铭牌

2）丰田（TOYOTA）铭牌，如图 5-2 所示。

TOYOTA MOTOR CORPRATION　　JAPAN
MODEL　　MS122L—SEMGE
ENGINE　　5M　　2797 cc
FRANE NO.　　MS133—038595
COLOR　　TRIM　　保安基准适合
202　　JW31
TRANS/AXLE　　W55　　F312
PLANT/G. V. W　　A21

トコタ自动车株式会社

图 5-2　丰田汽车铭牌

丰田汽车公司		日本
型号	MS122L—SEMGE	
发动机	5M	2797cc
车架号码	MS133—038595	
颜色	饰条	保安基准适合
202	JW31	
变速器型号	W55　　F312	
生产厂	A21	
	丰田汽车公司	

图 5-2　丰田汽车铭牌（续）

3）奔驰（MERCEDES BENZ）铭牌，如图 5-3 所示。

对于无铭牌或一时找不到铭牌的进口汽车可利用 VIN，通过《世界汽车识别代号（VIN）技术规范手册》查得。

MFD BY MERCEDES BENZ AG STUITGART　　07/94

GVWR　4365　GAWR　FRONT/REAR　2135/2230　LBS

GVWR　1980　GAWR　FRONT/REAR　970/1010　KG

THIS VEHICLL CONTORMS TO ALL APPLICABLE US.

FEDERAL MOTOR VEHICLE SAFETY , BUMFFR ,AND THEFT PREVENTION STANDARDS IN EFFECT ON THE DATE OF MANUFACTURE SHOWN ABOVE

WDBHA28EXSF013216　　PASSENGER CAR

奔驰公司制造	出厂日期	07/94	
车辆总重　4365	前后轴重量度	2135/2230	LBS
车辆总重　1980	前后轴重量度	970/1010	KG

该车出厂时，符合出厂日期前联邦政府所有的安全、防撞和防盗标准

车辆识别码：WDBHA28EXSF013216　　轿车

图 5-3　奔驰汽车铭牌

第二节　碰撞损伤的诊断与测量

要准确地评估好一辆事故汽车，就要对其碰撞受损情况做出准确的诊断。就是说，要确切地评估出汽车受损的严重程度、范围及受损部件。确定完这些之后，才

能制定维修工艺，确定维修方案。一辆没有经过准确诊断的汽车会在修理过程中发现新的损伤情况，这样，必然会造成修理工艺及方案的改变，从而造成修理成本的改变，由于需要控制修理成本，往往会造成修理质量的不尽人意，甚至留下质量隐患。对碰撞做出准确的诊断是衡量一名汽车评估人员水平的重要标志。

通常，一般的汽车评估人员对碰撞部位直接造成的零部件损伤都能做出诊断，但是这些损伤对于与其相关联零部件的影响以及发生在碰撞部位附近的损伤常常可能会被疏忽。因此对于现代汽车，较大的碰撞损伤只用目测来鉴定损伤是不够的，还必须借助相应的工具及仪器设备来鉴定汽车的损伤。

一、在进行碰撞损伤鉴定评估之前应当注意的安全事项

1）在查勘碰撞受损的汽车之前，先要查看汽车上是否有破碎玻璃棱边，以及是否有锋利的刀状和锯齿状金属边角，为安全起见，最好对危险的部位做上安全警示，或进行处理。

2）如果有汽油泄漏的气味，切忌使用明火和开关电器设备。对于事故较大时，为保证汽车的安全，可考虑切断蓄电池电源。

3）如果有机油或齿轮油泄漏，注意当心滑倒。

4）在检验电器设备状态时，注意不要造成新的设备和零部件损伤。如车窗玻璃升降器，在车门变形的情况下，检验电动车窗玻璃升降功能时，切忌盲目升降车窗玻璃。

5）应在光线良好的场所进行碰撞诊断，如果损伤涉及底盘件或需在车身下进行细致检查时，务必使用汽车升降机，以提高评估人员的安全性。

二、基本的汽车碰撞损伤鉴定步骤

1）了解车身结构的类型。

2）以目测确定碰撞部位。

3）以目测确定碰撞的方向及碰撞力大小，并检查可能有的损伤。

4）确定损伤是否限制在车身范围内，是否还包含功能部件或零配件（如车轮、悬架、发动机及附件等）。

5）沿着碰撞路线系统地检查部件的损伤，直到没有任何损伤痕迹的位置。例如，立柱的损伤可以通过检查门的配合状况来确定。

6）测量汽车的主要零部件，通过比较维修手册车身尺寸图表上的标定尺寸和实际汽车上的尺寸来检查汽车车身是否产生变形。

7）用适当的工具或仪器检查悬架和整个车身的损伤情况。

一般而言，汽车损伤鉴定按图 5-4 所示的步骤进行。

三、碰撞对不同车身结构汽车的影响

现代汽车车身既要经受行驶中的振动，还要在碰撞时能给乘员提供安全。现代

汽车车身设计成在碰撞时能够最大限度地吸收碰撞时的能量，使得对乘员的影响减小。因此，现代乘用车在碰撞时，前部和后部车身形成一个吸引能量的结构，在某种程度上碰撞容易损坏，使得车身中部形成一个相对安全区，当汽车以 48km/h 的速度碰撞坚固障碍物时，发动机室的长度会被压缩 30% ~40%，但乘员室的长度仅被压缩 1% ~2%。

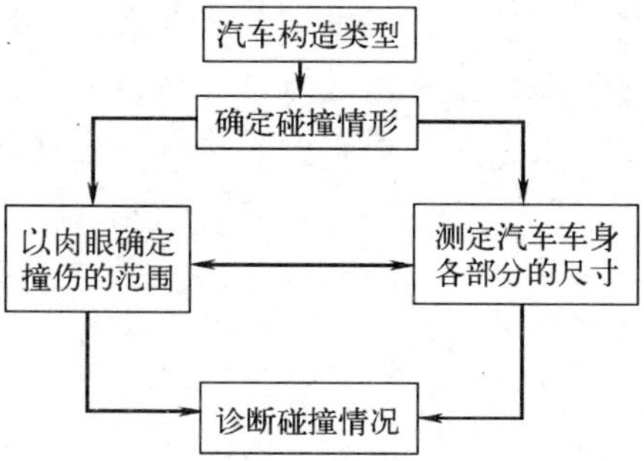

图 5-4 损伤鉴定步骤图

如第一章所述，汽车车身结构有两种基本类型：承载式车身和非承载式车身。非承载式车身遭受碰撞后，可能是车架损伤。也可能是车身损伤，或车架和车身都损伤。车架和车身都损伤可通过更换车架来实现车轮定位及主要总成定位，然而，承载式车身受碰撞后通常都会造成车身结构件的损伤。通常非承载式车身的修理只需满足形状要求，而承载式车身的修理既要满足形状要求，更要满足车轮定位及主要总成定位。所以碰撞对不同车身结构汽车的影响不同，从而造成修理工艺和方法的不同，最终造成修理费用的差距。这是汽车评估人员必须掌握的基本知识。

1. 对非承载式车身结构汽车的影响

非承载式车身由车架及围在其周围的可分解的部件组成，如图 5-5 所示。图中车架上圈出的部位为车架刚度较小的部位，主要用来缓冲和吸收来自前端或后端的碰撞能量，车身通过橡胶件固定在车架上，橡胶件同样也能减缓从车架传至车身上的振动效应。但这里需要注意的是，遇有强烈振动时，橡胶垫上的螺栓可能会折曲，并导致车架与车身之间出现缝隙。而且，由于振动的大小和方向，车架可能遭受到损伤而车身则没有。

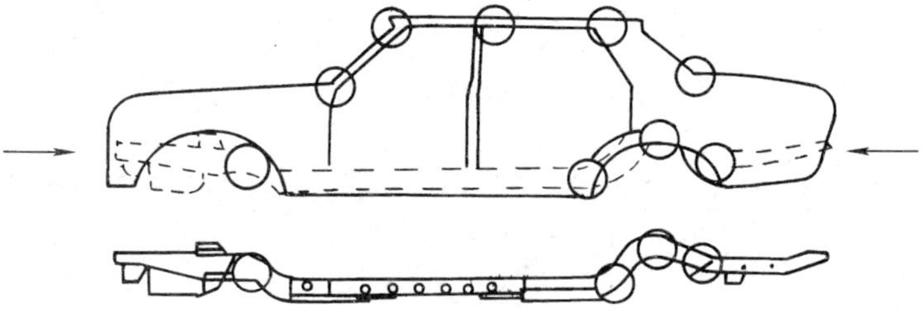
图 5-5 车架上刚度较弱的部位

(1) 车架变形的种类 车架的变形大致分为以下五种：

1) 左右弯曲。如图 5-6 所示，从一侧来的碰撞冲击力经常会引起车架的左右弯曲或一侧弯曲。左右弯曲通常发生在汽车前部或后部，一般可通过观察钢梁的内侧及对应钢梁的外侧是否有皱曲来确定，如图 5-7 所示。

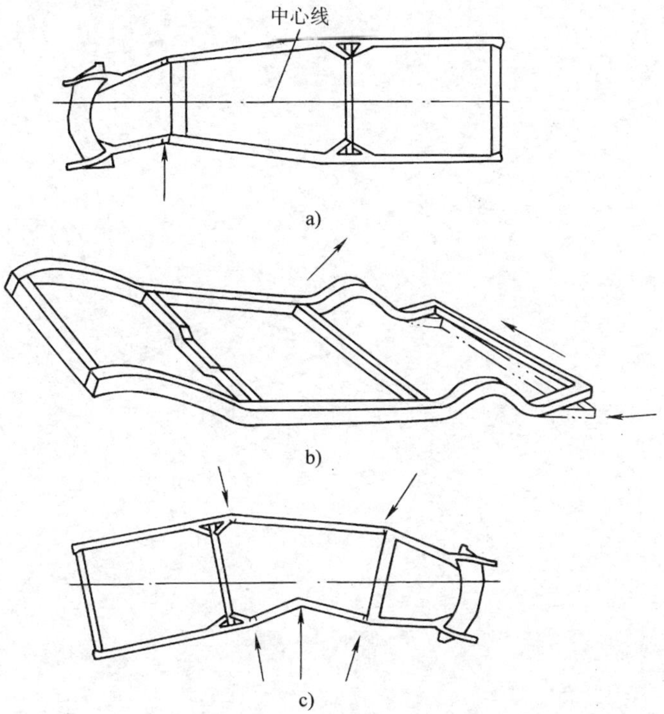

图 5-6　各种不同的左右弯曲变形
a）由前端碰撞引起的车架前部左右弯曲
b）由后端碰撞引起的车架后部左右弯曲
c）车架中部受到的左右弯曲

此外，通过发动机盖、行李箱盖及车门的缝隙、错位等情况都能够辨别出左右弯曲变形。

2）上下弯曲。如图 5-8 所示，汽车碰撞产生弯曲变形后，车身外壳表面会比正常位置高或低，结构上也有前、后倾现象。上下弯曲一般由来自前方或后方的直接碰撞引起，如图 5-9 所示，可能发生在汽车的一侧，也可能是两侧。

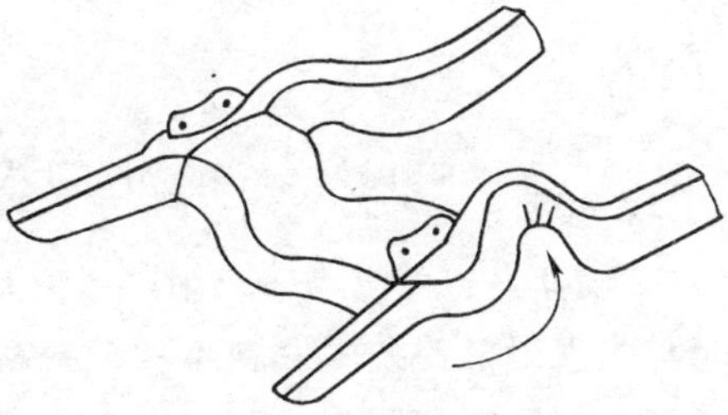

图 5-7　确定车架损伤的常见部位

判别上下弯曲变形可以查看翼子板与门之间的缝隙上下是否在顶部变窄，或下部变宽；也可以查看车门在撞击后是否下垂。上下弯曲变形是碰撞中最常见的一种损伤，交通事故中常见到这种受损汽车。严重的上下弯曲变形能够造成悬架钢板的弯曲变形损伤。

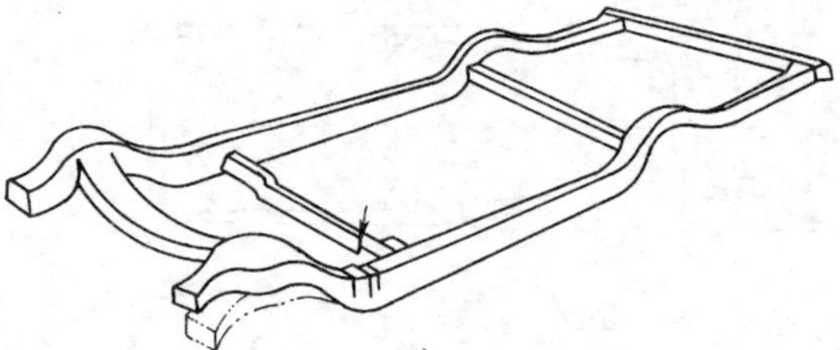

a)

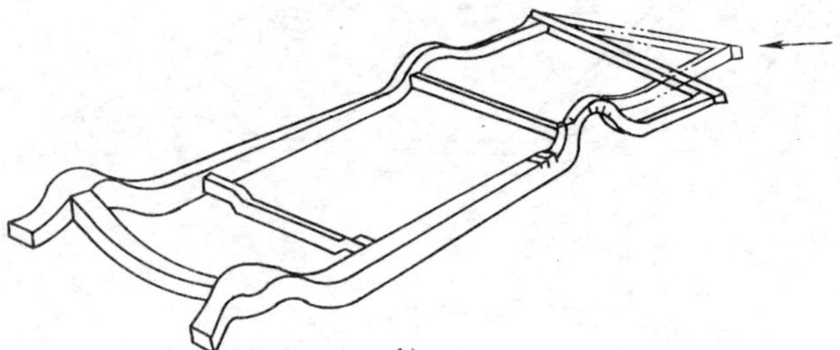

b)

图 5-8 车架的上下弯曲损伤

a）左前端上下弯曲 b）后尾部上下弯曲

a)

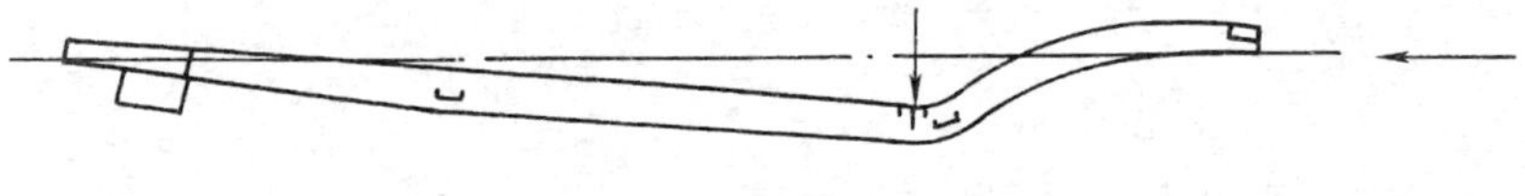

b)

图 5-9 直接碰撞引起的上下弯曲

a）前端碰撞引起的侧钢梁上下弯曲 b）后端碰撞引起的侧钢梁上下弯曲

3）皱折与断裂损伤。如图 5-10 所示，汽车碰撞后车架或车上某些零部件的尺寸会与厂家提供的技术资料不相符，断裂损伤通常表现在发动机盖的前移和侧移、行李箱盖的后移和侧移。有时看上去车门与周围吻合很好，但车架已产生了皱折或断裂损伤，这是非承载式结构不同于承载式车身结构的特点之一。皱折或断裂通常发生在应力集中的部位，如图 5-11 所示，而且车架通常还会在对应的翼子板处造成向上变形。

4）平行四边形变形。如图 5-12 所示，汽车的一角受到来自前方或后方的撞击力时，其一侧车架向后或向前移动，引起车架错位，使其成为一个接近平行四边形的形状，平行四边形变形会对整个车架产生影响，而不是一侧的钢梁。从视觉

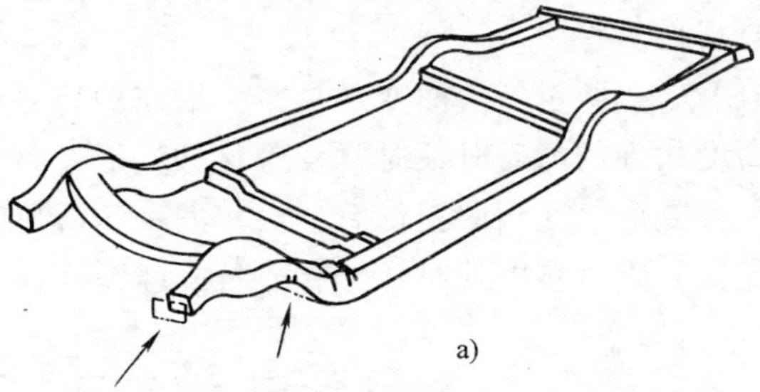

a)

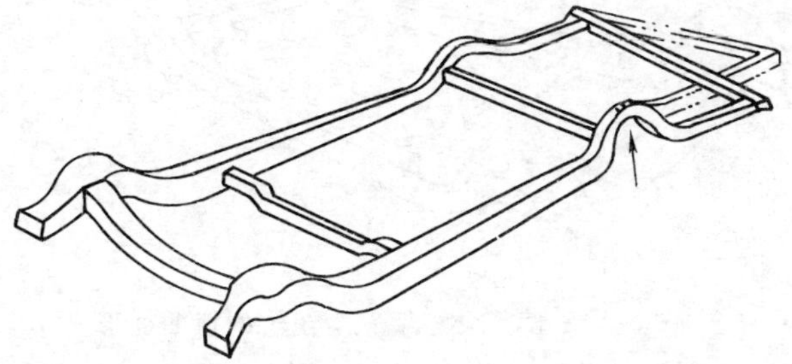

b)

图 5-10 直接碰撞引起的上下弯曲

a）左前侧的断裂损伤 b）左后侧的断裂损伤

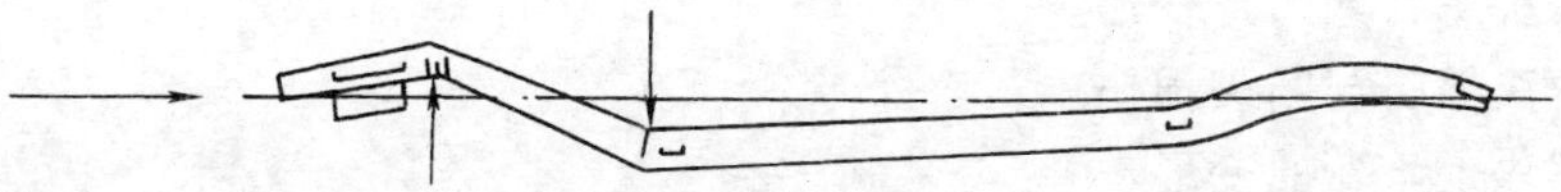

a)

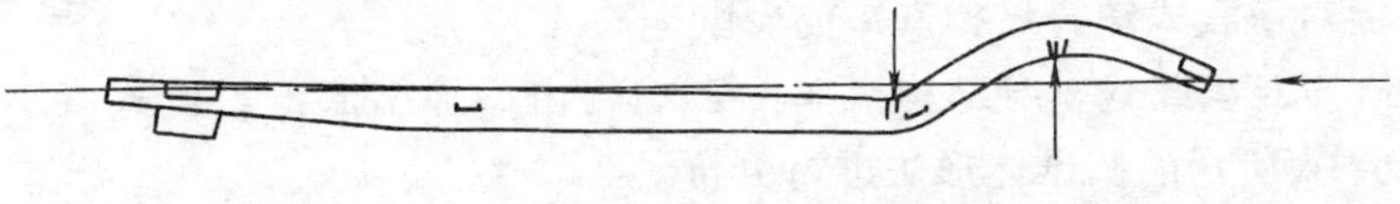

b)

图 5-11 车架的断裂损伤

a）由前端碰撞引起的车架断裂损伤 b）由后端碰撞引起的车架断裂损伤

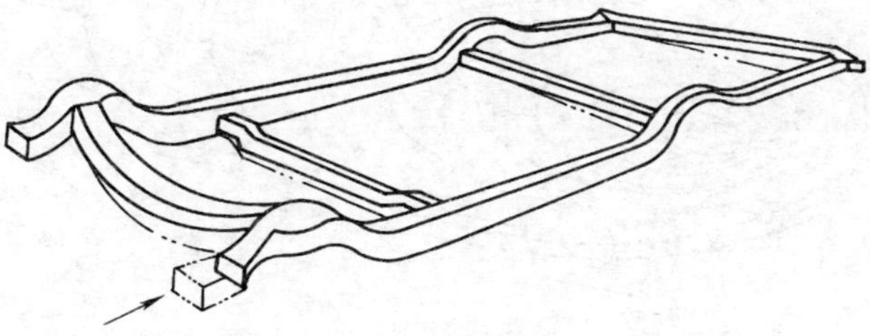

图 5-12 引起整个车架准直的平行四边形变形

上，我们会看到发动机盖及行李箱盖错位，通常平行四边形变形还会附有许多断裂及弯曲变形损伤的组合损伤。

5）扭曲变形。如图5-13所示，扭曲变形是车架损伤的另一种形式。当汽车在高速下撞击到与车架高度相近的障碍时就时常发生这种变形。另外，汽车尾部受侧向撞击时也时常发生这种变形。受到此损伤后，汽车的一角会比正常情况高，而相反的一侧会比正常情况低。应力集中处时常伴有皱折或断裂损伤。

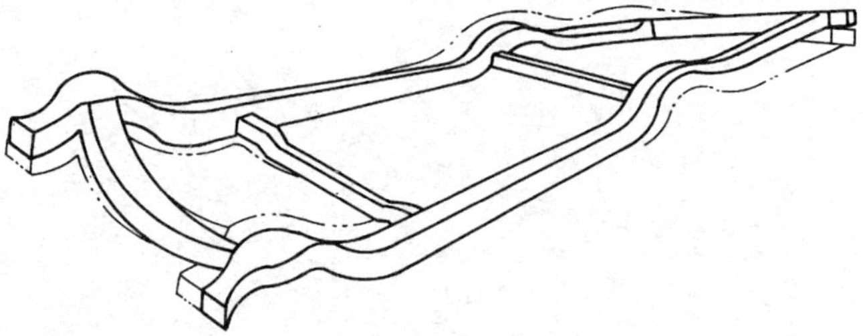

图5-13 使整个车架发生扭转的扭曲变形

（2）车架产生多种变形时的修理与校正步骤 大多数碰撞损伤是以上所述损伤类型的混合，其修理与校正步骤如下：

1）解决扭曲变形。

2）解决平行四边形变形。

3）解决皱折与断裂损伤。

4）解决上下弯曲变形。

5）解决左右弯曲变形。

2. 碰撞对承载式车身结构汽车的影响

（1）碰撞对承载式车身结构汽车的影响 由碰撞引起的整体式汽车的损伤可以运用图5-14所示的圆锥体形法进行分析。

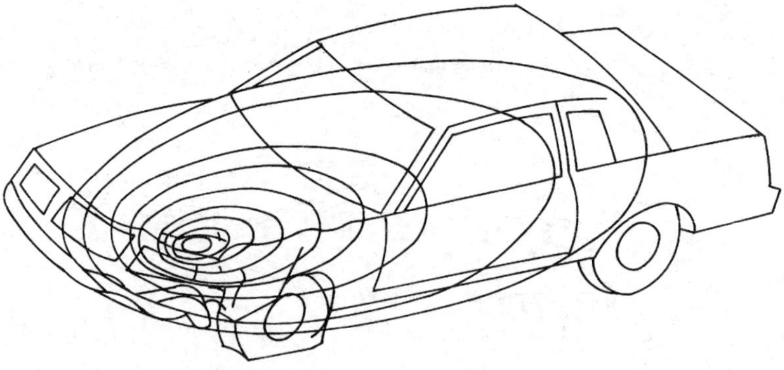

图5-14 运用圆锥体形法确定碰撞对承载式结构车身的影响

承载式车身结构汽车通常被设计成能够很好地吸收碰撞时产生的能量。这样受到撞击时，汽车车身由于吸收撞击能量而产生变形，撞击能量通过车身扩散，车身结构从撞击点依次吸收撞击能量，使得撞击能量主要被车身吸收。将目测撞击点作为圆锥体的顶点，圆锥体的中心线表示碰撞力的方向，其高度和范围表示碰撞力穿过车身壳体扩散的区域。圆锥体顶点附近通常为主要的受损区域。

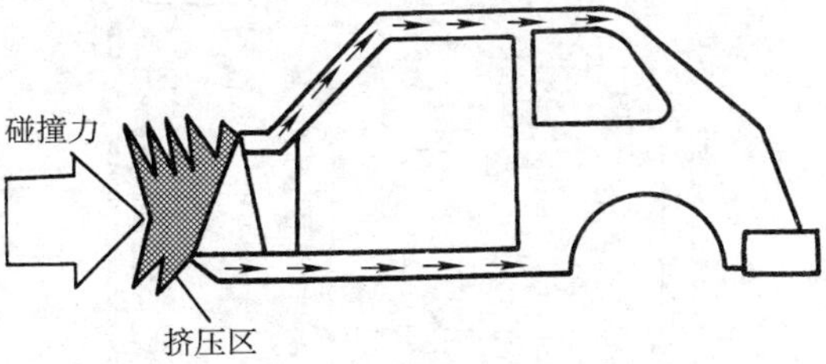

图 5-15 碰撞能量沿着车身扩散

由于整个车身壳体由许多片薄钢板连接而成，碰撞引起的振动大部分被车身壳体吸收，如图 5-15 所示。

但振动波的影响被称为“二次损伤”，通常，此损伤会影响整体式车身内部零部件和造成相反一侧的车身变形损伤，如图 5-16 所示。

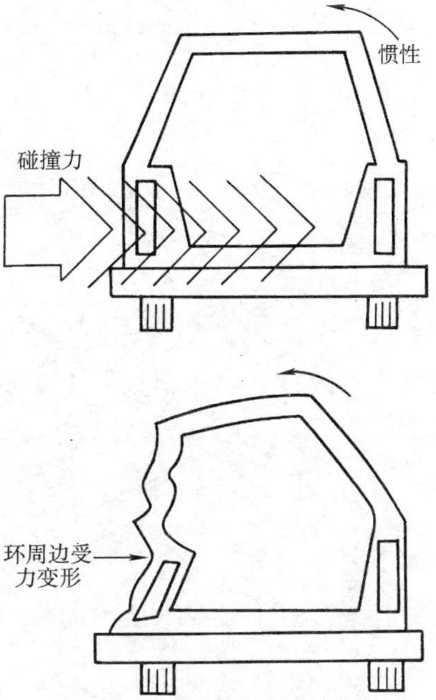

图 5-16 由于惯性作用，汽车车顶向碰撞的一侧移动

为了控制二次损伤变形并为乘员提供一个更为安全的空间，承载式车身结构的汽车在前部和后部设计了图 5-17 所示的碰撞应力吸收区域。在受到碰撞时，它能按照设计要求形成折曲，这样传到车身结构的振动波在传送时就被大大减小。换句话说，来自前方的碰撞应力被前部车身吸收，如图 5-18 所示。来自后方的碰撞应力被后部车身吸收，如图 5-19 所示。而来自前侧方的碰撞应力被前翼子板及前部纵梁吸收，中部的碰撞应力被边梁、立柱和车门吸收，来自后侧方的碰撞应力被后翼子板及后部纵梁吸收。

（2）承载式结构车身碰撞损伤按部位分类

1）前端碰撞。汽车前端正面碰撞损伤时，汽车在碰撞事故中多为主动物。碰撞的冲击力主要取决于被评估汽车的重量、速度、碰撞范围及碰撞源。碰撞较轻时，保险杠会被向后推，前纵梁及内轮壳、前翼子板、前横梁及散热器框架会变形；如果碰撞程度加大，那么前翼子板就会弯曲变形并移位触到车门，发动机盖铰链会向上弯曲变形并移位触到前围盖板，前纵梁变形加剧造成副梁的变形；如果碰撞程度更剧烈，前立柱将会产生变形，车门开关困难，甚至造成车门变形；如果

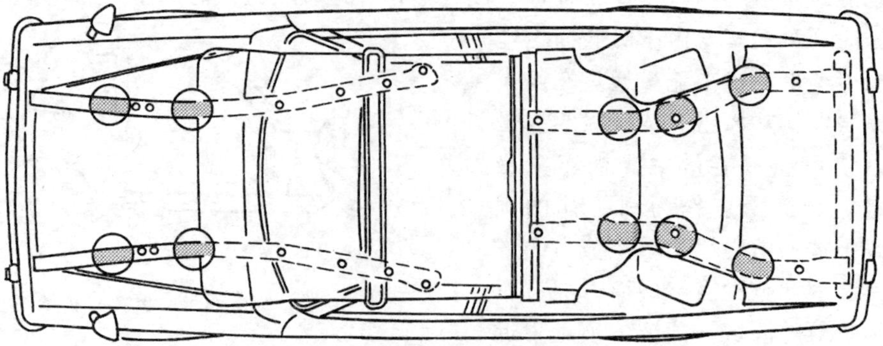

图 5-17 承载式结构车身横向刚度较弱的部位（应力吸收区域）

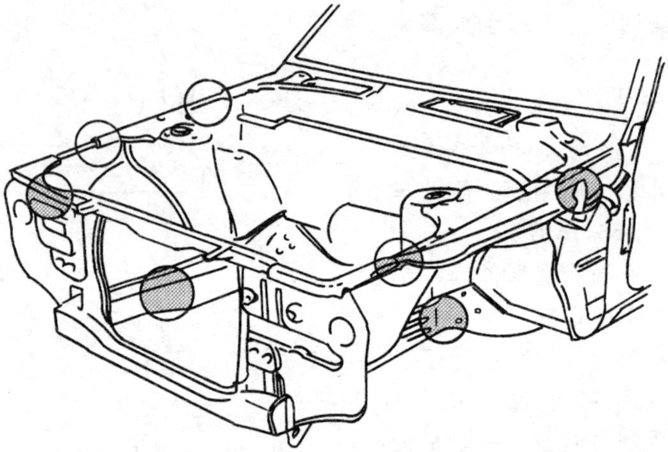

图 5-18 承载式结构车身前部刚度较弱的部位（应力吸收区域）

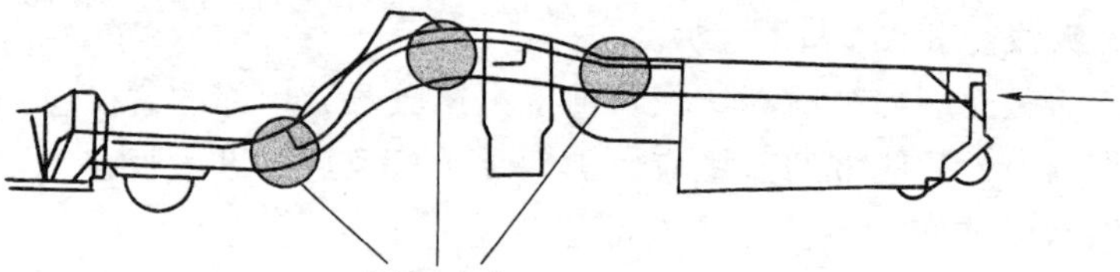

图 5-19 承载式结构车身后部刚度较弱的部位（应力吸收区域）

前面的碰撞从侧向而来，由于前横梁的作用，前纵梁就会产生变形，如图 5-20 所示。前端碰撞常伴随着前部灯具及护栅破碎、冷凝器、散热器及发动机附件损伤、车轮移位等。

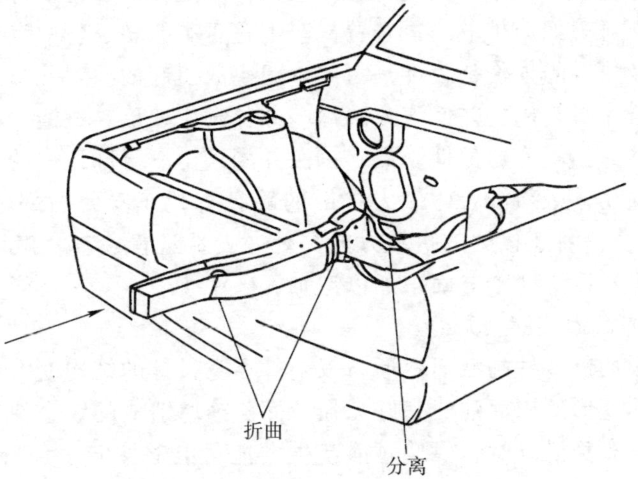

图 5-20 承载式结构车身的弯曲及断裂效应

2）后端碰撞。汽车后端正面碰撞损伤时，损伤较严重的往往是在碰撞事故中为被动物的汽车。汽车遭受后端碰撞损伤撞击时，碰撞的冲击力主要取决于撞击物的重量、速度及被评估汽车的被碰撞部位、角度和范围。如果碰撞较轻，通常后保险杠、行李箱后围板及行李箱底板可能压缩弯曲变形；如果碰撞较重，D 柱下部前移，D 柱上端与车顶接合处会产生折曲，后门开关困难，后风窗玻璃与 D 柱分离，甚至破碎。碰撞更严重会造成 B 柱下端前移，在车顶 B 柱处产生凹陷变形。后端碰撞常伴随着后部灯具的损坏等。

3）侧面碰撞。在确定汽车侧面碰撞时，分析汽车的结构尤为重要。一般来说，对于严重的碰撞，车门 A、B、C 柱以及车身底板都会变形。当汽车遭受侧向力较大时，惯性会使另一侧的车身产生变形。当前后翼子板中部遭受严重碰撞时，还会造成前后悬架零部件的损伤，前翼子板中后部遭受严重碰撞时，还会造成转向系统中横拉杆、转向机齿轮齿条的损伤。

4）底部碰撞。底部碰撞常为行驶中由于路面凹凸不平、路面上异物（如石块）造成车身底部与路面或异物发生碰撞，致使汽车底部零部件与车身底板损伤。常见的损伤有前横梁、发动机下护板、发动机油底壳、变速器油底壳、悬架下托臂、副梁、后桥及车身底板等。

5）顶部碰撞。顶部单独碰撞的汽车发生的概率较小，单独的顶部受损多为空中坠落物所致，以顶部面板及骨架变形为主。汽车倾覆是造成顶部受损的常见现象，汽车倾覆造成顶部受损常伴随着车身立柱、翼子板和车门变形及车窗破碎。

四、以目测确定碰撞损伤的程度

在大多数情况下，碰撞部位能够显示出结构变形或者断裂的迹象。用肉眼进行检查时，先要后退离开汽车对其进行总体观察，从碰撞的位置估计受撞范围的大小及方向，并判断碰撞如何扩散。再查看汽车上是否有扭转、弯曲变形，设法确定出损伤的位置以及所有的损伤是否都是由同一起事故引起的。

碰撞力沿着车身扩散，并使汽车的许多部位发生变形，碰撞力具有穿过车身坚固部位最终抵达并损坏薄弱部件，最终扩散并深入至车身部件内的特性。因此，为了查找出汽车损伤，必须沿着碰撞力扩散的路径查找车身薄弱部位（碰撞力在此形成应力集中）。沿着碰撞力的扩散方向一处一处地进行检查，确认是否损伤和损伤程度。具体可从以下几个方面来加以识别：

1. 钣金件的截面突然变形

碰撞所造成的钣金件的截面变形与钣金件本身设计的结构变形不一样，钣金件本身设计的结构变形处表面油漆完好无损，而碰撞所造成的钣金件的截面变形处油漆起皮、开裂。车身设计时，要使碰撞产生的能量能够按照一条既定的路径传递，在指定的地方吸收，如图 5-21 所示。

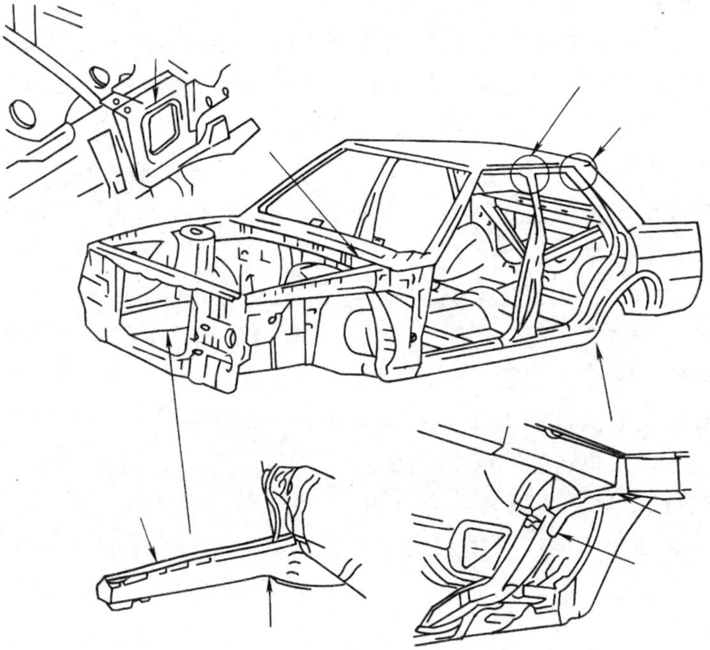

图 5-21 损伤容易出现的部位

2. 零部件支架断裂、脱落及遗失

发动机支架、变速器支架、发动机各附件支架是碰撞应力吸受处。发动机支架、变速器支架、发动机各附件支架在汽车设计时就有保护重要零部件免受损伤的功能。在碰撞事故中常有各种支架断裂、脱落及遗失现象出现。

3. 检查车身每一部位的间隙和配合

车门是以铰链装在车身立柱上的，通常立柱变形就会造成车门与车门、车门与立柱的间隙不均匀，如图5-22所示。

另外，还可通过简单的开关车门，查看车门锁机与锁扣的配合，从锁机与锁扣的配合可以判断车门是否下沉，从而判断立柱是否变形，查看铰链的灵活程度可以判断主柱及车门铰链处是否变形。

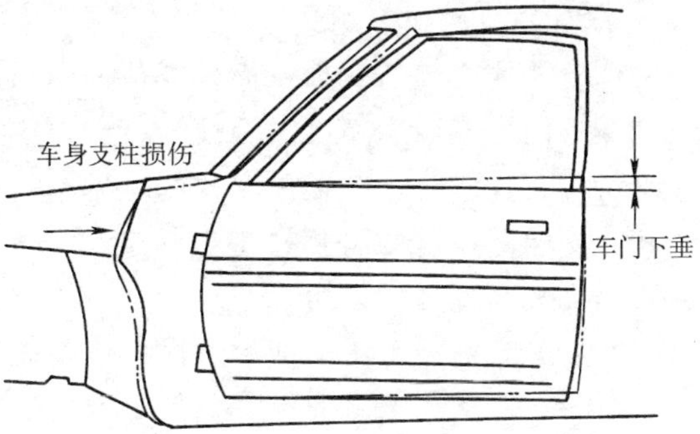

图5-22 通过车门下垂检查支柱是否损伤

在汽车前端碰撞事故中，检查后车门与后翼子板、门槛、车顶侧板的间隙，并做左右对比是判断碰撞应力扩散范围的主要手段。

4. 检查汽车本身的惯性损伤

当汽车受到碰撞时，一些质量较大部件（如装配在橡胶支座上的发动机、离合器总成）在惯性力的作用下会造成固定件（橡胶垫、支架等）、周围部件及钢板的移位、断裂。对于承载式车身结构的汽车还需检查车身与发动机及底盘接合部是否变形。

5. 检查来自乘员及行李的损伤

乘员和行李在碰撞中由于惯性力作用还能引起车身的二次损伤，损伤的程度因乘员的位置及碰撞的力度而异，其中较常见的损伤有转向盘、仪表工作台、转向柱护板及座椅等。行李箱中的行李是造成行李箱中如CD机、音频功率放大器等设施损伤的常见现象。

五、车身变形的测量

碰撞损伤汽车车身尺寸的测量是做好碰撞损失评估的一项重要工作，就承载式车身结构的汽车来说，准确的车身尺寸测量对于损伤鉴定更为重要。转向系统和悬架大都装配在车身上。齿轮齿条式转向器通常装配在车身或副梁上，形成与转向臂固定的联系，车身的变形直接影响到转向系统中横拉杆的定位尺寸。大多数汽车的主销后倾角和车轮外倾角是不可调整的，而是通过与车身的固定装配来实现的，车身悬架座的变形直接影响到汽车的主销后倾角和车轮外倾角。发动机、变速器及差速器等也被直接装配在车身或车身构件支承的支架上。车身的变形还会使转向器和悬架变形，或使零部件错位，而导致车身操作失灵，传动系统的振动和噪声，拉杆接头、轮胎、齿轮齿条的过度磨损和疲劳损伤。为保证汽车正确的转向及操纵性能，关键定位尺寸的误差不得超过3mm。

碰撞损伤的汽车最常见部位如下：

1. 车身的扭曲变形测量

要修复碰撞产生的变形，撞伤部位的整形应按撞击的相反方向进行，修复顺序也应与变形的形成顺序相反。因此，检测也应按相反的顺序进行。

测量车身变形时，应记住车身的基础是它的中段，所以应首先测量车身中段的扭曲和方正状况，这两项测量将告诉汽车评估人员车身的基础是否周正，然后才能以此为基准对其他部位进行测量。

扭曲变形是最后出现的变形，因此应首先进行检测。扭曲是车身的一种总体变形。当车身一侧的前端或后端受到向下或向上的撞击时，另一侧变形就以相反的方向变形。这时就会呈现扭曲变形。

扭曲变形只能在车身中段测量，否则，在前段或后段的其他变形导致扭曲变形的测量数据不准确。为了检测扭曲变形，必须悬挂两个基准自定心规，它们也称作2号（前中）和3号（后中）规。2号规应尽量靠近车体中段前端，而3号规则尽量靠近车体中段的后端。然后相对于3号规观测2号规：如果线规平行，则说明没有扭曲变形，否则说明可能有扭曲变形。注意，真正的扭曲变形必须存在于整个车身结构中。当中段内的两个基准规不平行，要检测是否为真正的扭曲变形时，通常我们再挂一个量规。应走到未出现损伤变形的车身段上，把1号（前）或4号（后）自定心规挂上。这个自定心规应相对于靠其最近的基准规进行测量，即1号规相对于2号规，而4号规相对于3号规观测。如果前（或后）量规相对于最靠近它的基准规观测的结果是平行的，则表示不存在真正的扭曲变形，而只是在中段失去了平行。当存在真正的扭曲变形时，各量规将呈现出图5-23所示的情形。

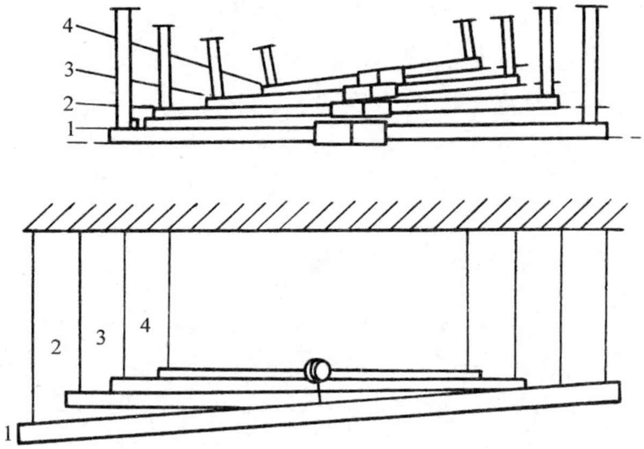

图5-23 车身扭曲时各个自定心规呈现出的状态

2. 前部车身的尺寸测量

图5-24所示为典型的承载式结构车身的前部控制点和定位尺寸。通过测量图中所标位置的尺寸和出厂车身尺寸来判断碰撞产生的变形量。最常用的方法是上部测量两悬架座至另一侧散热器框架上控制点的距离是否一致；下部测量前横梁两定位控制点至另一侧副梁后控制点的距离是否一致。通常检查的尺寸越长，测量就越准确。如果利用每个基准点进行两个或更多个位置尺寸的测量，就能保证所得到的结果更为准确，同时还有助于判断车身损伤的范围和方向。

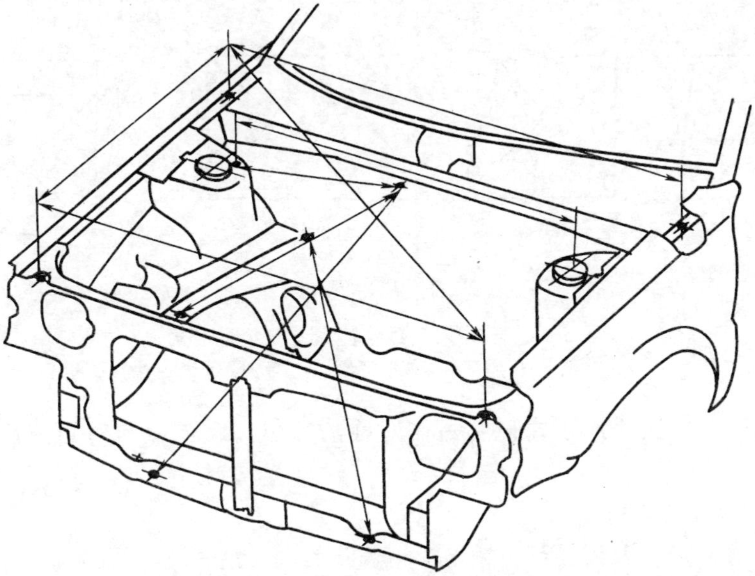

图 5-24　前部车身上的测量点

3. 车身侧围的测量

图 5-25 所示为典型的车身侧围的控制点和定位尺寸。

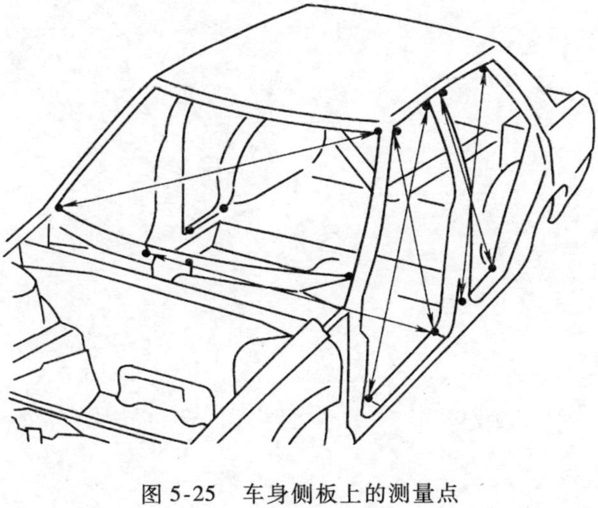

图 5-25　车身侧板上的测量点

通常汽车左右都是对称的，利用车身的左右对称性，通过测量可以进行车身挠曲变形的检测，如图 5-26 所示。

这种测量方法不适用于车身的扭曲变形和左右两侧车身对称受损的情况（图 5-26c）。

在图 5-27 中通过左侧、右侧长度 *yz*、*YZ* 的测量和比较，可对损伤情况做出很

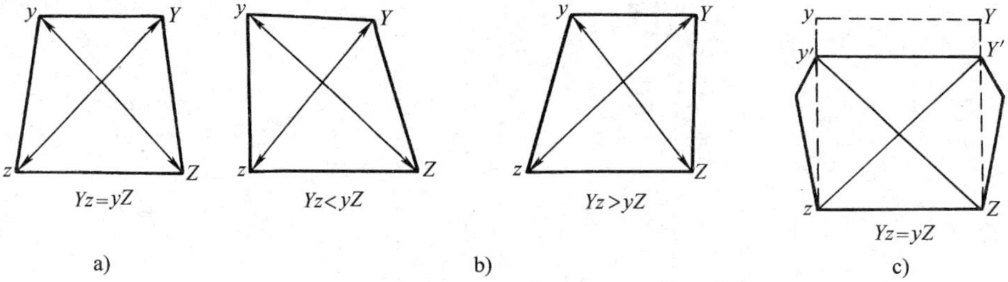

图 5-26 利用对角线法测量车身挠曲变形

a）车身没有挠曲 b）车身挠曲变形 c）车身两侧均发生变形

好的判断，这一方法适用于左侧和右侧对称的部位，它还应与对角线测量法结合使用。

4. 车身后段的测量

后部车身的变形大致上可通过行李箱盖开关的灵活程度，以及与行李箱接合的密封性来判断。后风窗玻璃是否完好；后风窗玻璃与风窗玻璃框的配合间隙左右、上下是否合适也是汽车评估判断车身后部是否变形的常用手段。后部车身的常见测量点如图 5-28 所示。

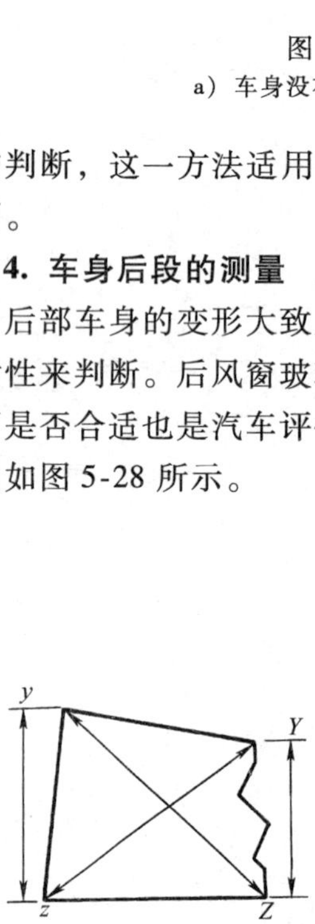

图 5-27 左右侧高度尺寸的比较

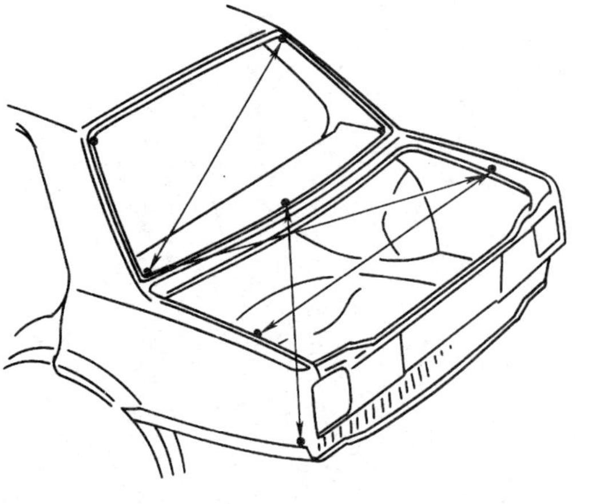

图 5-28 后部车身测量点

第三节 常损零件修与换的掌握

在损失评估中受损零件的修与换是困扰汽车评估人员的一个难题，同时也是汽车评估人员必须要掌握的一项技术，是衡量汽车评估人员水平的一个重要标志。在保证汽车修理质量的前提下，用最小的成本完成受损部位修复是评估人员评估受损汽车的原则。碰撞中常损零件有承载式车身结构钣金件、车身覆盖钣金件、塑料件、机械件及电器件等。

一、承载式车身结构钣金件修与换的掌握

碰撞受损的承载式车身结构件是更换还是修复？这是汽车评估人员几乎每天都必须面对的问题。实际上，做出这种决定的过程就是一个寻找判断理由的过程。为了帮助汽车评估人员做出正确的判断，美国汽车撞伤修理业协会经过大量的研究，终于得出关于损伤结构件修复与更换的一个简单的判断原则，即“弯曲变形就修，折曲变形就换”。

为了更加准确地了解折曲和弯曲这两个概念，必须记住下面的内容。

1. 弯曲变形特点

1）损伤部位与非损伤部位的过渡平滑、连续。

2）通过拉拔矫正可使它恢复到事故前的形状，而不会留下永久的塑性变形。

2. 折曲变形特点

1）弯曲变形剧烈，曲率半径小于3mm，通常在很短的长度上弯曲90°以上，如图5-29所示。

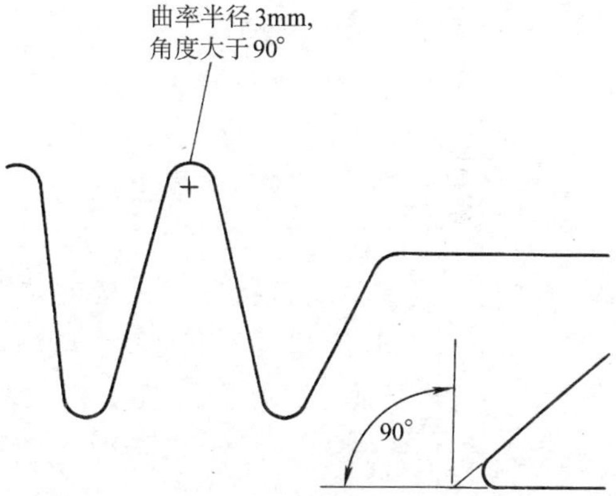

图5-29 折曲变形图例

2）矫正后，零件上仍有明显的裂纹或开裂，或者出现永久变形带，不经过调温加热处理不能恢复到事故前的形状。

3. 注意事项

虽然美国汽车撞伤修理业协会的“弯曲与折曲”原则是判断承载式车身结构件是更换还是修复的依据，但撞伤评估人员必须懂得：

1）在折曲和随后的矫正过程中钢板内部发生了什么变化。

2）为什么那些仅有一些小的折曲变形或有裂纹的大结构件也必须裁截或更换，如图5-30所示。

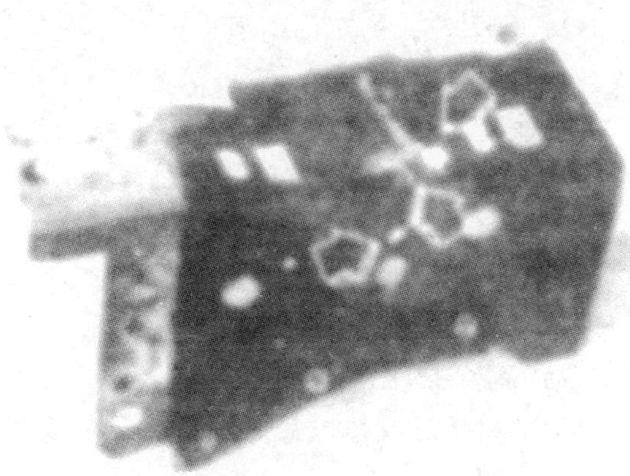

图5-30 这段加长梁虽已矫正，但在棱和两个孔处有裂纹，所以被更换下来

3）当承载式车身决定采用更换结构板件时，应完全遵照制造厂的建议，这一点非常重要。当需要切割或分割板件时，厂方的工艺要求必须遵守，一些制造厂不允许反复

分割结构板件。另一些制造厂规定只有在遵循厂定工艺时，才同意分割。所有制造厂家都强调，不要割断可能降低乘客安全性的区域、降低汽车性能的区域或者影响关键尺寸的地方。然而，在我国，根据作者对碰撞修理业的了解，几乎未见汽车修理业完全按制造厂工艺要求更换车身结构件，所以作者认为，在我国应采用“弯曲变形就修，折曲变形可以换，而不是必须更换”，从而避免可能产生更大的车身损伤。

4）高强度钢在任何条件下，都不能用加热来矫正。

二、非结构钣金件修与换的掌握

非结构钣金件又称覆盖钣金件，承载式车身的覆盖钣金件通常包括可拆卸的前翼子板、车门、发动机盖、行李箱盖，和不可拆卸的后翼子板、车顶等。

1. 可拆卸件修与换的掌握

（1）前翼子板修与换的掌握

1）损伤程度没有达到必须将其从车上拆下来才能修复，如整体形状还在，只是中部的局部凹陷，一般不考虑更换。

2）损伤程度达到必须将其从车上拆下来才能修复，并且前翼子板的材料价格低廉、供应流畅，材料价格达到或接近整形修复工费，应考虑更换。

3）如果每米长度超过3个折曲、破裂变形，或已无基准形状，应考虑更换（一般来说，当每米折曲、破裂变形超过3个时，整形和热处理后很难恢复其尺寸）。

4）如果每米长度不足3个折曲、破裂变形，且基准形状还在，应考虑整形修复。

5）如果修复工费明显小于更换费用应考虑以修理为主。

（2）车门修与换的掌握

1）如果车门门框产生塑性变形，一般来说是无法修复的，应考虑以更换为主。

2）许多汽车的车门面板是可以作为单独零件供应的，面板的损坏可以单独更换，不必更换门壳总成。

其他同前翼子板。

（3）发动机盖和行李箱盖修与换的掌握　绝大多数汽车的发动机盖和行李箱盖，是用两个冲压成形的冷轧钢板经翻边胶粘制成的。

1）判断碰撞损伤变形的发动机盖或行李箱盖，是否要将两层分开进行修理，如果不需将两层分开，则不应考虑更换。

2）需要将两层分开整形修理，应首先考虑工费加辅料与其价值的关系，如果工费加辅料接近或超过其价值，则不应考虑修理。反之，应考虑整形修复。

其他同车门。

2. 不可拆卸件修与换的掌握

碰撞损伤的汽车中最常见的不可拆卸件就是三厢车的后翼子板（美国教科书

称作 1/4 车身面板)，由于更换需从车身上将其切割下来，而国内绝大多数汽车修理厂在切割和焊接上，满足不了制造厂提出的工艺要求，从而造成车身结构新的修理损伤。所以，作者认为，在国内现有的修理行业设备和工艺水平下，后翼子板只要有修理的可能性都应采取修理的方法修复，而不应像前翼子板一样存在值不值得修理的问题。

三、塑料件修与换的掌握

塑料是以树脂为主要成分，在一定温度和压力下塑造成一定形状，并在常温下能保持既定形状的高分子有机材料。

随着汽车工业的发展，汽车车身各种零部件越来越多地使用各种塑料制成，特别是车身前端，包括保险杠、格栅、挡泥板、防碎石板、仪表工作台及仪表板等。图 5-31 所示为现代汽车的外部常用塑料件部位图，图 5-32 所示为现代汽车的内部常用塑料件部位图。

由于塑料比钢板轻得多，已成为各汽车制造厂商减轻自重、节省燃油的重要手段。由于塑料具有高的强度和重量比，重量减少并不意味着强度降低。用塑料做车身已不再是想象，所以掌握塑料件的更换与修理变得越来越重要。

塑料在汽车上的推广和运用，就产生了修理碰伤的新方案。许多损坏的汽车可以经济地修理而用不着更换，特别是不必从车上拆下零件。划痕、擦伤、撕裂和刺穿都可修理。此外，由于某些零件不一定有现货供应，订货时间较长，修理往往可以迅速地进行，从而缩短了修理工期。

1. 塑料的种类

目前汽车上应用的塑料可按塑料的物理化学性能分为：

(1) 热塑性塑料　这种塑料可以重复地加热软化，其化学成分并不发生变化。受热后它就变软或熔化，而冷却后即变硬，这种塑料可以用塑料焊机焊接。

(2) 热固性塑料　这种塑料在加热和使用催化剂或紫外光的情况下发生化学变化。硬化后得到永久形状，即使重复加热或使用催化剂也不会变形。不能用塑料焊机焊接。

图 5-33 所示更充分地说明了热与这两种塑料的关系。一般说来，热固性塑料的修理方法是化学粘结剂粘合，而热塑性塑料的修理方法是焊接。

不同车型、不同部位所用的塑料不尽相同，即使是同一年款、同一部件的汽车也有可能使用不同的塑料。这通常是因为汽车制造厂商更换了配件供应商，或者是改变了设计或生产工艺。

表 5-1 列出了常见的汽车塑料及其应用。还列出了它们的国际标准代号、正式化学名称、应用部位及理化属性。

2. 塑料的鉴别

对于不明塑料有几种鉴别方法如下：

1）查看压在塑料件上的国际标准代号，即ISO代码。现在正规的汽车零配件生产厂商都使用这种代码，只是要查看塑料零件的ISO代码，通常要将零件从车上拆下后从零件的内表面才能看到所标的ISO代码。

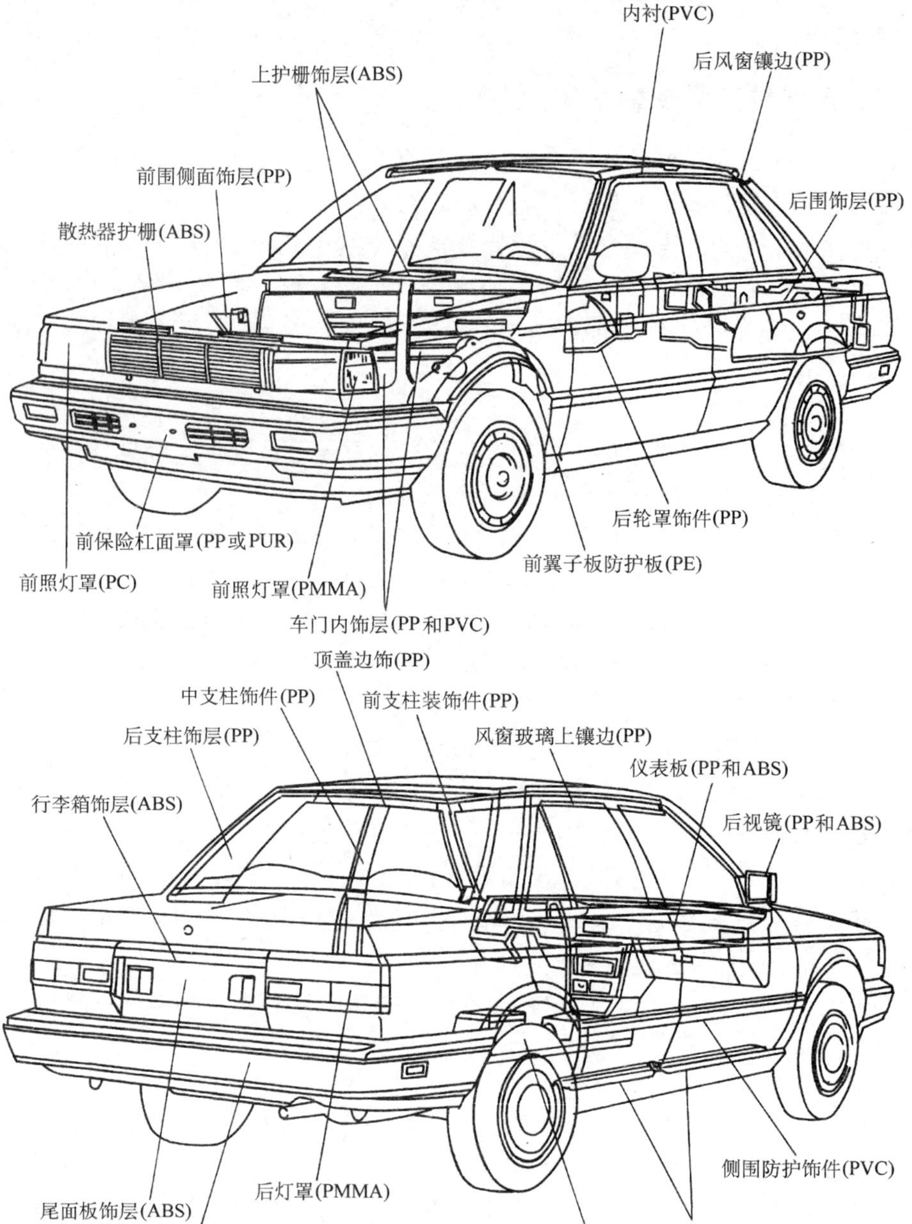

图5-31 现代汽车的外部常用塑料件部位图

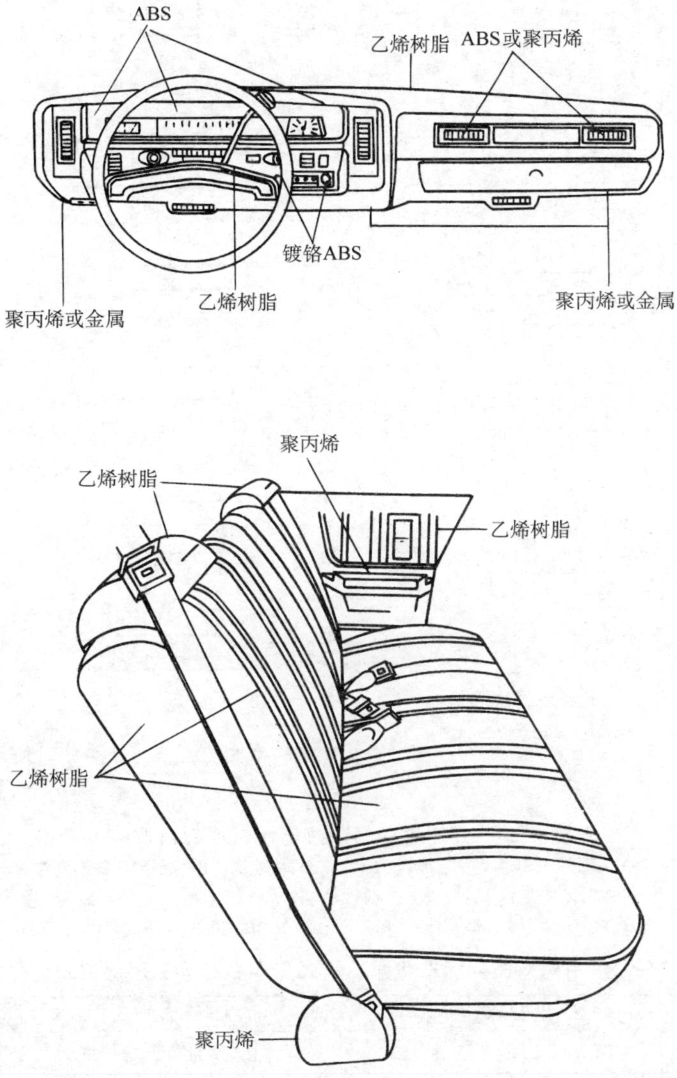

图 5-32 现代汽车的内部常用塑料件部位图

2）查阅车身维修手册，手册中一般都标出了每个塑料件所用的材料。由于汽车生产厂商经常会更改塑料零件的供应商及工艺，使用车身维修手册应查阅相应的版本。

过去使用的“燃烧法”现在已不主张使用，原因有三个：

① 燃烧产生有毒气体，对人体有害。

② 停车场、修理厂使用明火都是不安全的。

③ 目前许多塑料都是复合材料，复合材料有多种成分，燃烧法根本无法鉴别。

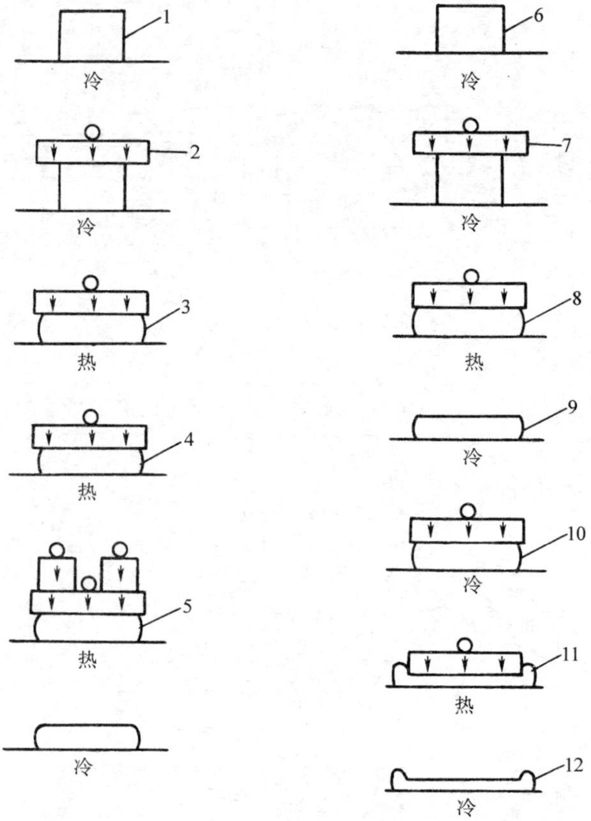

图 5-33 热固性塑料和热塑性塑料的热效应
1—热固性塑料 2—施加压力 3—塑性变形 4—继续加热不变形
5—再加压力仍不变形 6—热塑性塑料 7—施加压力 8—塑性变形
9—塑料硬化 10—塑料不变形 11—塑料加热再变形 12—塑料硬化

表 5-1 汽车常用塑料国际标准代号、正式化学名称、应用部位及理化属性表

国际标准代号	化学名称	应用部位	理化属性
ABS	丙烯腈-丁二烯-苯乙烯共聚物	车体板、仪表板、护栅、灯罩	热塑性
ABS/MAT	玻璃纤维强化硬质 丙烯腈-丁二烯-苯乙烯共聚物	车身板	热固性
EP	环氧树脂	玻璃钢车身板	热固性
EPDM	乙烯-丙烯-二烯共聚物	保险杠防撞条、车身板	热固性
PA	聚酰胺	外部装饰板	热固性
PC	聚碳酸酯	前照灯罩、仪表罩	热塑性
PMMA	聚甲基丙烯酸甲酯	灯罩(有色透光部分)	热塑性
PPO	聚苯醚	镀铬件、护栅、灯框、 仪表框、装饰件	热固性
PE	聚乙烯	内防护板、内装饰板， 窗帘框架、阻流板	热塑性

（续）

国际标准代号	化学名称	应用部位	理化属性
PP	聚丙烯	保险杠、前围板、内饰件、防砾石板、风扇护罩、仪表台	热塑性
PS	聚苯乙烯	韧性添加剂	热塑性
PUR	聚氨基甲酸乙酯	保险杠、车体板、垫板	热固性
PVC	聚氯乙烯	内衬板、软质垫板	热塑性
RIM	反应注模聚氨基甲酸乙酯	保险杠	热固性
RRIM	强化反应注模聚氨基甲酸乙酯	车身外板	热固性
SAN	苯乙烯-苯烯腈	内装饰板	热固性
TPR	热塑橡胶	窗帘框架	热固性
TPUR	热塑性聚氨基甲酸乙酯	保险杠、防砾石板、垫板、软质仪表板	热塑性
UP	聚酯	玻璃钢车身板	热固性

有一种鉴别塑料的可行性方法，即假定它是一种具有可焊性的热塑性材料，在该零件的隐蔽部位或损伤处进行试焊，如图 5-34 所示。

可试用几根焊条，直到其中的一种能够焊合为止，如果有一种焊条能与之焊合，那么未弄清的塑料为热塑性塑料，材质为与能焊合那种焊条理化性能相同或相近的材料。反之为热固性材料。大多数塑料焊接设备供应商能够提供 6 种左右的塑料焊条，不同焊条颜色不一样，材质也不一样。

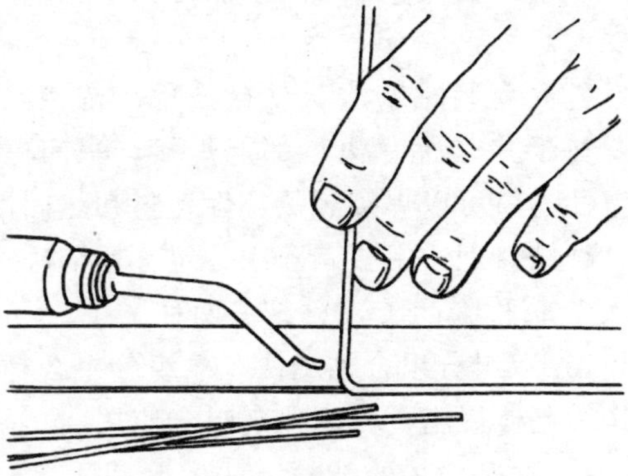
图 5-34　试焊

3. 塑料的修理方法

根据塑料的理化属性，塑料分为热塑性塑料和热固性塑料，相应的修理方法分为塑料焊接法和化学粘结法。

（1）塑料焊接法　塑料焊接与金属焊接相似。这两种焊接都要使用热源和焊条；焊接方法包括碰焊、填焊和搭焊。接头的类型也大致相同，而且强度的评定方法也相似。然而，由于两种材料在物理特性上的差异，这两种材料焊接时又有明显的差异。熟练焊接金属的技工，不一定会焊接塑料。

焊接金属时，焊条与基体材料熔为一体。金属有确定的熔点，而塑料在软化温度和烧焦或燃烧的温度之间有很大的熔化温度范围。此外，与金属不同的是，塑料传热性能差，加热不易均匀。因此，在塑料表面以下的塑料部分还未完全软化时，塑料焊条和塑料表面就会烧焦或燃烧。在焊接温度下分解的时间比在焊接中使塑料软化所需的时间短，所以塑料焊机的工作温度范围要比金属焊机小得多。

由于塑料焊条不会完全熔化，在焊接前后看来没有变样。从事焊接金属的技工往往会认为这样的塑料焊接是不完全的，理由很简单，因为只有焊条的外表面熔化，其内芯仍然是硬的。焊工可向焊条施加压力，使它进入焊区并形成永久结合。切去热源后，焊条恢复原状。所以，即使在焊条和基体材料之间获得牢固、永久的结合，焊条的形状还是和焊接前非常相像，所不同的只是在焊缝侧有熔流带。

焊接塑料时，材料在热量和压力的适当结合下熔融在一起。采用常用的手工焊接方法时，这种结合是靠用一只手向焊条施加压力，而同时用焊炬的热气把焊条和基体材料加热并保持适当的“扇展动作”来实现，如图 5-35 所示。获得良好的焊接质量，在于保持压力、温度的稳定和平衡。压力过大会使焊缝扩大，而温度过高会使塑料烧焦、熔化和变形。

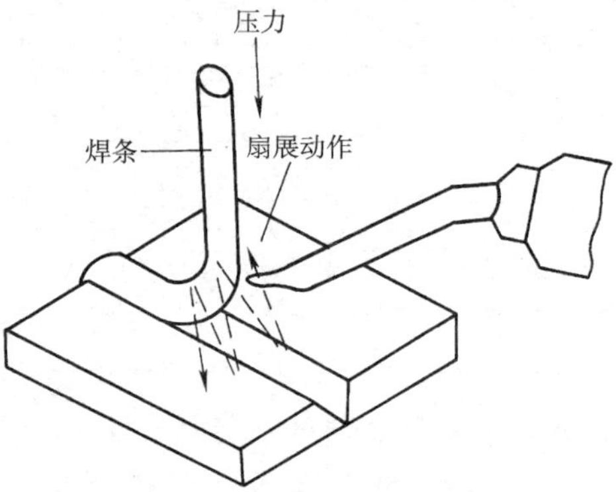

图 5-35 适当的加热与加压才能获得良好的塑料焊接质量

(2) 塑料粘结法 粘接法优于焊接主要在于并非所有塑料都能焊接，只有热塑性塑料可以焊接。热塑性塑料和热固性塑料都可以采用粘结法修理。

粘结修理法主要有双组分组合粘结法（俗称双管胶或 AB 胶）和氰基丙烯酸酯（CAs，俗称瞬间胶）粘结法两种。

1）双组分组合粘结法。双组分组合粘结法是以聚酯、环氧树脂或氨基甲酸乙酯作为基体树脂，与固化剂组合使用。

2）氰基丙烯酸酯粘结法。氰基丙烯酸酯粘结法在近几年来有了很大的变化，使用很多新的配方。氰基丙烯酸酯又称超级胶。对于大多数塑料修理来说，并不推荐使用氰基丙烯酸酯，因为它经不起日晒雨淋，不能保证修理件耐用。在强度和弹性相同的情况下，使用氰基丙烯酸酯来修复比其他方法速度快。应当说明，氰基丙烯酸酯在各种塑料上使用并不是一样好。如果决定使用氰基丙烯酸酯，应选择质量可靠的品牌，严格按使用说明去做。

一般说来，双组分组合粘结法与氰基丙烯酸酯粘结法的主要区别在于，双组分组合粘结法的粘结处韧性较好，而氰基丙烯酸酯粘结法粘结处韧性较差，不适合有韧性要求的材料。氰基丙烯酸酯粘结法的优点是速度快，使用方便。

4. 塑料件修与换的掌握

作者认为，塑料件修与换的掌握应从以下几个方面来考虑：

1）对于燃油箱及要求严格的安全结构件，必须考虑更换。

2）整体破碎应考虑更换为主。

3）价值较低、更换方便的零件应考虑更换为主。

4）应力集中部位，如富康车尾门铰链、撑杆锁机处，应考虑更换为主。

5）基础零件，并且尺寸较大，受损为划痕、撕裂、擦伤或穿孔，这些零件拆装麻烦、更换成本高或无现货供应，应考虑以修理为主。

6）表面无漆面的、不能使用氰基丙烯酸酯粘结法修理的且表面美光要求较高的塑料零件，一般来说，由于修理处会留下明显的痕迹，应考虑更换。

四、机械类零件修与换的掌握

1. 悬架系统、转向系统零件修与换的掌握

在阐述悬架系统中零件修与换的掌握之前，我们必须说明悬架系统与车轮定位的关系。非承载式车身，正确的车轮定位的前提是正确的车架形状和尺寸。承载式车身，正确的车轮定位的前提是正确的车身定位尺寸，如图 5-36 所示。这一点容易被人们忽视。车身定位尺寸的允许偏差一般在 1～3mm，可见要求之高。

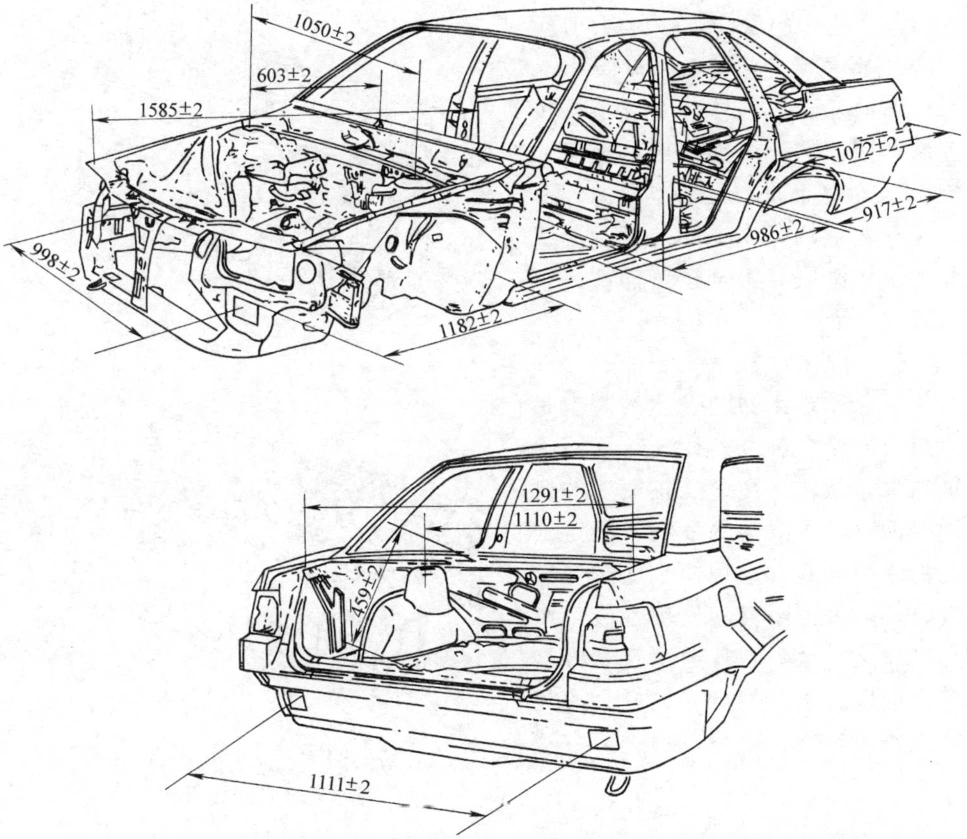

图 5-36 桑塔纳 2000 型轿车车身主要定位尺寸

我们知道，汽车悬架系统中的任何零件是不允许用校正的方法进行修理的，当车轮定位仪器（前轮定位或四轮定位仪器）检测出车轮定位不合格时，用肉眼和一般量具又无法判断出具体的损伤和变形的零部件，不要轻易做出更换悬架系统中某个零件的决定。

车轮外倾、主销内倾和主销后倾都与车身定位尺寸密切相关。如果车轮外倾、主销内倾和主销后倾不对，首先分析是否是碰撞造成的，由于碰撞事故不可能造成轮胎的不均匀磨损，可通过检查轮胎的磨损是否均匀，初步判断事故前的车轮定位情况。

例如，桑塔纳车下摆臂橡胶套的磨损、锁板固定螺栓的松动，都会造成车轮外倾角的增大。再检查车身定位尺寸，在消除了诸如摆臂橡胶套的磨损等原因，校正好车身使得相关定位尺寸正确后，再做车轮定位检测。如果此时车轮定位检测仍不合格，再根据其结构、维修手册判断具体的损伤部件，逐一更换、检测，直至损伤部件确认为止。上述过程通常是一个非常复杂而繁琐的过程，又是一个技术含量较高的工作，由于悬架系统中的零件都是安全部件，而零件的价格又较高，鉴定评估工作切不可轻率马虎。

转向机构中的零件也有类似问题。

2. 铸造基础件修与换的掌握

汽车的发动机缸体、变速器、主减速和差速器的壳体往往用球墨铸铁或铝合金铸造而成。在遭受冲击载荷时，常常会造成固定支脚的断裂。我们知道球墨铸铁或铝合金铸件都是可以焊接的。

一般情况，对发动机缸体、变速器、主减速和差速器的壳体的断裂是可以进行焊接修理的。图5-37所示为桑塔纳普通型轿车在遭受正面或左侧正面碰撞时，气缸盖的发电机固定处常见的碰撞断裂，这种断裂通过焊接修理，其强度、刚度和使用性能都可以得到满足。桑塔纳普通型轿车气缸体的空调压缩机固定处，同样会遭受类似的碰撞损伤，也可以用类似方法修复。

不论是球墨铸铁或铝合金铸件，焊接都会造成其变形，这种变形通常

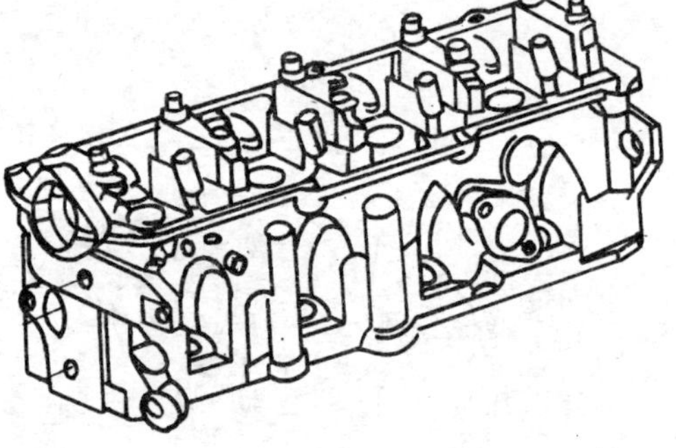

a)

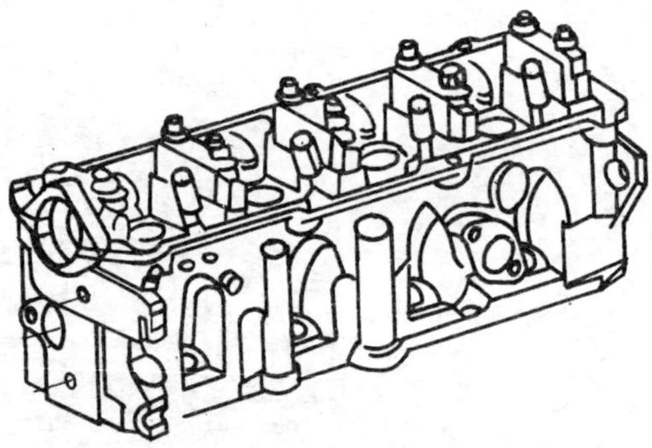

b)

图5-37 桑塔纳普通型轿车气缸盖常见的碰撞断裂
a）完好的气缸盖
b）常见的碰撞断裂

肉眼看不出来，但由于焊接部位的附近对形状尺寸要求较高（如发动机气缸壁、变速器、主减速和差速器的轴承座），也就是说，这些部位附近如果产生断裂，用焊接的方法修复常常是不行的。如果这些部位产生断裂，一般来说应考虑更换。

五、电器件修与换的掌握

有些电器件在遭受碰撞后，它的外观没有损伤，但其“症状”是“坏了”，然而它是否真的“坏了”，还是系统中的电路保护装置起作用了，一定要认真检查。

如果电路过载或短路就会出现大电流，导线发热、绝缘损伤，结果会酿成火灾。因此，电路中必须设置保护装置。熔断器、熔丝链、大限流熔断器和断路器都是过流保护装置，它们可以单独使用，也可以配合使用。碰撞会造成系统过载，相应的熔断器、熔丝链、大限流熔断器和断路器会因过载而工作，出现断路，“症状”就是“坏了”。

各种电路保护装置如下：

1. 熔断器

现代汽车使用较多的是熔片式熔断器，如图 5-38 所示。

检查时将熔断器从熔断器板（俗称熔丝盒）上拉出来，透过透明塑料壳查看里边的熔丝有没有烧断和塑料壳有没有变色。如果烧断，更换应使用同一规格（电流量）的熔断器。

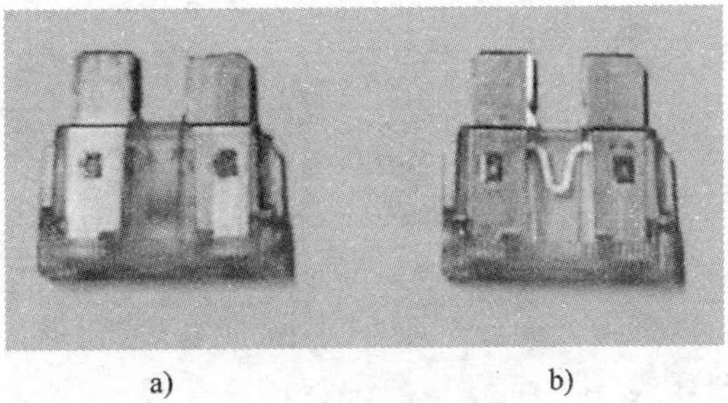

图 5-38　熔片式熔断器

a）已烧断　b）完好

许多欧洲产汽车采用陶瓷熔断器，它的中间是一个陶瓷绝缘体，一侧绕着一根金属丝。检查时可查看绕在陶瓷绝缘体外的金属丝有没有烧断。

无论哪种类型的熔断器都可以用万用表进行断路检测。

2. 熔丝链

熔丝链（图 5-39）用在最大电流限制要求不十分严格的电路中，通常装在点火开关电路和其他拔出点火钥匙后仍在工作的电路的蓄电池正极一侧，位置一般在发动机室内的蓄电池附近；也用在不便于将导线从蓄电池引至熔断器板再引回负载的场合。

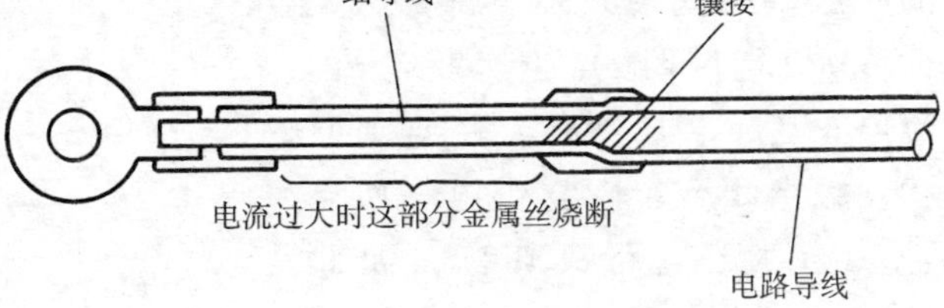

图 5-39　常见的熔丝链

熔丝链是装在导体里的一小段细金属丝，通常靠近电源。由于熔丝链比主导线细，能在电路中其他部分损坏之前熔断并形成断路。熔断器表面有一层特殊的绝缘层，过热时会冒泡，表明熔丝已经熔化。如果绝缘表面看起来没问题，轻轻往两边拉拉电线，这时若能拉长，则说明熔丝链已经熔化。如果拿不准它是否熔化，可以用测试灯或万用表进行断路检测。

3. 大限流熔丝

有些新的电器系统用大限流熔丝取代了常规的熔丝链。大限流熔丝的外观和用法有些像双熔片式熔断器，但外形比较大，电流的额定值也更高（一般要高4～5倍）。大限流熔丝装在单独的熔丝盒内，位于发动机盖下。

大限流熔丝较一般熔丝链便于检查和更换。检查时透过彩色塑料壳可以看到熔丝，如果熔丝断了，将熔丝从熔丝盒里抽出来即可更换。

大限流熔丝的另一个优点是可以将汽车的电器系统分成几个较小的电路，方便诊断和检查。例如，有些汽车上用一个熔丝链控制大半个整机电路，如果这个熔丝链断了，许多电器装置都不能工作，换成若干个大限流熔丝，则因一个熔丝烧断而停机的电器装置的数目显著减少，这样可准确地找到故障源。

4. 断路器

有的电路用断路器保护。它可以集中装在熔丝盒上，也可以分散串在电路中。跟熔断器一样，它也是以电流值来定等级的。

断路器分循环式（图5-40）和非循环式（图5-41）两种。

1）循环式断路器。循环式断路器常用一个由两面金属膨胀率相差较大的金属薄片制成（俗称双金属熔丝），当流过双金属臂的电流过大时，金属臂就发热，由于两种金属的膨胀率相差较大，金属臂产生弯曲变形而打开触点，切断电流。电流停止后，金属冷却，恢复到原形状，触点闭合，恢复供电。如果电流仍过大，电路又切断，如此反复。

2）非循环式断路器。非循环式断路器有两种。一种是停止给电路供电即可复位的，这种断路器的双金属臂上绕有线圈（图5-41a），过

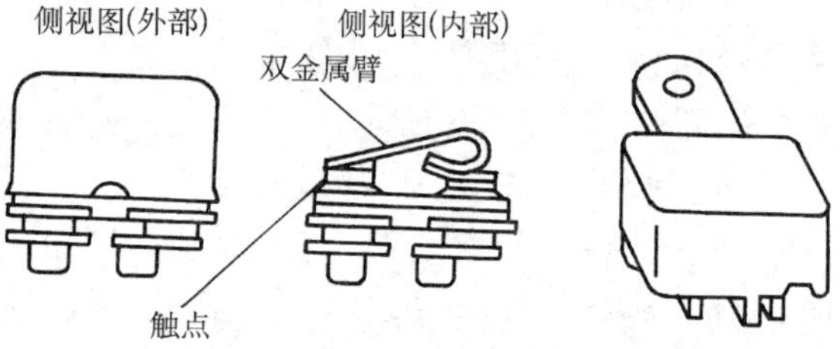

图5-40 典型的循环式断路器

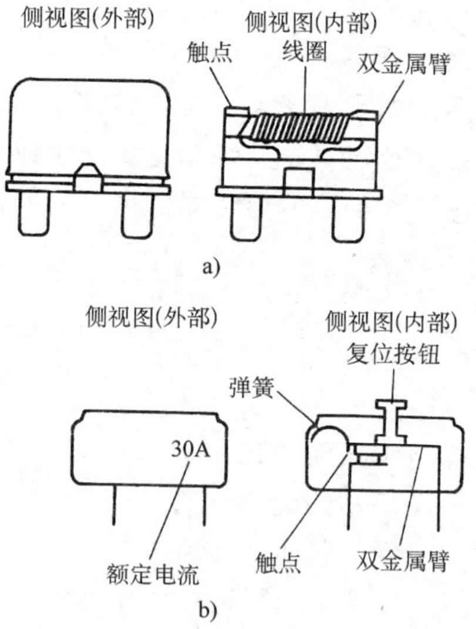

图5-41 非循环式断路器

a）切断供电电源 b）按下复位按钮

电流时触点打开，有小电流流过线圈。小电流不能驱动负载，但可以加热双金属臂，使金属臂保持断路状态，直到停止供电。另一种要按下复位按钮才能复位，其金属臂由一弹簧顶住，保持触点接通（图 5-41b）。电流过大时，双金属臂发热，弯曲到一定程度，克服弹簧阻力而打开触点，直到按下复位按钮才能重新闭合。

六、关于修与换的量化分析

随着社会生产力的高速发展，时间的价值概念变得越来越突出。汽车修复过程所需的时间，被汽车拥有者看得越来越重。一辆受损汽车的修复不但要考虑修理的质量、费用，还要考虑修理所需的时间，如何将修理费用与时间进行综合考虑？以下举例说明作者的观点。

例 1：1）更换一辆桑塔纳普通型轿车的发动机盖（单涂层烤漆）。按上海大众公司提供的发动机盖单价为 840.00 元。按《南京市汽车维修行业工时定额与收费标准》，更换发动机盖的钣金工费为 40.00 元，做漆费 = 360.00 × 1.5 = 540.00 元，合计维修费为 840.00 + 40.00 + 540.00 = 1420.00 元。修理工期为 0.5 天。

2）修理一辆桑塔纳碰撞车的发动机盖（普通漆），从轻度变形至严重变形钣金工费为 40.00 ~ 360.00 元，做漆费为 360.00 ~ 540.00 元，维修费用为 400.00 ~ 900.00元。修理工期为 0.5 ~ 2.0 天。

设单一部件修理所需费用与更换该部件所需费用之比为变形价格系数 J，则从轻度变形至严重变形的变形价格系数为

$$J = (400.00 \sim 900.00)/1420.00 = 0.28 \sim 0.63$$

设单一部件修理工期与更换工期之比为变形时间系数 S，则从轻度变形至严重变形的时间系数为

$$S = (0.5 \sim 2.0)/0.5 = 1 \sim 4$$

设变形价格系数与变形时间系数之积为变形系数 B，则

$$B = JS = (0.28 \sim 0.63) \times (1 \sim 4) = 0.28 \sim 2.52$$

例 2：1）更换一辆桑塔纳普通型轿车的后翼子板（单涂层烤漆）。按上海大众公司提供的后翼子板单价为 752.00 元。按《南京市汽车维修行业工时定额与收费标准》，更换后翼子板的钣金工费为 360.00 元，做漆费 = 360.00 × 1.0 = 360.00 元，合计维修费为 752.00 + 360.00 + 360.00 = 1472.00 元。修理工期为 2.0 天。

2）修理一辆桑塔纳碰撞车的后翼子板（普通漆），从轻度变形至严重变形钣金工费为 50.00 ~ 450.00 元，做漆费为 360.00 ~ 480.00 元，维修费用为 410.00 ~ 930.00元。修理工期为 0.5 ~ 2.0 天。

从轻度变形至严重变形的变形价格系数为

$$J = (410.00 \sim 930.00)/1472.00 = 0.28 \sim 0.63$$

从轻度变形至严重变形的时间系数为

$$S = (0.5 \sim 2.0)/2.0 = 0.25 \sim 1.0$$

设变形价格系数与变形时间系数之积为变形系数 B，则

$$B = JS = (0.28 \sim 0.63) \times (0.25 \sim 1.0) = 0.07 \sim 0.63$$

从大量的实践测算可以得出，通过变形系数 B 的测算，可以综合分析单一部件是否该换。由于我国各地的经济水平差距很大，作者认为就目前的我国国情，将变形系数定在一个范围较为合适，如 1.0～2.0，我国经济发达地区取下限，经济落后地区取上限。例如在南京，将变形系数 B 定在 1.3，B 大于等于 1.3 则换，小于 1.3 则修。以上为作者观点，仅供同行参考。

第四节 损失项目的确定

一、损失项目确定的过程和次序

以丰田卡罗拉轿车的碰撞损失为例，说明损失项目确定的过程和次序。

我们首先将丰田卡罗拉轿车的损失项目分为下列 30 多项。

1. 前保险杠及附件

前保险杠及附件由前保险杠、前杠骨架、前杠吸能装置、前保险杠支架、前杠拖钩盖板等组成，如图 5-42 所示。

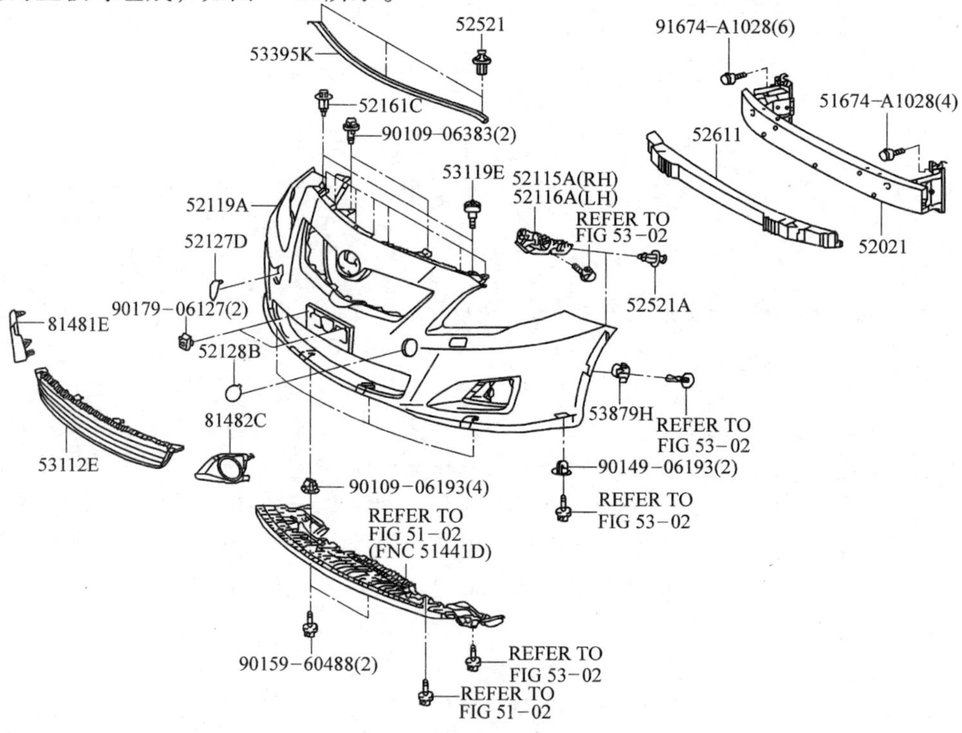

图 5-42 前保险杠分解图

52119A—前保险杠总成 53112E—前杠格栅 81482C—左前雾灯护罩 81481E—右前雾灯护罩 52128B—前杠拖钩盖板左 52127D—前杠拖钩盖板右 52161C—前杠连接螺钉 53119E—散热器格栅保护装置 53879H—前翼子板内衬挡板 52521A—前杠挡板卡子 52115A—前杠右侧支架 52116A—前杠左侧支架 52021—前杠骨架 52611—前杠吸能装置

现代轿车的保险杠绝大多数用塑料制成，对于用热塑性塑料制成的、价格又非常昂贵的保险杠，并且为表面做漆的，破损处不多，可用塑料焊机焊接。

保险杠饰条破损后基本以换为主。

保险杠使用内衬多为中高档轿车，常为泡沫制成，一般可重复使用。

现代轿车的保险杠骨架多数用金属制成，使用较多的是用冷轧钢板冲压成形，少数高档轿车采用铝合金制成。对于铁质保险杠骨架，轻度碰撞常采用钣金修理的方法修复，价值较低的中度以上的碰撞常采用更换的方法修复。铝合金的保险杠骨架修复难度较大，中度以上的碰撞多以更换修复为主。

保险杠支架多为铁质，一般价格较低，轻度碰撞常采用钣金修复，中度以上的碰撞多为更换修复。

保险杠灯多为转向信号灯和雾灯，表面破损后多采用更换修复，对于价格较高的雾灯，且损坏为少数支撑部位的，常用焊接和粘结修理的方法修复。

2. 前护栅及附件

前护栅及附件由前护栅饰条、前护栅铭牌等组成，如图 5-43 所示。

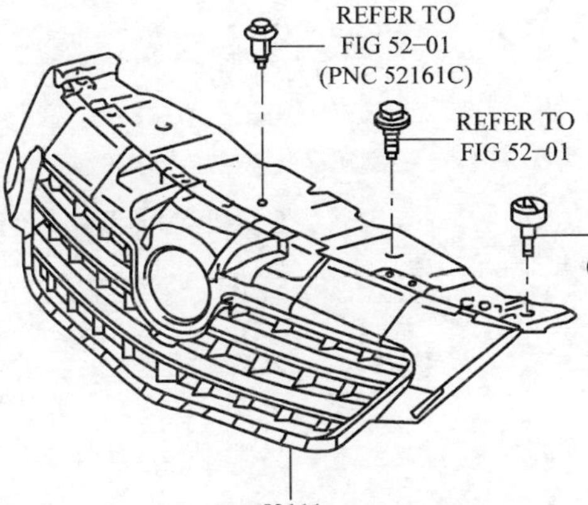

图 5-43 前护栅分解图

53111—汽车散热器护栅（中网）

前护栅及附件的破损多数以更换修复为主。

3. 前照灯及灯泡

前照灯由前照灯壳、远光灯、近光灯等组成，如图 5-44 所示。

现代汽车灯具表面多为聚碳酸酯（PC）或玻璃制成，支撑有反光部位常用丙烯腈-丁二烯-苯乙烯共聚物（ABS）制成。ABS 塑料属热塑性塑料，可用塑料焊焊接。表面用玻璃制成的，如果破损，且有玻璃灯片供应可考虑更换玻璃灯片，对于价格较昂贵的前照灯，并且只是支撑部位局部破损可采取塑料焊焊接的方法修复。

4. 散热器框架

散热器框架又称前裙，如图 5-45 所示。

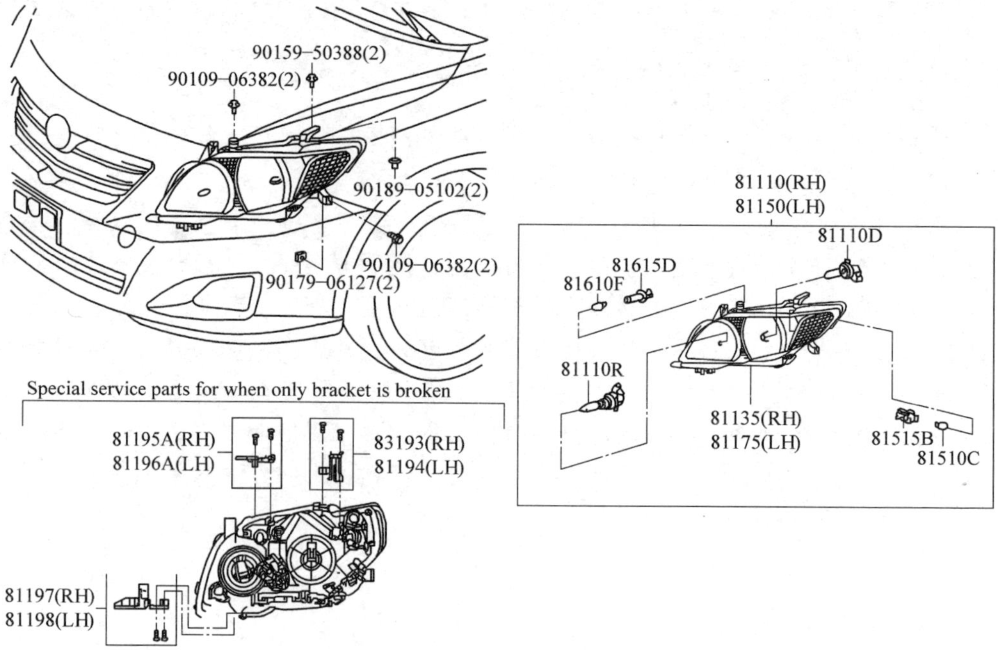

图 5-44 前照灯分解图

81110—前照灯总成 81135—前照灯灯壳 81110D—远光灯 81110R—近光灯 81515B—转向灯 81195A—前照灯卡扣

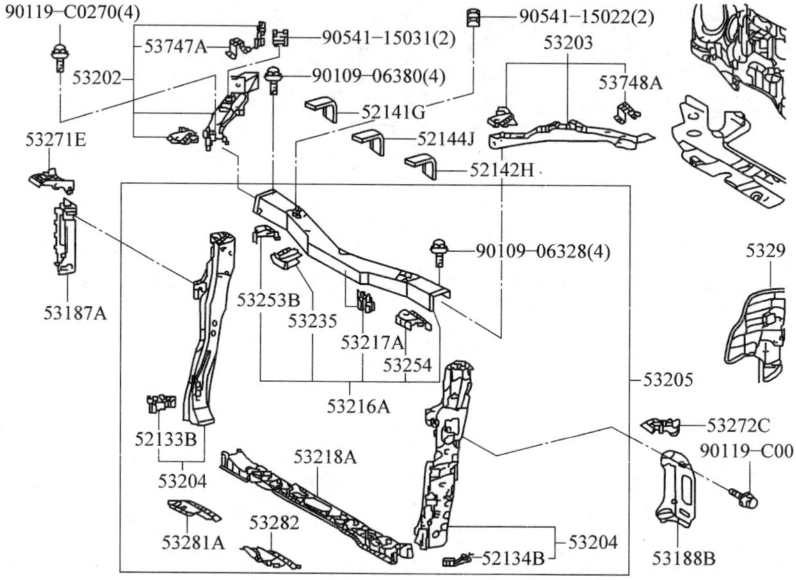

图 5-45 散热器框架分解图

53205—散热器框架总成 53204—散热器框架左、右部件

53216A—散热器框架上横梁 53218A—散热器框架上横梁

现代轿车的散热器框架在承载式车身中属于结构件，多为高强度钢板，如何鉴定结构件的整形与更换，参考前节内容。

由于散热器框架结构形状复杂，轻度变形通常可以钣金修复，而中度以上的变形往往不易钣金修复，高强度低合金钢更是不宜钣金修复。

5. 冷凝器及制冷系统

空调系统由压缩机、冷凝器、干燥器、膨胀阀、蒸发箱、管道及电控元件等组成，如图 5-46 所示。

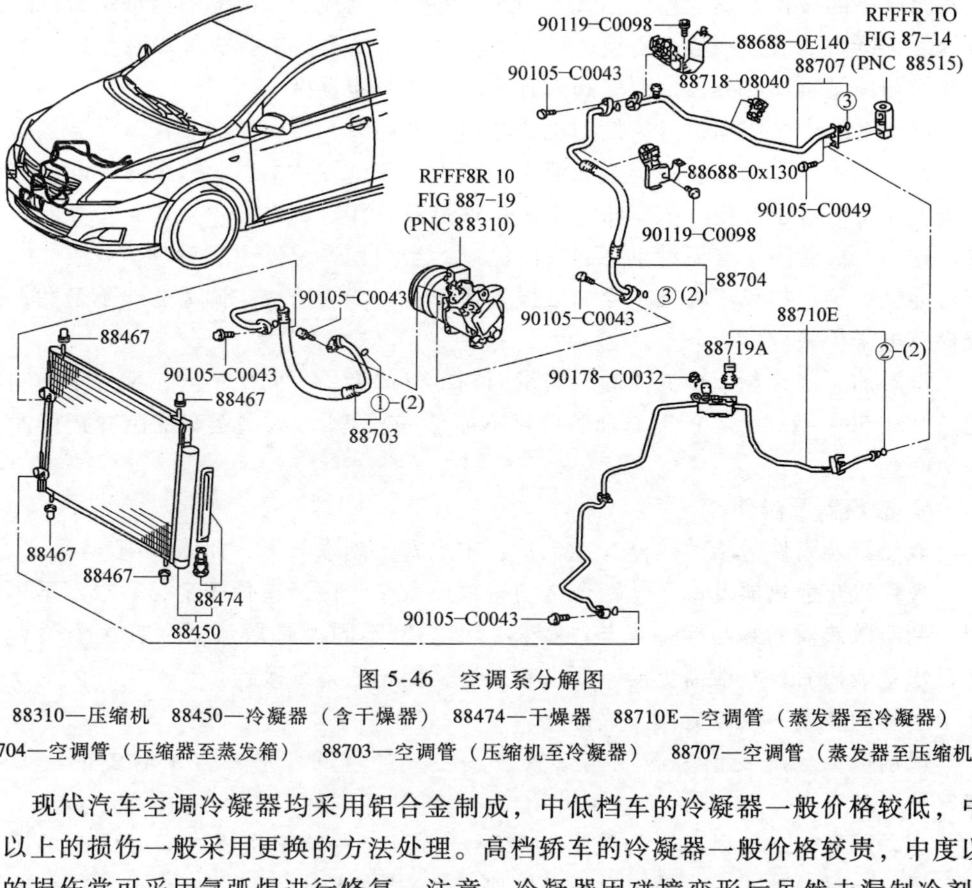

图 5-46　空调系分解图

88310—压缩机　88450—冷凝器（含干燥器）　88474—干燥器　88710E—空调管（蒸发器至冷凝器）
88704—空调管（压缩器至蒸发箱）　88703—空调管（压缩机至冷凝器）　88707—空调管（蒸发器至压缩机）

现代汽车空调冷凝器均采用铝合金制成，中低档车的冷凝器一般价格较低，中度以上的损伤一般采用更换的方法处理。高档轿车的冷凝器一般价格较贵，中度以下的损伤常可采用氩弧焊进行修复。注意，冷凝器因碰撞变形后虽然未漏制冷剂，但拆下后重新安装时不一定就不漏制冷剂。

储液罐（干燥器）因碰撞变形一般以更换为主。如果系统在碰撞中以开口状态暴露于潮湿的空气中时间较长（具体时间由空气湿度决定），则应更换干燥器，否则会造成空调系统工作时“冰堵”。

压缩机因碰撞常见的损伤有壳体破裂，带轮、离合器变形等，壳体破裂一般采用更换的方法，带轮变形、离合器变形一般采用更换带轮、离合器的方法修复。

汽车的空调管路有多根，损伤的空调管路一定要注明是哪一根，常用“×××～×××”加以说明。

汽车空调管有铝管和胶管两种。铝管因碰撞常见的损伤有变形、折弯、断裂等，变形一般采取校正的方法修复，价格较低的空调管折弯、断裂一般采取更换的方法修复，价格较高的空调管折弯、断裂一般采取截去折弯、断裂处，再接一节用氩弧焊接的方法修复。胶管的破损一般用更换的方法修复。

汽车空调蒸发箱通常包括蒸发箱壳体、蒸发器和膨胀阀等，最常见的损伤多为蒸发箱壳体的破损。蒸发箱壳体大多用热塑性塑料制成，局部的破损可用塑料焊焊接修复，严重的破损一般需更换，决定更换时一定要考虑有无壳体单独更换。蒸发器的换与修基本同冷凝器。膨胀阀因碰撞损坏的可能性极小。

空调系统中的压缩机是由发动机通过一个电动离合器驱动的。在离合器接合和断开的过程中，由于磁场的产生和消失，产生了一个脉冲电压。这个脉冲电压会损坏车上精密的电子模块。为了防止出现这种情况，在空调电路中接入一个分流二极管，这个二极管阻止电流沿有害的方向流过。当空调系统发生故障时，分流二极管有可能被击穿。如果不将被击穿的二极管换掉，可能会造成空调离合器不触发，甚至损坏电子模块。

重新加注制冷剂及冷冻油的所需量因制冷量的大小不同而不同，乘用车的制冷剂量常在500～1500g，所以充加的费用不能“一刀切”，大型客车的制冷剂可能达到20000g。

6. 散热器及附件

散热器及附件包括散热器、进水管、出水管、副水箱等，如图5-47所示。

现代汽车散热器基本上是铝合金的，铜质散热器由于造价较高，基本已不再使用。判断散热器的修与换基本与冷凝器相似。所不同的是散热器常有两个塑料水室，水室破损后，一般需更换，而水室在遭受撞击后最易破损。

水管的破损一般以更换方式修复。

风扇护罩轻度变形一般以整形校正为主，严重的变形常常采取更换的方法修复。

主动风扇与从动风扇常为风扇叶破碎，丰田卡罗拉车型将风扇叶做成可拆卸式，风扇叶可单独购买，破碎后可以单独更换风扇叶。

风扇传动带在碰撞后一般不会损坏，由于其正常使用的磨损也会造成损坏，拆下后如果需更换应确定是否是碰撞原因。

7. 发动机盖及附件

发动机盖、铰链及附件等如图5-48所示。

轿车发动机盖绝大多数采用冷轧钢板冲压而成，少数高档轿车采用铝板冲压而成。冷轧钢板在遭受撞击后常见的损伤有变形、破损，铁质发动机盖是否需更换主要依据变形的冷作硬化程度，基本几何形状变形程度。冷作硬化程度较少、几何形

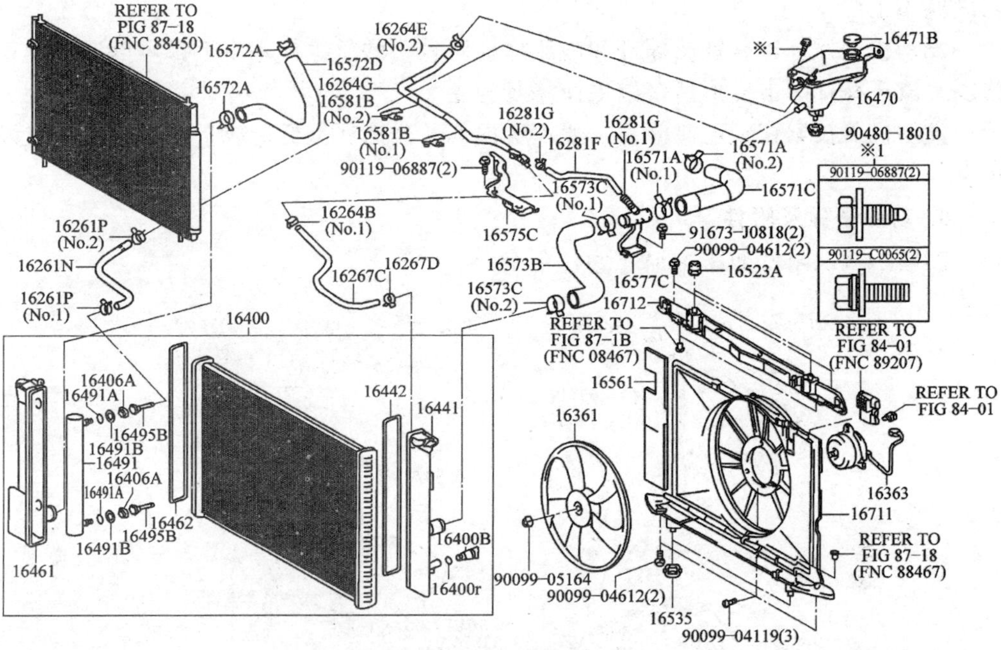

图 5-47 冷却系分解图

16400—散热器总成 16711—风扇护罩 16363—风扇电动机 16361—风扇 16470—散热器补水壶

16571C、16572D、16573B—软水管 16261N、16264G、16267C、16281F—硬水管

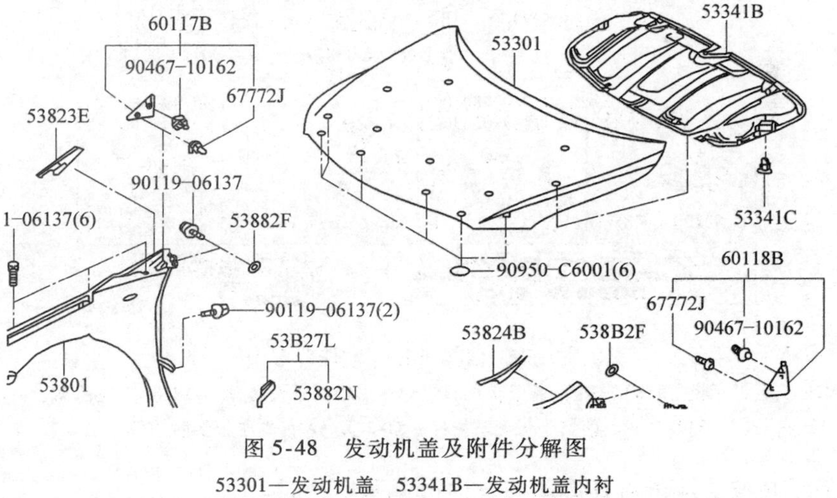

图 5-48 发动机盖及附件分解图

53301—发动机盖 53341B—发动机盖内衬

状程度较好的发动机盖常采用钣金修理法修复，反之则更换。铝质发动机盖通常产生较大的塑性变形就需更换。

发动机盖锁遭受碰撞变形、破损多以更换为主。

发动机盖铰链遭受碰撞后多以变形为主，由于铰链的刚度要求较高，变形后多以更换为主。

发动机盖撑杆常有铁质撑杆和液压撑杆两种，铁质撑杆基本上都可以通过校正修复，液压撑杆撞击变形后多以更换修复为主。

发动机盖拉索在轻度碰撞后一般不会损坏，碰撞严重会造成折断，折断后应以更换。

8. 前翼子板及附件

前翼子板及附件如图 5-49 所示。

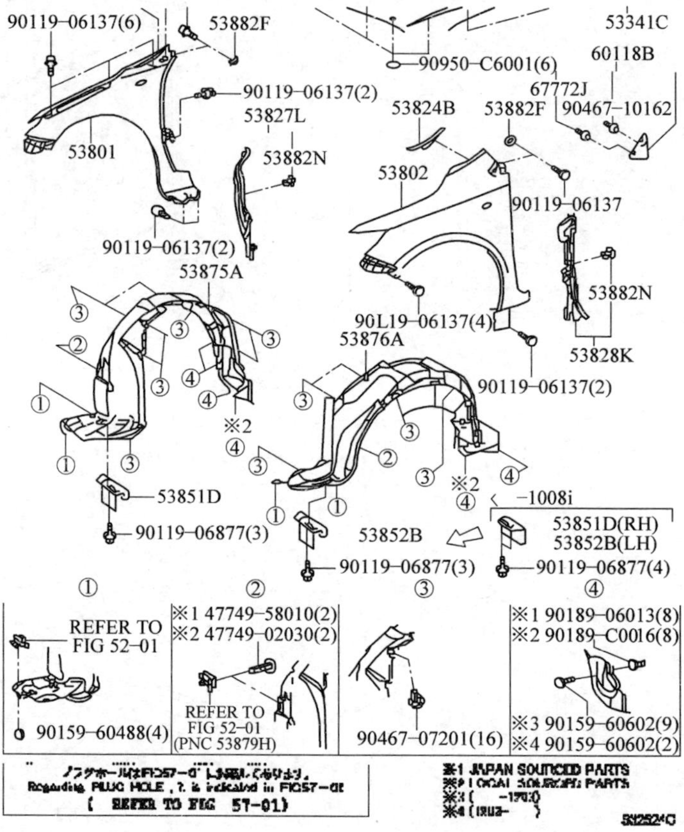

图 5-49 前翼子板及附件分解图

53801—右前翼子板 53802—左前翼子板 53875A—右前翼子板内衬 53876A—左前翼子板内衬
53827L—右前翼子板侧防护件 53828K—左前翼子板侧防护件

前翼子板遭受撞击后其修理与发动机盖基本相同。

前翼子板的附件常有翼子板内衬等，翼子板内衬因价格较低，撞击破损后一般做更换处理。

9. 前纵梁及轮罩

前纵梁及附件如图 5-50 所示。

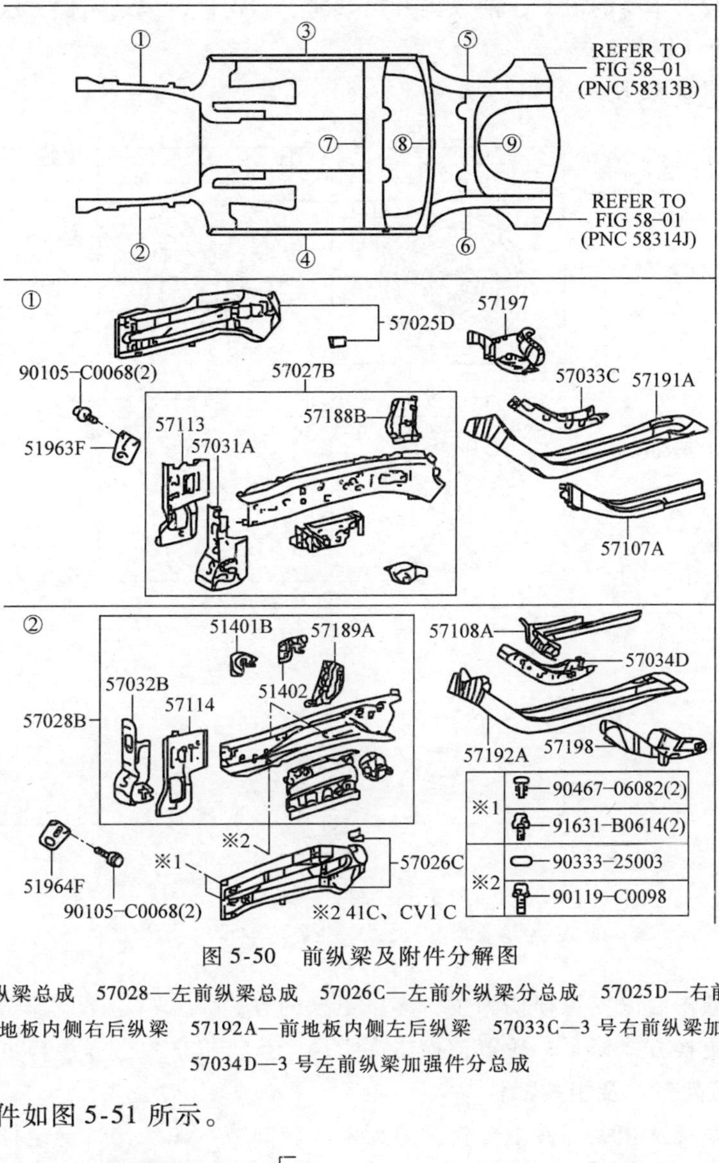

图 5-50 前纵梁及附件分解图

57027B—右前纵梁总成 57028—左前纵梁总成 57026C—左前外纵梁分总成 57025D—右前外纵梁分总成

57191A—前地板内侧右后纵梁 57192A—前地板内侧左后纵梁 57033C—3 号右前纵梁加强件分总成

57034D—3 号左前纵梁加强件分总成

前轮罩及附件如图 5-51 所示。

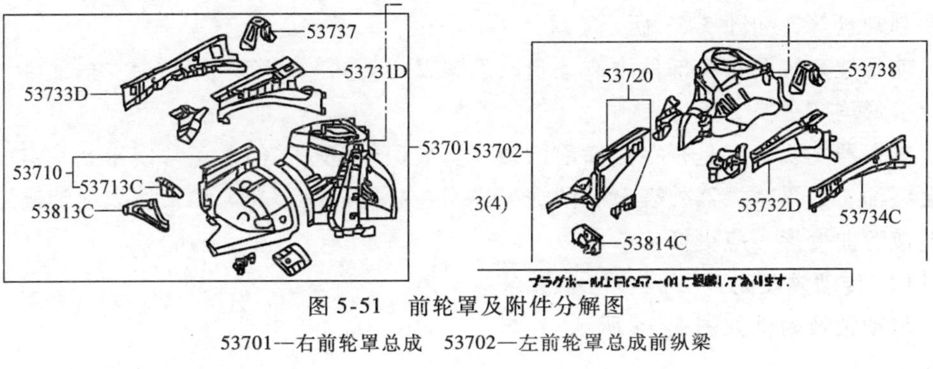

图 5-51 前轮罩及附件分解图

53701—右前轮罩总成 53702—左前轮罩总成前纵梁

对于承载式车身的汽车，前纵梁及轮罩属于结构件，按结构件方法处理。

10. 轮辋（钢圈）

轮辋如图5-52所示。

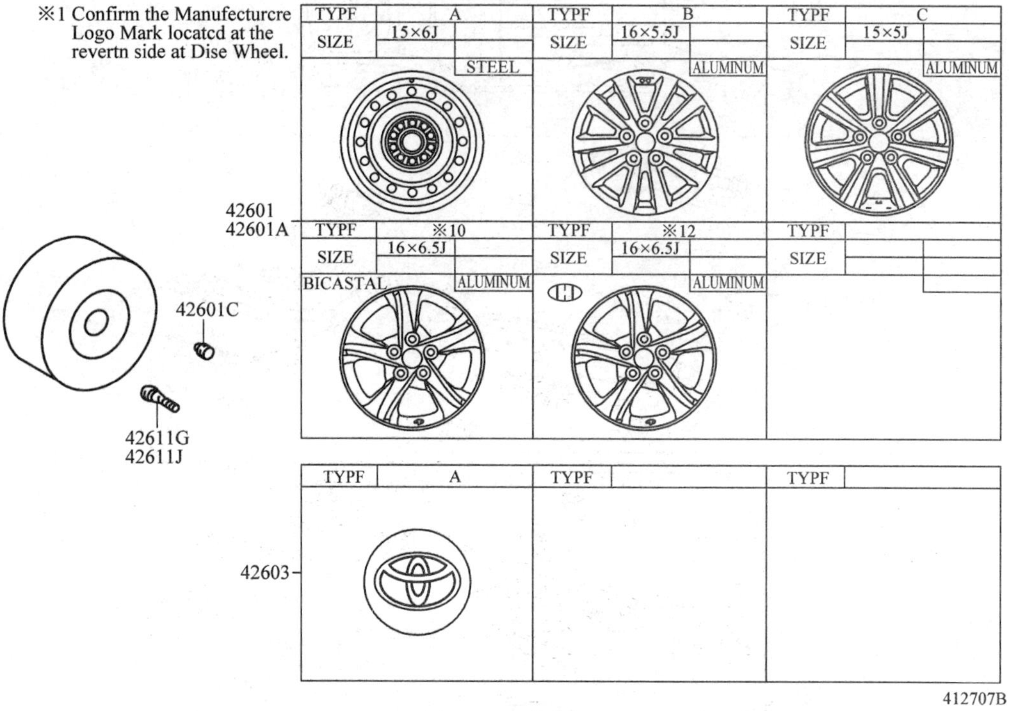

图5-52 车轮分解图

42601—铝合金轮辋 42603—轮毂盖 42611—气门芯

轮辋遭撞击后以变形损伤为主，多以更换的方式修复；轮胎遭撞击后会出现爆胎现象，以更换方式修复；轮罩遭撞击后常会产生破损现象，以更换方式修复。

11. 前悬架系统及相关部件

前悬架系统及相关部件主要包括悬架臂、转向节、减振器、稳定杆、发动机托架和制动盘等，如图5-53所示。

前悬架系统及相关部件中制动盘、悬架臂、转向节、稳定杆均为安全部件，发现有变形均应更换。

减振器主要鉴定是否在碰撞前已损坏。减振器是易损件，正常使用到一定程度后会漏油，如果减振器外表已有油泥，说明在碰撞前已损坏。如果外表无油迹，碰撞造成弯曲变形，应更换。

12. 传动轴及附件

传动轴及附件如图5-54所示。

中低档轿车多为前轮驱动，碰撞常会造成外侧等角速万向节（俗称外球笼）破损，常以更换方式修复，有时还会造成半轴弯曲变形，也以更换方式修复为主。

13. 方向操纵系统（转向盘、转向传动杆、转向机、横拉杆、转向助力泵等）

转向盘如图5-55所示。

转向柱如图5-56所示。

转向机与横拉杆连接如图5-57所示。

操纵系统中转向操纵系统与制动系统遭撞击损伤后从安全的角度出发多以更换修复。

安装有安全气囊系统的汽车，驾驶人气囊都安装在转向盘上，当气囊因碰撞引爆后，不仅要更换气囊，通常还要更换气囊传感器与控制模块等。

变速操纵系统遭撞击变形后，轻度的常以整修修复为主，中度以上的以更换修复为主。

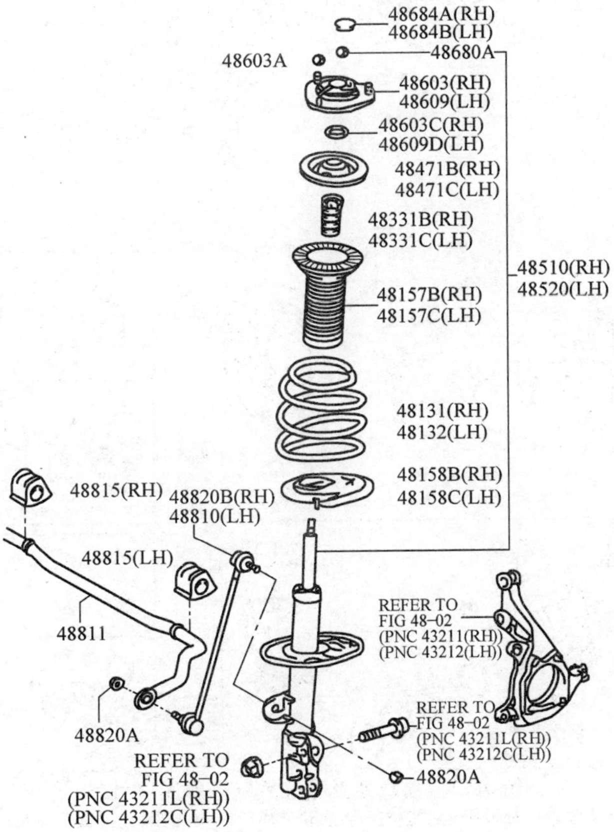

图5-53 前悬架及相关系统分解图

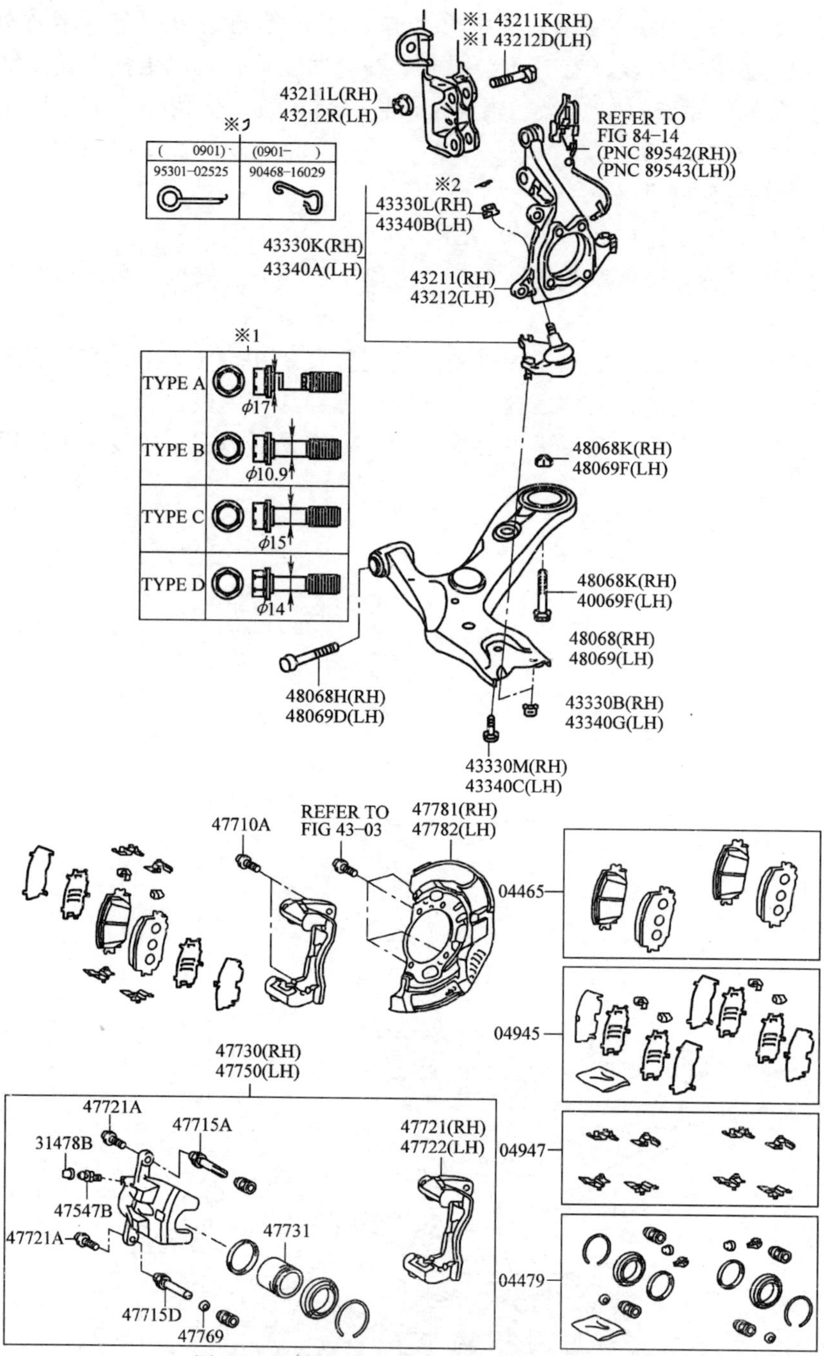

图 5-53 前悬架及相关系统分解图（续）

48510—右前减振器总成 48520—左前减振器总成 48131—右前螺旋弹簧 48132—左前螺旋弹簧 48811—前稳定杆 48810—右前稳定杆连杆总成 48820—左前稳定杆连杆总成 43211—右转向节 43212—左转向节 48068—右前下摆臂 48069—左前下摆臂 47730—右侧盘式制动器制动缸总成 47750—左侧盘式制动器制动缸总成 47781—右前盘式制动器防尘罩 47782—左前盘式制动器防尘罩 47721—右前盘式制动器制动缸固定架 47722—左前盘式制动器制动缸固定架 04465—前盘式制动摩擦片组件

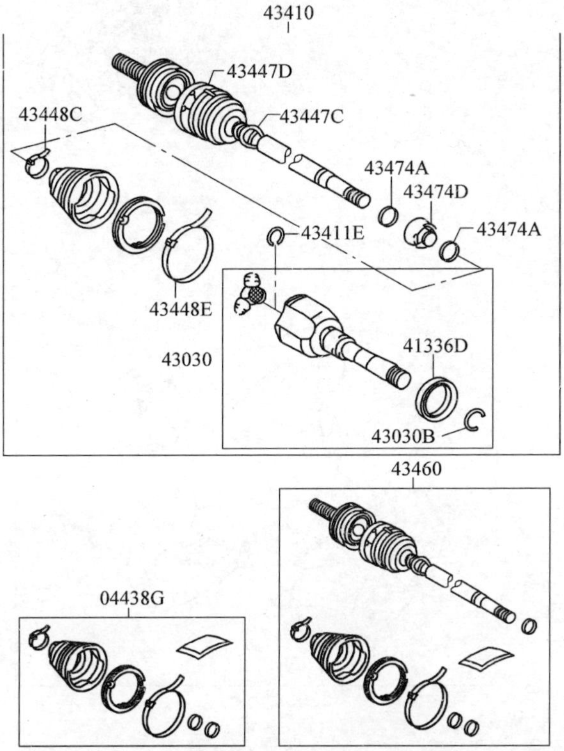

图 5-54　传动轴及附件分解图

43410—右前驱动轴总成　43460—右前外侧驱动万向节轴总成

43030—左前驱动轴内侧万向节总成

04438—左前驱动轴内侧和外侧防尘套组件

14. 发动机附件（油底壳及垫、发动机支架及胶垫、进气系统、排气系统等）

油底壳及垫如图 5-58 所示。

油底壳轻度的变形一般无须修理，放油螺塞处碰伤及中度以上的变形以更换为主。

发动机支架及胶垫如图 5-59 所示。

发动机支架及胶垫因撞击变形、破损以更换修复为主。

进气系统如图 5-60 所示。

进气系统因撞击破损和变形以更换修复为主。

排气系统如图 5-61 所示。

排气系统中最常见的撞击损伤为发动机移位造成的排气管变形。由于排气管长期在高温下工作，氧化现象较严重，通常无法整修。消声器吊耳因变形超过弹性极限破损，也是常见的损坏现象，应以更换修复为主。

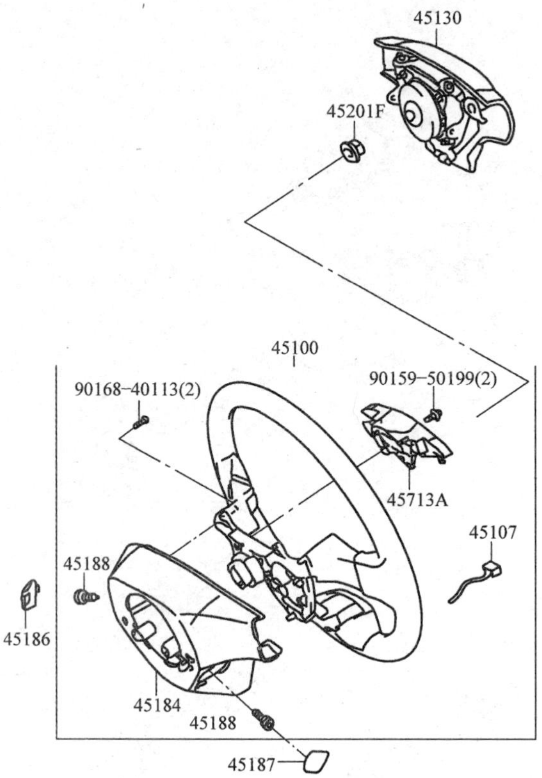

图 5-55 转向盘分解图

45100—转向盘 45130—驾驶人安全气囊 45184—转向盘凸台下盖

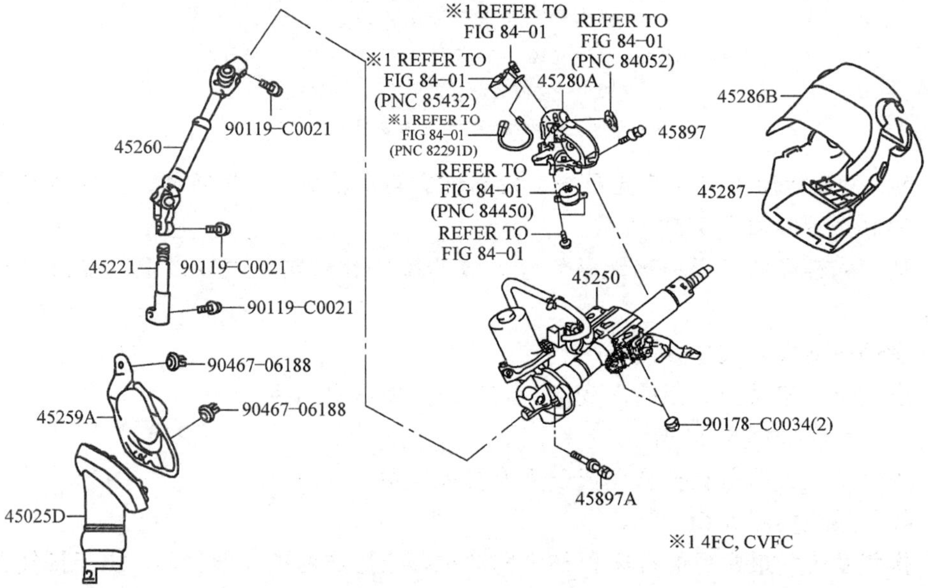

图 5-56 转向柱分解图

45250—转向柱总成 45260—转向管柱下十字连接轴 45259—转向柱孔盖消声板

45025—转向管柱防尘罩 45286—组合开关护罩（上） 45287—组合开关护罩（下）

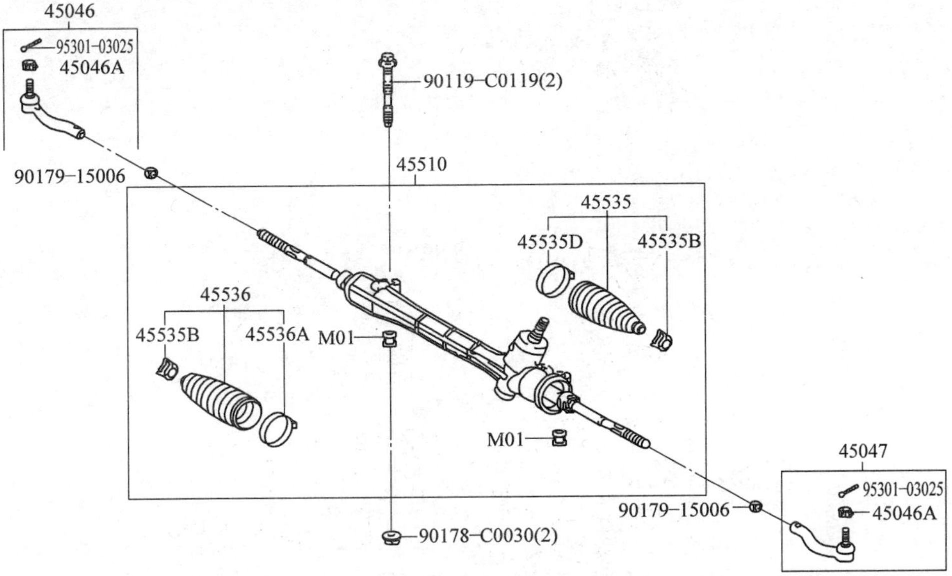

图 5-57 转向机与横拉杆连接分解图

45510—转向器 45046—右横拉杆端头分总成 45047—左横拉杆端头分总成
45535—右转向器防尘罩 45536—左转向器防尘罩

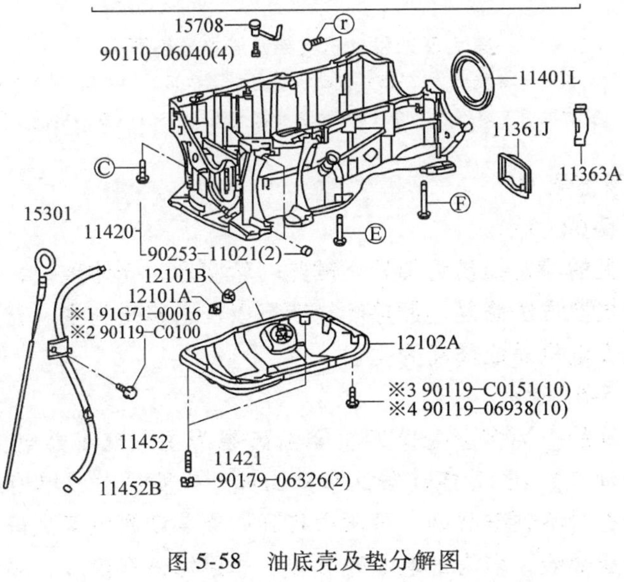

图 5-58 油底壳及垫分解图

11420—油底壳上 1210A—储油槽下部（油底壳）11452—机油尺插管 15301—机油尺

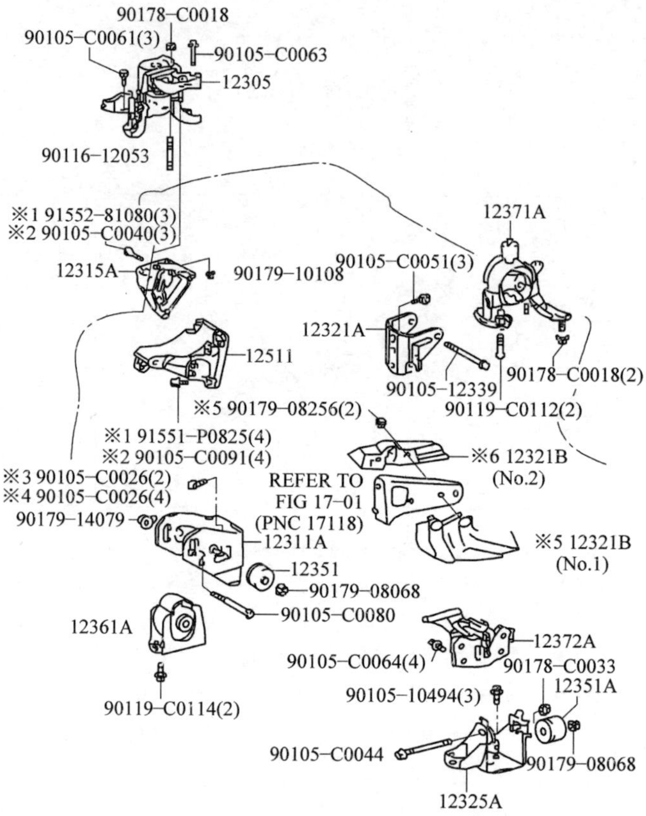

图 5-59 发动机支架及胶垫分解图

12305—发动机右支架胶垫 12315—发动机右支架（机爪） 12321—发动机后支架

12371—发动机后支架胶垫 12311—发动机前支架 12361—发动机前支架胶垫

15. 发电机及蓄电池

发电机如图 5-62 所示。

发电机最常见的撞击损伤为带轮、散热叶轮变形，壳体破损，转子轴弯曲变形等。带轮变形以更换方法修复。散热叶轮变形以校正修复为主。壳体破损、转子轴弯曲变形以更换发电机总成修复为主。

蓄电池如图 5-63 所示。

汽车用蓄电池的损坏多以壳体四个侧面破裂为主。汽车蓄电池多为铅酸蓄电池，由 6 格（汽油车）或 12 格（柴油车）组成。碰撞会造成单格或多格破裂，电解液外流。一时查看不到破裂处，可通过打开加液盖观察电解液量来判断。如果只是单格或几格严重缺液，多为蓄电池壳破裂，如果每格都缺液，多为充电电流过大所致，而不是破裂。

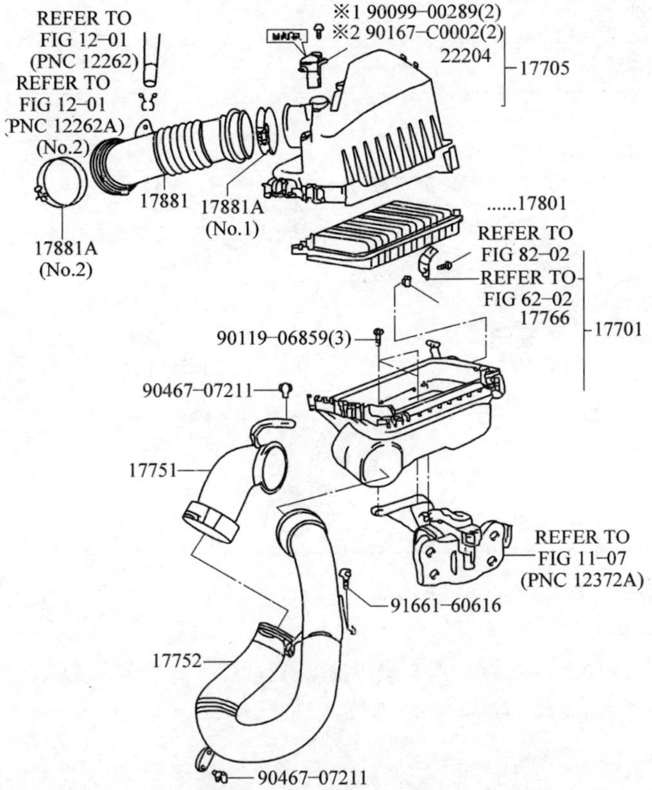

图 5-60　进气系统分解图

17705—空气滤清器壳（上） 177001—空气滤清器壳（下） 17752—空气滤清器前进气管Ⅱ
17751—空气滤清器前进气管Ⅰ 17801—空气滤清器芯

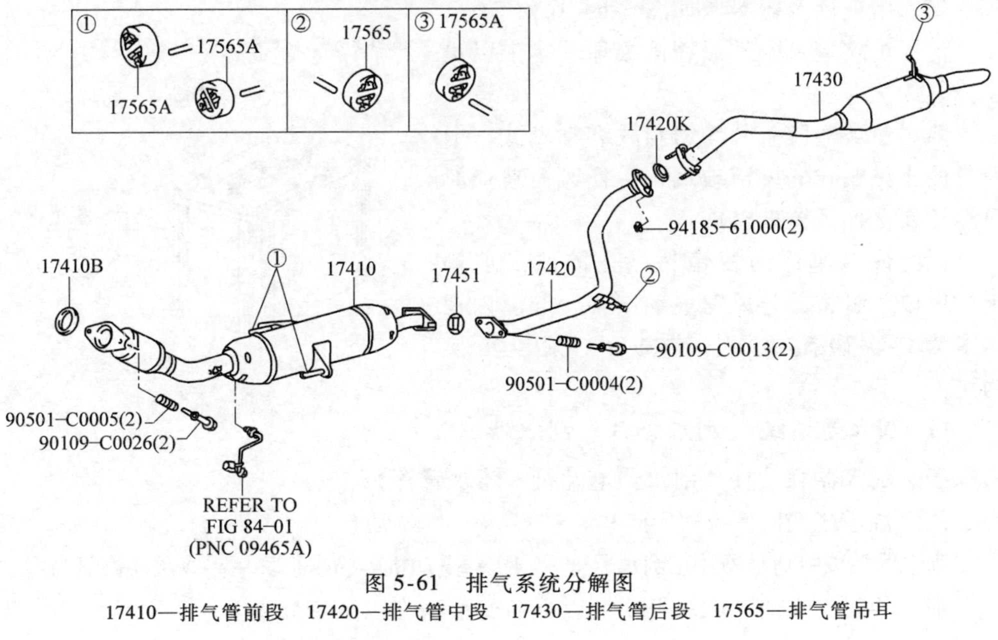

图 5-61　排气系统分解图

17410—排气管前段 17420—排气管中段 17430—排气管后段 17565—排气管吊耳

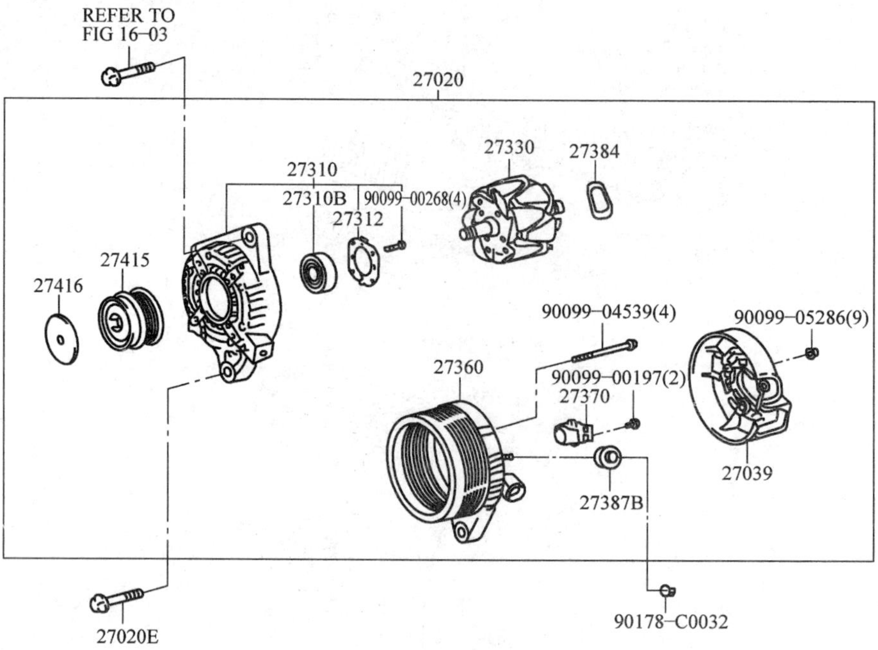

图 5-62 发电机分解图

27020—发电机总成 27415 发电机带轮 37330—发电机转子 27360—发电机定子
27039—发电机后壳

16. 前风窗玻璃及附件（前风窗玻璃、前风窗玻璃密封条及饰条、内视镜等）

前风窗玻璃及密封条如图 5-64 所示。

前风窗玻璃及附件因撞击损坏基本上以更换修复为主。

前风窗玻璃胶条分为密封式和粘贴式，卡罗拉属于粘贴式的风窗玻璃，更换风窗玻璃时可能还要更换风窗玻璃饰条。

因为许多车将内视镜粘贴在前风窗玻璃上，所以作者将其与风窗玻璃归在一起。内视镜多为二次碰撞致损，破损后一般以更换为主。

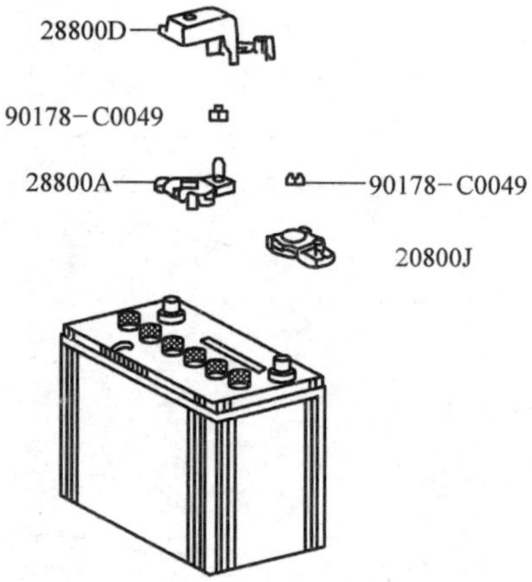

图 5-63 蓄电池及安装图

28800—蓄电池

17. 刮水器系统（刮水器片、刮水器臂、喷水壶、刮水器联动杆、刮水器电动机、喷水管等）

刮水器系统如图 5-65 所示。

刮水器系统中刮水器片、刮水器臂、刮水器电动机因撞击损坏主要以更换修复为主。

刮水器固定支架、联动杆中度以下的变形损伤以整修修复为主，严重变形一般需更换。

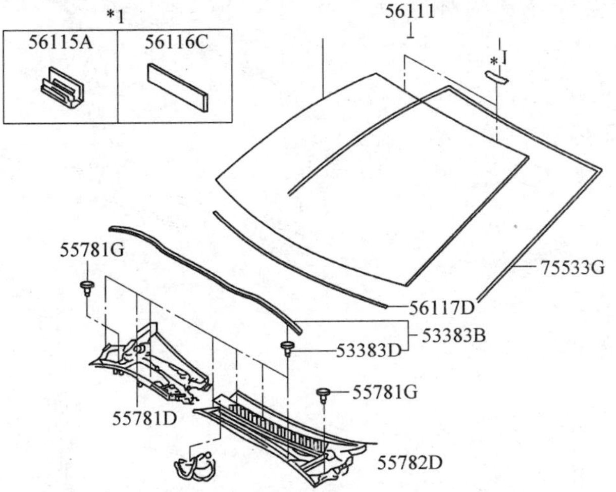

图 5-64 前风窗玻璃及密封条分解图

56111—前风窗玻璃 75533—前风窗玻璃上饰条 56117—前风窗玻璃下饰条 56116—内视镜

刮水器喷水系统如图 5-66 所示。

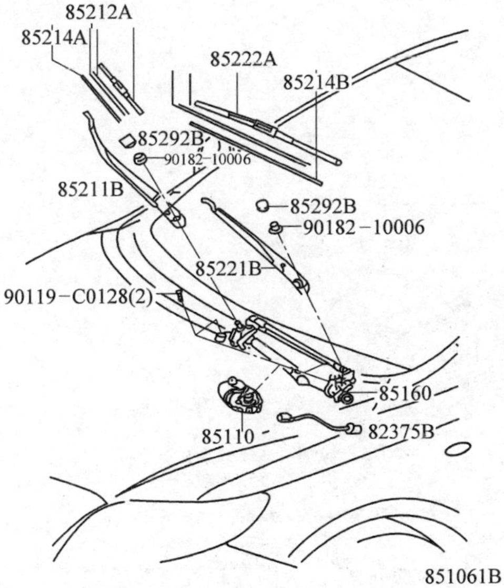

图 5-65 刮水器系统分解图

85110—刮水器电动机 85160—风窗玻璃刮水器连杆总成 85221B—左前刮水器臂 85222A—左前刮水器片

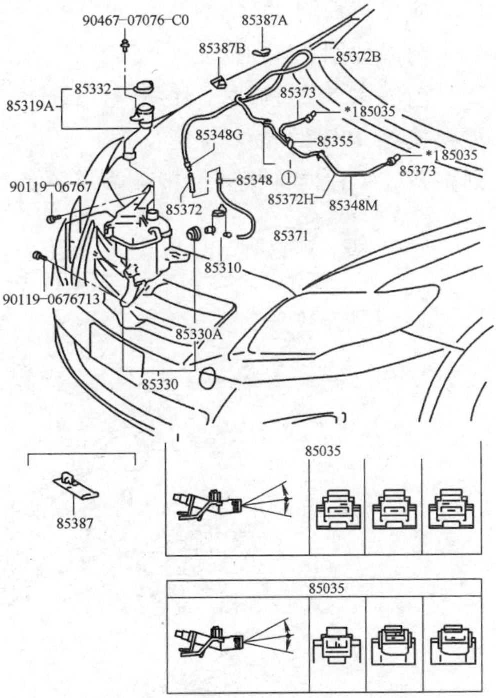

图 5-66 刮水器喷水系统分解图

58330—前风窗刮水器清洗器泵 85373—刮水器喷水管 85035—刮水器喷水嘴

一般刮水器喷水壶只在较严重的碰撞中才会损坏，损坏后以更换为主。

刮水器喷水电动机、喷水管和喷水嘴因碰撞损坏的情况较少出现，若撞坏以更换为主。

18. A 柱及饰件、前围、暖风系统、集雨栅等

承载式车身的汽车 A 柱如图 5-67 所示。

A 柱因碰撞产生的损伤多以整形修复为主，由于 A 柱为结构钢，当产生折弯变形以更换外片为主要修复方式。

A 柱有上下内饰板，破损后一般以更换为主。

前围如图 5-68 所示。

前围多为结构件，整修与更换按结构件的整修与更换原则执行，A 柱内饰板因撞击破损以更换修复为主。

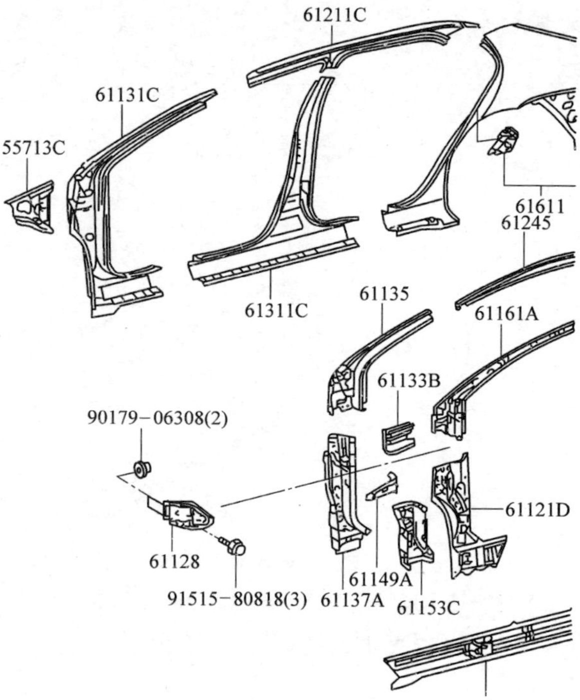

图 5-67　A 柱分解图

61131—A 柱外板总成　61635—A 柱加强筋上（右）　61137—A 柱加强筋下（右）　61121—A 柱下内板（右）

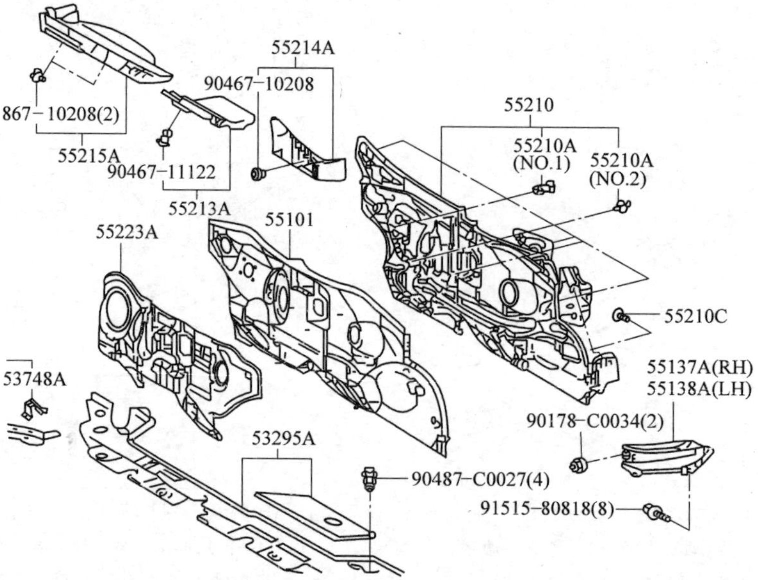

图 5-68　前围分解图

55101—前围板总成　55210—前围板隔热垫总成　55223—前围板外隔热垫　55137—右侧支架（前围至车架）

前围上板上安装有暖风系统，如图 5-69 所示。

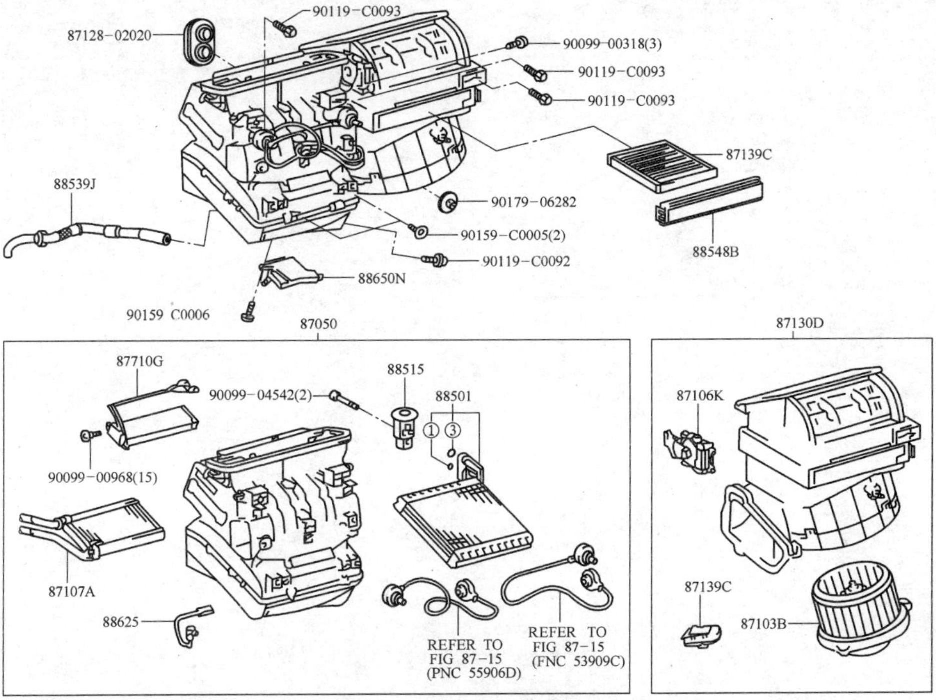

图 5-69 暖风系统分解图

87050—空调散热器总成 87130—鼓风机总成 88501—冷却器 1 号蒸发器分总成 87710—快速加热器总成 87107—加热器散热器装置分总成 88625—冷却器热敏电阻（车内温度传感器） 87130—鼓风机电动机

较严重的碰撞常会造成暖风机壳体、进气罩的破碎，以更换为主，暖风水箱、鼓风机一般在碰撞中不会损坏。

19. 仪表台

仪表台组件如图 5-70 所示。

仪表台因正面的严重撞击，或侧面撞击常造成整体变形、皱折和固定爪破损。整体变形在弹性限度内，待骨架校正好后重新装回即可。皱折影响美观，对美观要求较高的新车或高档车笔者主张更换，因仪表台价格一般较贵。老旧车更换意义不大。少数固定爪破损常以焊修修复为主，多数固定爪破损以更换修复为主。

左右出风口常在侧面撞击时破碎，右出风口也常因二次碰撞被前排乘客右手支承时压坏。

左右饰框常在侧面碰撞时破损，严重的正面碰撞也会造成支爪断裂，均以更换为主。

杂物箱常因二次碰撞被前排乘客膝盖撞破裂，一般以更换为主。

卡罗拉中央操纵饰件为通道罩，如图 5-71 所示。

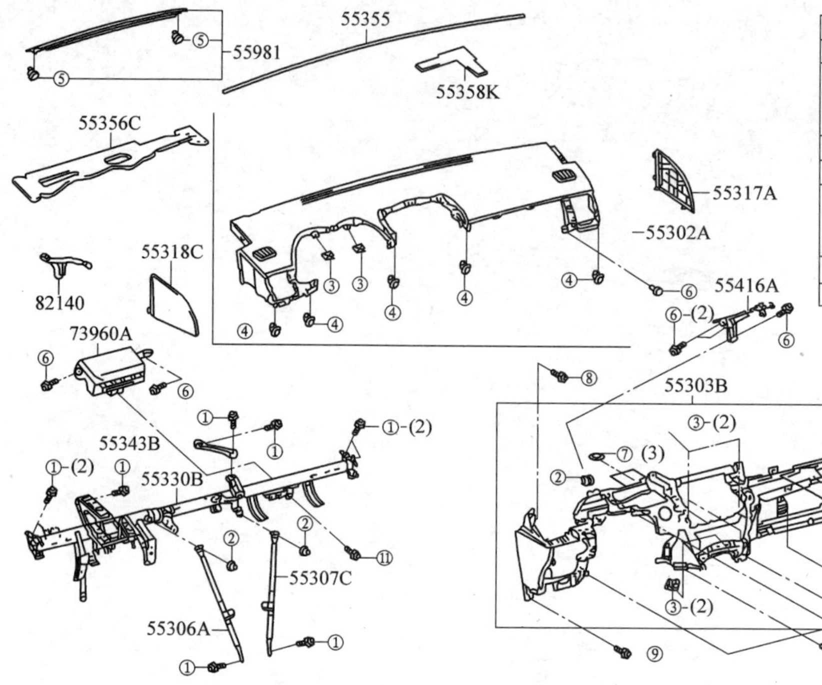

①	91621-B0816
②	90178-C0034
③	90183-05094
④	90467-12080
⑤	90467-10201
⑥	93568-55014
⑦	90183-06025
⑧	90159-60613
⑧	90159-70004
⑨	90119-C0072
⑩	90159-C0008
⑪	90105-C0212

图 5-70 仪表台分解图

55302—上仪表台分总成 55303—下仪表台分总成 55330—仪表台骨架

73960—前排乘客侧安全气囊 55318—仪表板左面板 55317—仪表板右面板

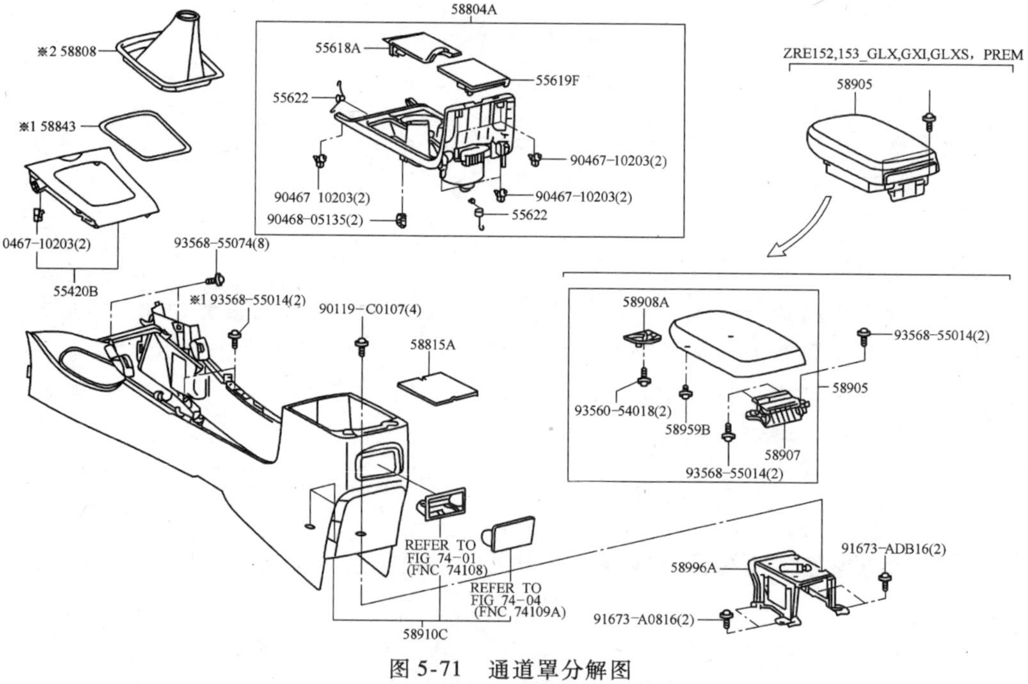

图 5-71 通道罩分解图

58910—中央控制台壳 58804—扶手箱上面板分总成 58905—扶手箱盖分总成 55420—中央控制台前饰板

严重的碰撞会造成车身底板变形，车身底板变形后会造成过道罩破裂，以更换为主。

20. 车门及饰件［前门（后视镜）、后门及饰件等］

以前门为例，前门外部结构如图 5-72 所示。

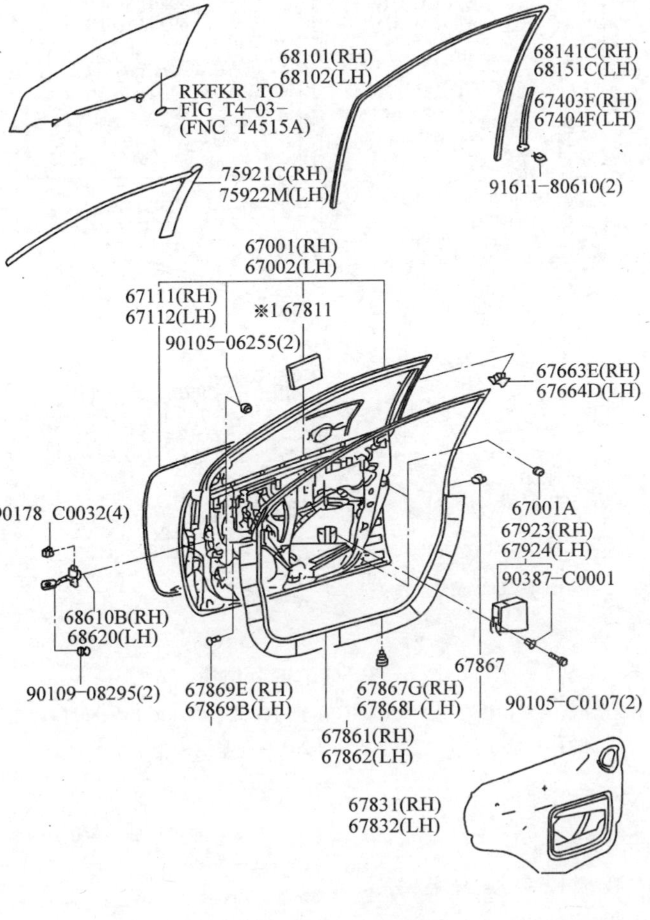

图 5-72 前门外部结构

67001—前门壳 68101—前门玻璃 75921—前门窗框外饰板

68141—前门玻璃绒槽 67861—前门密封胶

前门部分结构如图 5-73 ~ 图 5-75 所示。

门玻璃升降机如图 5-76 所示。

门防擦饰条碰撞变形应更换，由于门变形需将门防擦饰条拆下整形，多数防擦饰条为自干胶式，拆下后重新粘贴上不牢固，用其他胶粘贴影响美观，应考虑更换。

门框产生塑性变形后，一般不好整修，应考虑更换。门下部的修理同发动机舱盖。

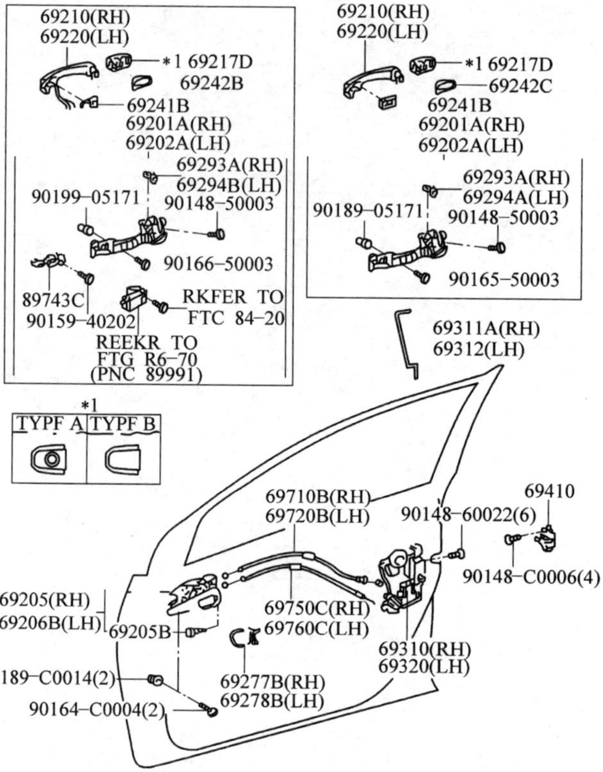

图 5-73 前门部分结构

69410—前车门锁扣板总成 69277—前车门内把手框 69205—前门内把手框

69210—前车门外把手总成 69201—前车门外把手框分总成

门锁及锁芯在严重撞击后会产生损坏，一般以更换为主。

后视镜镜体破损以更换为主，对于镜片破损，有些高档轿车的镜片可单独供应，可以更换镜片。

玻璃升降机是碰撞经常损坏的部件，玻璃导轨、玻璃托架也是经常损坏的部件，碰撞变形后一般都要更换，但玻璃导轨、玻璃托架常在评估中遗漏。

车门内饰修理同 A 柱内饰。

后门与前门结构与修理方法基本相同。

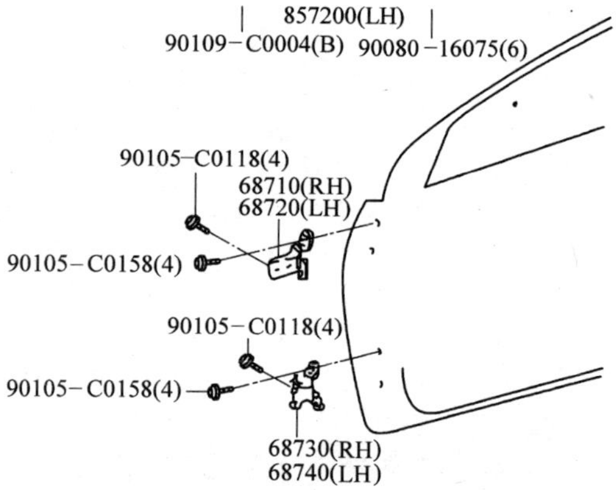

图 5-74 前门铰链分解图

68710—前门上铰链 68730—前门下铰链

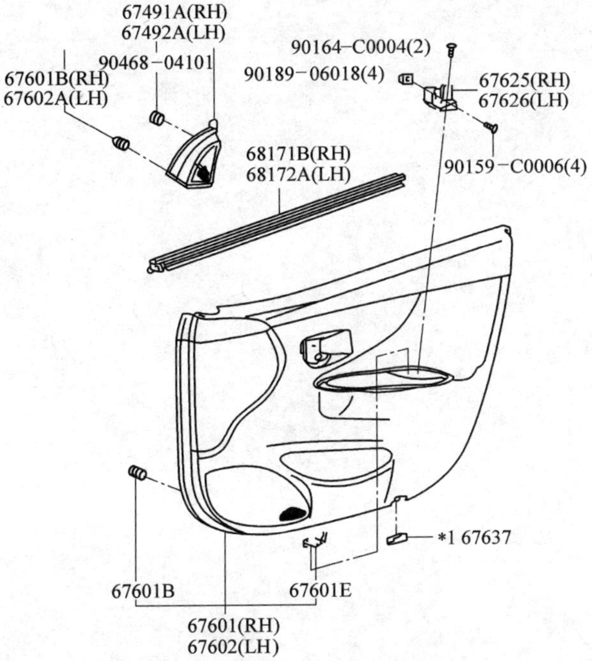

图 5-75　前门内饰分解图

67601—前门内饰板　67171—前车门玻璃内密封条　67491—前车门下门框支架装饰条

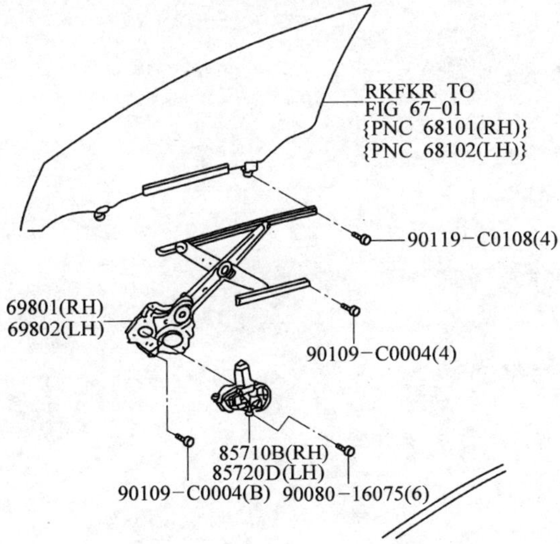

图 5-76　玻璃升降机分解图

69801—玻璃升降机总成　85710—前门玻璃升降电动机　68101—前门玻璃

21. 前座椅及附件、安全带

前座椅及附件如图 5-77 所示。

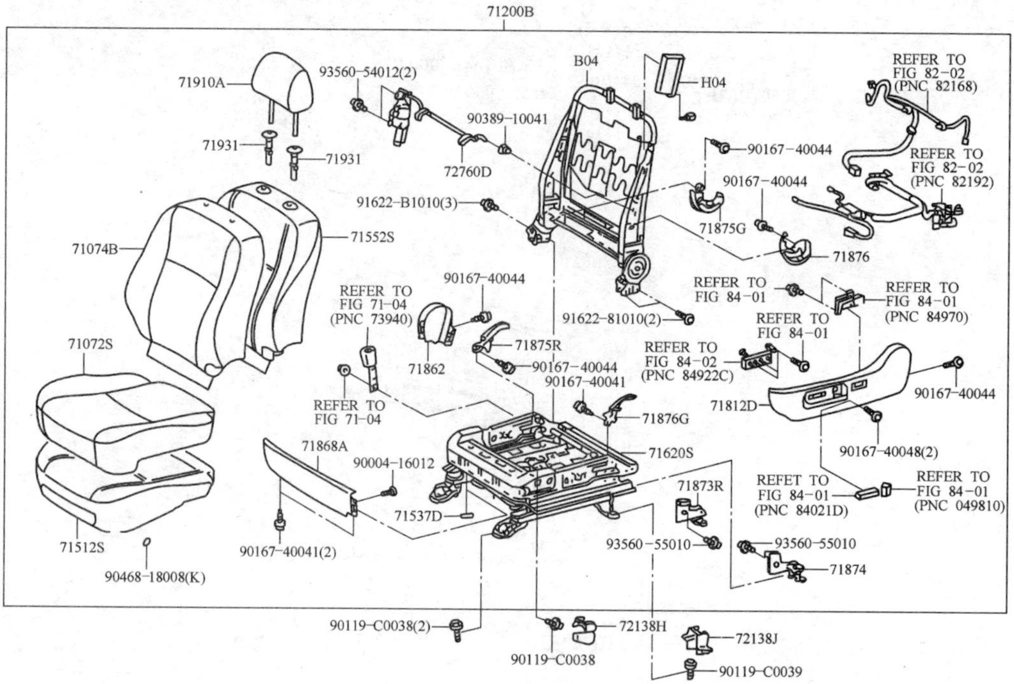

图 5-77　前座椅分解图

71200—前座椅总成　71910—头枕　71620—前排左侧座椅座垫弹簧总成　71552—前排左侧座椅靠背软垫　71074—前排左侧座椅靠背护面　71072—前排左侧座椅座垫护面　71512—前排左侧座椅座垫软垫　71812—前排左侧座椅座垫护板

座椅及附件因撞击造成的损伤常为骨架、导轨变形和棘轮、齿轮根切现象，骨架、导轨变形常可以校正，棘轮、齿轮根切通常必须更换棘轮、齿轮机构。许多车型因购买不到棘轮、齿轮机构常会更换座椅总成。

安全带的一般结构如图5-78所示。

目前我国已强制使用被动安全带，大多数安全带在中度以下碰撞后还能使用，但必须严格检验。前部严重碰撞的安全带，收紧器处会变形，从安全角度考虑，笔者建议更换。中高档轿车上安装有安全带自

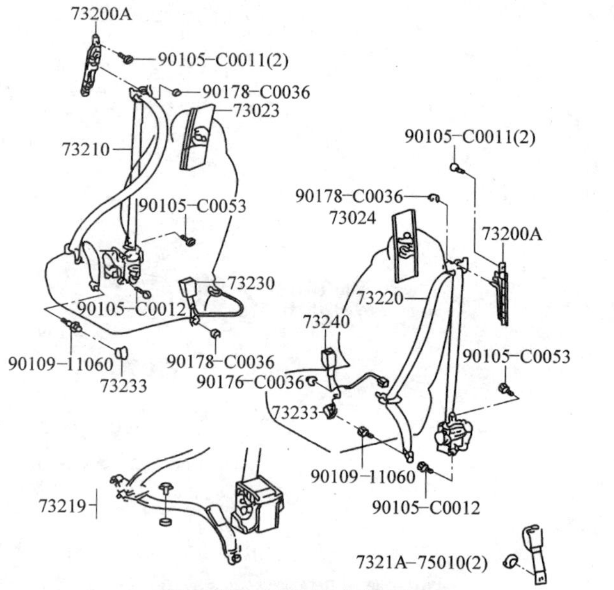

图 5-78　安全带分解图

73210—前排右侧座椅外安全带总成　73220—前排左侧座椅外安全带总成　73230—前排右侧座椅内安全带总成　73240—前排左侧座椅内安全带总成　73024—前排左侧肩式安全带锚定器板分总成　73023—前排右侧肩式安全带锚定器板分总成　73200—前排肩式安全带锚定器调节器总成

动收紧装置，收紧器上拉力传感器感应到严重的正面撞击后，电控自动收紧装置会点火，引爆收紧装置，从而达到快速收紧安全带的作用。但安全带自动收紧装置工作后必须更换。

22. 侧车身、B 柱及饰件、门槛及饰件等

有的汽车车身侧面设计成一个整体，如富康，但卡罗拉没有这样设计。

B 柱结构如图 5-79 所示。

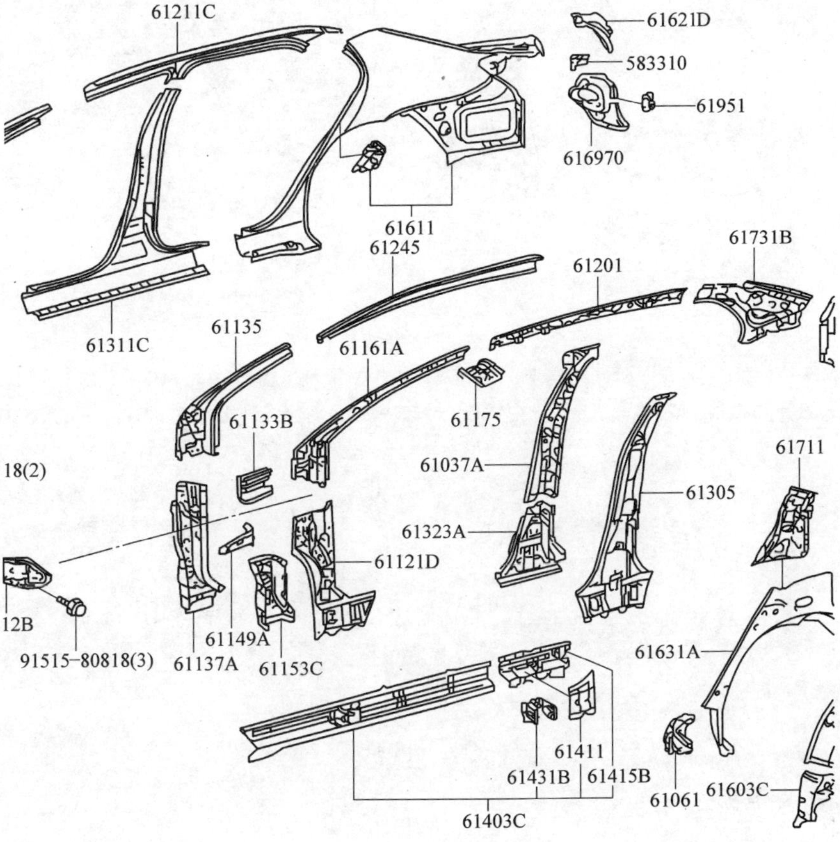

图 5-79 B 柱分解图

61311C—B 柱外板 61305—B 柱内板 61037A—B 柱加强筋上 61323A—B 柱加强筋下

B 柱的整修与更换同 A 柱。

车身侧面内饰如图 5-80 所示。

车身侧面内饰的破损以更换为主。

边梁及附件如图 5-81 所示。

一般的碰撞边梁的变形以整形修复为主，边梁保护膜是评估中经常遗漏的项目，只要边梁需要整形，边梁保护膜就要更换。门槛饰条破损后一般以更换为主。

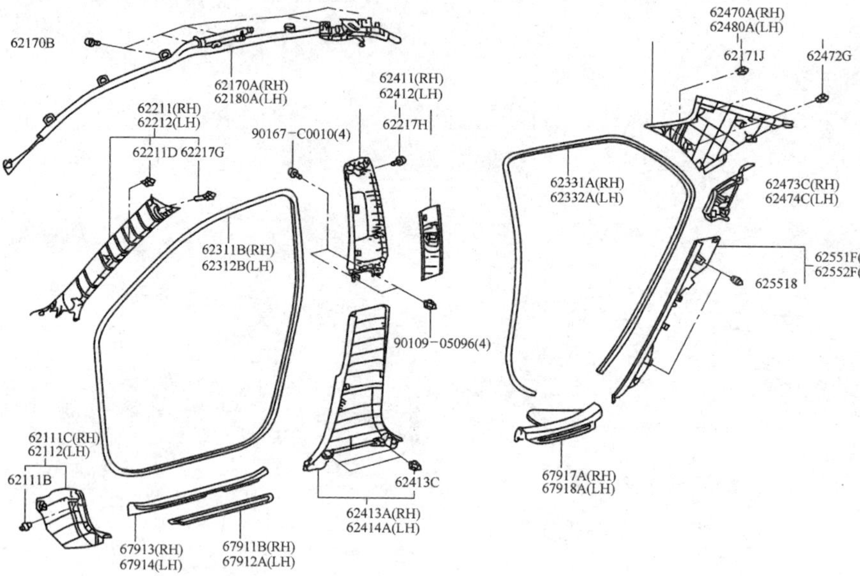

图 5-80 侧面内饰分解图

62211—A 柱上内饰板 62111—A 柱下内饰板 62411—B 柱上内饰板 62413—B 柱下内饰板 362470—C 柱上内饰板 62473—车顶右侧内饰板 62551—后排右侧座椅侧饰板 67917—右后车门防磨板

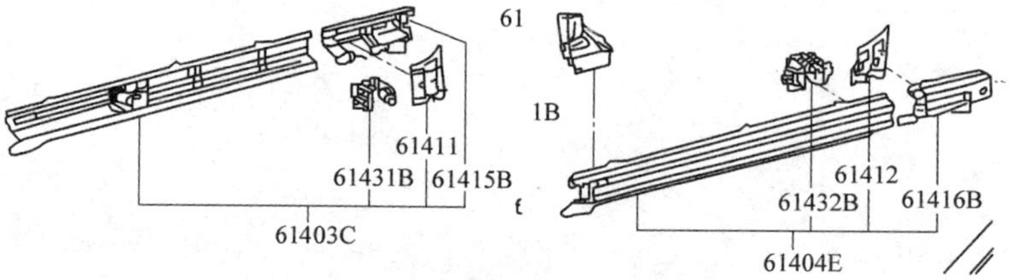

图 5-81 边梁及附件分解图

61403、61404—右侧车门外槛板加强件分总成

23. 车身地板

车身地板结构如图 5-82、图 5-83 所示。

车身地板因撞击常造成变形，常以整修方式修复，对于整修无法修复的车身地板，在现有的国内修理能力下，笔者认为应该考虑更换车身总成。

24. 车顶及内外饰件［落水槽及饰条、车顶（指外金属件）、顶篷（指内饰）、天窗等］

车顶结构如图 5-84 如示。

严重的碰撞和倾覆会造成车顶损伤。

车顶的修复同发动机舱盖，只要能修复，原则上不予更换。内饰同车门内饰。落水槽饰条为铝合金外表做漆，损伤后一般应予更换。

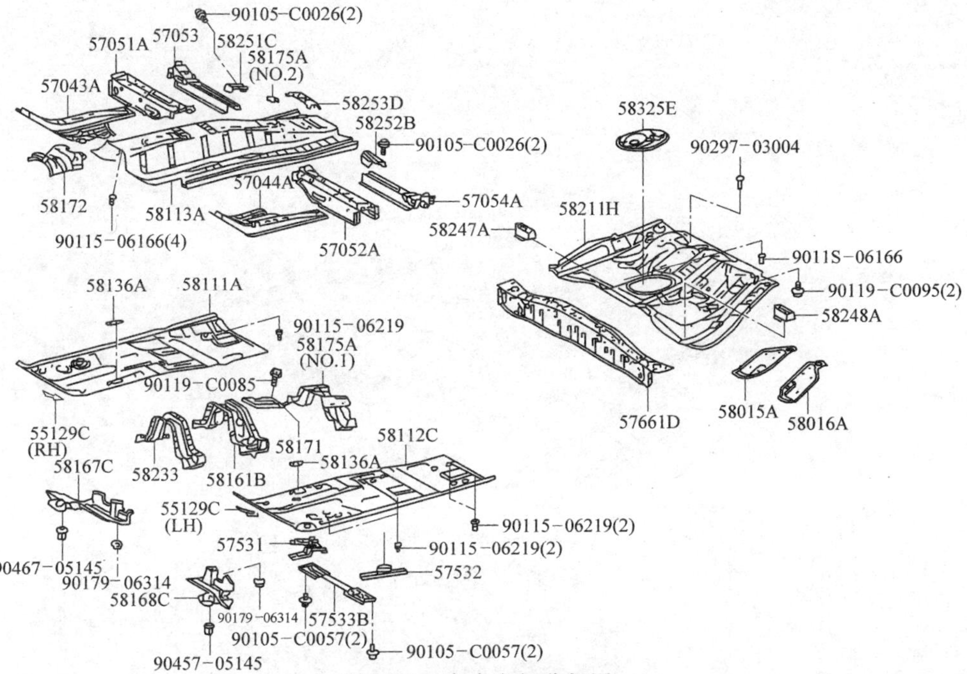

图 5-82　车身底板分解图

58111—前地板右底板　58112—前地板左底板　58113—前地板中央板　58211—中央地板底板

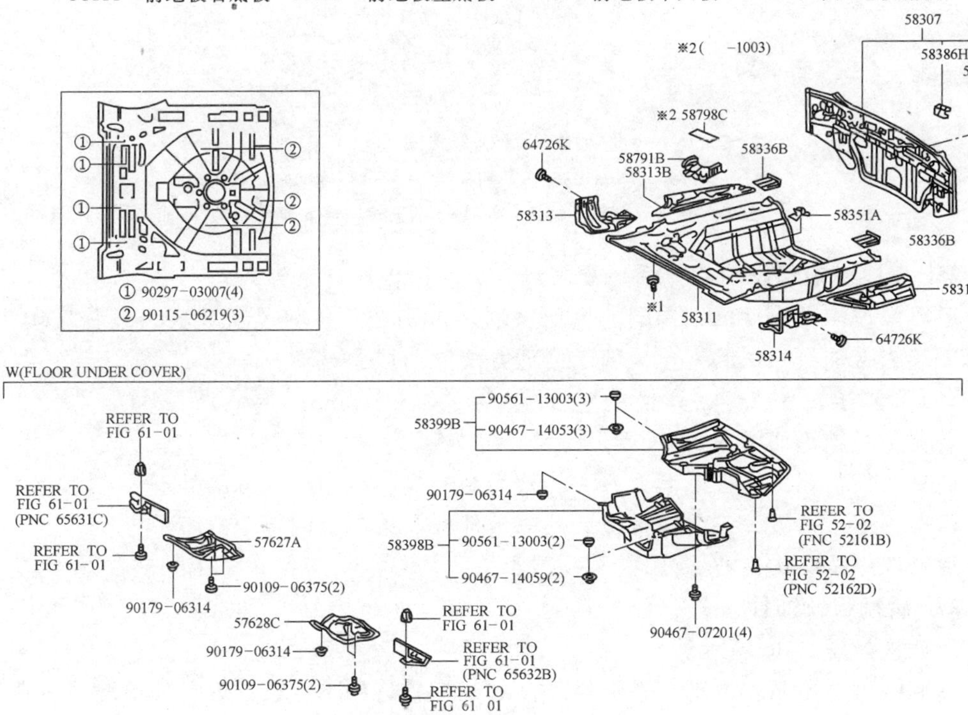

图 5-83　车身后底板分解图

58311—后地板底板　58301—身下背板分总成

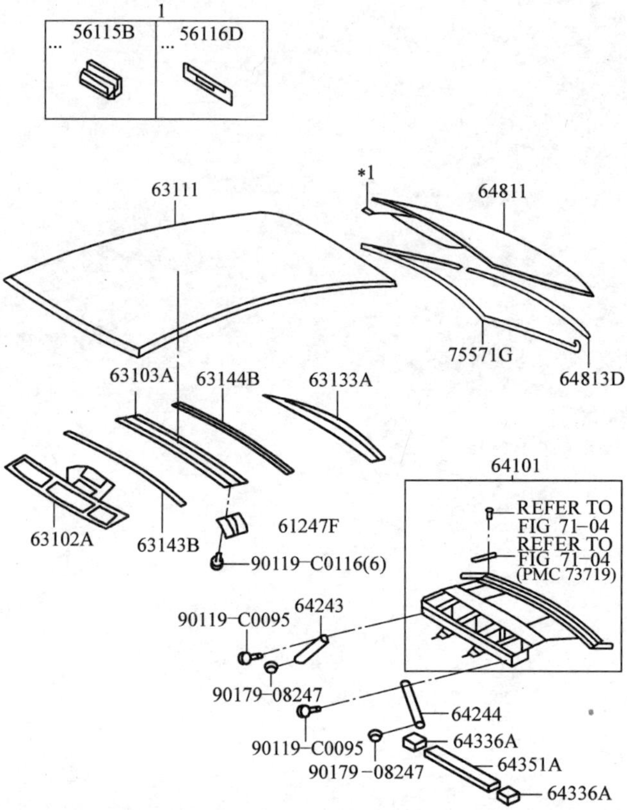

图 5-84 车顶分解图

63111—车顶外板 63102—车顶前横梁 64811—后风窗玻璃
75571—后风窗玻璃上饰条 64813—后风窗玻璃下饰条

25. 后风窗玻璃及附件（后风窗玻璃、后风窗玻璃饰条等）

后风窗玻璃及附件的结构同前风窗玻璃。区别在于，前风窗玻璃为夹胶玻璃，后风玻璃为带加热除霜的钢化玻璃。修理方法同前风窗玻璃。

26. 后翼子板

后翼子板结构如图 5-85 所示。

后翼子板与前翼子板不同，后翼子板为结构件，按结构件方法处理。

行李箱落水槽板、三角窗内板、挡泥板外板及挡泥板内板一般不予更换。

后悬架座按结构件方法处理。

27. 后搁板及饰件

后搁板如图 5-86 所示。

后搁板因碰撞基本上都能整形修复，此处如果达到不能整形修复的情况，一般车身达到更换的程度。

后行李箱内衬用毛毡制成，一般不用更换。行李箱前装饰板、行李箱侧装饰板也很少破损，如果损坏以更换为主。

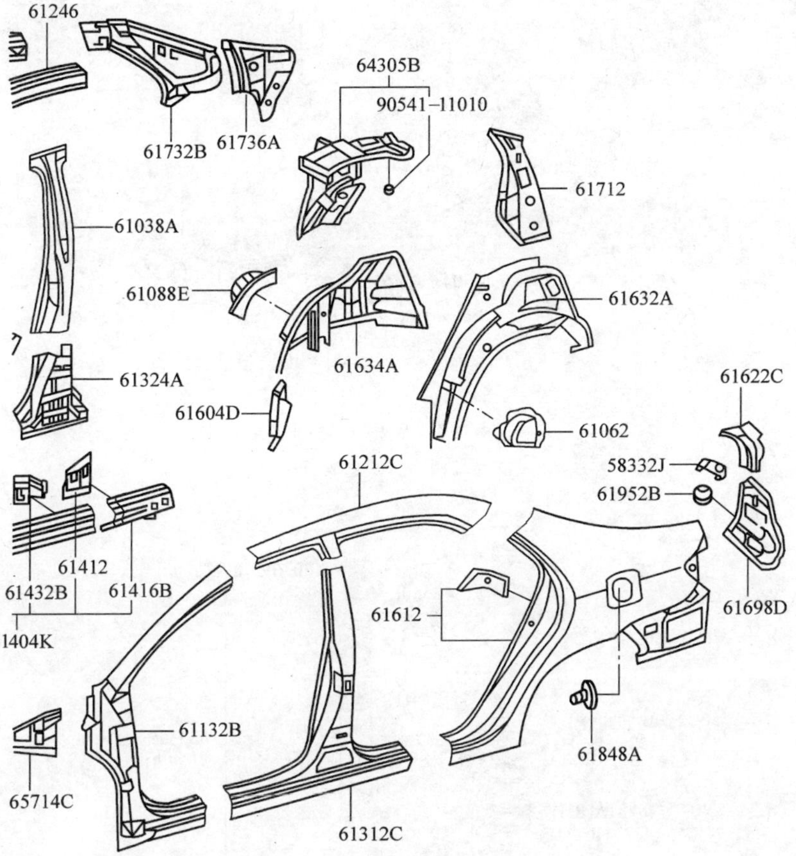

图 5-85　后翼子板结构图

61212—后翼子板　61632—侧围轮罩外板　61634—侧围轮罩内衬板　61712—车顶外侧板

64305—后窗台板连接板　61732—车顶侧围内板　61736—后车顶内侧板

28. 后桥及后悬架

后桥结构如图 5-87 所示。

后悬架结构如图 5-88 所示。

后悬架按前悬架方法处理；后桥按副梁方法处理。

29. 后部地板、后纵梁及附件

后部地板、后纵梁及附件如图 5-89 所示。

后纵梁按前纵梁方法处理，其他同车身底板处理方法相似。备胎

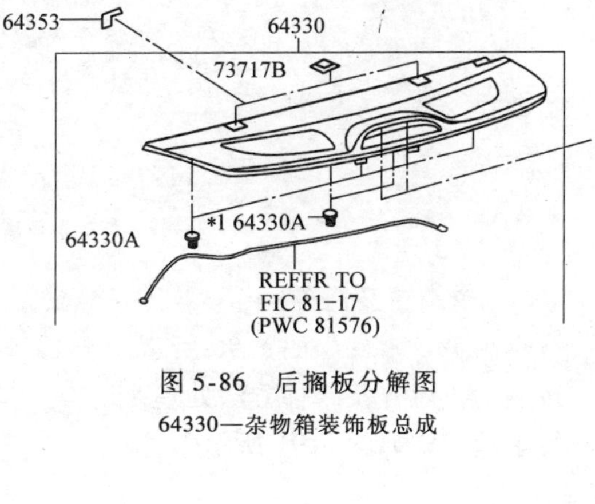

图 5-86　后搁板分解图

64330—杂物箱装饰板总成

盖在严重的追尾碰撞中会破损，以更换为主。

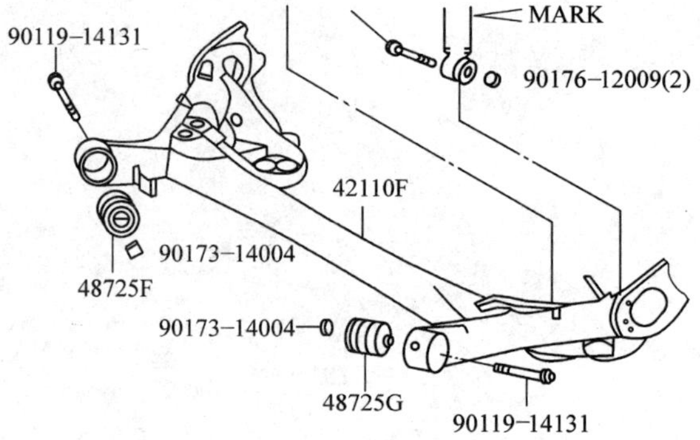

图 5-87　后桥分解图

42110—后桥总成

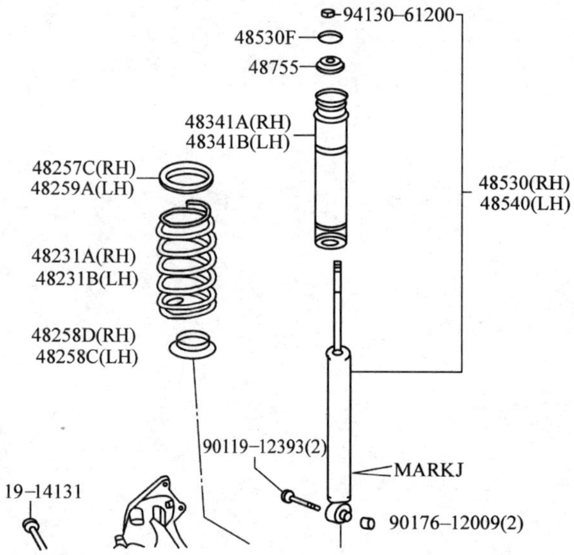

图 5-88　后悬架分解图

48530—后减振器总成　48341—后减振器缓冲块　48231—后减振器螺旋弹簧

30. 行李箱盖及附件

行李箱盖及附件如图 5-90 所示。

按发动机舱盖及附件方法处理。

行李箱内饰如图 5-91 所示。

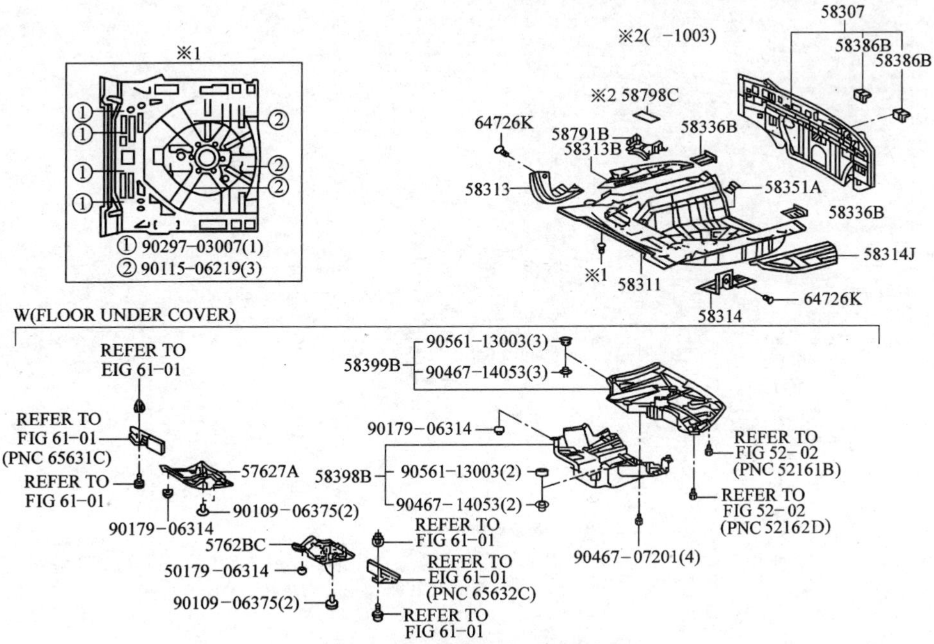

图 5-89 后部底板分解图

58311—后地板底板 58301—身下背板分总成

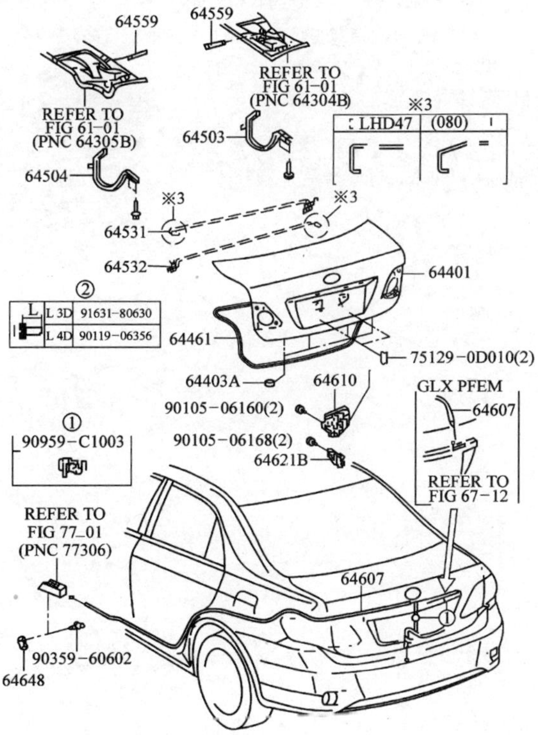

图 5-90 行李箱盖及附件分解图

64401—行李箱盖 64503—行李箱盖铰链 64610—行李箱盖锁机 64621—行李箱盖锁扣 64461—行李箱密封条

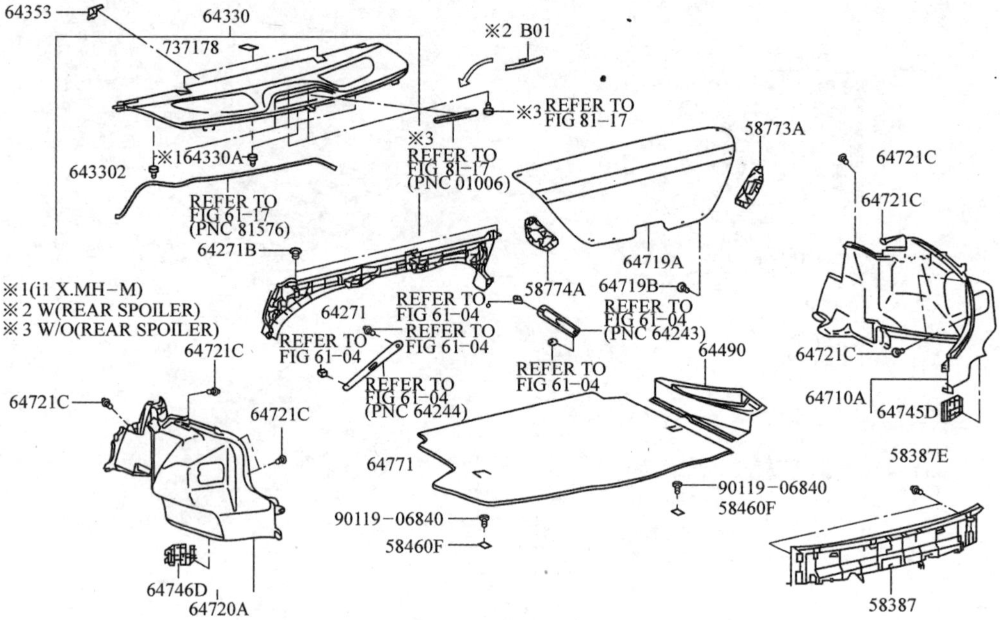

图 5-91 行李箱内饰

64719—行李箱盖内衬 64271—行李箱前装饰板 64771—备胎罩

64720—行李箱侧装饰板 58387—后地板装饰板

行李箱工具盒在碰撞中时常破损，评估时注意不要遗漏。后轮罩内饰、左侧内饰板、右侧内饰板碰撞一般不会损坏。

31. 后围及铭牌

后围结构如图 5-92 所示。

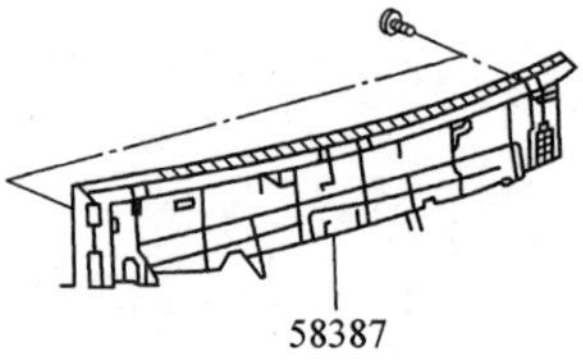

图 5-92 后围分解图

58387—后围总成

按散热器框架方法处理。

铭牌损伤后以更换为主。

32. 尾灯

尾灯结构如图 5-93 所示。

按前照灯方法处理。

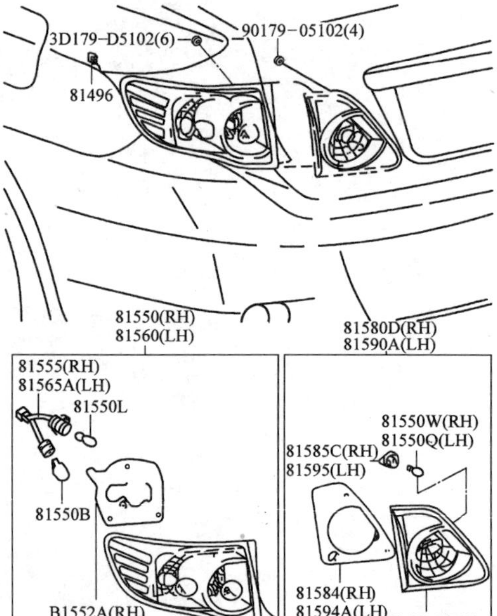

图 5-93 尾灯分解图

81550—外尾灯 81580—内尾灯

33. 后保险杠及附件

后保险杠及附件如图 5-94 所示。

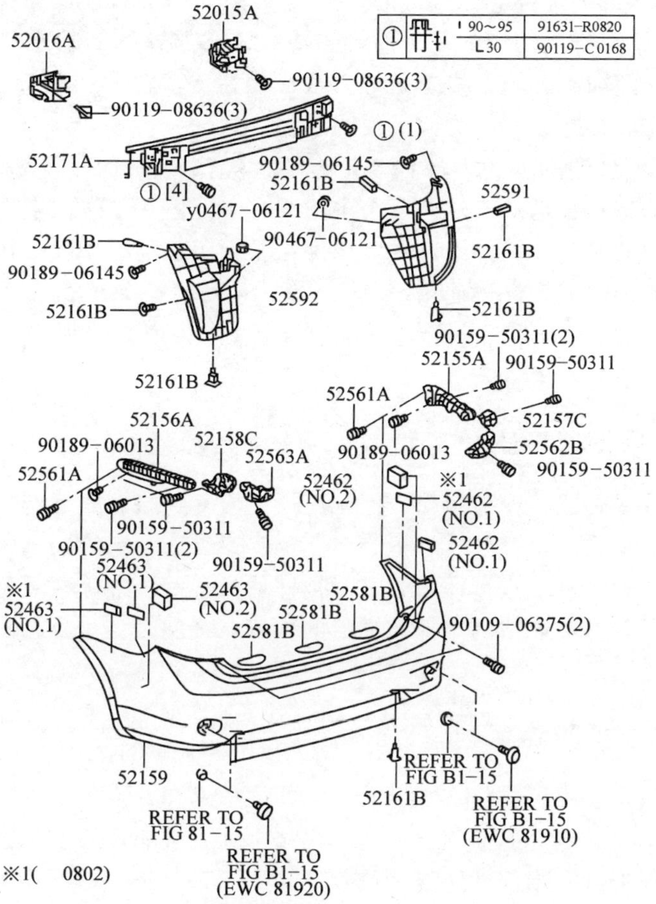

图 5-94　后保险杠分解图

52159—后保险杠　52171—后保险杠骨架　52155—后保险杠支架　52592—后保险杠密封件

按前保险杠方法处理。

我国幅员辽阔，各地汽车零配件名称叫法不尽相同，笔者根据多年从事汽车评估业的经验，上述名称叫法最易被大多数人接受。建议业内人士在汽车评估中统一中英文名称。

根据车辆受损情况，可以从前到后，也可以从后到前，逐项确定（对于一些进口小客车的受损情况可以借助 AUDATEXT（翱特）定损系统和 MITCHELL 碰撞估价指南》逐项确定。

二、更换项目的确定

一般来说，需要更换的零部件归纳为以下四种：

1）无法修复的零部件。如灯具的严重损毁，玻璃的破碎等。

2）工艺上不可修复使用的零部件。主要有胶贴的各种饰条，如胶贴的风窗玻璃饰条、胶贴的门饰条、翼子板饰条等。这往往在保险汽车损失评估中产生争议。专业汽车评估人员时常要向保险人员说明这一点。

3）安全上不允许修理的零部件。是指那些对汽车安全起重要作用的零部件。如行驶系统中的车桥、悬架；转向系统中的所有零部件，如转向横拉杆的弯曲变形等；制动系统中的所有零部件。这些零部件在受到明显的机械性损伤后，从安全的角度出发，基本上都不允许再使用。

4）无修复价值的零件。是指从经济上讲无修复价值，即那些修复价值接近或超过零部件原价值的零部件。

三、拆装项目的确定

有些零部件或总成并没有损伤，但是更换、修复、检验其他部件需要拆下该零部件或总成后重新装回。

拆装项目的确定要求汽车评估人员对被评估汽车的结构非常清楚，对汽车修理工艺了如指掌。在对被评估汽车拆装项目的确定有疑问时，可查阅相关的维修手册和零部件目录。

四、修理项目的确定

在现行的汽车损失评估（各地的价格认证中心）以及绝大多数机动车保险条款中，受损汽车在零部件的修理方式上仍以修复为主。所以若在工艺上、安全上允许，且具有修复价值的零部件应尽量修复。

五、待查项目的确定

在车险查勘定损工作中，经常会遇到一些零件，用肉眼和经验一时无法判断其是否受损、是否达到需要更换的程度，甚至在车辆未修复前，就单独某零件用仪器都无法检测（除制造厂外）。如转向节、悬架臂、副梁等，这些零件在我们的定损工作中时常被列为“待查项目”，这些“待查项目”在车辆修理完工后大都成了更换项目。“待查项目”到底有多少确实需要更换？又确实更换了多少？这里到底有多少道德风险？这个问题始终困扰保险公司的理赔定损人员。

作者从事机动车理赔定损工作十多年，有一些经验和措施，认为能够减少“待查项目”中的大量道德风险，步骤如下：

1）认真检验车辆上可能受损的零部件，尽量减少“待查项目”。例如，汽车发电机在受碰撞后经常会造成散热叶轮、带轮变形，散热叶轮、带轮变形后在旋转时，很容易产生发电机轴弯曲的错觉。轴到底弯没弯、径向跳动量是多少，只要做一个小小的试验即可：用一根细金属丝，一端固定在发电机机身上，另一端弯曲后指向发电机前端轴心，旋转发电机，注意观察金属丝一端与轴心的间隙变化，即发电机轴的径向跳动量，轴的弯曲程度一目了然。用这种方法，可以解决空调压缩机、转向助力泵、水泵等类似问题。

2）在确定需要待查的零件上做上记号，拍照备查，并告之被保险人和承修厂家。

3）汽车初步修理后，保险公司的理赔定损人员，必须参与对“待查项目”进行检验、调试、确认的全过程。例如，转向节待查，汽车进行初步的车身修理后，安装上悬架等零部件后做四轮定位检验，四轮定位检验不合格，并且超过调整极限，修理厂提出要求更换转向节，于是保险公司的理赔定损人员也就同意更换转向节。至于更换转向节后四轮定位检验是否合格，是否是汽车车身校正不到位等其他原因，保险公司的理赔定损人员往往不再深究。

4）“待查项目”确实损坏需要更换，保险公司的理赔人员必须将做有记号的“待查项目”零件从汽车修理厂带回。

用上述方法解决“待查项目”问题，汽车修理厂就无法获得额外利益，遵循了财产保险的补偿原则，最大限度地杜绝了“待查项目”中的道德风险。

第五节 工时费确定

汽车修理工时包括更换、拆装项目工时，修理项目工时和辅助作业工时。工时费的确定是根据损失项目的确定而确定的，可以从评估基准地的《汽车维修工时定额与收费标准》中查到相应的工时数量或工时费标准。

一、更换、拆装项目的工时费确定

汽车修理中更换项目与拆装项目的工时绝大多数是相似的，有时更是相同的。所以通常将更换与拆装作为同类工时处理。

汽车碰撞损失的更换、拆装项目工时的确定可以从评估基准地的《汽车维修工时定额与收费标准》中查找。然而在我国绝大多数地区没有相应的工时定额与收费标准。通常我们可以首先查阅生产厂有无相应的工时定额，如果有，再根据当地的工时单价计算相应的工时费。在我国，汽车生产厂几乎没有一家在卖车时向汽车购买者明示告之碰撞损失后的修理费用。发生事故后往往汽车所有者与生产厂的售后服务站和保险公司因价格差异较大而产生矛盾。部分进口乘用车可以从《MITCHELL 碰撞估价指南》中查到各项目的换件和拆装工时。

为了便于汽车评估工作者从事事故碰撞损失评估工作，作者根据多年从事碰撞损失评估的经验，参照《MITCHELL 碰撞估价指南》编制了汽车碰撞损失换件工时表（表 5-2），供业内人士参考。

表 5-2 换件拆装分项工时表

序号	项目（工时）	单位	轿车					客车					货车				备注
			微型	普通型	中级	中高级	高级	微型	轻型	中型	大型	特大型	微型	轻型	中型	重型	
1-1	前保险杠	件	1.0～3.0					0.5～3.0					0.4～1.5				
1-2	前保险杠骨架	件	不单独计工费，可另加0.0～0.3														
1-3	前保险杠支架	只	不单独计工费，可另加0.0～0.2														
1-4	前保险杠包角	只	0.1～0.3					0.1～0.3					0.1～0.2				如更换保险杠不另计
1-5	前保险杠格栅	只	0.1～0.3														如更换保险杠不另计
1-6	前保险杠饰条	只	0.1～0.3					0.1～0.3									如更换保险杠不另计
1-7	前保险杠导流板	只	0.1～0.4														如更换保险杠不另计
1-8	前保险杠衬垫	只															如更换保险杠不另计
1-9	前保险杠信号灯	只	0.1～0.3					0.1～0.3					0.1～0.2				如更换保险杠不另计
1-10	前雾灯	只	0.1～0.3					0.1～0.3					0.1～0.2				如更换保险杠不另计
所有项目更换以更换前保险杠的1.2倍为限																	
2-1	前护栅	只	0.1～0.4					0.1～0.4					0.1～0.3				
2-2	铭牌	只	0.1～0.2					0.1～0.2					0.1～0.2				
同时更换以更换前护栅工时为限																	
3-1	前照灯总成	只	0.3～1.8					0.3～1.5					0.3～0.8				
3-2	前照灯饰条	根	0.1～0.2					0.1～0.2					0.1～0.2				
3-3	前照灯调节器	根	0.3～1.2					0.3～1.2					0.3～1.2				
3-4	前照灯支座	只	按前照灯费用另加0.1～0.3														
3-5	角灯	只	0.1～0.3					0.1～0.3					0.1～0.2				

（续）

序号	项目	单位	轿车					客车					货车				备注
			微型	普通型	中级	中高级	高级	微型	轻型	中型	大型	特大型	微型	轻型	中型	重型	
所有项目更换以更换前照灯总成的1.5倍为限																	
4-1	散热器框架	只	2.5～10.0														包括附件拆装
4-2	发动机盖锁机	只	0.2～0.4										0.2～0.3				
4-3	发动机盖拉索	只	0.6～1.0										0.6～0.8				
4-4	发动机盖撑杆	只	0.1～0.2										0.1～0.2				
所有项目更换以更换散热器框架为限																	
5-1	冷凝器	只	0.7～3.2					0.8～4.0					0.5～2.0				包括附件拆装，不含添加制冷剂
5-2	干燥瓶	只	0.3～0.7					0.3～0.6					0.3～0.5				不含添加制冷剂
5-3	空调泵（压缩机）	只	1.0～2.0					1.0～2.0					1.0～1.6				包括附件拆装，不含添加制冷剂
5-4	空调离合器	只	在上项基础上增加0.3														
5-5	空调管	根	0.3～0.7														不含添加制冷剂
5-6	蒸发器总成	件	0.5～1.1														不含仪表台拆装
5-7	蒸发器壳	件	0.3～1.2														不含蒸发器总成拆装
5-8	暖风机总成	件	0.5～1.0														不含仪表台拆装
5-9	暖风机壳	件	0.3～1.2														不含暖风机拆装
5-10	鼓风机	件	0.3～1.3														不含仪表台拆装
6-1	散热器	只	0.5～2.0					0.5～3.0					0.5～2.0				

（续）

序号	项目（工时/车型）	单位	轿车					客车					货车				备注
			微型	普通型	中级	中高级	高级	微型	轻型	中型	大型	特大型	微型	轻型	中型	重型	
6-2	散热器上水管	根	0.3～1.2														
6-3	散热器下水管	根	0.5～1.2														
6-4	储水壶	只	0.2～0.6														
6-5	风扇护罩	只	0.3～1.0					0.3～1.5					0.3～1.0				包含在更换散热器里不另计
6-6	风扇	只	0.5～1.0					0.5～2.0					0.5～2.0				
7-1	发动机盖	只	0.8～2.0										0.5～1.0				
7-2	发动机盖铰链	只	0.2～0.3										0.2～0.4				
7--3	发动机盖隔热垫	只	0.2～0.4														
7-4	发动机盖液压撑杆	只	0.2～0.3														
7-5	发动机盖风标	只	0.1～0.2														
所有项目更换以更换发动机盖的1.2倍为限																	
8-1	前翼子板	块	1.2～4.5										1.0～1.5				
8-2	前翼子板内衬	块	0.3～0.6														
8-3	前翼子板饰条	条	0.1～0.3														
8-4	前翼子板信号灯	只	0.1～0.2										0.1～0.2				
8-5	前翼子板沿口饰条（轮肩）	根	0.1～0.2														
8-6	前翼子板示宽灯	只	0.1～0.2														
8-7	天线	根															同更换前翼子板

（续）

序号	项目	单位	轿车					客车					货车				备注
			微型	普通型	中级	中高级	高级	微型	轻型	中型	大型	特大型	微型	轻型	中型	重型	
8-8	电动天线	根															同更换前翼子板
所有项目更换以更换前翼子板的 1.2 倍为限																	
9-1	前纵梁	根	5.0～10.0														含除发动机、仪表台以外的附件拆装
9-2	内轮壳	只	5.0～10.0														含除发动机、仪表台以外的附件拆装
同时更换以单项的 1.5 倍为限																	
10-1	转向盘气囊	只		0.3～0.4													
10-2	转向盘游丝	只		0.7～1.8													包含更换转向盘气囊工时
10-3	前排乘客气囊	只		0.5～0.7													不含仪表台拆装
10-4	碰撞传感器	只		0.2～0.7													
10-5	气囊控制模块	只		0.4～1.4													
11-1	轮胎	只	0.3	0.3	0.3	0.3	0.3	0.3～0.5					0.3～0.5				不含轮胎动平衡
11-2	钢圈	只	0.3	0.3	0.3	0.3	0.3	0.3～0.5					0.3～0.5				不含轮胎动平衡
11-3	轮罩	只	0.1	0.1	0.1	0.1	0.1	0.1	0.1	0.1	0.1	0.1					
同时更换以更换轮胎或钢圈单项工时为限																	
12-1	稳定杆	根	0.5～4.0					0.5～2.0					0.5～2.0				包括附件拆装
12-2	上下托臂	只	0.7～3.0					0.5～3.0					0.5～3.0				包括附件拆装

（续）

序号	项目	单位	轿车 微型	轿车 普通型	轿车 中级	轿车 中高级	轿车 高级	客车 微型	客车 轻型	客车 中型	客车 大型	客车 特大型	货车 微型	货车 轻型	货车 中型	货车 重型	备注
12-3	上下托臂球头	只	0.2～1.1					0.2～1.0					0.2～1.0				包括附件拆装
12-4	前减振器	只	0.5～1.7					0.4～1.5		0.4～1.0			0.4	0.4～1.0			包括附件拆装
12-5	副车架（元宝梁）	台	1.0～2.0														不含发动机拆装
12-6	前钢板总成	付						1.0～2.0					1.0～2.0				包括附件拆装
12-7	前桥	根						1.0～6.0					1.0～4.0				包括附件拆装
多项更换不得重复计算工时																	
13-1	半轴外球笼	只	0.3～2.0					0.3～2.5									
13-2	半轴内球笼	只	1.0～2.5					1.0～2.5									
13-3	半轴（前驱）	根	1.5～2.5					1.5～2.5									
13-4	半轴总成（前驱）	根	0.8～1.8					0.8～1.8									
多项更换不得重复计算工时																	
14-1	制动主缸	只	0.8～2.0					0.8～2.4					0.8～1.6				
14-2	制动油壶	只	0.2～0.6					0.2～0.4					0.2～0.4				
14-3	ABS 控制阀	只		0.8～2.1					1.0～2.0								
14-4	ABS 控制模块	只		0.4～1.0					0.4～1.0								
14-5	制动真空助力泵	只	1.0～2.0					1.0～2.0					1.0～2.0				
多项更换不得重复计算工时																	
15-1	前制动盘	只	0.3～0.6					0.3～0.6									
15-2	前制动轮缸	只	0.3～0.5					0.3～1.2					0.3～1.2				

（续）

序号	项目（工时/单位/车型）	单位	轿车					客车					货车				备注
			微型	普通型	中级	中高级	高级	微型	轻型	中型	大型	特大型	微型	轻型	中型	重型	
15-3	前制动盘凸缘	只	0.5~2.1					0.5~1.0									
15-4	前轮轴承	只	0.5~2.1					1.2~4.8					1.0~4.0				
15-5	转向节	只	1.5~2.6					1.2~4.8					1.0~4.0				
多项更换不得重复计算工时																	
16-1	转向机	只	1.2~4.8					1.0~6.0					1.0~4.0				含摇臂及直拉杆
16-2	转向机助力泵	只		0.8~2.8					0.6~2.4						0.6~2.4		
16-3	助力泵油管	根		0.3~1.5					0.3~1.0						0.3~1.0		
16-4	转向机油壶	只		0.2~0.6					0.2~0.4						0.2~0.4		
16-5	转向盘	只	0.3~0.6					0.3~0.6					0.3~0.6				
16-6	转向盘上下护罩	组	0.2~0.7					0.2~0.7					0.2~0.7				
16-7	组合开关	只	0.4~1.5					0.4~1.5					0.4~1.5				
多项更换不得重复计算工时																	
17-1	发动机总成	台	4.0~15.0					4.0~16.0					3.0~12.0				
17-2	发动机支架	台	0.2~1.0					0.2~2.0					0.2~2.0				
17-3	正时带张紧轮	只	0.2~2.2					0.2~0.4					0.2~0.4				
17-4	正时带罩	套	0.1~2.7														不含发动机拆装
17-5	凸轮轴正时齿轮	只	2.0~8.0														
17-6	正时带（链条）	根	1.0~2.0														
17-7	水泵	只	1.2~4.0														

（续）

序号	项目	单位	轿车					客车					货车				备注
			微型	普通型	中级	中高级	高级	微型	轻型	中型	大型	特大型	微型	轻型	中型	重型	
17-8	水泵带盘	只	0.5～2.0														
17-9	油底壳（发动机）	只	1.0～3.5					0.8～3.2					0.6～2.4				不含拆发动机
17-10	机油泵	只	1.4～7.0														
17-11	空滤器	只	0.2～0.6										0.2～0.4				
17-12	化油器	只	0.6～1.2														
17-13	进气管	节	0.1～0.8														
17-14	增压器	只			1.0～4.0										1.0～3.0		
17-15	排气歧管	节	0.8～7.0														
17-16	消声器	节	0.3～1.1														
多项更换不得重复计算工时																	
18-1	发电机	只	0.4～1.6														
18-2	发电机支架	只	0.2～1.0														
18-3	发电机带盘	只	0.2～0.5														不含发电机拆装
18-4	发电机传动带	根	0.2～1.2														
18-5	蓄电池	只	0.2～0.4														
18-6	蓄电池托架	只	0.2～0.4														不含蓄电池拆装
18-7	蓄电池线	根	0.4～1.6														
18-8	起动机	只	0.8～1.5					0.8～1.5					0.6～1.2				
18-9	点火线圈	只	0.2～10.5					0.2～0.4					0.2～0.3				

（续）

序号	工时 车型 单位 项目		轿车					客车					货车				备注
			微型	普通型	中级	中高级	高级	微型	轻型	中型	大型	特大型	微型	轻型	中型	重型	
18-10	分电器	只	0.8~1.5					0.8~1.2					0.6~1.2				
19-1	前风窗玻璃	块	0.8~4.0					0.6~6.0					0.6~2.4				
19-2	前风窗玻璃胶条	根	0.8~4.0					0.6~6.1					0.6~2.4				
19-3	前风窗玻璃饰条	根	0.2~0.3					0.2~0.4					0.2~0.3				
19-4	内视镜	只	0.1~0.4					0.1~0.3					0.1~0.2				
19-5	刮水器电动机	只	0.4~1.3														
19-6	刮水器连动杆	根	0.3~1.3														
19-7	刮水器臂	根	0.1~0.2														
19-8	刮水器片	片	0.1														
19-9	刮水器喷水壶	只	0.2~2.6														
19-10	刮水器喷嘴	只	0.2~0.5					0.2~0.4					0.2~0.4				
多项更换不得重复计算工时																	
20-1	前风窗玻璃下集雨槽	件	0.1~0.7														
20-2	前围水平面板	件	3.0~7.0														不含发动机及仪表台拆装
20-3	前围板	件	8.0~14.0														不含发动机及仪表台拆装
21-1	仪表台	只	2.5~6.5					2.0~8.0					2.0~4.5				
21-2	组合仪表	只	0.3~1.6														

（续）

序号	工时 单位 项目 车型		轿车					客车					货车				备注
			微型	普通型	中级	中高级	高级	微型	轻型	中型	大型	特大型	微型	轻型	中型	重型	
21-3	仪表台杂物箱	只	0.2～0.6										0.2～0.4				
21-4	仪表台饰件	件	0.2～0.6														
21-5	过道饰件	件	0.2～0.8														
22-1	A柱	根	6.0～12.0					4.0～10.0									
22-2	A柱内饰板	块	0.2～0.6														
22-3	B柱	根	4.0～10.5					6.0～12.0									
22-4	B柱内饰板	块	0.2～0.6														
22-5	边梁	根	4.0～8.5														
22-6	边梁饰件	件	0.2～0.5														
22-7	车身地板	件	10.0～15.0														
23-1	前座椅总成	只	0.3～0.6														
23-2	前座椅导轨	付	0.3～1.0														
23-3	调角器	只	0.6～1.2														
23-4	安全带	根	0.5～1.5					0.4～1.0					0.4～0.8				
24-1	前(后)门壳	扇	3.0～5.0										3.0～4.0				自动门加50%
24-2	前(后)门皮	块	4.5～7.5										4.5～5.5				
24-3	前(后)门防擦饰条	条	0.2～0.3										0.2～0.3				
24-4	前(后)门外饰板	块	0.3～0.6														
24-5	前(后)门下饰条	根	0.2～0.3														

（续）

序号	项目	单位	轿车					客车					货车				备注
			微型	普通型	中级	中高级	高级	微型	轻型	中型	大型	特大型	微型	轻型	中型	重型	
24-6	前(后)门玻璃外挡雨条	根	0.2～0.2										0.2				
24-7	前(后)门内饰板	块	0.4～0.7										0.3～0.6				
24-8	前(后)门玻璃	块	0.8～1.2										0.6～1.0				
24-9	前(后)门内把手	只	0.1～0.3										0.1～0.3				
24-10	前(后)门外把手	只	0.2～0.4										0.2～0.4				
24-11	前(后)门锁机	只	0.3～0.5										0.3～0.4				
24-12	前(后)门铰链	付	0.2										0.2				不包括门拆装
24-13	前(后)门升降器	付	0.2～0.6										0.2～0.4				不包括内饰板拆装
24-14	前(后)门升降器导轨	根	0.2～0.3										0.2～0.3				不包括内饰板拆装
24-15	前(后)门玻璃泥槽	条	0.2～0.3										0.2				不包括内饰板及玻璃拆装
24-16	前(后)门玻璃内挡雨条	根	0.2～0.3										0.2				
24-17	前(后)门密封条	根	0.2～0.5										0.2～0.3				
24-18	前(后)门三角玻璃	块	0.5～2.0										0.3～1.2				
24-19	倒车镜	只	0.3～0.7					0.3～1.0					0.3～0.6				
多项更换不得重复计算工时																	
25-1	换车顶	个	15.0～24.0										10.0～20.0(驾驶室)				
25-2	车顶饰条	根	0.2～0.5														
25-3	内顶篷	个	1.0～3.5										0.5～2.0				

（续）

序号	项目	单位	轿车					客车					货车				备注
			微型	普通型	中级	中高级	高级	微型	轻型	中型	大型	特大型	微型	轻型	中型	重型	
25-4	内扶手	只	0.1~0.2										0.1~0.2				
多项更换不得重复计算工时																	
26-1	后风窗玻璃	块	0.8~4.0					0.2~1.0					0.2~0.8				
26-2	后风窗玻璃密封条	根	0.8~4.0					0.2~1.0					0.2~0.8				
26-3	后风窗玻璃饰条	根	0.2~0.3														
26-4	刮水器电动机	只	0.3~1.2														
26-5	刮水器连动杆	根	0.3~1.2														
26-6	刮水器臂	根	0.1~0.2														
26-7	刮水器片	片	0.1														
26-8	刮水器喷水壶	只	0.2~0.4														
26-9	刮水器喷嘴	只	0.2~0.5					0.2~0.4									
26-10	高位制动灯	只	0.1~0.3					0.1~0.3									
多项更换不得重复计算工时																	
27-1	后翼子板	件	6.0~18.5														
27-2	后翼子板内板（悬架座）	件	4.0~8.0														不包括后翼子板更换工时
27-3	后翼子板饰板	块	0.1~0.2														
27-4	后翼子板轮眉	条	0.3														
27-5	后搁板	块	2.5~4.5														不包括后翼子板及后翼子板内板更换工时

（续）

序号	项目	单位	轿车					客车					货车				备注
			微型	普通型	中级	中高级	高级	微型	轻型	中型	大型	特大型	微型	轻型	中型	重型	
27-6	后搁板饰板	块	0.3～1.1														
多项更换不得重复计算工时																	
28-1	行李箱盖	只	0.8～2.0														客车指侧行李箱盖
28-2	行李箱盖撑杆	根	0.2～0.3														
28-3	后牌照板	块	0.2～0.4														
28-4	后行李箱铰链	付	0.2～0.3														
28-5	后行李箱锁机	付	0.2～0.4														
29-1	后桥与车身脱离	台															轿车无副梁54元，有副梁96元
30-1	后备胎箱（架）	只															需拆燃油箱另加60元
31-1	后围板	台															
31-2	燃油箱	只															
32-1	后尾灯	只															
32-2	后牌照灯	只															
32-3	后雾灯	只															组合式合并于尾灯，单置式同牌照灯
33-1	后保险杠皮	根															按前保险杠执行
33-2	后保险杠骨架	根															同上
33-3	后保险杠衬垫	块															同上
33-4	后保险杠饰条	根															同上
33-5	后保险杠下围	根															同上

二、修理件工时费确定

零件修理工时的确定比更换工时的确定要复杂得多，其原因主要有以下几点：

1）一般说来，零件的价格决定着零件修理工时的上限，同样一个零件，不同的汽车价格差距甚远，从而造成零件修理工时差距非常之大。例如，同是发动机盖，零件价格从300元至10000元不等，从而造成其修理工时从2～100h不等。

2）由于地域的差异，同样一个零件在甲地的市场价格是100元，而在乙地的市场价格是200元，同样的损失程度，在乙地被认为应该修理，而甲地则认为已不值得修理。所以同样这个零件在甲地的修理工时范围可能是1～2h，而在乙地的修理工时范围可能是1～4h。

3）由于修理工艺的差异，如碰撞致车门轻微的凹陷，如果修理厂无拉拔设备，校正车门就必须拆下车门内饰板，这样车门的校正工时差距就会很大。又如桑塔纳普通型的发动机缸盖因碰撞经常造成发电机支架处断裂，按正常的修理工艺是可以采取氩弧焊工艺焊接的，但是，实际评估时会发现当地根本就没有氩弧焊制备，送到有氩弧焊设备的地方加工吧，往往因时间、运费等原因又不现实。

由于上述原因造成汽车零件的修理工时定额的制定相当困难，美国MITCHELL国际公司在《MITCHELL碰撞估价指南》对修理工时的描述也未做出明确的规定。作者认为，汽车评估人员应根据自己的理论知识和实践经验，结合评估基准时点的实际情况与当地的《汽车维修工时定额与收费标准》，较准确地确定修理工时。同时呼吁汽车制造商编制本企业生产的汽车的碰撞估价指南。

三、辅助工时确定

在汽车修理作业中除包括更换件工时、拆装件工时、修理工时外，还应包括辅助作业工时，通常包括：

1）把汽车安放到修理设备上并进行故障诊断。

2）用推拉、切割等方式拆卸撞坏的零部件。

3）相关零部件的矫正与调整。

4）去除内漆层、沥青、油脂及类似物质。

5）修理生锈或腐蚀的零部件。

6）松动锈死或卡死的零部件。

7）检查悬架系统和转向系统的定位。

8）拆去打碎的玻璃。

9）更换防腐蚀材料。

10）修理作业中当温度超过60℃时，拆装主要电子模块。

11）拆卸及装回车轮和轮毂罩。

上述各项虽然每项工时不大，但对于较大的碰撞事故，各作业项累计通常是不能忽视的一项重要工作。

最后必须注意：将各类工时累加时，各损失项目在修理过程中有重叠作业时，必须考虑将劳动时间减少。

第六节 涂饰费用确定

汽车修理做漆收费标准全国各地标准不尽相同，有以每平方米多少元，也有以每幅多少元计算的，但是基本上都是按面积乘以漆种单价作为计价基础的。

一、面积的计算方法

作者根据全国大多数地区的计价方法，总结出这样一个计算方式，以每平方米计价单位，不足 $1m^2$ 按 $1m^2$ 计价，第二个 $1m^2$ 按 $0.9m^2$ 计算，第三个 $1m^2$ 按 $0.8m^2$ 计算，第四个 $1m^2$ 按 $0.7m^2$ 计算，第五个 $1m^2$ 按 $0.6m^2$ 计算，$6m^2$ 以后，每平方米按 $0.5m^2$ 计算。供业内人士参考。

二、漆种单价的确定

1. 确定漆种

现代汽车的面漆基有喷漆或瓷漆，其他像硝基漆、丙烯酸、醇酸、聚酯型聚氨基甲酸酯（聚氨基甲酸乙酯）、丙烯酸聚氨酯也可以用作汽车油漆，但它们也都是喷漆或瓷漆。喷漆与瓷漆的不同点在于其干燥和固化的方式不同。喷漆通过溶剂的挥发而干燥，瓷漆和聚氨脂类漆的干燥则通过溶剂的挥发与油漆中分子的交联作用来实现。简单地说，喷漆的固化过程为物理变化，而瓷漆的固化过程是物理和化学变化的过程。

现场用醮有硝基漆稀释剂（香蕉水）的白布摩擦漆膜，观察漆膜的溶解程度。如果漆膜溶解，并在白布上留下印迹，则是喷漆，反之为瓷漆。如果是瓷漆，再用砂纸在损伤部位的漆面轻轻打磨几下，鉴别是否涂了透明漆层。如果砂纸磨出白灰，就是透明漆层；如果砂纸磨出颜色，就是单级有色漆层。最后借光线的变化，用肉眼看一看颜色有无变化，如果有变化为变色漆（美国教科书称三涂层漆）。通过上述方法，我们可以将汽车面漆分为四类：

1）硝基喷漆。

2）单涂层烤漆（常为色漆）。

3）双涂层烤漆（常为银粉漆或珠光漆）。

4）变色烤漆。

2. 确定漆种的单价

市场上所能购买的面漆大多为进口和合资品牌，世界主要汽车面漆的生产厂家，如美国的杜邦和 PPG、英国的 ICI、荷兰的新劲等，每升单价都不一样，估价时常采用市场公众都能够接受的价格。

我们知道，每平方米的做漆费用中有材料费和工时费。在经济相对发达的地区，材料费较低而工时费较高；经济相对落后的地区，材料费较高而工时费较低。结合起来，每平方米做漆费用差别不大。作者制定了一个收费参考价，见表5-3，供业内人士参考。

表 5-3 汽车做漆收费参考表

项目	单位	轿车					客车		货车	
		微型	普通型	中级	中高级	高级	普通	豪华	车箱	驾驶室
硝基喷漆	m^2						100		50	
单涂层烤漆	m^2	200	250	300	400	500	200	300		250
双涂层烤漆	m^2	300	350	400	500	600		400		
变色烤漆	m^2			600	700	800				

注：表头斜线栏为“单价/元”“车型”“单位”“项目”。

3. 汽车塑料件做漆

由于塑料与金属薄板的物理性能不同，塑料的做漆与金属薄板表面做漆有一些差异。由于漆对塑料有很好的附着性，多数硬塑料不需要使用塑料底漆，而柔性塑料由于易膨胀、收缩和弯曲，应在漆层的底层喷涂塑料底漆，并在面漆层中加入柔软剂，否则会产生开裂和起皮现象。所以柔性塑料做漆的成本会略有增加，可考虑增加5%～10%的费用。

第七节 材料价格、修复价值和残值

一、确立更换零配件的材料价格

汽配市场的一个零配件有多种价格，如何采价也是困扰机动车辆评估业的一大难题。根据评估学原理以及保险学原理，评估的基准时点应以出险时间为评估基准时，以出险地为评估基准地，以重置成本法为评估基本方法，这样我们就可以得到一种价格。专业机动车保险评估公司都有自己的采价和报价系统，如美国MITCHELL国际公司、德国DEKRA公司，我国杭州的机动车辆保险理赔参考资料调研中心、北京的精友公司等。材料的采价和报价是一个系统工程，它是由一组专业人员或者是一个专业公司来完成的，如各种专业的汽配报价公司。

注意：由于我国不允许经销旧汽车配件，材料价格不得使用旧汽车配件价格。

二、关于汽车的修复价值

从理论上讲，任何一辆损坏的汽车都可以通过修理恢复到事故以前甚至和新车一样的状况。但是，这样往往是不经济的或无意义的。

1. 汽车现值

汽车均有一定的寿命，按旧汽车评估方法可评估出事故前被评估车的价值，此时的汽车价值为被评估汽车现值，或称实际价值。

虽然事故前的状况已不存在，但是有经验的评估人员还是可以比较准确地评估出被评估汽车的现值。汽车现值或实际价值还可以通过相关资料及信息查询后对被评估汽车进行修正。

汽车现值（或称实际价值）不能等同于汽车的年限折旧后的价值，这是保险从业人员时常犯的错误。汽车现值有可能高于或低于汽车的年限折旧后的价值。

2. 推定全损

虽然被评估汽车还有一定的价值，当其修复价值已达到或者超过其现值（实际价值），则被评估汽车为推定全损。

3. 修复价值

当被评估汽车达到全损或推定全损，则被评估汽车已无修复价值。

当碰撞造成被评估汽车损失较大时，必须对被评估汽车的修复价值进行评定，这是一名专业汽车评估人员必须做的工作。否则评估报告很容易引起保险索赔纠纷，因为它违反了财产保险的损失补偿原则。这也是汽车损失评估与旧汽车评估不可分割的重要原因之一。

三、确定车辆损失残值

在保险车辆损失评估时，经常要确定更换件的残值，绝大多数保险条款都规定残值协商作价归被保险人。当保险公司与被保险人或修理厂协商残值价格差异较大时，保险公司为了提高效率和减少赔付，常常会做一些让步。实际操作中残值大多数折归了修理厂，评估实务中的残值的实际价值通常高于评估单上的残值价值。

当事故损失较大，更换件也较多，委托人为保险公司时，通常会要求确定残值。残值的确定通常有以下几步：

1）列出更换项目清单。

2）将更换的旧件分类。

3）估定各类旧件的重量。

4）根据旧材料价格行情确定残值。

第八节　评估实例

把材料费、工时费、表面涂饰费用、材料管理费、税收相加，得到修理总费用。

下面以一辆丰田卡罗拉典型碰撞为例（图 5-95 ~ 图 5-97），说明查勘、检验步骤以及损失评估单的制作过程。

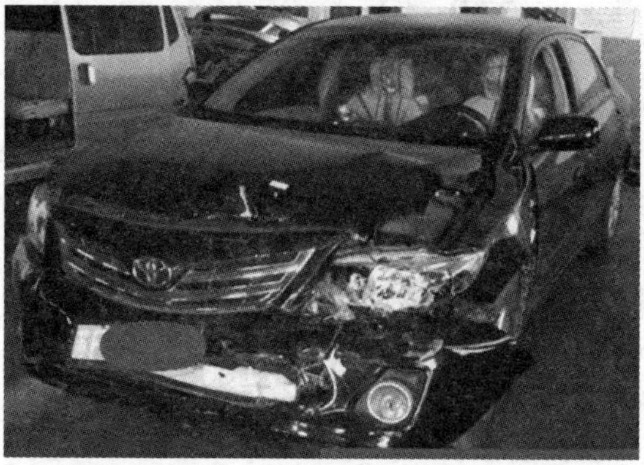

图 5-95 卡罗拉前部碰撞受损全景图

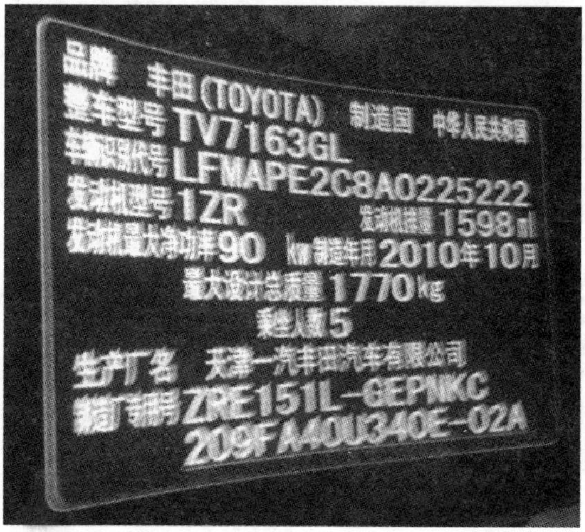

图 5-96 铭牌

步骤如下：

1. 填写汽车受损查勘记录表

认真填写汽车受损查勘记录表是做好评估工作的必要条件，所以必须认真对待，漏项是评估水平较差的表现，切不可马虎。

2. 制作汽车损失评估单

通常评估基准时点为事故时点，2012 年 10 月 08 日，南通。损失评估的方法为重置成本法。材料价格来自市场，均为正厂件；工时单价取自市场平均水平；涂饰费用取自表 5-3；残值定价来自废旧材料市场行情以及与承修单位协商的结果。汽车损失评估单如下：

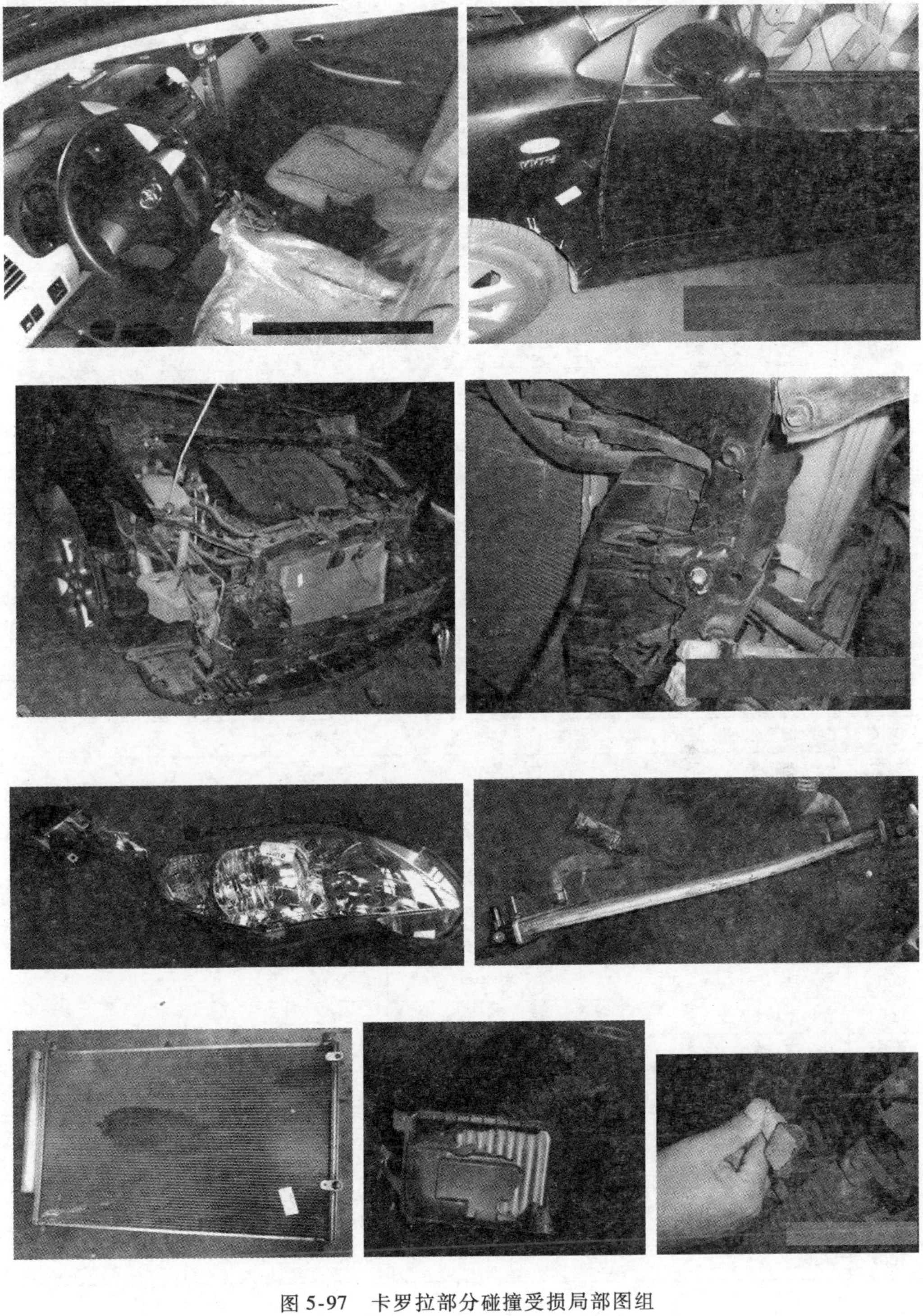

图 5-97　卡罗拉部分碰撞受损局部图组

汽车受损现场查勘记录

委托人：×××　　　　委托书编号：2012022603

号牌号码:苏 F ××××××	车架号码(VIN):LFMAPE2C8A0225222		
厂牌型号:丰田 TV7163GL	车辆类型:轿车	检验合格至:2012 年 12 月	
初次登记年月:2010 年 12 月	使用性质:家庭自用	漆色及种类:黑、双涂层烤漆	
行驶证车主:×××	行驶里程:4.5 万 km	燃料种类:汽油	车身结构:承载式
方向形式:左	变速器类型:AT	驱动形式:前驱	损失程度□无损失■部分损失□全部损失
查勘时间	(1)2012 年 10 月 10 日	(2)	(3)
查勘地点	(1)×××修理厂	(2)	(3)
受损时间:2012 年 10 月 08 日	保险期限:2011-12-14～2012-12-14	出险地点:××××××××	

损　失　清　单

序号	损失项目	数量	损失情况	修复方式	备注说明
0101	前保险杠	1	破损	更换	
0102	前保险杠内衬	1	缺失	更换	
0103	前保险杠左支架	1	破损	更换	
0104	气囊传感器(左)	1	破损	更换	
0105	散热器护板(左)	1	破碎	更换	
0201	前保险杠下隔栅	1	破碎	更换	
0202	中网	1	破碎	更换	
0203	中网标	1	破碎	更换	
0301	前照灯(左)	1	破碎	更换	
0302	前照灯(右)	1	损坏	更换	
0303	前罩板导水板	1	破碎	更换	
0401	散热器框架	1	中度变形	更换	
0402	空滤壳(上)	1	破碎	更换	
0403	空滤壳(下)	1	破碎	更换	
0501	冷凝器	1	变形	更换	
0502	回收加注 R134 制冷剂		回收后加注	修理	
0601	散热器	1	严重变形	更换	
0602	冷却液		加注	加注	
0603	散热器护板(上)	1	中度变形	更换	
0604	发动机罩铰链(左)	1	严重变形	更换	
0605	发动机罩铰链(右)	1	严重变形	更换	
0701	发动机罩	1	严重变形	更换	
0702	发动机盖锁	1	轻度变形	修理	
0801	左前翼子板	1	严重变形	更换	
0901	左前纵梁	1	轻度变形	校正	
1001	事故处	2m^2		做漆	

当事人签字：YYY　　　　评估师签字：×××

汽车损失评估单

编号：2012101001

车主：×××	牌照号码：苏 F×××××	事故日期：20121008
厂牌型号：丰田 TV7163GL	车辆类型：轿车	结构特征：承载式车身
颜色、漆种：黑、双涂层烤漆	VIN（车架号）：LFMAPE2C8A0225222	

序号	损失项目 零件编号（视情况）	数量	修理方式	材料费（最终用户价）	工时费	备注
0101	前保险杠	1	更换	782	1.5×100	
0102	前保险杠内衬	1	更换	181		
0103	前保险杠左支架	1	更换	72		
0104	前保险杠下隔栅	1	更换	624		
0105	气囊传感器（左）	1	更换	158		
0201	中网	1	更换	521	0.5×100	
0202	中网标	1	更换	201		
0301	前照灯（左）	1	更换	758	1×100	
0302	前照灯（右）	1	更换	758	1×100	
0401	散热器框架	1	更换	1293	3×100	
0402	散热器护板（左）	1	更换	141		
0403	前罩板导水板	1	更换	772		
0501	冷凝器	1	更换	3010	1×100	
0502	回收加注 R134 制冷剂		修理			
0601	散热器	1	更换	1528	2×100	
0602	冷却液及 AT 油（补充）		加注	50		事故后未漏
0603	散热器护板（上）	1	更换	641		
0701	发动机盖	1	更换	1038	2×100	
0702	发动机罩铰链（左）	1	更换	147		已漏
0703	发动机罩铰链（右）	1	更换	147		
0704	发动机盖锁	1	修理			
0801	左前翼子板	1	更换	825	1.5×100	
0901	左前纵梁	1	校正		4×100	
1001	空滤壳（上）	1	更换	422	0.5×100	
1002	空滤壳（下）	1	更换	1281		
1001	事故处	$3m^2$	做漆			
1101	辅助作业				2×100	
	辅料			100		

材料费合计：15461	残值：461 元（约）	工时费合计：2000
涂饰费：1200（含税）	外加工费：0	修理工期：约 5 天
修理费总计：18661.00 元	估损金额：壹万捌仟贰佰元（18200.00 元）	

车主：YYY　　保险公司：　　承修厂：　　评估师：×××

通常修理评估单一式三份，两份交委托人，一份留存，结论有效期限为 30 天。限定时间的原因一是零件的价格可能会变，二是汽车的损伤也会变化。

原则上以事故时点为评估基准时点，如不以事故时点为评估基准时点时，评估单必须加以说明。

第九节 乘用车碰撞修复后的变值研究

随着我国经济的快速发展，居民的经济收入不断提高，汽车已经逐步进入我们的家庭，由此引发的交通事故纠纷也日渐增多。其中，车辆减值损失这个昔日前所未闻的词汇，也日渐走入普通市民的生活，丰富了法学界和司法部门的视野。但是在我国，对于车辆减值损失，是否予以赔偿，至今为止没有明确的司法解释。根据《民法通则》第117条第2款，损坏国家的、集体的财产或者他人财产的，应当恢复原状或者折价赔偿；第3款，受害人因此遭受其他重大损失的，侵害人应当赔偿损失。从这两条法律条文来看，作者认为交通事故车辆减值损失致害人应当赔偿。从司法实践来看，大多数基层人民法院在受理此类案件时，按现行的《民法通则》的理解认为如果不赔是权益之"坑"未被"填平"，即民事侵权损害赔偿"填平"原则。

尤其在道路交通事故民事损害赔偿案件的审理中，双方当事人对于受害人的受损车辆的减值损失是否赔偿存在争议。有些司法部门也开始委托机动车专业评估机构进行价格鉴定和减值评估，但是各类鉴定或评估报告参差不齐，常经不起法庭质证，给司法部门办理案件带来很大困难。

在司法实践中遇到上述问题的汽车多为乘用车，作者从一个专业汽车评估师的角度对乘用车碰撞修理后的价值进行了研究，得出如下评估方法，供业内同仁参考。

1. 乘用车碰撞修理后的变值定义

乘用车碰撞修理后的变值是指乘用车碰撞发生前的实际价值与碰撞修理后的实际价值之差。

2. 碰撞修理后影响乘用车的价值因素

图5-98是乘用车碰撞修理后的变值分析图。

3. 乘用车碰撞修理后的贬值因素

用实际修理金额、损伤系数、修理质量系数和经济性贬值系数来综合考虑贬值因素。

（1）实际修理金额　实际修理金额是汽车碰撞损伤程度的一项指标。

（2）损伤系数　通过损伤类别和修理工艺确定损伤程度的又一项重要指标。损伤系数使用见表5-4。

（3）修理质量系数　综合修理质量系数是指根据相应的技术工艺规范要求，结合实际修理情况，评估修理质量，它在一定程度上反映了碰撞损伤的贬值情况。修理质量系数表参考表5-5。

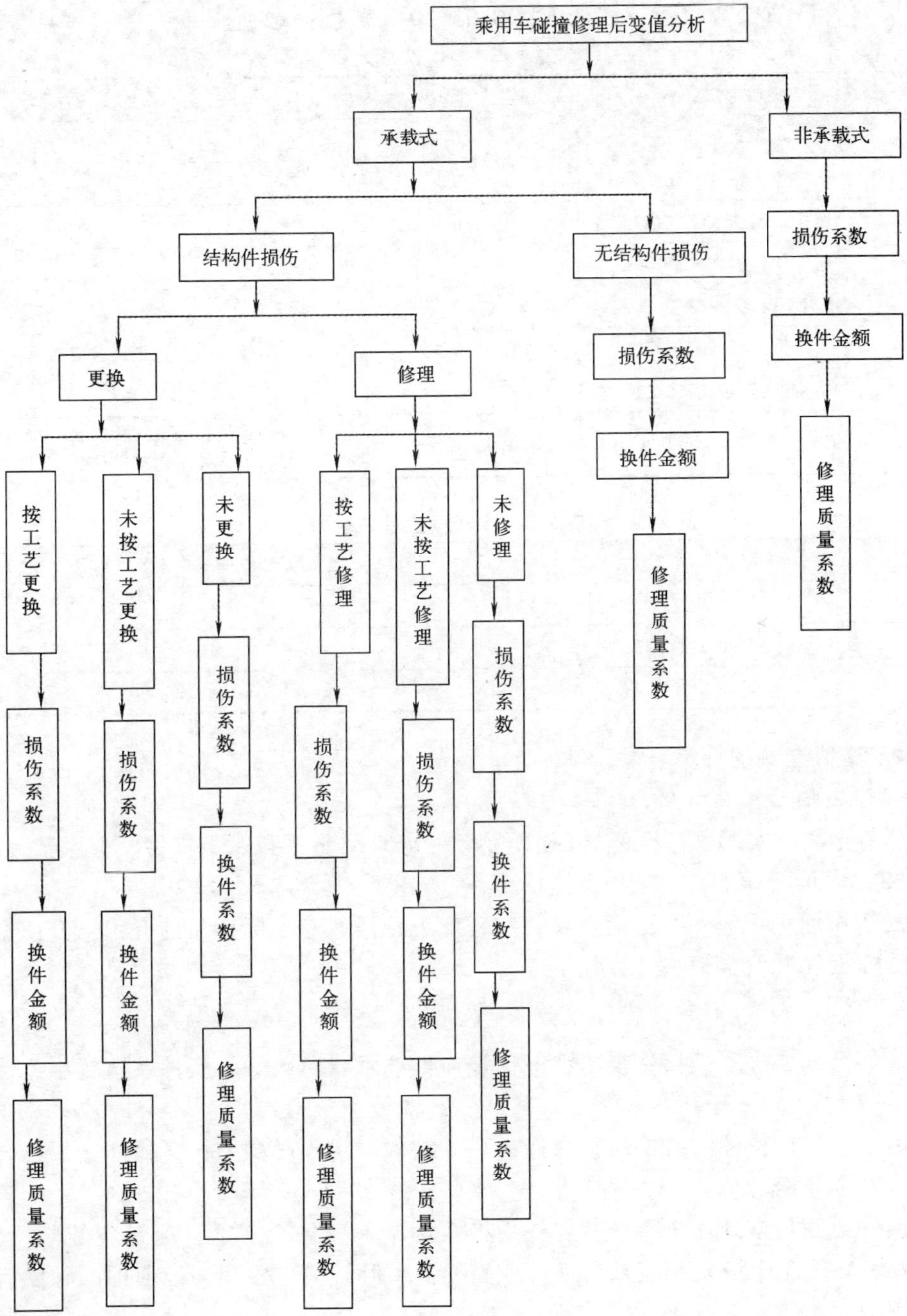

图 5-98　乘用车碰撞修理后变值分析图

(4) 经济性贬值系数　汽车碰撞受损后，或多或少地对人们的心理会造成一定的损伤，从而使得社会对事故车的认识不全面。经济性贬值因社会环境、人的不同而不同，差异较大。评估师应结合全车辆损失情况、社会情况、委托人的个性，确定经济性贬值系数。建议评估师以0.03~0.3范围内取值。

表5-4 损伤系数表

损伤分类			损伤系数	备注
1	非承载式车身		0.1~0.3	
2	承载式车身	无结构件损伤	0.1~0.3	
3		结构件损伤按工艺修理	0.2~0.4	
4		结构件损伤未修理	0.3~0.5	
5		结构件损伤未按工艺修理	0.6~0.9	指未在车身校正设备上校正修理
6		结构件损伤未更换	0.4~0.7	指按标准应该更换未更换
7		结构件损伤按工艺更换	0.2~0.4	
8		结构件损伤未按工艺更换	1.0~1.5	未用点焊钻分离结构件，未按工艺要求焊接结构件

表5-5 修理质量系数表

类别		综合修理质量系数
1	差	0.3~0.5
2	一般	0.2~0.4
3	好	0.1~0.3

4. 变值金额的计算

(1) 贬值金额

贬值金额=实际修理金额×(损伤系数+修理质量系数+经济性贬值系数)

(2) 升值金额

汽车修理中零配件的更换会在一定程度上造成汽车实际价值的升值。升值金额又可称作换件升值金额，计算如下

$$升值金额 = 换件系数 \times \sum 换件金额 \times (1 - 成新率)$$

换件系数取决于被换件技术状况，被换件技术状况越好，换件系数越小，建议从0.1~0.9。

由于车身结构件的更换通常会造成车身结构一定程度的损伤，换件金额不含更换车身（非车身总成）结构件金额。

换件金额是指修理中某一零部件更换实际金额，这个零部件应是新的原厂件；而成新率在理论上应是相应被更换件成新率。实际计算中常用碰撞前标的碰撞前的成新率替代。

但由于修理中常会出现更换副厂件（或称不达标产品）或部分更换副厂件的现象，对于更换件项目中的非原厂件，在评估中不作为升值因素认定，严重的可以用升值金额负值认定。

(3) 变值金额

变值金额 = 贬值金额 + 升值金额

= 实际修理金额 ×（损伤系数 + 修理质量系数 + 经济性贬值系数）+ 换件升值金额

（4）评估

例：一辆马自达 6 轿车，型号 CA7230AT，使用性质为非营运，注册登记日为 2006 年 10 月 17 日，同年 12 月 21 日发生碰撞事故，事故发生时该车行驶里程 9000km，事故修理更换项目清单见表 5-6。

表 5-6 事故修理更换项目清单

序号	项目	数量	单价/元	小计/元
1	左刮水器组件	1	157.24	157.24
2	发动机盖隔热板	1	278.41	278.41
3	安全气囊控制单元	1	3204.21	3204.21
4	驾驶员侧气囊	1	2860.00	2860.00
5	氙气灯泡	1	1272.49	1272.49
6	散热器支架总成	1	1160.28	1160.28
7	蓄电池	1	391.51	391.51
8	空调暖风壳体“A”	1	222.94	222.94
9	仪表板面板总成	1	2719.66	2719.66
10	熔丝	2	4.88	9.76
11	空调暖风壳体“C”	1	115.03	115.03
12	转向柱护罩总成	1	137.36	137.36
13	发动机盖	1	1934.89	1934.89
14	左前悬架总成	1	1048.63	1048.63
15	前部线束总成	1	2714.78	2714.78
16	左前翼子板	1	950.00	950.00
17	空滤总成	1	1095.00	1095.00
18	发动机盖锁体总成	1	301.96	301.96
19	左前翼子板密封板	1	81.29	81.29
20	水槽右盖板总成	1	260.94	260.94
21	空调暖风壳体“B”	1	222.94	222.94
22	蓄电池托架总成	1	91.48	91.48
23	前刮水器双连杆机构总成	1	426.03	426.03
24	发动机室拉索	1	115.26	115.26
25	刮水器电动机及支架总成	1	1015.48	1015.48
26	发动机右悬置软垫总成	1	589.56	589.56
27	水槽总成	1	535.68	535.68
28	行李箱挡雨密封条	1	200.73	200.73
29	发动机冷却液	2	118.40	236.80
30	制动液	2	96.01	192.02
31	左转向节与轮毂轴承总成	1	1061.00	1061.00

（续）

序号	项目	数量	单价/元	小计/元
32	左前轮盖防护件总成	1	215.19	215.19
33	发动机盖前挡雨密封条	1	64.39	64.39
34	发动机盖左铰链总成	1	82.73	82.73
35	前保险杠面罩左卡板	1	23.69	23.69
36	左前门锁总成	1	713.14	713.14
37	内球头总成	1	327.04	327.04
38	水槽左盖板总成	1	220.36	220.36
39	制动主缸带制动液罐总成	1	1300.98	1300.98
40	前风窗玻璃	1	2295.34	2295.34
41	前排乘客侧预紧安全带	1	890.00	890.00
42	空调滤芯	1	168.51	168.51
43	右刮水器片组件	1	76.79	76.79
44	左刮水器片组件	1	154.40	154.40
45	空调制冷剂	2	49.04	98.08
46	空调器壳体 D	1	79.43	79.43
47	发动机盖右铰链	1	82.73	82.73
48	门铰链	1	147.54	147.54
49	左前照灯罩总成	1	3292.48	3292.48
50	组合开关本体	2	612.88	1225.76
51	气囊前部传感器	1	929.64	929.64
52	散热器总成	1	2472.00	2472.00
53	驾驶员侧预紧安全带	1	1197.16	1197.16
54	左后视镜分总成	1	690.45	690.45
55	蓄电池盖	1	86.23	86.23
56	右刮水器片组件	1	127.24	127.24
57	侧转向灯总成	1	90.14	90.14
58	仪表板左下护板总成	1	261.84	261.84
59	左前门保护条	1	160.16	160.16
60	前排乘客侧气囊	1	3861.00	3861.00
61	左前悬架上控制臂总成	1	663.50	663.50
62	自动变速器油	1	329.10	329.10
63	左前减振器	1	685.77	685.77
	合计/元			48616.17

修理费总金额为60806.51元，其中工时及油漆12158元。该车实际修理费不超过5.5万元。

该车本次事故修理前的评估单有更换左前纵梁，校正右前纵梁、左前立柱、车顶及前围等，可见本事故车有较严重的车身结构件损伤，评估值为65336元，其中工时及油漆3550元。从实际更换清单来看并未更换左前纵梁，损伤系数取0.5；该车修复后经检验有如下问题：

1）转向盘（杆）位置不正，行驶跑偏。

2）高速行驶时（120km/h 以上）车身不稳，有抖动现象。

3）纵梁修理未按工艺操作。

4）发动机噪声大。

请进行变值评估。

根据示例1给出的评估要素，损伤系数取0.5，修理质量系数取0.3，经济性贬值系数取0.1，实际修理金额按5.5万计算，由于该车只使用了2个月，忽略换件升值影响。

变值金额＝实际修理金额×（损伤系数＋修理质量系数＋经济性贬值系数）＋换件升值金额

变值金额＝5.5×（0.5＋0.3＋0.1）＋0＝4.95万元

例：某捷达车碰撞造成车门损毁，型号FV7160CL，使用性质为非营运，注册登记日为1993年10月17日，2007年10月某日发生碰撞事故，事故发生时该车行驶里程40万km。事故修理更换项目清单如下：左前车门、左前门中饰条更换，左前门做漆；换件金额1400元，修理金额2000元，修理质量很好，被更换的车门技术状况一般，车门中饰条已破损，该车技术状况正常。请进行升值评估。

1）计算该车的成新率，成新率为10%（过程略）。

升值金额＝换件系数×换件金额（1－成新率）

2）根据示例给出的评估要素，换件系数取0.5。

升值金额＝0.5×1400（1－10%）＝630元。

第六章 汽车风险评估

第一节　风险的概念

一、什么是风险

广义的风险一般是指某种事件发生的不确定性。只要某一事件的发生存在着两种或两种以上的可能性，那么该事件即存在着风险。从风险的一般含义可知，风险既可以指积极结果，即盈利的不确定性，也可以指损失发生的不确定性。狭义的风险是指损失发生的不确定性。

二、风险的特性

1. 风险的客观性

自然界的地震、台风、瘟疫、洪水，社会领域的战争、冲突、恐怖活动、意外事故等，都不以人们的意志为转移，它们是独立于人的意识之外的客观存在。这是因为无论是自然界的物质运动，还是社会发展的规律，都是由事物的内部因素所决定的，是由超过人们主观意识所存在的客观规律所决定的。人们只能在一定的时间和空间内改变风险存在和发生的条件，降低风险发生的频率及损失程度，但是，从总体上看，风险是不可能彻底消除的。因此，风险是客观存在的。

2. 风险的普遍性

自从人类出现后，就面临着各种各样的风险，如自然灾害、意外事故、疾病、伤害、战争等。随着科学技术的发展、生产力的提高、社会的进步以及人类的进化，又产生了新的风险，且风险事故造成的损失也越来越大。在当今社会，个人面临生、老、病死、意外伤害等风险，企业则面临着自然风险、意外事故、市场风险、技术风险、政治风险等，甚至国家和政府机关也面临着各种风险。总之，风险渗入到社会、企业和个人生活的方方面面，风险无处不在，无时不在。

3. 风险的社会性

风险与人类社会的利益密切相关，即无论风险源于自然现象、社会现象，还是源于生理现象，它必须是相对于人身及其财产的危害而言的。就自然现象本身无所谓风险，如地震对大自然来说只是自身运动的表现形式，也可能是自然界自我平衡的必要条件。只是由于地震会对人们的生命和财产造成损害或损失，所以才对人类形成一种风险。因此，风险是一个社会范畴。没有人、没有人类社会，就无风险可言。

4. 风险的不确定性

风险及其所造成的损失总体上来说是必然的、可知的，但在个体上却是偶然的、不可知的，具有不确定性。正是风险的这种总体上的必然性与个体上的偶然性（即风险存在的确定性和发生的不确定性）的统一，才构成了风险的不确定性，主要表现为：

（1）空间上的不确定性　例如，就总体来说，所有的房屋都存在发生火灾的可能性，而且在一定时间内必然会发生火灾，并且必然会造成一定的经济损失，这种现象是客观存在的。但是具体到某一幢房屋来说，是否发生火灾，则是不一定的。又如，交通事故每年每月都会发生，但人们却无法预知何地发生交通事故。

（2）时间上的不确定性　例如，人总是要死的，这是人生的必然现象，但是何时死亡，在健康的时候是不可能预知的。又如，交通事故每年每月都会发生，但人们却无法预知何时发生交通事故。

（3）结果上的不确定性　即损失程度上的不确定性。例如，交通事故每年每月都会发生，但人们却无法预知发生交通事故是否会造成财产损失或人身伤亡以及损失程度。

5. 风险的可测定性

个别风险的发生是偶然的，不可预知的。但通过对大量风险事故的观察会发现，风险往往呈现出明显的规律性。运用统计方法去处理大量相互的偶发风险事故，其结果可以比较准确地反映风险的规律性。根据以往的资料，利用概率论和数理统计的方法可测算出风险事故发生的概率及损失幅度，并且可制造出损失分布的数理模型，成为风险估测的基础。

例如，死亡对于个别人来说是偶然的不幸事件，但是经过对某一地区人的各年龄段死亡率的长期观察统计，就可以准确地编制出该地区的生命表，从而可测算出各个年龄段的人的死亡率。又如，交通事故对于每一个驾驶员来说是偶然的不幸事件，但是经过对某一地区发生各种交通事故进行长期观察统计，就会发现驾驶员的驾龄、年龄、性别、婚否与交通事故发生率有一定的规律性，从而可以测算出各类驾驶员的交通事故率。

6. 风险的发展性

风险会因时间、空间因素的发展变化而变化。人类社会自身进步和发展的同时，也创造和发展了风险。以汽车的产生和发展为例，是最具代表性的，交通事故被公认为是时刻发生的现代战争。网络上的计算机有遭受黑客和计算机病毒的风险。尤其是当代高新科学技术的发展和应用，使风险的发展性更为突出。

三、风险的构成要素

风险是由多种要素构成的，这些要素的共同作用决定了风险的存在、发生和发展。一般认为，风险由风险因素、风险事故和损失构成。

1. 风险因素

风险因素是指促使某一特定损失发生或增加其发生的可能性或扩大其损失程度的原因，包括引起或增加风险事故发生概率和加重损失程度的条件。它是风险事故发生的潜在原因，是造成损失的内在或间接原因。例如，对于建筑物而言，风险因素是指建筑材料和建筑结构；对于人体而言，则是指健康状况和年龄等；对于汽车而言，则是指汽车技术状况和驾驶员的技术水平。根据性质不同，风险因素可分为实质风险因素、道德风险因素和心理风险因素三种类型。

（1）实质风险因素　它是指有形的，并能直接影响事物物理功能的因素，即某一标的本身所具有的足以引起或增加损失机会并加重损失程度和客观原因与条件，如汽车的制动性能、操纵性能等。

（2）道德风险因素　道德风险因素是与人的品德修养有关的无形的因素，即指由于个人不诚实、不正直或不轨企图，故意促使风险事故发生，以致引起社会财富损毁和人身伤亡的原因或条件，如偷工减料引起的工程事故，人为制造的“交通事故”、被盗事件等。

（3）心理风险因素　心理风险因素也是与人的心理状态有关的无形的风险因素，即指由于人的不注意、不关心、侥幸或存在依赖心理，以致增加风险事故发生的机会和加大损失的严重程度的因素。例如，由于汽车购买了盗抢险，晚上不再将汽车停在车库内，从而增加了汽车被盗窃的可能性；企业投保了财产保险后放松了对财物的保护，物品乱堆乱放，吸烟者随意丢弃烟蒂，加大了火灾发生的可能性；或者在火灾发生时不积极施救，心存侥幸，消极观望，任其损失扩大等，都属于心理风险因素。

2. 风险事故

风险事故是指造成生命财产损失的偶发事件，是造成损失的直接的或外在的原因，是损失的媒介物，即风险只有通过风险事故的发生才能导致损失。例如，汽车制动失灵酿成车祸而导致车毁人亡，其中制动失灵是风险因素，车祸是风险事故。如果仅有制动失灵而无车祸，就不会造成人员伤亡。如果说风险因素还只是损失发生的一种可能性，那么，风险事故则意味着风险的可能性转化为现实性，即风险的发生。因此，它是直接引起损失后果的意外事件。

3. 损失

风险为损失的不确定性。由于风险的存在，就有发生损失的可能，如财产价值或个人所得的减少或丧失。但这种财产或所得的损失必须以“非故意”所导致的损失为限。所以，在风险管理中，损失是指非故意的、非预期的、非计划的经济价值的减少，即经济损失，这是狭义的损失定义，一般表现为丧失所有权或预期利益、支出费用、承担责任等形式，而像精神打击、政治迫害以及折旧、馈赠等均不能作为损失。

通常我们将损失分为两种形态，即直接损失和间接损失。直接损失是由风险事故导致的财产本身的损失和人身伤害；而间接损失则是由直接损失引起的额外费用损失、收入损失、责任损失等。间接损失的金额往往很大，有时甚至超过直接损失。

4. 风险因素、风险事故及损失三者的关系

风险因素、风险事故及损失三者的关系可以通过风险结构图来加以说明，如图 6-1 所示。

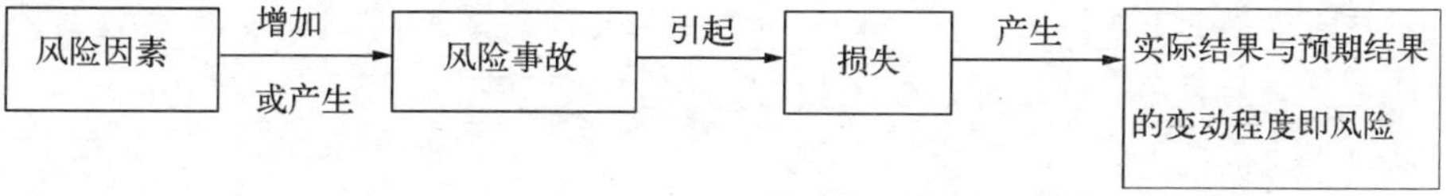

图 6-1　风险结构图

图中所示风险因素、风险事故及损失三者的关系是，风险因素的存在引起或加大了事故发生的可能性，而风险事故一旦发生则会导致损失。

从风险因素和风险事故间的关系来看，风险因素只是风险事故产生并造成损失可能性或使之增加的条件，它并不直接导致损失，只有通过风险事故这个媒介才产生损失，也可以说风险因素是产生损失的内在条件，而风险事故是外在条件。

四、风险的度量

风险的客观性说明风险是可以度量的。实际结果与预期结果的差异程度实际上就是风险的大小。风险的大小主要取决于以下指标：

1. 损失频率

损失频率是指在一定时期内一定数目（n 个）的风险单位可能发生损失的次数（m 个），损失频率为

$$f=\frac{m}{n} \tag{6-1}$$

通常用分数或百分率来表示。损失频率高意味着风险事故发生频繁；反之，则风险事故较少发生。

以汽车为例，根据近 20 年的统计资料，得知在一定时期内（通常为一年），

机关单位用小型客车平均100辆中有8起碰撞损失事故，则该类汽车碰撞损失频率为8%。

2. 损失概率

当观察的风险单位数目足够多时，损失频率f在数值上近似等于损失概率；当观察的风险单位数目无限多时，损失概率f在数值上就等于损失频率，损失概率为

$$p = \lim_{n \to \infty} \frac{m}{n} \tag{6-2}$$

3. 损失幅度

损失幅度是衡量损失程度的量，是指在一定时期内，特定数量的风险标的单位可能遭受的最大损失的数值。

风险事故造成的损失呈一定的规律。重大恶性事故的发生频率低，但损失幅度大，会在相当时期内造成恐惧心理；那些经常发生的事故其损失频率高，单个事故损失幅度小（如汽车风险），但累积损失是不容忽视的。

4. 损失期望值

损失期望值是根据一定时期内一定条件下大量同质标的损失的经验数据计算的平均损失。它反映了所评价的目标总体在一定情况下损失的一般水平。

损失期望值为

$$\bar{x} = \sum_{i=1}^{n} x_i p_i \tag{6-3}$$

式中 x_i——损失结果观测值；

p_i——损失结果发生概率；

$i=1, 2, \cdots, n$，观测值个数。

5. 标准差

标准差反映的是损失的变动程度，说明损失与损失期望值的偏离程度。在损失平均值一定的情况下，标准差大则说明偏离程度大，风险较大；反之风险较小。

标准差为

$$S = \sqrt{\sum_{i=1}^{n} (x_i - \bar{x})^2 p_i} \tag{6-4}$$

6. 差异系数

差异系数是用来综合反映观察标的的损失变动范围与损失期望值之间相互关系的指标，可以表示为标准差与损失期望值之比。显然，该指标较单纯用损失期望值及标准差来评价风险要全面。

差异系数为

$$v = \frac{S}{\bar{x}} \tag{6-5}$$

一般说来，损失期望值大的风险未必就大，而标准差大小也应相对于损失期望值来说，否则难以衡量风险的大小。如同样的标准差，若损失期望值小，则损失波动范围较大，风险较大；若损失期望值很大，则表明波动范围相对较小，而认为风险较小。

五、风险成本

风险成本是指由于风险的存在和风险事故的发生，人们所必须支出的费用和预期经济利益的减少。风险成本包括风险损失的实际成本、风险损失的无形成本和预防与控制风险损失的成本。

1. 风险损失的实际成本

风险损失的实际成本是由风险造成的直接损失成本和间接损失成本共同构成的。

（1）风险直接损失成本　指风险造成的财产及人身实际损失成本。我们知道，风险是客观存在的，它的产生、形成与发展是不以人的主观意志为转移的。风险一旦成为现实，会直接造成不同程度的有形和无形经济损失。从时间上讲，全球交通事故时刻都在发生；从空间上讲，总有一些地方在发生交通事故。现代商品经济社会的发展是依赖于现代科技进步的，现代科技可以给人类带来巨大的财富，但与此同时，也给人类生活带来不少新的风险因素。

（2）风险间接损失成本　指某一风险损失的发生而导致的该财产本身以外的损失成本以及与之相关的他物和责任等的损失成本，它包括：

1）营运收入损失的成本。它包括营业中断损失、连带营业中断损失、成品利润损失、应收账款减少的损失和租金收入损失。

2）风险造成的额外费用增加损失。它包括租赁价值损失的成本、额外费用损失成本和租权利益损失的成本。

3）责任风险的成本。它是指因侵权、违约等行为而导致他人或财产损失所应负的法律赔偿责任。其责任风险的成本大小要以法院判决作为依据。

2. 风险损失的无形成本

风险损失的无形成本是指风险的存在对个人以及社会构成的一种潜在的不利影响。风险损失的实际成本是直接的、明显的，而风险损失的无形成本在一定程度上则更基于实际成本。因为，我们每天面对更多的是损失发生的可能性和损失发生的不确定性，所以，从一定意义上讲，风险的存在本身就是一种潜在的，可怕的不利影响。

（1）风险的存在导致人们的忧虑和恐惧　这种忧虑与恐惧的大小取决于不确定性和程度、潜在的损失后果、人们处置损失后果的经济力量以及社会中个人与群体对风险的态度等诸多因素。就地震风险而言，地震发生的一瞬间将导致惨重的财产损失和人员伤亡，而目前对地震灾害的预测能力受到限制，使人们对地震风险的存在具有非常严重的忧虑与恐惧感。在某些情况下，因人们的忧虑和恐惧造成的间接损失甚至可能超过地震本身造成的直接经济损失。

（2）风险的存在影响社会资源的最佳配置　从宏观上考察，风险的存在在某种程度上限制和阻碍着社会资源（土地、自然资源、劳动力资源、资金、技术和知识等）的最优配置。因为风险的存在以及风险发生可能产生损失后果，使得人们愿意将许多社会资源投入到风险较低的部门和行业，而不愿投向风险较大且集中的部门和行业，从而引起社会资源分配上的不平衡。一些部门供过于求，而另一些部门供不应求，使社会资源不能合理分配和充分利用，造成社会资源使用中的浪费和损失。在某些经济活动领域，由于风险的高度集中，投资者望而生畏，这些经济活动对社会的作用又非常大，如汽车运输业，由于中华人民共和国《道路交通安全法》以及相应的人身损害赔偿规定的出台，汽车运输业的第三者责任风险大幅提高，而相应配套的汽车保险条款与费率还未落实，人们不愿意将资金投向汽车运输业，汽车运输业无法健康发展。这一事例说明了风险的存在有碍于社会资源的合理分配和使用。

从微观上讲，风险与不确定性的存在，可能使企业或家庭放弃有关计划和限制某些活动。首先，由于潜在洪水灾害的存在，企业可能放弃在某些地方建厂的决策；由于汽车第三者责任风险很大，人们可能放弃购买汽车的愿望。其次，由于对潜在风险的忧虑，企业和家庭可能会缩短某些计划的期限，如按揭购房，将还款期从20年缩短为10年等。相对而言，人们对短期计划比长期计划更有把握或具有更多一些的确定性。第三，因为潜在风险存在，企业和家庭往往会提留较多的风险资金和备用资金以备不测事件。

（3）风险的存在影响新资本的形成，从而影响社会再生产活动　资金的运用同再生产活动一样，也是一个不断追加扩大的过程。资金只有在不断的运用中，才能充分实现其增值性。对于投资者而言，风险与收益是一对孪生兄弟。一般来说，风险越大，投资收益也越大；风险越小，投资收益也就越小。若再生产活动中的风险较小，则资金的运用渠道便能通畅，这样有利于资金的积累，为发展下一个再生产活动提供资金保障。相反，如果再生产活动中风险因素多且影响面广，那么资金的积累会受阻，导致生产建设资金不足，从而影响整个社会的再生产活动。

3. 预防和控制风险损失的成本

为预防和控制风险损失，必须采取各种措施，从而造成费用支出。各项费用的支出构成了预防和控制风险损失的成本，这种成本既包含了预防和控制风险的直接成本和个体成本，又包含了间接成本和总体成本。预防和控制风险的费用包括购置用于预防和减损的设备及其维护费、咨询费、安全及管理人员费、训练计划费、施救费、试验费、宣传费及研究费等。

六、风险的种类

1. 静态风险和动态风险

依据风险产生的环境，风险可分为静态风险与动态风险。

（1）静态风险　指在社会经济正常的情况下，自然力的不规则变化或人们的过失行为所致的风险。静态风险可以在任何社会经济条件下发生。雷电、霜冻、地震、暴风、暴雨、瘟疫等这些由于自然原因发生的风险，火灾、破产、伤害、夭折、经营不善等这些由于疏忽发生的风险，都属于静态风险。静态风险较之动态风险而言，其变化比较规则，可以通过大数法则加以测算，对风险发生的频率做统计估算。多为可保风险。

（2）动态风险　指由于社会经济、政治、技术以及组织等方面发生变动而产生的风险，如人口的增长、资本增加、生产技术的改造、消费者选择的变化等引起的风险。动态风险的变化往往不规则，难以用大数法则进行测算。一般为不可保风险。

2. 纯粹风险与投机风险

依据风险的性质，风险可分为纯粹风险与投机风险。

（1）纯粹风险　指只有损失机会而无获利可能的风险。比如房屋所有者面临的火灾风险，汽车所有者面临的碰撞风险等，当火灾或碰撞事故发生时，他们便会遭受经济利益上的损失。静态风险一般为纯粹风险，商业保险公司目前仍以承保纯粹风险为主要业务。

（2）投机风险　指既有损失机会又有获利可能的风险，如股票、赌博等。投机风险的后果有三种：一是“有盈利”；二是“有损失”；三是“无盈利无损失”。

3. 自然风险、社会风险、政治风险和经济风险

依据风险产生的原因，风险可分为自然风险、社会风险、政治风险和经济风险。

（1）自然风险　指因自然力的不规则变化引起的种种现象而导致对人们的经济生活和物质生产及生命安全等所产生的威胁。地震、水灾、火灾、风灾、雹灾、冻灾、旱灾、虫灾以及各种瘟疫等自然现象是经常大量产生的。自然风险是商业保险公司主要承保的风险。

（2）社会风险　指由于个人或团体的行为，包括过失行为、不当行为对社会生产及人们生活造成损失的可能性，如盗窃抢劫、玩忽职守及故意破坏等行为对他人的财产或人身造成损失的可能性。

（3）政治风险　又称国家风险，是指在对外投资和贸易过程中，因政治原因或订约双方所不能控制的原因，债权人可能遭受损失的风险。例如，因输入国发生战争、革命、内乱而终止货物进口；因输入国实施进口或外汇管制，对输入货物加以限制或禁止输入；因本国变更外贸法令，输出货物无法送达输入国等，造成合同无法履行而形成的损失风险。

（4）经济风险　指在生产和销售等经营活动中，由于受各种市场供求关系、经济贸易条件等因素变化的影响，或经营决策失误，对前景预期出现偏差等，从而导致经济上遭受损失的风险，比如生产的增减、价格的涨跌、经营的盈亏等方面的风险。

4. 财产风险、人身风险、责任风险和信用风险

依据风险标的，风险可分为财产风险、人身风险、责任风险和信用风险。

（1）财产风险　指法人或自然人自有或代管的一切有形财产，因发生风险事故、意外事件而遭受的损毁、灭失或贬值的风险。它包括：

1）财产遭受的直接损失风险。

2）因财产遭受的直接损失而导致的间接损失风险，如利润损失风险等。

（2）人身风险　指由于人的生、老、病、死的生理规律所引起的风险，以及由于自然、政治、军事和社会等方面的原因所引起的人身伤亡风险。人身风险所致的损失一般有两种：一种是收入能力的损失，另一种是额外费用损失。

（3）责任风险　指个人或团体的行为违背了法律、契约的规定，对他人的身体伤害或财产损毁负法律赔偿责任或契约责任的风险。责任风险中所说的“责任”通常是指法律上应负的责任，只有少数情况属于契约责任。

（4）信用风险　指在经济交往中，权利人与义务人之间，由于一方违约或违法致使另一方遭受经济损失的风险，如进出口贸易中，出口方（或进口方）会因进口方（或出口方）不履约而受损。

通常汽车风险按风险标的来划分，由汽车的损失风险和责任风险两部分组成，汽车的损失风险是指汽车在存在和使用的过程中，因自然灾害以及意外事故（包括过失事故和无过失事故）所造成的汽车财产本身的损毁和灭失风险。汽车的责任风险是指汽车在存在和使用的过程中，因意外事故（包括过失事故和无过失事故）致使第三者遭受人身伤亡或财产损失，依法应当由汽车的所有者或使用者承担的经济赔偿责任。

除此之外，还存在其他的风险分类方法。

风险依其是否可以加以有效的管理，分为可管理风险和不可管理风险两类。可管理风险是以人类的智慧、知识及科技的有效方法予以管理的风险，不可管理风险是以人类目前的智慧、知识及科技水平均无法以有效措施予以管理的风险。不过，风险是否可以管理是相对的，随着科技的进步，人们认识水平的提高，不可管理的风险也会转变为可管理的风险。

风险依其是否可以被商业保险公司承保常分为可保风险和不可保风险两大类。可保风险是指可用商业保险方式加以管理的风险。静态风险、财产风险、人身风险、责任风险、信用风险等都是可保风险。汽车的常见风险属于可保风险，动态风险、投机风险等都是不可保风险。一般而言，可保风险都是可管理风险，但是不可保风险却不一定是不可管理的风险。不可保风险仅仅是指商业保险无法处理的风险，某些可保风险确实可以通过其他方式加以处理。

第二节 汽车损失风险评估

一、汽车损失风险因素

汽车损失风险因素主要有自然灾害和意外事故。

1. 自然灾害

自然灾害通常包括雷击、暴风、龙卷风、暴雨、洪水、海啸、地震、地陷、崖崩、雪崩、雹灾、泥石流和滑坡等，这些灾害都会造成汽车的财产损失，都是汽车损失风险的风险因素。世界各地自然灾害的发生率差异很大，就全球而言，汽车的活动半径相对较小，汽车所处地的各种自然灾害风险因素差异很大。以我国长江中下游以南地区为例，汽车遭海啸的损失风险可以说是没有，然而遭暴雨、洪水水灾损失风险却很大。

自然灾害造成汽车损失的主要是水灾。由于汽车的结构特点，汽车特别怕水浸，水面高度超过轿车的车身底板后，车身一旦进水，车身内饰中的纤维材料潮湿后就很难干燥，霉变、腐蚀、异味就很容易产生，电器部分的故障率也会急剧上升。当水面高度达到进气管高度且汽车发动机在工作时，水一旦进入进气管，就会造成发动机严重损毁。

2. 意外事故

意外事故是汽车损失风险中最主要的风险因素，主要包括碰撞、倾覆、坠落、外界物体的坠落、火灾、自燃、盗抢等。

其中碰撞是意外事故中出险率最高的风险因素，占汽车损失风险的90%以上，其他意外事故共计占损失风险不足10%。

二、汽车损失风险度量

1. 损失频率

根据统计资料显示，汽车损失风险频率主要取决于意外事故中的从人因素和从车因素，即驾驶被评估汽车的人数，驾驶员的违章记录、年龄、性别、职业、婚姻状况和驾龄等；从车因素，即行驶区域、行驶里程、汽车用途和汽车技术状况等因素。

（1）从人因素

1）驾驶人数。如果被评估汽车只由一人驾驶，则风险明确，损失频率相对较低；反之，被评估汽车的风险不确定因素较大，损失频率相对较高。从保险公司的理赔统计数据来看，租赁汽车的高损失频率可以验证这一点。

2）驾驶员的违章记录。90%以上的事故是违章驾驶造成的，可见违章驾驶是事故的最主要原因。被评估汽车的损失频率的大小首先取决于驾驶员是否有良好的驾驶习惯，驾驶习惯不好违章就多，事故的隐患就高，损失频率就高。

3）驾龄。不论我国或国外的统计资料都明确显示，驾龄与事故频率都有密切关系。据南京交管部门统计，在驾驶员造成的死亡事故中，3年驾龄以下的驾驶员占一半；在驾驶员造成的事故中，1年驾龄以下的驾驶员约占20%。从历年的资料来看，3年以内驾龄越短，肇事频率越高，3年以后事故频率呈一水平线，如图6-2所示。

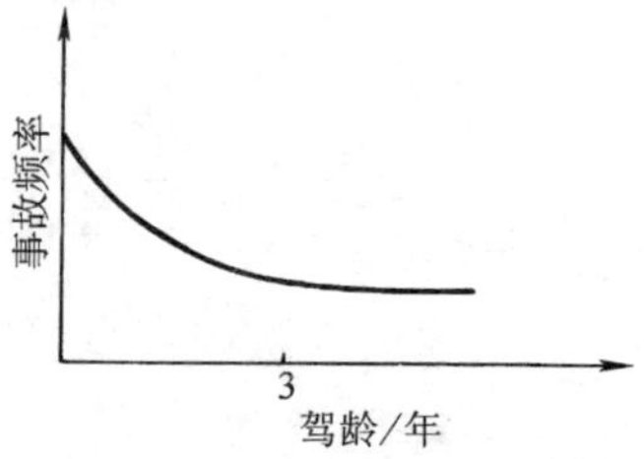

图6-2 驾龄与事故频率示意图

但应注意，从西方发达国家的统计表明，随着年龄的增长，超过一定年龄的老年人，事故频率又会上升，所以政府立法限制驾驶员的年龄是有依据的。

4）驾驶员的年龄、性别、职业和婚姻状况。从一些保险公司的统计数据可以看出，24岁以下的年轻驾驶员事故次数是所有驾驶员事故平均数的1.6倍。美国保险信息局统计资料，1993年每驾1000万mile（1mile = 1609.334m，下同），男性驾驶员有87名发生交通事故，女性驾驶员有101人发生交通事故。女性驾驶员事故频率明显高于男性。现阶段我国的汽车保险统计数据也有相似之处。

（2）从车因素

1）行驶区域及半径。行驶区域不同，其地理环境、气候条件、交通设施与管理水平差距很大，从而直接影响着事故频率。在我国淮河以南地区，夏季雨水充沛，每年都会有汽车遭受水灾侵害，然而我国的西北地区几乎无水灾可言，其损失频率显然差异很大；同样汽车流量的路口，一个有24h自动控制信号灯，一个根本无信号灯，其路口的事故频率显然有着较大的差距。

行驶半径越大，汽车的平均技术速度就越高。如行驶半径为市内行驶的汽车，平均技术速度（v）为30～40km/h；而往返于市与市、省与省的汽车，平均技术速度就达到90～100km/h。由于汽车能量（$W=\frac{1}{2}mv^2$）急剧加大，碰撞所释放的能量也就大，汽车损失就会加大。另外由于行驶半径增大，驾驶员对道路的熟悉程度也会急剧下降，这也使得损失加大。

2）行驶里程。一个同样的驾驶员，驾驶两辆同样型号的汽车，行驶于同样的路段，其中一辆一年行驶4万km，另一辆一年行驶8万km，两辆汽车的事故频率显然不一样，损失频率也就不一样。据统计数据显示，在单位时间内，随着行驶里程的增加，事故频率呈比例增加。当行驶里程的增加超过一定的里程后（通常在年行驶里程超过10～15万km），事故频率甚至可能呈几何级数增加。

3）汽车用途。汽车的用途通过行驶里程得以反映。出租汽车的年行驶里程要远远大于仅供个人生活使用的家庭用汽车，当然其遭遇潜在损失的风险也较高；长途客运汽车的年行驶里程要远远大于仅供单位上下班用的汽车，当然其遭遇潜在损失的风险明显较高；专业货运汽车的年行驶里程要大于仅供企业送货的企业自用汽车，当然其遭遇潜在损失的风险也较高。所以通常用汽车的使用性质与用途来估算汽车的行驶里程，从而评估其损失频率。

4）安全配置。装有ABS的汽车的行驶安全性能要明显高于没有ABS的汽车，装有GPS防盗系统的汽车被盗的可能性要远远小于未装防盗系统的汽车。

5）汽车技术状况。20世纪90年代以前，我国汽车因技术状况原因导致的交通事故约占10%，随着汽车工业技术水平的提高，现在汽车因技术状况原因导致的交通事故占3%～5%。这3%～5%中，使用三年以上的营运车和接近使用年限的汽车约占其中的80%以上。

汽车损失风险的损失频率因汽车和驾驶员的不同而不同，其范围较大。就整个汽车而言，据我国2000年以前的统计资料显示，每年每100辆车有10～15辆产生意外车辆损失，损失频率为10%～15%。出租车的损失频率为30%～35%。2003年年底，某家保险公司的统计资料显示，每年每100辆车有20～25辆产生意外车辆损失，损失频率为20%～25%。而出租车的损失频率仍为30%～35%。由于汽车保有量的大幅增长，新驾驶员也大幅增长，造成损失频率的大幅上升。

2. 损失幅度

汽车损失风险的损失幅度就是指损失的最大量。汽车损失风险中的最大损失幅度就是汽车的实际价值，相对较简单，是一个定值。汽车的实际价值越高，汽车最大损失幅度就越大。

3. 损失期望值

汽车损失风险的损失期望值是指一定时期内、一定条件下大量同类汽车损失的平均值。它主要有碰撞损失期望值（包括倾覆）、自然灾害损失期望值（以水灾为主）、火灾损失期望值（包括自燃）、盗抢损失期望值。各种损失期望值均与下列因素有关。

1）汽车的实际价值越高，平均损失越大。

2）汽车的零配件价格越贵，平均损失越大。

3）汽车的修理工费越贵，平均损失越大。

4）汽车表面的涂饰费越贵，平均损失越大。

由于各种损失的概率分布差距很大，各种风险的损失期望值差距也很大。

4. 损失标准差

汽车损失风险的损失标准差也分为碰撞损失标准差（包括倾覆）、自然灾害损失标准差（以水灾为主）、火灾损失标准差（包括自燃）、盗抢损失标准差。各种风险的标准差差异也很大。

5. 损失差异系数

汽车损失风险的损失差异系数也分为碰撞损失差异系数（包括倾覆）、自然灾害损失差异系数（以水灾为主）、火灾损失差异系数（包括自燃）、盗抢损失差异系数。各种风险的差异系数相差也很大。

6. 举例

通过下面例题说明汽车损失风险的损失期望值、损失标准差和损失差异系数。

例：南方某城市10万元的轿车，每年的各种损失资料见表6-1，试分别计算汽车损失风险的损失期望值、损失标准差和损失差异系数。

表6-1 每年各种损失资料表

碰撞损失概率分布		水灾损失概率分布		火灾损失概率分布		盗抢损失概率分布	
损失金额/元	损失概率	损失金额/元	损失概率	损失金额/元	损失概率	损失金额/元	损失概率
500	0.1	500	0.005	500	0.0001	500	0.001
1000	0.05	1000	0.003	1000	0.001	1000	0.0005
5000	0.005	5000	0.001	5000	0.005	5000	0.00001
30000	0.0005	30000	0.0001	30000	0.002	30000	0.00001
100000	0.00005	100000	0.00001	100000	0.0005	100000	0.0002

解：1）碰撞损失的期望值、标准差和差异系数分别为

$$\bar{x} = \sum_{i=1}^{n} x_i p_i = 500 \times 0.1 + 1000 \times 0.05 + 5000 \times 0.005$$

$$+ 30000 \times 0.0005 + 100000 \times 0.00005 = 145 \text{ 元}$$

$$S = \sqrt{\sum_{i=1}^{n} (x_i - \bar{x})^2 p_i} = \sqrt{(500 - 145)^2 \times 0.1} + \sqrt{(1000 - 145)^2 \times 0.05}$$

$$+ \sqrt{(5000 - 145)^2 \times 0.005} + \sqrt{(30000 - 145)^2 \times 0.0005}$$

$$+ \sqrt{(100000 - 145)^2 \times 0.00005} = 2020.4 \text{ 元}$$

$$v = \frac{S}{\bar{x}} = \frac{2020.4}{145} = 13.93$$

2）水灾损失的期望值、标准差和差异系数分别为

$$\bar{x} = \sum_{i=1}^{n} x_i p_i = 500 \times 0.005 + 1000 \times 0.003 + 5000$$

$$\times 0.001 + 30000 \times 0.0001 + 100000 \times 0.00001 = 14.5 \text{ 元}$$

$$S = \sqrt{\sum_{i=1}^{n} (x_i - \bar{x})^2 p_i} = \sqrt{(500 - 14.5)^2 \times 0.005}$$

$$+ \sqrt{(1000 - 14.5)^2 \times 0.003} + \sqrt{(5000 - 14.5)^2 \times 0.001}$$

$$+ \sqrt{(30000 - 14.5)^2 \times 0.0001} + \sqrt{(100000 - 14.5)^2 \times 0.00001} = 862.01 \text{ 元}$$

$$v = \frac{S}{\bar{x}} = \frac{862.01}{14.5} = 59.45$$

3）火灾损失的期望值、标准差和差异系数分别为

$$\bar{x} = \sum_{i=1}^{n} x_i p_i = 500 \times 0.0001 + 1000 \times 0.001 + 5000$$

$$\times 0.005 + 30000 \times 0.002 + 100000 \times 0.0005 = 126.05 \text{ 元}$$

$$S = \sqrt{\sum_{i=1}^{n} (x_i - \bar{x})^2 p_i} = \sqrt{(500 - 126.05)^2 \times 0.0001}$$

$$+ \sqrt{(1000 - 126.05)^2 \times 0.001} + \sqrt{(5000 - 126.05)^2 \times 0.005}$$

$$+ \sqrt{(30000 - 126.05)^2 \times 0.002} + \sqrt{(100000 - 126.05)^2 \times 0.0005} = 3945.27 \text{ 元}$$

$$v = \frac{S}{\bar{x}} = \frac{3945.27}{126} = 31.31$$

4）盗抢损失的期望值、标准差和差异系数分别为

$$\bar{x} = \sum_{i=1}^{n} x_i p_i = 500 \times 0.001 + 1000 \times 0.0005 + 5000$$

$$\times 0.00001 + 30000 \times 0.00001 + 100000 \times 0.0002 = 20.9 \text{ 元}$$

$$S = \sqrt{\sum_{i=1}^{n} (x_i - \bar{x})^2 p_i} = \sqrt{(500 - 20.9)^2 \times 0.001} + \sqrt{(1000 - 20.9)^2 \times 0.0005}$$

$$+ \sqrt{(5000 - 20.9)^2 \times 0.00001} + \sqrt{(30000 - 20.9)^2 \times 0.00001}$$

$$+ \sqrt{(100000 - 20.9)^2 \times 0.0002} = 1561.51 \text{ 元}$$

$$v = \frac{S}{\bar{x}} = \frac{1561.51}{20.9} = 74.71$$

将以上结果汇总，见表6-2：

表6-2 结果汇总表

	碰撞损失	水灾损失	火灾损失	盗抢损失
损失期望值/元	145.00	14.50	126.05	20.90
损失标准差/元	2020.40	862.01	3945.27	1561.51
损失差异系数	13.93	59.45	31.31	74.71

从表中可以看出，汽车损失风险中：

1）碰撞损失的损失期望值最大，水灾损失的损失期望值最小。

2）火灾损失的损失标准差最大，水灾损失的损失标准差最小。

3）盗抢损失的损失差异系数最大，碰撞损失的损失差异系数最小。

盗抢是汽车损失风险中最大的风险，碰撞虽然损失频率高，但风险不一定大，这也是现在有一些精明的车主不投保碰撞损失而投保盗抢损失的原因。

在我国南方，水灾损失是汽车损失风险中第二大风险，北方火灾为第二大风险。

第三节　汽车责任风险评估

一、汽车责任风险因素

意外事故是汽车责任风险中最主要的风险因素，主要包括碰撞、倾覆、坠落、自燃等。其中碰撞是意外事故中出险率最高的风险因素，占汽车责任风险的99%以上，其他意外事故共计占责任风险不足1%。

二、汽车责任风险度量

1. 损失频率

根据统计资料显示，汽车责任风险频率主要取决于驾驶被评估汽车的人数，驾驶员的违章记录、年龄、性别、职业、婚姻状况和驾龄，行驶区域，行驶里程，汽车用途，汽车技术状况和汽车类型、总质量等因素。其中被评估汽车的驾驶人数，驾驶员的违章记录、年龄、性别、职业、婚姻状况和驾龄，行驶区域，行驶里程，汽车用途的影响与汽车损失风险相似。为什么说相似而不说相同呢？是因为一起风险事故，如碰撞事故，有时只有汽车本身损失，而无责任费用，如汽车撞到坚实的挡土墙，只有汽车损失而无碰撞责任。有时却相反，如汽车撞到老人，汽车本身无损失，但要承担责任费用。汽车技术状况和车辆类型、总质量等因素是汽车责任风险频率的特殊之处。

（1）汽车技术状况　有资料显示，在汽车因技术状况导致的风险事故中，纯责任风险事故数量约占35%，纯损失风险事故约占20%，同时产生责任风险和损失风险的风险事故约占45%，其原因主要是汽车因技术状况导致的风险事故中80%的汽车是老旧汽车和大货车，这些老旧汽车和大货车的损失风险要明显小于同类型汽车。

（2）汽车类型与总质量　汽车类型与总质量通常有着一定的关系。在汽车家族中，如果汽车的安全性能与驾驶人员相同，由于大型货车的总质量最大，轻微的碰擦都会造成他物或他人的损害；反之，微型客车的总质量最轻，造成他物或他人的损害就较轻，甚至没有损伤。

2. 损失幅度

汽车责任风险的损失幅度与汽车损失风险的损失幅度差异很大。汽车损失风险中的最大损失幅度就是汽车的实际价值，而就某辆汽车而言，其责任风险的损失幅度就很难确定。从历史资料上看，汽车责任风险的损失幅度直接损失最大的达到数百万元，甚至上千万元。汽车责任风险的损失幅度主要取决于汽车的总质量，与汽车的总质量成正比例关系。从能量转换上来说，碰撞是一种能量转换，汽车的动能通过碰撞转换成其他能量，而汽车的能量 W 可以通过公式表示为

$$W = \frac{1}{2}mv^2 \tag{6-6}$$

式中 m——汽车总质量；

v——汽车速度。

从式（6-6）可以看出，汽车动能的大小取决于：

（1）汽车总质量　汽车总质量决定着汽车的动能，从而决定着碰撞时的能量。能量又通过汽车本身和被碰撞物来吸收。汽车本身损伤越严重，吸收的能量越多；汽车本身损伤越轻，吸收的能量就越少。

（2）汽车车身的结构特点　在一起碰撞风险事故中，汽车本身损伤的严重程度取决于汽车与被碰撞物的坚实程度。两辆相同总质量的汽车，其中一辆是承载式车身的大客车，另一辆是非承载式车身的大货车，分别碰撞停置的一辆自卸车的相同部位，由于大客车的结构特点决定了其坚实程度不及自卸车，在这起碰撞中其吸收的能量要远大于自卸车。大客车本身的损失要明显大于自卸车，车上人员和物品与大客车本身的二次碰撞较轻。大货车与自卸车的碰撞则不然，由于大货车与自卸车的结构相似，在碰撞中吸收的能量相近，大货车本身的损失与自卸车损失相近，但车上人员和物品与大货车本身的二次碰撞较重。也就是说，通过上述碰撞试验我们可以得出，同样总质量的汽车，结构坚实的汽车造成的责任损失（包括车上责任）要明显大于结构不坚实的汽车。重型货车、重型自卸车、重型半挂车、牵引车的责任风险的损失幅度最大。

（3）汽车速度　从式（6-6）可以看出，汽车的动能与速度的平方成正比。汽车速度不能从汽车的设计最高速度来看，而应从汽车行驶的平均速度来看，平均速度高动能就高，责任风险损失幅度就大。从这点上看，经常跑长途的汽车平均速度要明显高于市区行驶的汽车。

任何一条道路都必须有一定的速度限制不无道理，实践证明，十次事故九次快，不合理的汽车速度是造成汽车责任风险损失幅度的重要因素。

3. 损失期望值

汽车责任风险的损失期望值主要是碰撞损失期望值（包括倾覆），它主要取决于风险事故发生地的经济发展水平。各地经济发展水平的差异会造成以下几方面的

不同：

（1）各地的损害赔偿标准不同 我国按省划分损害赔偿标准，也是出于各省的经济发展水平差异较大而确定的。由于我国各地的经济水平差距较大，城镇居民人均可支配收入或者农村居民人均纯收入从一两千元至一两万元，差距很大，所以汽车责任风险的损失期望值差距也较大。

（2）各地的汽车责任风险的损失频率不同 在我国经济发达的东南沿海地区和各大中心城市，单位通车里程的汽车保有量要远远高于经济落后的中西部地区，从而导致风险事故频率也明显高于中西部地区。

从式（6-3）可以得出，经济发展水平高的地区，汽车责任风险的损失期望值也大；反之，经济发展水平低的地区，汽车责任风险的损失期望值也就小。根据我国不同地区的经济发展水平将我国分成三个地区，分别为发达地区、中等地区和落后地区，从而形成发达地区损失期望值、中等地区损失期望值和落后地区损失期望值。

4. 损失标准差

我们将汽车责任风险的损失标准差也分为发达地区损失标准差、中等地区损失标准差和落后地区损失标准差。

5. 损失差异系数

同样，我们将汽车责任风险的损失差异系数也分为经济发达地区损失差异系数、经济中等地区损失差异系数和经济落后地区损失差异系数。

6. 举例

通过下面例题说明汽车责任风险的损失期望值、损失标准差和损失差异系数。

例：大型营运货车（总质量30t左右）在各种地区的责任风险的损失资料见表6-3，试分别计算各地区的责任风险损失期望值、损失标准差和损失差异系数。

表6-3 大型营运货车在各种地区的责任风险损失资料

经济发达地区损失概率分布		经济中等地区损失概率分布		经济落后地区损失概率分布	
损失金额/元	损失概率	损失金额/元	损失概率	损失金额/元	损失概率
500	0.60	500	0.4	500	0.32
1000	0.25	1000	0.2	1000	0.16
3000	0.10	3000	0.07	3000	0.049
10000	0.04	10000	0.028	10000	0.0196
20000	0.02	20000	0.012	20000	0.0072
50000	0.008	50000	0.0048	50000	0.00288
100000	0.003	100000	0.0015	100000	0.00075
200000	0.001	200000	0.0005	200000	0.00025
500000	0.00025	500000	0.0001	500000	0.00004
1000000	0.00005	1000000	0.00002	1000000	0.000008

解：1）经济发达地区的损失期望值、损失标准差和损失差异系数分别为

$$\bar{x} = \sum_{i=1}^{n} x_i p_i = 500 \times 0.6 + 1000 \times 0.3 + 3000 \times 0.1 + 10000 \times 0.04$$

$$+20000\times0.02+50000\times0.008+100000\times0.003+200000\times0.001$$
$$+500000\times0.00025+1000000\times0.00005=2775\text{元}$$

$$S=\sqrt{\sum_{i=1}^{n}(x_i-\bar{x})^2p_i}=\sqrt{(500-2775)^2\times0.5}+\sqrt{(1000-2775)^2\times0.25}$$
$$+\sqrt{(3000-2775)^2\times0.1}+\sqrt{(10000-2775)^2\times0.04}$$
$$+\sqrt{(20000-2775)^2\times0.02}+\sqrt{(50000-2775)^2\times0.008}$$
$$+\sqrt{(100000-2775)^2\times0.003}+\sqrt{(200000-2775)^2\times0.0001}$$
$$+\sqrt{(500000-2775)^2\times0.00025}+\sqrt{(1000000-2775)^2\times0.00005}$$
$$=32882.98\text{元}$$

$$v=\frac{S}{\bar{x}}=\frac{32882.98}{2775}=11.85$$

2）经济中等地区的损失期望值、损失标准差和损失差异系数分别为

$$\bar{x}=\sum_{i=1}^{n}x_ip_i=500\times0.48+1000\times0.24+3000\times0.07+10000\times0.028$$
$$+20000\times0.012+50000\times0.0048+100000\times0.0015$$
$$+200000\times0.0005+500000\times0.0001+1000000\times0.00002=1770\text{元}$$

$$S=\sqrt{\sum_{i=1}^{n}(x_i-\bar{x})^2p_i}=\sqrt{(500-1770)^2\times0.48}+\sqrt{(1000-1770)^2\times0.24}$$
$$+\sqrt{(3000-1770)^2\times0.07}+\sqrt{(10000-1770)^2\times0.028}$$
$$+\sqrt{(20000-1770)^2\times0.0175}+\sqrt{(50000-1770)^2\times0.0048}$$
$$+\sqrt{(100000-1770)^2\times0.0015}+\sqrt{(200000-1770)^2\times0.0005}$$
$$+\sqrt{(500000-1770)^2\times0.0001}$$
$$+\sqrt{(1000000-1770)^2\times0.00002}=26396.25\text{元}$$

$$v=\frac{S}{\bar{x}}=\frac{26396.25}{1770}=14.91$$

3）经济落后地区的损失期望值、损失标准差和损失差异系数分别为

$$\bar{x}=\sum_{i=1}^{n}x_ip_i=500\times0.384+1000\times0.192+3000\times0.049$$
$$+10000\times0.0196+20000\times0.0072+50000\times0.00288+100000\times0.00075$$
$$+200000\times0.00025+500000\times0.00004+1000000\times0.000008=1168\text{元}$$

$$S = \sqrt{\sum_{i=1}^{n}(x_i - \bar{x})^2 p_i} = \sqrt{(500 - 1168)^2 \times 0.384} + \sqrt{(1000 - 1168)^2 \times 0.192}$$

$$+ \sqrt{(3000 - 1168)^2 \times 0.049} + \sqrt{(10000 - 1168)^2 \times 0.0196}$$

$$+ \sqrt{(20000 - 1168)^2 \times 0.0072} + \sqrt{(50000 - 1168)^2 \times 0.00288}$$

$$+ \sqrt{(100000 - 1168)^2 \times 0.00075} + \sqrt{(200000 - 1168)^2 \times 0.00025}$$

$$+ \sqrt{(500000 - 1168)^2 \times 0.00004}$$

$$+ \sqrt{(1000000 - 1168)^2 \times 0.000008} = 18140.47 \text{元}$$

$$v = \frac{S}{\bar{x}} = \frac{18140.47}{1168} = 15.53$$

例：轿车在各种地区的责任风险的损失资料见表6-4，试分别计算各地区的责任风险损失期望值、损失标准差和损失差异系数。

表6-4 轿车在各种地区的责任风险损失资料

经济发达地区损失概率分布		经济中等地区损失概率分布		经济落后地区损失概率分布	
损失金额/元	损失概率	损失金额/元	损失概率	损失金额/元	损失概率
500	0.3	500	0.24	500	0.192
1000	0.1	1000	0.07	1000	0.049
3000	0.04	3000	0.028	3000	0.0196
10000	0.02	10000	0.012	10000	0.0072
20000	0.008	20000	0.0048	20000	0.00288
50000	0.003	50000	0.0015	50000	0.00075
100000	0.001	100000	0.0005	100000	0.00025
200000	0.00025	200000	0.0001	200000	0.00004
500000	0.00005	500000	0.00002	500000	0.000008

解：1）经济发达地区的损失期望值、损失标准差和损失差异系数分别为

$$\bar{x} = \sum_{i=1}^{n} x_i p_i = 500 \times 0.3 + 1000 \times 0.1 + 3000 \times 0.04$$

$$+ 10000 \times 0.02 + 20000 \times 0.008 + 50000 \times 0.003 + 100000 \times 0.001$$

$$+ 200000 \times 0.00025 + 500000 \times 0.00005 = 1055 \text{元}$$

$$S = \sqrt{\sum_{i=1}^{n}(x_i - \bar{x})^2 p_i} = \sqrt{(500 - 1055)^2 \times 0.3}$$

$$+ \sqrt{(1000 - 1055)^2 \times 0.1} + \sqrt{(3000 - 1055)^2 \times 0.04}$$

$$+ \sqrt{(10000 - 1055)^2 \times 0.002} + \sqrt{(20000 - 1055)^2 \times 0.008}$$

$$+ \sqrt{(100000 - 1055)^2 \times 0.003} + \sqrt{(200000 - 1055)^2 \times 0.00025}$$

$$+\sqrt{(500000-1055)^2\times0.00005}=16153.3\text{ 元}$$

$$v=\frac{S}{\bar{x}}=\frac{16153.3}{1055}=15.31$$

2）经济中等地区的损失期望值、损失标准差和损失差异系数分别为

$$\bar{x}=\sum_{i=1}^{n}x_ip_i=500\times0.24+1000\times0.07+3000\times0.028$$

$$+10000\times0.012+20000\times0.0048+50000\times0.0015+100000\times0.0005$$

$$+200000\times0.0001+500000\times0.00002=645\text{ 元}$$

$$S=\sqrt{\sum_{i=1}^{n}(x_i-\bar{x})^2p_i}=\sqrt{(500-645)^2\times0.24}$$

$$+\sqrt{(1000-645)^2\times0.07}+\sqrt{(3000-645)^2\times0.028}$$

$$+\sqrt{(10000-645)^2\times0.012}+\sqrt{(20000-645)^2\times0.0048}$$

$$+\sqrt{(50000-645)^2\times0.0015}+\sqrt{(100000-645)^2\times0.0005}$$

$$+\sqrt{(200000-645)^2\times0.0001}$$

$$+\sqrt{(500000-1770)^2\times0.00002}=11284.65\text{ 元}$$

$$v=\frac{S}{\bar{x}}=\frac{11284.65}{645}=17.5$$

3）经济落后地区的损失期望值、损失标准差和损失差异系数分别为

$$\bar{x}=\sum_{i=1}^{n}x_ip_i=500\times0.192+1000\times0.049+3000\times0.0196$$

$$+10000\times0.0072+20000\times0.00288+50000\times0.00075+100000\times0.00025$$

$$+200000\times0.00004+500000\times0.000008=408\text{ 元}$$

$$S=\sqrt{\sum_{i=1}^{n}(x_i-\bar{x})^2p_i}=\sqrt{(500-408)^2\times0.192}$$

$$+\sqrt{(1000-408)^2\times0.049}+\sqrt{(3000-408)^2\times0.0196}$$

$$+\sqrt{(10000-408)^2\times0.0072}+\sqrt{(20000-408)^2\times0.00288}$$

$$+\sqrt{(50000-408)^2\times0.00075}+\sqrt{(100000-407)^2\times0.00025}$$

$$+\sqrt{(200000-408)^2\times0.00004}$$

$$+\sqrt{(500000-408)^2\times0.000008}=8233.1\text{ 元}$$

$$v=\frac{S}{\bar{x}}=\frac{8233.1}{408}=20.18$$

将以上结果汇总，见表6-5。

表6-5 结果汇总表

地区与车类 责任风险	经济发达地区		经济中等地区		经济落后地区	
	大货车	轿车	大货车	轿车	大货车	轿车
损失期望值/元	2775	1055	1770	645	1168	408
损失标准差/元	32882.98	16153.3	26396.25	11284.65	18140.47	8233.1
损失差异系数	11.85	15.31	14.91	17.5	15.53	20.18

在汽车责任风险中，通过上面例题我们可以得出：

1）经济发达地区大货车的损失期望值最大，经济落后地区轿车的损失期望值最小，经济发达地区大货车的损失期望值是经济中等地区大货车的1.5倍左右，是经济落后地区大货车的2～2.5倍，是经济落后地区轿车的6～7倍左右。

2）经济发达地区大货车的损失标准差最大，经济落后地区轿车的损失标准差最小。

3）经济落后地区轿车的损失差异系数最大，经济发达地区大货车的损失差异系数最小。

第四节 汽车风险管理

一、汽车风险成本

1. 汽车风险的有形成本

（1）汽车损失风险有形成本 就汽车而言，如果汽车作为消费资料，损失风险成本就是部分损失时的修理费用、租车费用和全部损失时的重新购车费用。如果汽车作为生产资料，损失风险成本不仅仅是部分损失时的修理费用、租车费用和全部损失时的重新购车费用，还包括经营中段利润损失和合同违约损失。

（2）汽车责任风险有形成本 通常是指因违反《民法》《道路交通安全法》和《公路法》等行为而导致他人或财产所应承担的赔偿责任。责任风险的成本大小最终以法院判决作为依据。

2. 汽车风险的无形成本

汽车风险的无形成本主要表现在：

1）由于风险较大，汽车驾驶员驾车时高度紧张，较其他行业更易疲劳。

2）由于汽车运输业的高风险（尤其是货运业），而无高回报，使得货运市场出现了极不健康的市场环境，人们不愿把资金投向汽车货运业。

3. 预防和控制风险的成本

就汽车而言，为了安全而进行的保养、修理和检验，汽车上用于消防的灭火器材，为了防止被盗而在汽车上增加的防盗锁、报警器，还有夜间的看护等，都会产生费用，所以预防和控制风险需要一定的成本。

二、汽车风险管理技术

风险管理是指自然人或法人对其或所有物可能遇到的风险进行识别、评估，并在此基础上有效地控制和处置风险，以最低的成本实现最大安全保障的活动。

汽车经过风险评估后，确定了汽车的风险因素和风险度量，汽车所有者应寻找和确定有效的控制和处理这些风险的管理技术，以最小的成本和最有效的方法，达到减少事故频率和损失程度的目的。风险管理技术分为控制型风险管理技术和财务型风险管理技术两大类。

1. 控制型风险管理技术

实践证明，风险是可以控制和预防的。前面讲到，风险因素引发风险事故，而风险事故导致损失，消除风险因素是控制风险的关键。控制型风险管理技术的实质是在风险分析的基础上，针对汽车所存在的风险因素，积极采取控制措施以消除风险因素，或减少风险因素的危险性。在事故发生前，降低事故的发生频率，或减少风险因素的危险性；在事故发生时，控制损失继续扩大，将事故损失减少到最低程度，从而达到降低汽车风险损失的目的。控制型风险管理技术主要包括：

（1）风险回避　指考虑到事故存在的可能性较大时，主动放弃或改变某项可能引起风险损失的活动，以回避可能产生风险损失的一种控制风险的方法。通过回避风险可以在风险发生之前，完全彻底地消除某种风险可能造成的损失，而不仅仅是减少损失的影响程度。风险回避是一种最彻底的风险控制技术，而其他控制技术只能减少损失发生的概率和损失的严重程度。

例如，当汽车所有者从天气预报中得知将有暴雨、洪水来临，汽车所有者将日常停放在低洼之处的汽车停放在高处，这就是最有效的水灾损失控制技术之一。在雨季来临之时，汽车所有者要时常关注天气预报。又如，经济落后地区的汽车所有者控制汽车的行驶区域，不将汽车行驶到经济发达地区也是有效控制汽车责任风险的方法之一。对于高风险路段或区域，采取放弃驾驶活动（如冰雪路驾驶、山区驾驶）也是有效的风险控制技术。

风险回避虽然有效地消除了风险源，彻底消除某些风险造成的损失和可能造成的恐惧心理，但其毕竟是消极的控制风险的方法，时常具有很大的局限性：

1）任何经济活动都与一定的风险相联系，高风险的经济活动往往伴随着高利润。例如，对于营运车而言，往往雨雪天的运价要高于正常天气的运价。放弃这项经济活动，就意味着放弃可能丰厚的利润；要获取高利润，往往就必须承担高风险。

2）回避了某种风险，又会产生另一种新的风险。例如，暴雨来临前，将停放在地下车库的汽车改放在地势较高的路边，回避了水灾风险，却增加了盗窃风险。因此，一般来说，只有在特殊情况下才使用风险回避。

（2）损失控制　包括两个方面的含义：一是在损失发生之前全面地消除损失产生的根源，并尽量降低导致损失事故发生的概率；二是在损失发生后减轻损失程度。

损失控制的目的在于积极改善风险控制中最积极、合理、有效的风险管理技术，它不仅能使汽车所用者减少由于风险事故所致的损失，而且能使全社会的物质财富减少损失，这是与风险转移的主要不同之处。汽车风险的损失控制通常有以下几个方面：

1）对汽车进行定期安全检查，这不仅包括政府部门的强制安全检查，还包括汽车使用者的日常例行安全检查，以及定期的保养和检修。使汽车始终处于完好技术状况。

2）加强安全学习和培训教育机制，使驾驶员了解最新的交通法律、法规，熟悉道路及管理变化情况。通过安全学习和培训消除人为的风险因素，是损失控制的有效途径之一。

3）使驾驶员掌握应急施救措施，包括汽车施救和人员急救知识。一旦发生风险事故，尽量控制损失不致扩大，使得损失控制在最小限度。

2. 财务型风险管理技术

前面讨论的控制型风险管理技术，是运用风险控制工具，力争在风险事故发生之前，消除各种风险隐患，减少损失产生的原因及实质性因素，降低风险发生的频率。在损失发生之时，积极采取各项措施，尽可能使风险事故所致损失降到最低限度，从而达到风险管理的目的。

然而，在风险管理的实践中，由于种种因素的制约，人们对风险的预测不可能绝对准确，而防范损失的措施又具有一定的局限性，所以某些风险事故的损失仍不可避免。因此，当风险事故发生以后，如何有效地运用财务型风险管理技术，对损失的严重后果及时采取经济补偿，是风险管理的又一种重要途径。

财务型风险管理技术是通过事故发生前所做的财务安排，来消除风险事故发生后给汽车所有者造成的经济困难和精神忧虑，为汽车的继续使用提供财务基础。财务型风险管理技术主要包括：

（1）风险自留　是一种由汽车所有者自己承担风险事故所致损失的一种财务型风险管理技术，其实质是，当风险事故发生造成一定的损失后，汽车所有者用自已的资金弥补所遭受的损失。在汽车风险中常见的风险自留有下列几种：

1）小额的损失风险。中国人民保险公司推出了500元的绝对免赔，即每次保险事故保险公司实行500元绝对免赔，保险公司不再对500元以下的保险事故进行赔偿。汽车所有者购买了这样的汽车保险，也就是将500元保险事故风险自留。这样通常对汽车所有者和保险公司都是有利的。对于汽车所有者来说，其一，500元以下的风险事故，汽车所有者认为自己的财务能够安排，其二，汽车所有者认为留下500元以下的风险，去换取较低的保险费率是值得的；对于保险公司而言，保险公司认为500元以下保险事故的管理成本太高，用降低一些费率来换取管理成本下降也是值得的。小额的损失风险自留是当今国际保险市场上流行的汽车保险条款之一。

2）损失概率极低的风险。例如，家用轿车50万元以上的责任风险，因为这种概率极低，轿车所有者往往只购买50万元的第三者责任保险，而把50万元以上的责任风险自留。

3）无法转移的风险。例如，地震会对汽车造成损失，汽车漏油会造成污染责任，当然没有人会接受这种风险转移。汽车所有者只能将这些风险自留。

（2）财务型保险转移　前面已经对汽车的风险进行了度量，汽车与其他如房屋、机器设备相比，它的风险较大，作为汽车的所有者而言，从拥有汽车的那一刻起，就要想到给汽车购买保险，将汽车风险中大量的风险通过购买保险转移到保险公司。这里所说的大量风险而不是所有风险，是因为无论你购买了多少保险，保险公司也不可能将所有的风险都接收。我国《道路交通安全法》规定了汽车强制第三者责任保险，这是法制建设的进步，但是没有规定各种汽车购买的最小责任限额，所以汽车所有者还必须根据自已的驾驶技术、汽车种类、吨位大小、行驶区域，购买相应的责任限额的保险，才能有效地将责任风险转移到保险公司。

第七章

汽车鉴定评估报告书

第一节　汽车鉴定评估报告书概述

本节主要是通过介绍，掌握评估报告书的作用、编制过程及确认、复议、档案管理等各项内容。

一、汽车鉴定评估报告书的作用

汽车鉴定评估机构和汽车鉴定人员决定出了评估对象的评估额后，应将评估结论成果写成评估报告书（AppraisalReport）。汽车鉴定评估报告书是记述评估成果的文件，也可以看成评估人员提供给委托评估者的“产品”。

汽车鉴定评估报告书的质量高低，除取决于评估结论的准确性、评估方法选择的准确性、参数确定的合理性等，还取决于报告的格式、文字表述水平及印刷质量等。前者可以说是评估报告书的内在质量，后者可以说是评估报告书的外在质量，两者不可偏废。

汽车鉴定评估报告书对委托人十分重要，并且对其他关系人也很重要，如诉讼主体、商务活动管理部门以及各类交易市场主体。

由于目的的不同，汽车鉴定评估报告书的作用可从两个方面进行分析。

(1）委托方（客户）对汽车鉴定评估书作用的理解

1）作为产权变动交易作价的基础材料。汽车鉴定评估报告书的结论可以作为车辆买卖交易的谈判底价的参考依据，或作为投资比例出资价格的证明材料，特别是对涉及国有资产汽车的客观、公正的作价，可以有效地防止国有资产的流失，确保国有资产价格的客观、公正、真实。

2）作为各类企业进行会计记录的依据。按评估值对会计账目进行调整必须由有关机关批准。

3）作为赔偿依据。在民事损害赔偿和保险赔偿中汽车鉴定评估报告书时常作为赔偿依据。

4）在诉讼或仲裁时作为确认财产价格的证据。

5）作为支付评估费用的依据。当委托方（客户）收到评估资料及报告后没有提出异议，也就是说评估的资料及结果符合委托书的条款，委托方应以此为依据向受托方支付评估费。

6）反映和体现评估工作情况，明确委托方、受托方及有关方面责任的根据。

汽车鉴定评估报告书采用文字的形式，对受托方进行机动车评估的目的、背景、产权、依据、程序、方法等过程和评定的结果进行说明和总结，体现了评估机构的工作成果。同时，汽车鉴定评估报告书也反映和体现了受托的机动车评估机构与鉴定估价师的权利和义务，并依此来明确委托方和受托方的法律责任。撰写评估结果报告书行使了机动车估价师在评估报告上签字的权利。

（2）评估机构对汽车鉴定评估报告书作用的理解

1）汽车鉴定评估报告书是评估机构成果的体现，是一种动态管理的信息资料，体现了评估机构的工作情况和工作质量。

2）汽车鉴定评估报告书是建立评估档案，归集评估档案资料的重要信息来源。

二、撰写汽车鉴定评估报告书的基本要求和编写步骤

1. 汽车鉴定评估报告书分为定型式、自由式与混合式三种

定型式汽车鉴定评估报告书又称封闭式汽车鉴定评估报告书，有固定格式、固定内容，评估人员必须按要求填写，不得随意增减。其优点是普遍包括一般事项，写作省时省力；缺点是不能根据评估对象的具体情况而深入分析某些特殊事项。如果能针对不同的评估目的和不同类型的机动车做相应的定型式汽车鉴定评估报告书，则可以在一定程度上弥补这一缺点。

自由式汽车鉴定评估报告书又称开放式汽车鉴定评估报告书，是由评估人员根据评估对象的情况而自由创作、无一定格式的汽车鉴定评估报告书。其优点是可深入分析某些特殊事项；缺点是易遗漏一般事项。

上述两种汽车鉴定评估报告书各有优缺点。混合式汽车鉴定评估报告书是兼取前两种汽车鉴定评估报告书的格式，既有定型式，又有自由式。

一般来说，专案案件以采用自由式汽车鉴定评估报告书为优，例行案件以采用定型式汽车鉴定评估报告书为佳。

不论汽车鉴定评估报告书的形式如何，均应客观、公正、详实地记载评估结果和过程。如果仅以结论告知，必然会使委托评估者或汽车鉴定评估报告书的其他使用者心理上的信任度降至最低。汽车鉴定评估报告书用语还应力求准确、肯定，避免模棱两可或易生误解的文字。对于难以确定的事项应在报告书中说明，并描述其可能影响机动车价格的情形。

2. 汽车鉴定评估报告书的基本要求

汽车鉴定报告书不管是采取自由式，还是定型式或混合式，其鉴定评估报告书内容必须至少记载以下事项：

1）委托评估方名称。应写明委托方、委托联系人的名称、联络电话及住址，指出车主的名称。

2）受理评估方名称。主要是写明评估机构的资质，评估人员的资质。

3）评估对象概括。需简要写明纳入评估范围车辆的厂牌型号、号牌号码、发动机号、车辆识别代号/车架号、注册登记日期、年审检验合格有效日期、公路规费交至日期、购置附加税（费）证号、车辆使用税缴纳有效期。特别是对车辆的使用性质及法定使用年限有定量的结论年限。

4）评估目的。应写明汽车是为了满足委托方的何种需要，及其所对应的经济行为类型。

5）评估基准日（时点）。按委托要求的基准日，式样为：鉴定评估基准日是××××年××月××日。

6）评估依据。一般可划分为法律法规依据、行为依据和取价依据。法律法规依据应包括车辆鉴定评估的有关条法、文件及涉及车辆评估的有关法律、法规等。行为依据主要是指汽车鉴定评估委托书及载明的委托事项。取价依据为鉴定评估机构收集的国家有关部门发布的技术资料和统计资料，以及评估机构经市场调查的询价资料和相关技术参数资料。

7）评估采用的方法、技术路线和测算过程。应简要说明评估人员在评估过程中选择并使用的评估方法，并阐述选择该方法的依据或者原因。如选用两种或两种以上的方法，应当说明原因，并详细说明评估计算方法的主要步骤。

8）评估结论，即最终评估额。应同时有大小写，并且大小写数额一致。

9）决定评估额的理由。

10）评估前提及评估额应用的说明事项（包括应用时应注意的问题）。评估报告中陈述的特别事项是指在已确定的前提下，评估人揭示在评估过程中已发现可能影响评估结论，但并非是与评估人员执业水平和能力评定估算的有关事项；提示评估报告使用者应注意特别事项对评估结论的影响；揭示鉴定评估人员认为需要说明的其他问题。

11）参与评估的人员与评估对象有无利害关系的说明。

12）评估作业日期，即进行评估的期间。是指从何时开始评估作业至何时完成评估作业，具体是进行评估的起至年月日。

13）若干附属资料。如评估对象的评估鉴定委托书、产权证明（机动车登记证书、车辆行驶证），购置附加税（费）、评估人员和评估机构的资格证明等。

3. 汽车鉴定评估报告书的编写步骤

介绍汽车鉴定评估报告书的编写步骤先要重复一下整个评估过程的程序，其程序包括接受委托、验证、现场查勘、市场调查和询证、评定估算并撰写评估报告书、提交报告等过程。

1）接受委托阶段评估鉴定人员必须了解掌握委托方本次评估的委托目的和要求，包括明确评估基准日，对车辆的大致情况有所了解，做到心中有数。

2）验证评估标的各种手续的合法性，包括委托方是否具有对车辆的处置权，标的合法性，识别盗抢、走私、拼装车，并严禁此类车辆在市场上进行交易买卖。

3）现场查勘阶段是十分重要的一个阶段，是体现评估人员技术水平高低的重要环节。在勘察中应仔细勘察车辆的实际技术状况，包括车辆的配置情况、受损情况等，并仔细填写汽车评估作业表。

车辆的勘察步骤：按逆时针方向勘察。

保险杠→发动机盖→前风窗玻璃→前车罩→左前减振器→左后视镜→左前翼子板→左前轮→记录里程表→起动发动机（原则上由客户发动）→左侧门及中柱→左后减振器→左后翼子板→左后轮→检查排气管烟色有无烧机油现象→行李箱→打开行李箱盖检查→后保险杠→后照灯→右后减振器→右后翼子板→右后轮→右侧门及中柱→右前减振器→右前翼子板→右前轮→打开发动机盖检查发动机等部件→关闭发动机。将勘察情况告知委托方代表，并要求其在勘察表上签名，然后勘察人员签名。

4）市场调查和询证阶段。在此阶段中应首先选择评估方法。然后按评估方法原理的要求，根据评估机构掌握的资料，取重置价还是选择参照物。其技术参数和资料来源于市场调查。

5）评定估算并撰写评估报告书阶段。在完成上述四个阶段后，进入汽车鉴定评估报告书的编写阶段，其主要步骤可分为两步。

① 在完成汽车鉴定评估数据的分析和讨论，对有关部分的数据进行调整后，由具体参加评估的注册汽车鉴定评估师拟出汽车鉴定评估报告书。

② 将机动车鉴定评估的基本情况和评估报告书初稿的初步结论与委托方交换意见，听取委托方的反馈意见后，在坚持独立、客观、公正的前提下，认真分析委托方提出的问题和意见，考虑是否应该修改评估报告书，对报告书中存在的疏忽、遗漏和错误之处进行修正（此程序必不可少，可有效减少对评估报告的复议），待修正完毕即可撰写出正式的汽车鉴定评估报告书。

6）提交报告阶段。汽车鉴定评估机构撰写出正式的鉴定报告书以后，经过审核无误，按以下程序进行签名盖章：先由负责该项目的注册汽车鉴定评估师签章，再送复核人审核签章，最后送评估机构负责人审定签章并加盖机构公章。

三、汽车鉴定评估报告书的内容和格式

从2002年原国家经济贸易委员会、原劳动和社会保障部《关于规范汽车鉴定

评估工作的通知》国经贸贸易〔2002〕825号文件下发以后，推荐使用定型式汽车鉴定评估报告书，其规范格式样本如下：

汽车鉴定评估报告书

××××鉴定评估机构评报字（200）第××号

一、绪言

××（鉴定评估机构）接受××××的委托，根据国家有关资产评估的规定，本着客观、独立、公正、科学的原则，按照公认的资产评估方法，对××××（车辆）进行了解评估。本机构鉴定评估人员按照必要的程序，对委托鉴定评估车辆进行了实地查勘与市场调查，并对其在××××年××月××日所表现的市场价值做出了公允反映。现将车辆评估情况及鉴定评估结果报告如下：

二、委托方与车辆所有方简介

委托方××××，委托方联系人××××，联系电话：×××××。

根据机动车行驶证所示，委托车辆车主×××。

三、评估目的

根据委托方的要求，本项目评估目的

□交易□转籍□拍卖□置换□抵押□担保□咨询□赔偿□司法裁决

四、评估对象

评估车辆的厂牌型号（ ）；车牌号码（ ）；发动机号（ ）；车辆识别代号/车架号（ ）；登记日期（ ）；年审检验合格至 年 月；公路规费交至 年 月；购置税（费）证（ ）；车辆船使用税（ ）。

五、鉴定评估基准日

鉴定评估基准日 年 月 日。

六、评估原则

严格遵循“客观性、独立性、公正性、科学性”原则。

七、评估依据

1. 行为依据

机动车鉴定评估委托书（ ）号。

2. 法律、法规依据

（1）《国有资产评估管理办法》（国务院令第91号）；

（2）《摩托车报废标准暂行规定》（原国家经贸委等部门令第33号）；

（续）

（3）原国家国有资产管理局《关于印发〈国有资产评估管理办法施行细则〉的通知》（国资办发［1992］36号）；

（4）原国家国有资产管理局《关于转发〈资产评估操作规范意见（试行）〉的通知》（国资办发［1996］32号）；

（5）原国家经贸委等部门《汽车报废标准》（国资办发［1997］456号）、《关于调整汽车报废标准若干规定的通知》（国经贸资源［2000］1202号）、《农用运输车报废标准》（国经贸资源［2001］234号）等；

（6）其他相关的法律、法规等。

3. 产权依据

委托鉴定评估车辆的机动车登记证书编号：

4. 评定及取价依据

技术标准资料：

技术参数资料：

技术鉴定资料：

其他资料：

八、评估方法

□重置成本法　　　□现行市价法　　　□收益现值法　　　□其他

计算过程如下：

九、评估过程

按照接受委托、验证、现场勘察、评定估算、提交报告的程序进行。

十、评估结论

车辆评估价格　　　元，金额大写

十一、特别事项说明

十二、评估报告法律效力

（一）本项评估结论有效期为90天，自评估基准日至　年　月　日止。

（二）当评估目的在有效期内实现时，本评估结果作为作价参考依据。超过90天，需重新评估。另外在评估有效期内若被评估车辆的市场价格或因交通事故等原因导致车辆的价格变化，对车辆评估结果产生明显影响时，委托方也需重新委托评估机构重新评估。

鉴定评估报告书的使用权归委托方所有，其评估结论仅供委托方为本项评估目的使用和送交汽车鉴定评估主管机关审查使用，不适用于其他目的；因使用本报告书不当而产生的任何后果与签署报告的鉴定估价师无关；未经委托方许可，本鉴定评估机构承诺不将报告书的内容向他人提供或公开。

（续）

附件：

一、汽车鉴定评估委托书

二、汽车鉴定评估作业表

三、车辆行驶证、购置附加税（费）证复印件

四、鉴定估价师职业资格证书复印件

五、鉴定评估机构营业执照复印件

六、汽车照片（要求外观清晰，车辆牌照能够辨认）

注册汽车鉴定估价师　　　　　　　　复核人

（签字、盖章）　　　　　　　　　　（签字、盖章）

（汽车鉴定评估机构盖章）

年　　月　　日

第二节　汽车鉴定评估报告书制度

汽车鉴定评估报告书制度是规定汽车鉴定评估机构在完成机动车鉴定评估工作后应向委托方出具鉴定评估报告书的一系列有关制度，包括汽车鉴定评估报告书的编制、汽车鉴定评估报告书的确认和复议、汽车鉴定评估报告书的档案管理等相关内容。

一、编制和签发汽车鉴定评估报告书

评估报告书的编制与签发

编制评估报告书是完成评估工作的最后一道工序，也是评估工作中的一个很重要的环节。评估人员通过评估报告不仅要真实准确地反映评估工作情况，而且表明评估者在今后一段时期里对评估的结果和有关的全部附件资料承担相应的法律责任。汽车鉴定评估报告是记述鉴定评估成果的文件，是鉴定评估机构向委托鉴定评估者和汽车鉴定评估管理部门提交的主要成果。鉴定评估报告的质量高低，不仅反映鉴定评估人员的水平，而且直接关系到有关各方的利益。这就要求评估人员编制的报告要思路清晰、文字简练准确、格式规范、有关的取证与调查材料和数据真实可靠。为了达到这些要求，评估人员应按下列步骤进行评估报告的编制：

1）评估资料的分类整理。应有大量真实的评估工作记录，包括被评估汽车的有关背景资料、技术鉴定情况资料及其他可供参考的数据记录等，是编制评估报告

的基础。一个较复杂的评估项目是由两个或两个以上评估人员合作完成的，将评估资料进行分类整理，包括评估鉴定作业表的审核、评估依据的说明，最后形成评估的文字材料。

2）鉴定评估资料的分析讨论。在整理资料工作完成后，应召集参与评估工作过程的有关人员，对评估的情况和初步结论进行分析讨论。如果发现其中提法不妥、计算错误、作价不合理等方面的问题，特别是机动车的配置、维护保养情况、技术状况及品牌在市场中的影响力等，要求进行必要的调整，尤其采用两种不同方法评估并得出两个结论的，需要在充分讨论的基础上得出一个正确的结论。

3）评估报告书的编写。评估报告的负责人应根据评估资料讨论后的修正意见，进行资料的汇总编排和评估报告书的编写工作；然后将机动车鉴定评估的基本情况和评估报告书初稿的初步结论与委托方交换意见，听取委托方的反馈意见后，在坚持独立、客观、公正的前提下，认真分析委托方提出的问题和意见，考虑是否应该修改评估报告书，对报告书中存在的疏忽、遗漏和错误之处进行修正，待修正完毕即可撰写出正式的汽车鉴定评估报告书。

4）评估报告书先由项目负责人审核，再报评估机构经理审核签发，同时要汽车估价师盖章并加盖评估机构公章。送达客户签收，必须要求客户在收到评估书后，按送达回执上的要求认真填写并要求收件人签字确认。

二、确认和复议汽车鉴定评估报告书

1. 汽车鉴定评估报告书的确认

汽车鉴定评估报告书一般情况下由委托方确认，涉及国有资产的，除资产占有方确认外还必须由其上级主管部门认可。

汽车鉴定评估报告书的确认因委托方的不同和委托目的的不同，大致可以分成以下几种情况：

1）交易类的汽车鉴定评估由买卖双方和汽车交易机构确认。

2）抵押类的汽车鉴定评估由抵押人和银行共同确认。

3）司法鉴定的汽车鉴定评估经法庭质证后写入判决书或调解书即为确认，其中刑事案件中的汽车鉴定评估须公安机关、检察机关的确认后再经审判程序法庭质证即为确认，同时有些汽车鉴定评估报告还要经过二审程序的考验。有时评估鉴定人员按国家法律规定要求作为鉴定人，详细叙述鉴定过程和鉴定结论并回答法官、律师、原被告的提问。因此司法鉴定的汽车鉴定评估是最为复杂的一种，要求极高。

4）置换类的汽车鉴定评估由车主和汽车经销商共同确认。

5）拍卖类汽车鉴定评估要求确定委托拍卖底价，因此其确认由拍卖企业和委托拍卖人共同确认。

6）企业合并、分设等资产重组类的汽车鉴定评估由董事会或管理层确认。

2. 汽车鉴定评估报告书的复议

旧机动车鉴定评估机构出具汽车鉴定评估报告书后，由于各种原因委托方对评估结论即评估报告有异议，通常是在复议的有效期内可以委托原评估机构对原出具的汽车鉴定评估报告书进行复议。也可以委托另一家资质较高的评估机构进行复议或重新评估。

三、归档和保管汽车鉴定评估报告书

汽车鉴定评估报告书的档案管理包括汽车鉴定评估报告书的归档制度、保管制度、保密制度、借阅利用档案制度。

1. 汽车鉴定评估报告书种类

汽车鉴定评估报告书是记录、描述或反映整个汽车鉴定评估过程和结果的各类文件的统称，它属于专门业务文书，主要有以下三种：

1）汽车鉴定评估委托书。委托书是一种合同契约文件，由委托方与受托方共同签字。委托书应如实提供标的的详细资料，如机动车登记证书、机动车行驶证、附加税完税凭证、道路运输证、养路费缴纳凭证等，作为委托书的附件。

2）汽车鉴定评估调查资料。

① 以国家有关法律、法规中与该项业务直接或间接相关的条款作为汽车鉴定评估的法律依据。

② 委托标的的详细资料及有关证明材料，重要的标的应附有照片、图像资料（特别是机动车受损较为严重的部位），必要时要有汽车修理厂或保险公司的修理清单。

③ 与汽车鉴定评估有关的其他资料，如相关机动车的价格行情、价格指数、汇率、利率、参照物等。

3）汽车鉴定评估成果形态。汽车鉴定评估报告书一般根据委托方要求和汽车鉴定评估证业务的具体情况来确定基本内容，包括结论书正文和附件两部分。其主要内容是阐述价格鉴定的基本结论，并附录必要的文件和资料。

2. 汽车鉴定评估报告书的归档范围

1）汽车鉴定评估委托书。

2）汽车鉴定评估调查材料。

① 汽车鉴定评估的法律依据（国家有关法规的相关条款）。

② 委托人所从事的主要经济活动或者委托事项的背景材料。

③ 委托标的物的证明材料，照片、图像资料，必要的技术鉴定材料。

3. 汽车鉴定评估报告书的保管

根据原国家经济贸易委员会、原劳动和社会保障部《关于规范汽车鉴定评估工作的通知》国经贸贸易〔2002〕825 号文件精神的要求，鉴定评估机构应由专人负责管理汽车鉴定评估报告书，形成完整的评估档案。评估档案应保留到评估车辆达到法定报废年限为止。还要建立、健全汽车鉴定评估报告档案的保密、安全等事项的工作制度，并严格贯彻执行。同时还要及时、准确、真实地进行统计，并按规定向有关机关报送统计报表。

在编写汽车估价报告中，对有关背景材料、技术鉴定材料等其他可供参考的数据记录等，都要有详细的依据作为编制评估报告的基础；并要在评估底档上留存。

在评估资料的分析计算中，评估方法要选用适当并匹配，可以用两个或两个以上的方法计算，经充分讨论得出结论。结论要大小写，并且一致。

初稿完成后，在坚持独立、客观、公正的前提下，听取委托方的反馈意见，可有效地减少复议，提高评估的质量；此程序必不可少。

汽车评估报告的确认一般是委托方或相关权益人或行政机关、司法机构的工作，它反映对评估机构、评估质量的肯定与否。因此，评估机构和评估人员要密切关注，对于涉案评估，评估机构和评估人员要按法律规定，以鉴定人身份出庭，准备上庭接受质证。

四、汽车评估报告的分类保管

汽车评估报告及底档资料应分类保管，一般可分为交易类和专案类，并按年度分类装订，由专人保管。在保管过程中，要防火、防潮、防虫、防盗。同时还要建立、健全汽车评估档案的安全、保密等项工作制度并严格执行。

第三节　汽车鉴定评估报告书案例

案例一：某别克车价格评估报告书

××××鉴定评估机构评报字（200）第××号

案例提示：汽车评估中经常会选用市场法和成本法评估同一辆车，其结论往往不一致，有时相差较大，要求我们根据市场经验取不同权数修正评估结论。

一、绪言

××（鉴定评估机构）接受××××的委托，根据国家有关资产评估的规定，本着客观、独立、公正、科学的原则，按照公认的资产评估方法，对别克车辆进行了解评估。本机构鉴定评估人员按照必要的程序，对委托鉴定评估车辆进行了实地查勘与市场调查，并对其在2005年6月30日所表现的市场价值做出了公允反映。现将车辆评估情况及鉴定评估结果报告如下：

二、委托方与车辆所有方简介

委托方××××，委托方联系人×××××，联系电话：×××××。

根据机动车行驶证所示，委托车辆车主×××。

三、评估目的

根据委托方的要求，本项目评估的目的是为买卖别克车过程中确定交易价格，提供价格依据。

四、评估对象

评估车辆的厂牌型号（别克 SGM7250G）；车牌号码（××－×××）；发动机号（×××××××××）；车辆识别代号/车架号（××××××××××）；初次登记日期（2002年6月）；年审检验合格至2005年6月；养路费交至2005年12月；购置税（费）证（齐全）；车辆船使用税（已交）。

五、鉴定评估基准日

鉴定评估基准日：2005年6月30日。

六、评估原则

严格遵循“客观性、独立性、公正性、科学性”原则。

七、评估依据

1. 行为依据

机动车鉴定评估委托书（×××）号。

2. 法律、法规依据

（1）《国有资产评估管理办法》（国务院令第91号）；

（2）原国家国有资产管理局《关于印发〈国有资产评估管理办法施行细则〉的通知》（国资办发［1992］36号）；

（3）原国家国有资产管理局《关于转发〈资产评估操作规范意见（试行）〉的通知》（国资办发［1996］32号）；

（4）原国家经贸委等部门《汽车报废标准》（国资办发［1997］456号）、《关于调整汽车报废标准若干规定的通知》（原国经贸资源［2000］1202号）；

（5）其他相关的法律、法规等。

3. 产权依据

委托鉴定评估车辆的机动车登记证书编号：×××。

4. 评定及取价依据

技术标准资料：《机动性车运行安全技术条件》（GB 7258—2004）

技术参数资料：上海通用别克车系列车型性能、装备一览表

技术鉴定资料：（1）评估鉴定人员现场勘察记录表

（2）评估鉴定人员市场调查资料

八、评估方法

本次评估采用重置成本法、市场比较法加权平均确定市场价格。

价格评估鉴定和计算过程如下：

运用重置成本法计算：

（1）确定重置成本

重置成本＝新车购价＋上牌税费

新车购价经市场调查，2005 年 5 月，别克老款 SGM7250G 已不再生产，现生产的为别克君威 2.5G，市场售价为 20.98 万元。其配置差异见表 7-1。

表 7-1　两款别克君威 2.5G 配置差异表

		车型配置	安全配置
老款别克君威 2.5G	SGM7250G	非真皮方向盘、木纹内饰、CD 唱机、灰色布饰座椅	前排双安全气囊、前座高度可调节安全带、四轮防抱死制动系统、车载诊断系统、高位制动灯和转向指示灯、四门前后门侧面防撞杆、全金属封闭承载式车身
别克君威 2.5G	SGM7252G	标准配置、CD 播放系统、钛晶石英钟、木纹内饰、电子控制空调系统、米色布饰座椅	前排双安全气囊、前座高度可调节安全带、四轮防抱死制动系统、车载诊断系统、高位制动灯和转向指示灯、四门前后门侧面防撞杆、全金属封闭承载式车身

从表中可以看出，两款别克车安全配置基本相同，均无天窗。别克君威 2.5 车型配置较为新潮，两款车一次性功能贬值相差约 12000 元；因此确定重置价为 209800 元－12000 元＝197800 元。

重置成本＝197800 元＋197800×10% 元＝214706 元

（2）确定成新率

该车为 2000 年 6 月上牌，至基准日已使用 3 年，规定使用年限为 15 年。

成新率＝65%×调整系数

其中调整系数＝技术状况（1.1）×30%＋重大事故（1.0）×25%＋需要修理情况（0.9）×20%＋品牌（1.1）×15%＋使用强度（1.0）×10%＝1.025

（3）评估值＝重置成本×综合成新率

＝214706×65%×1.025 元≈14.3 万元

九、评估结论

车辆评估价格人民币 14.3 万元。金额大写壹拾肆万叁仟元整。

十、特别事项说明

1. 评估机构或评估人员对于评估标的没有现实或潜在的利益；

2. 评估标的产权明晰，评估时未考虑车辆曝光、欠费等对车辆价格的影响。

十一、评估报告法律效力

（一）本项评估结论有效期为90天，自评估基准日至2005年9月30日止；

（二）当评估目的在有效期内实现时，本评估结果作为作价参考依据。超过90天，需重新评估。另外在评估有效期内若被评估车辆因市场价格或交通事故等原因导致车辆的价格变化，对车辆评估结果产生明显影响时，委托方也需重新委托评估机构重新评估。

鉴定评估报告书的使用权归委托方所有，其评估结论仅供委托方为本项评估目的使用和送交汽车鉴定评估主管机关审查使用，不适用于其他目的。因使用本报告书不当而产生的任何后果与签署报告的鉴定估价师无关；未经委托方许可，本鉴定评估机构承诺不将报告书的内容向他人提供或公开。

附件：

一、汽车鉴定评估委托书

二、汽车鉴定评估作业表

三、车辆行驶证、购置附加税（费）证复印件

四、鉴定估价师职业资格证书复印件

五、鉴定评估机构营业执照复印件

六、汽车照片（要求外观清晰，车辆牌照能够辨认）

注册汽车鉴定估价师　　　　　　　　　　　　复核人

（签字、盖章）　　　　　　　　　　　　　　（签字、盖章）

（汽车鉴定评估机构盖章）

年　　月　　日

案例二：×价×［××］××号

关于一辆交通事故受损×××轿车损失价格的鉴定结论报告书

×××××××法院：

本中心根据你院价格鉴定委托书的委托，遵循独立、客观、公正的原则，按照规定的标准、程序和方法，依法对委托书所列指的交通事故受损×××轿车的损失价格进行了鉴定，现将鉴定情况综述如下：

一、价格鉴定标的

某辆交通事故受损的×××轿车。

二、价格鉴定目的

为×××××法院审理损害赔偿案件提供价格依据。

三、价格鉴定基准日

××年××月××日。

四、价格定义

价格鉴定结论所指的价格是：鉴定标的在鉴定基准日，采用公开市场价格标准确定的价格。

五、价格鉴定依据

（一）法律法规及政策文件
1.《中华人民共和国价格法》；
2. ×××××××××××。
（二）委托方提供的资料
1. ×××××价格鉴定委托书；
2. ×××××损失清单及损失情况照片；
3. ×××××出具的交通事故认定书。
（三）鉴定方收集的有关资料
1. 市场调查资料；
2. ××××××。

六、价格鉴定方法

市场法。

七、价格鉴定标的的概况及价格鉴定过程

根据×××××法院提供的有关资料，委托鉴定标的系交通事故受损的×××轿车，车辆牌号为××××，发动机号：×××××，车架号：×××××，于××年××月××日办理注册登记，机动车行驶证登记车主为×××，该车于××年××月××日遭遇交通事故，导致车辆的前部以及车壳等部件受损报废，且无法见到受损前车辆的实物。

鉴此，本中心在市场调查的基础上，按照委托方的要求，依据×××××提供的损失项目清单、损坏部位照片和损失价格，采用市场法进行审核。

八、价格鉴定结论

经测算，委托鉴定标的在委托鉴定基准日以修复为前提的鉴定价格为壹拾壹万

贰仟柒佰柒拾伍元整（￥112775.00）（详见《价格计算明细表》）。

九、价格鉴定限定条件

1. 委托方提供资料的客观真实性；

2. 本中心价格鉴定人员未见车辆损失现状；

3. 价格鉴定过程依据委托方提供的《×××项目清单》进行审核。

当上述条件发生变化时，鉴定机构不承担由于这些条件的变化而导致鉴定结果失效的相关法律责任。

十、声明

1. 价格鉴定结论受结论书中已说明的限定条件限制；

2. 委托方提供资料的真实性由委托方负责；

3. 价格鉴定结论仅对本次委托之目的有效，不作他用。未经本中心同意，不得向委托方和有关当事人之外的任何单位和个人提供，其全部或部分内容，不得发布于任何公开媒体上；

4. 本价格鉴定项目是在独立、客观、公正、科学的原则下进行的，本中心及参加本次鉴定的工作人员与鉴定标的及有关当事人均无任何利害关系；鉴定人员在鉴定过程中恪守职业道德，并认真进行了周密细致的工作。

十一、价格鉴定作业日期

××年××月××日至××年××月××日。

十二、价格鉴定机构

机构名称：×××××××中心

价格鉴定机构资质证××××

法定代表人：××××

十三、价格鉴定人员

姓名　　　执业资格名称　　　资格证号码　　　签名

十四、附件

1. ××××委托书复印件；

2. 价格鉴定计算明细表；

3. 价格鉴定机构资质证书复印件；

4. 价格鉴定人员资质证书复印件。

十五、说明

本次鉴定价格已接近该车在交通事故中发生日的新车价格，如不考虑残值因素，该车已没有修复的必要，如委托机关委托的目的为该车在鉴定基准日碰撞前的价值，则可能更为合理。

××××××××中心

××年××月××日

点评：该轿车（伊兰特基本型）新车在鉴定基准日的价格为壹拾万玖仟捌佰元整（¥109800.00）。该轿车自2004年上牌至交通事故发生日只使用了9个月。如按市场法鉴定或重置法鉴定该种轿车的市场价格大约在玖万伍仟元左右（¥95000.00）。该车修复价格已超过该车的正常市场价格，因此已没有修复的必要（不考虑残值）。如与司法机关沟通好，明确委托目的和事项，可以在不同的假设前提下出具两个结论。

参 考 文 献

[1] 陈家瑞. 汽车构造 [M]. 北京：人民交通出版社，2003.

[2] 阮萍. 资产评估 [M]. 成都：西南财经大学出版社，2002.

[3] 杨万福. 旧机动车鉴定估价 [M]. 北京：人民交通出版社，2001.

[4] 交通部公路司. 汽车综合性能检测 [M]. 上海：上海科学技术文献出版社，1999.

[5] 舒华，姚国平，曹斌. 汽车 SRS 气囊系统——结构原理与故障诊断 [M]. 北京：北京理工大学出版社，1998.

[6] 过学迅. 汽车自动变速器——结构、原理 [M]. 北京：机械工业出版社，2003.

[7] 美国汽车撞伤修理业协会. 汽车撞伤修复技术 [M]. 崔建云，张苏明，李兴昌，译. 北京：高等教育出版社，1997.

[8] 罗伯特·斯卡福. 汽车车身修复 [M]. 李富勤，方群，等译. 北京：机械工业出版社，1998.

[9] Michael Crandell. 事故汽车修理评估 [M]. 许洪国，等译. 北京：高等教育出版社，2004.

[10] 黄玮，姚广涛，叶连九. 桑塔纳轿车配件目录 [M]. 沈阳：辽宁科学技术出版社，1999.

[11] 郭禧光，李炳泉. 桑塔纳 2000 型轿车使用与维修手册 [M]. 北京：机械工业出版社，1999.

[12] 吴小平. 保险原理与实务 [M]. 北京：中国金融出版社，2002.

[13] 杨梅英. 风险管理与保险原理 [M]. 北京：北京航空航天大学出版社，1999.

[14] 孟生旺. 保险定价：经验估费系统研究 [M]. 北京：中国金融出版社，2004.